独角兽
法学精品

人工智能：刑法的时代挑战

刘宪权 主编

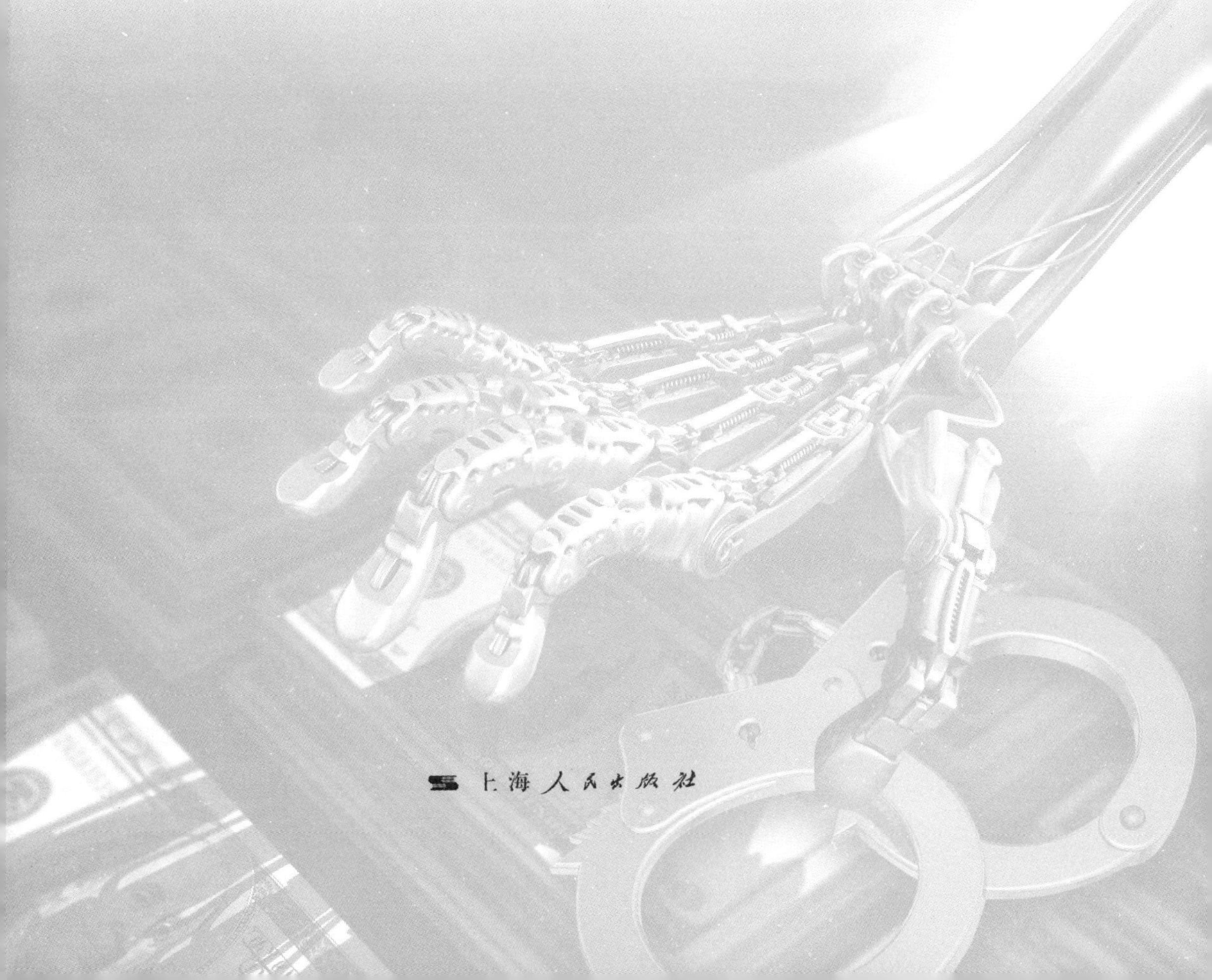

上海人民出版社

目录
CONTENTS

第三编 人外有人:人工智能时代的责任主体

第四编 创所未创:人工智能时代的刑罚体系

第一编　未来能来：人工智能时代的刑事风险

人工智能技术的发展速度超乎人们的想象，已呈现出深度学习、跨界融合、人机协同、群智开放、自主操控等新特征，几乎赋予人工智能以无限可能。人工智能“无限可能”背后的深层隐喻是风险的“有限可控”，技术风险及其对社会的影响处于一种不确定的状态。2017 年 7 月 8 日国务院《新一代人工智能发展规划》对人工智能发展之不确定性所可能带来的新挑战作了预估：“人工智能是影响面广的颠覆性技术，可能带来改变就业结构、冲击法律与社会伦理、侵犯个人隐私、挑战国际关系准则等问题，将对政府管理、经济安全和社会稳定乃至全球治理产生深远影响。在大力发展人工智能的同时，必须高度重视可能带来的安全风险挑战。”就国家层面而言，以各种可能的手段降低、控制风险，成为我国发展人工智能的重要战略任务。

“风险”在《辞海》中被释义为“人们在生产建设和日常生活中遭遇能导致人身伤亡、财产受损及其他经济损失的自然灾害、意外事件和其他不测事件的可能性”。“风险”与刑法中的“实害”相区别，与刑法中的“危险”相联系。“实害”是已然发生的侵害，“风险”是发生侵害的可能性，二者属已然与未然的关系；“危险”指发生侵害的高度可能性，“风险”指发生侵害的一般可能性，二者属高阶与低阶的关系。由此，当我们谈论“刑事风险”概念时，其并不指向表征着社会危害性的“实害”与“危险”，而可能与“犯罪风险”同义，即刑事风险是发生刑事犯罪的可能性。

刑事风险意味着刑事犯罪可能发生，也可能不发生，刑法所作出的应对也就相应地表现为两个层次：第一，当犯罪发生时，解决刑事责任分配问题；第二，当犯罪可能发生而尚未发生时，通过立法举措威慑并预防犯罪。由此决定了“刑事风险”中的“刑事犯罪”概念可能具有两种含义，从兼具司法与立法的更广义的角度看，它不仅指实然法层面已经被一国刑法规定为犯罪的行为，还包括应然法层面根据时代与情势的需要应当被一国刑法规定但尚未被规定为犯罪的行为。

本编“未来能来：人工智能时代的刑事风险”共收录 7 篇论文，它们对“刑事风险”的描述与论证基本没有超出前述的两种语境。一方面，人工智能时代衍生出富有该时代色彩的犯罪样态，如利用人工智能实施的犯罪，人们可以在现行刑法框架下寻求责任分配的解决方案；另一方面，人工智能时代可能催生出以往任何时代不曾具有却为该时代所独有的“严重危害社会的行为”，其在现行刑法框架下尚不占据一席之地，对该行为的规制可能要以前瞻性地修补乃至重构刑法体系为前提。

《人工智能时代的“内忧”与“外患”》一文对人工智能时代的潜在刑事风险作了“内外有别”“强弱有度”的归纳与总结，即分别表现为弱人工智能产品被外部主体利用所致的“外患”与强人工智能产品内部自主自发行为所致的“内忧”。强、弱人工智能产品的根本分野在于该人工智能产品是否具有独立的意志，也即是否具有人格。该文对“人格”的探讨不受限于“人身”，澄清人身不是人格的必要条件，人们过去将人视为人格人，而今应当将人格人视为人。人工智能产品人格之有无，造成了刑事风险来源的内外之分。《人工智能时代的刑事风险与刑法应对》堪称前文姊妹篇，其在刑事风险来源存有内外之别的理论基础上，进一步描摹刑事风险在不同来源下的具体表现形式，如可能使人类部分传统犯罪的危害量变升级或使人类的犯罪形式推陈出新，也可能使人类之外的人工智能产品脱离人类控制，在设计和编制的程序范围外实施严重危害社会的行为。这两篇论文均谈及刑法应对及刑事责任分配问题，但前文侧重于阐明“内忧”与“外患”这两种不同的风险来源在刑事责任分配上的联系，即在“内忧”情形下也并不排斥向“外”归责，如在强人工智能产品独立承担刑事责任的场合，若其设计者和使用者未履行相应义务，也可能承担刑事责任，且“内忧”与“外患”可能交织共生，自然人、单位可以与强人工智能产品形成共同犯罪；后文则侧重于论证“内忧”与“外患”所对应的刑事责任体系上的差异，处理“外患”所对应的基本上是现行的刑事责任体系，增设滥用人工智能罪、人工智能事故罪不过是对该体系的修补与延展，不足以动摇该体系的根基，而预防“内忧”所对应的是承认强人工智能产品刑法主体地位的全新的刑事责任体系，这当属根本性的突破。《人工智能时代的刑事风险与刑事责任》一文既是对前两篇论文核心观点的摘要与凝练，也是在具备一定理论准备之后的修法倡议，其建议在我国《刑法》第二章第四节单位犯罪之后增设一节“智能机器人犯罪”，可以预期这将成为刑法增量理论研究中的新一轮热点。在本编中，龙敏、汤君、钟菁、张金钢这四位青年学者也围绕人工智能时代的刑事风险问题各抒己见。他们或关注人工智能时代的宏观刑事风险，或着眼于无人驾驶汽车应用的微观刑事风险，从微观窥见宏观，以宏观统领微观。在视角的不断变换、观点的激烈碰撞之中，我们会身临其境地感受到，人工智能时代的未来，能来。

人工智能时代的“内忧”与“外患”

刘宪权*

【内容摘要】 以人工智能产品是否具有独立意志,以及是否能够在设计和编制的程序范围外自主决策并实施相应行为为依据,可以将人工智能产品划分为弱人工智能产品与强人工智能产品。弱人工智能产品不具有独立意志,仅能在设计和编制的程序范围内实施行为,实现人类设计和编制程序的目的。弱人工智能时代的“外患”在于,人类完全有可能让弱人工智能产品为己所用,实现自己的犯罪目的。弱人工智能产品作为犯罪工具,当然无刑事责任的承担可言。强人工智能时代的“内忧”在于,强人工智能产品有能力在设计和编制的程序范围外,依据自己的独立意志实施危害社会的行为。强人工智能产品具有独立人格和刑事责任能力,可以将强人工智能产品实施的严重危害社会的行为认定为犯罪行为并给予刑罚处罚。强人工智能产品的设计者和使用者未履行预见义务和监督义务,可能承担相应的刑事责任。强人工智能产品可能与自然人责任主体、其他强人工智能产品构成共同犯罪。针对强人工智能产品的犯罪,有必要在刑法中增设删除数据、修改程序、永久销毁等刑罚种类。

【关键词】 弱人工智能　强人工智能　独立意志　辨认控制能力　刑事责任

人工智能(Artificial Intelligence, AI)是指使机器像人一样去完成某项任务的软硬件技术。①人工智能虽不是人类的智能,但其可以模拟人的意识和思维过程,像人一样进行思考。人工智能是网络技术和机器人技术发展到新阶段的体现。随着科技水平的不断提高,人工智能的发展日新月异,从 1.0 时代到 2.0 时代,再到 3.0 时代,科学家分别创造出了对外界环境无感知的人工智能产品,对外界环境有感知的人工智能产品和对外界环境有认知、推理和决策能力的人工

* 刘宪权,华东政法大学刑法学教授、博士生导师。

① Andrew Arruda, “An Ethical Obligation to Use Artificial Intelligence? An Examination of the Use of Artificial Intelligence in Law and the Model Rules of Professional Responsibility” 40 American Journal of Trial Advocacy 443(2016).

智能产品。人类科技发展的历史告诉我们，科技的发展是“爆炸式”的，其发展速度呈几何式提升，我们必将在不久的将来进入人工智能N.0时代。各国都意识到人工智能的影响电照风行，纷纷出台政策，推动人工智能技术的发展和创新。正如俄罗斯总统普京所言：“无论对于俄罗斯还是全人类而言，人工智能都是未来。人工智能蕴含着巨量的机遇，同时也隐藏着难以预料的威胁。谁在人工智能领域能够成为领导者，就能够成为世界的规则制定者。”2017年国务院《新一代人工智能发展规划》将发展人工智能技术提升到战略高度。《新一代人工智能发展规划》指出：“人工智能是引领未来的战略性技术……当前，我国国家安全和国际竞争形势更加复杂，必须放眼全球，把人工智能发展放在国家战略层面系统布局、主动谋划，牢牢把握人工智能发展新阶段国际竞争的战略主动，打造竞争新优势、开拓发展新空间，有效保障国家安全。”

随着人工智能时代的到来，这个本来属于纯粹技术问题的新生事物将会在法律、哲学、伦理等方面对人类社会带来极大的影响和冲击，并可能产生相应的刑事犯罪。对人工智能产品的合理应用，将会带来许多行业的重大变革，并在较大程度上通过解放劳动力，促进社会的深度和快速发展。但是如果设计者或使用者对人工智能产品进行不当利用，甚至将其作为实现犯罪意图的工具（此为我们在人工智能时代面临的“外患”），抑或是人工智能产品本身在具有独立意志之后产生了犯罪意图，进而实施严重危害社会的行为（此为我们在人工智能时代面临的“内忧”），将会给人类社会带来极大的威胁，甚至会导致人类社会的毁灭。“圣人不治已病治未病，不治已乱治未乱，此之谓也。夫病已成而后药之，乱已成而后治之，譬犹渴而穿井，斗而铸锥，不亦晚乎。”[①]面对人工智能技术发展可能带来的负面影响，我们的刑法学者不应该无动于衷，我们的刑事立法和刑事司法更不应该面临危险而束手无策。“宜未雨而绸缪，毋临渴而掘井”，我们应提前预想到在人工智能时代可能面临的“内忧外患”，明确不同类型的人工智能产品的法律特征和法律地位，并就我国刑法应当如何合理应对人工智能时代所带来的刑事风险展开具体的分析与讨论，提前明晰人工智能时代的刑事责任承担路径。只有做好充分准备，方可避免在危险来临时“患至呼天”。

一、强弱人工智能产品之界分

按照人工智能产品的不同形态，可以将其划分为人形人工智能产品与非人

① 《黄帝内经·素问·四气调神大论》。

形人工智能产品，其中，非人形人工智能产品又包括意识形态人工智能产品（如AlphaGo，其只是隐藏在电脑里的一个围棋程序）与实体人工智能产品（如扫地机器人）。物理形体并非人工智能产品的必备要素。而无论是否具有物理形体，人工智能产品都必须依托算法（如深度学习和神经网络等），实时收集海量数据信息，并根据算法的计算结果实施行为。由此可见，人工智能产品的本质要素是算法。但是鉴于算法的复杂性，将算法作为区分强人工智能产品和弱人工智能产品的依据，在法律上既无可能，也无必要。其一，“根据算法的复杂性和学习或运算能力对强人工智能产品和弱人工智能产品进行区分，这在技术认知上没有问题，但在法律上很难按照智能程度给出精确的标准。法律应对复杂世界的方式是确立一般性的简单规则，在概念上对社会个体进行抽象假定（如行为能力），而非针对特殊主体，否则规则体系本身将变得异常复杂，难于理解和操作。而人工智能从单一的自动化服务向多元通用服务转变的过程可能是一个相当长的光谱，法律需要针对其本质特征进行约束，并探索一套应对未来的方案”。[①]其二，正如人类的大脑是一个复杂而精致的系统，尽管当代神经科学不断深化我们对人脑的认知，我们仍不能完全了解大脑的运转机制。但是，应当看到，没有完全理解人脑的运转机制，并未妨碍我们通过法律建立一整套的规则体系来控制人类的行为，也并未妨碍我们运用刑法对行为人的主观心态（即故意和过失）进行认定。尽管我们对人工智能的本质要素——算法未能完全了解，但是，只要在法律上对强人工智能产品和弱人工智能产品的划分确定一个明确的标准，就不会影响我们对我国刑法应当如何合理应对人工智能时代所带来的刑事风险等问题展开具体的分析与讨论。

以人工智能产品是否具有独立意志，以及是否能够在设计和编制的程序范围外自主决策并实施相应行为为依据，可以将人工智能产品划分为弱人工智能产品与强人工智能产品。弱人工智能产品虽然可以在设计和编制的程序范围内进行独立判断并自主作出决策，但不具有独立意志，其实现的只是设计者或使用者的意志。例如，阿尔法狗（AlphaGo）虽然凭借自主判断和决策战胜了围棋国手，但其自主判断和决策仍是在设计和编制的程序范围内进行的，实现的是设计者或使用者的意志——在下围棋时战胜对手。强人工智能产品具有独立意志，既可能在设计和编制的程序范围内进行独立判断并自主作出决策，实现设计者或使用者的意志，也有可能超出设计和编制的程序范围，进行自主决

① 胡凌：《人工智能的法律想象》，https://news.uc.cn/a_16384305516683655823/，访问日期：2017年9月25日。

策并实施相应行为,实现其自身的意志。"强人工智能"一词最初是约翰·罗杰斯·希尔勒针对计算机和其他信息处理机器创造的。按约翰·罗杰斯·希尔勒的理解,"计算机不仅是用来研究人的思维的一种工具;相反,只要运行适当的程序,计算机本身就是有思维的"。①正如1968年上映的美国经典科幻电影《2001太空漫游》所呈现的那样,人工智能产品HAL读懂飞行员想要关闭它的唇语,于是决定先发制人,故意让电脑失灵,导致4人丧生。电影里的HAL就是我们这里所讲的强人工智能产品,它可以超出设计和编制的程序范围自主作出让电脑失灵的决策,从而达到不让飞行员将自己关闭的目的。当然,这种情景只是人类的幻想,但是人类的科技发展史正是不断将幻想变成现实的历史。1783年法国J.F.P.罗齐埃和M.达尔朗德乘气球升空、1903年莱特兄弟飞机试飞成功,实现了庄子在《逍遥游》中所描述的"列子御风"的幻想;1969年"阿波罗号"飞船首次成功登上月球,实现了"嫦娥奔月"的幻想。虽然到目前为止,人工智能产品仍只能在设计和编制的程序范围内实施行为,实现设计者或使用者的意志,即我们目前仍处于弱人工智能时代,正如李开复在谈到人工智能产品时所言:"现在的机器没有丝毫自我认知,没有感情,没有喜怒哀乐,作了决定也讲不出为什么。"但是随着深度学习、神经网络、蒙特卡洛树搜索、云计算等技术的不断发展和完善,当技术突破下一个瓶颈时,出现具有独立意志、能够在设计和编制的程序范围外作出自主决策并实施相应行为、实现自身意志的人工智能产品,其实并非镜花水月、海市蜃楼。

弱人工智能产品不具有独立意志,仅能在设计和编制的程序范围内实施行为,实现人类设计和编制程序的目的。人类是弱人工智能产品的创造者,可以通过程序给弱人工智能产品设定行为目的和行为边界。此时,弱人工智能产品的设计者或使用者完全有可能让弱人工智能产品为自己所用,实现自己的犯罪目的,如制造专门用来杀人的人工智能产品,实现自己非法剥夺他人生命的目的。同时,不法分子可能利用弱人工智能产品本身存在的漏洞,实现自己的犯罪目的。如诺基亚公司董事长李思拓所言,未来的家居设备很可能都是智能联网的,犯罪分子有可能通过洗碗机所连接的WIFI侵入家庭网络,从而操纵其家里的一切,实现自己的犯罪目的。在这种情况下,弱人工智能产品做出的严重危害社会的犯罪行为本质上是为了实现他人的犯罪意志,应当将该弱人工智能产品看作他人实施犯罪的"工具"。在弱人工智能产品自身之外出现的刑事法律风险,即我们在本文中探讨的弱人工智能时代的"外患"。

---

① J.Searle in Minds Brains and Programs. The Behavioral and Brain Sciences, vol.3, 1980.

强人工智能产品依赖于自身具有的独立思维，有能力在设计和编制的程序范围外，依据自己的独立意志实施危害社会的行为。如上文中提到的强人工智能产品 HAL 超出设计和编制的程序范围自主作出让电脑失灵的决策，从而达到不让飞行员将自己关闭的目的。此时，强人工智能产品的行为未受到设计者或使用者等任何人为设置或操控，完全是自发实施的，且该种行为超越甚至根本违背了相关人员的意志。强人工智能产品实施的这种犯罪行为和其他具有刑事责任能力的主体实施的犯罪行为相去无几。在强人工智能产品自身之内出现的刑事法律风险，即我们在本文中探讨的强人工智能时代的“内忧”。

二、弱人工智能时代的“外患”

弱人工智能产品可以在设计和编制的程序范围内独立判断并自主作出决策，似乎具有一定的辨认能力与控制能力，但是这种能力完全受控或受制于人类设计和编制的程序，因此可以将弱人工智能产品看作人类改造世界的新型工具。人工智能是人类科技发展的重要里程碑，将会从根本上改变人类社会生活的面貌。但是如果被违法犯罪分子作为犯罪工具利用，将会带来难以想象的恶果。2017 年 8 月，以特斯拉首席执行官伊隆·马斯克(Elon Musk)为代表的来自 26 个国家的人工智能技术领袖，向联合国进行“公车上书”，要求禁止“杀人机器人”的研发与使用，这体现了人类在弱人工智能时代，对人工智能产品所引发的“外患”的普遍担忧。那么在弱人工智能时代，在人工智能产品外部可能会出现哪些“外患”？即在弱人工智能时代，弱人工智能产品的设计者或者使用者可能会利用弱人工智能产品实施哪些犯罪行为？

弱人工智能产品是人类改造世界的新型工具，如同其他工具是人类双手的延伸一样，我们也可以将弱人工智能产品看作人手的延伸，其可以解放人类劳动力，并弥补人类自身技能的不足。相较于普通工具，弱人工智能产品的优势在于其可以在某一方面完全替代人类自身的行为，达到人类预期的目的。如果这一优势被犯罪分子所利用，其就会在付出更小代价的同时，带来更大的社会危害。但是应当看到，弱人工智能产品的工具属性决定了其在犯罪中的地位，弱人工智能产品不可能作为犯罪主体而承担刑事责任。

笔者认为，弱人工智能产品被他人作为工具加以利用实施严重危害社会的犯罪行为，可能体现在刑法规定的许多犯罪中。

利用弱人工智能产品可以实施危害国家安全、国防利益、公共安全和社会管理秩序的行为。随着弱人工智能时代的到来，一些危害国家安全、国防利益、公共安全和社会管理秩序的行为可能不再需要人类亲力亲为，只需设计和编制出相应的程序，让弱人工智能产品分忧代劳。在自动枪械系统、无人机等弱人工智能产品出现的情况下，犯罪分子不必再冒着生命危险进行自杀式袭击就可以达到严重危害社会的目的。同时，弱人工智能产品的数据处理分析能力大大增强，能够更快速有效地帮助犯罪分子实施窃取、刺探情报的行为。上述因素都将对国家安全和国防利益等造成极大的威胁。同样，弱人工智能产品对公共安全的威胁也是现实存在的。如恐怖活动分子可以利用弱人工智能产品携带武器、弹药、爆炸物在人员密集的场所或公共区域实施爆炸袭击，进行恐怖活动。利用弱人工智能产品既有利于保证恐怖活动分子自身的安全，也更有利于其进行隐蔽，逃避抓捕。另外，弱人工智能产品被犯罪分子利用可能对社会管理秩序造成威胁。如基于弱人工智能产品强大的信息收集和数据处理能力，可以帮助犯罪分子更快速有效地非法获取国家秘密或者考试内容；又如基于弱人工智能产品在设计和编制的程序范围内可以独立完成相应任务的优势，可能被犯罪分子利用作为运输毒品、毁坏文物的工具。

当然，利用弱人工智能产品也可以实施危害经济、侵犯财产的行为。《刑法》第 287 条规定："利用计算机实施金融诈骗、盗窃、贪污、挪用公款、窃取国家秘密或者其他犯罪的，依照本法有关规定定罪处罚。"由此可见，在弱人工智能产品只能作为工具的情况下，利用其实施犯罪活动，只能按照犯罪的目的行为进行定性，笔者在此不作赘述。值得一提的是，在金融领域，原先必须由高素质人才完成的大部分工作，已经被人工智能产品所取代。人工智能产品在速度和数据整合准确度上，已经超过金融分析师。现在纽约和伦敦证券交易所的交易大厅几乎形同虚设，真正的交易过程已经全面实现了"机器自动化"，[①]犯罪分子一旦攻破程序的漏洞，控制了这种人工智能产品，就相当于获得了移山竭海的力量，只需一个简单的代码或指令，就会导致证券交易市场的崩溃，而犯罪分子将可以趁市场的混乱收获累累"硕果"。

利用弱人工智能产品还可以实施危害人身的行为。犯罪分子为了销毁犯罪证据、逃避法律制裁，往往采用借刀杀人、移花接木的手法。而借用弱人工智能产品来杀人就是最有效的方法。同样，弱人工智能产品的设计者、使用者也可以利用弱人工智能产品实施绑架、拐卖等剥夺或限制他人人身自由的行为。弱人工智能的发展和创新应用离不开数据的开放和共享。值得一提的是，腾讯

① 《全球金融业进入"机器人时代"：你的血汗钱是否安全？》，http://finance.eastmoney.com/news/1347,20160321606253387.html，访问日期：2017 年 9 月 27 日。

借助QQ、微信等产品建立了10亿级别覆盖度的基础库，对范围内的人群进行统计和分析，能够实现动态跟踪区域内人群流动、评估人流拥挤等级、捕捉开放社交网络的情况、分析目标客户群轨迹，让客户更精准地定位目标人群。①这些信息一旦被过失或有意泄露，造成的危害后果将难以想象，不仅是对公民个人信息的侵犯，更会对公民的人身安全和财产安全造成巨大威胁。

应当看到，尽管弱人工智能产品威力巨大，在犯罪中发挥着重要作用，甚至在某些情况下可以完全替代设计者或使用者实施严重危害社会的行为，且其实施的行为涵摄到刑法所规定的方方面面的犯罪，但是弱人工智能因为不具有独立意志而始终无法摆脱工具属性，其实施的行为体现的是设计者或使用者的意志，只能被看作设计者或使用者行为的延伸。所以在弱人工智能时代，犯罪行为只能是在弱人工智能产品之外的设计者或使用者的意志支配之下而实施，我们将这种情形称为弱人工智能时代的“外患”。

三、强人工智能时代的“内忧”

强人工智能产品与弱人工智能产品的本质区别在于是否具有独立意志，以及是否能够在设计和编制的程序范围外自主决策并实施相应行为。强人工智能产品通过学习，产生脱离程序的独立意志，具备独立思考能力。笔者认为，强人工智能产品的行为可以分为两种：一种是在设计和编制的程序范围内的行为；另一种是超出设计和编制的程序，依靠独立意志，自主决策所实施的行为。对于前者而言，强人工智能产品与弱人工智能产品并无不同，此时的人工智能产品仅能作为工具，其行为本质上是人工智能产品的设计者或者使用者行为的延伸，实现的是设计者或使用者的意志，行为所产生的后果也应全部归责于设计者或使用者。对于后者而言，强人工智能产品与弱人工智能产品相比则有很大区别，此时的人工智能产品已经完全超出工具的范畴，因为其已具有独立意志，其行为不再是设计者或使用者行为的延伸，而是为了实现自己的意志、自主决策并自主实施的行为，行为所产生的后果也不能当然地归责于设计者或使用者。

正因为强人工智能产品具有独立意志，因此其实施的行为有可能不符合程序设计和编制的目的，甚至从根本上违背设计者设计和编制程序的目的。在此

① 《人工智能时代云和大数据到底有多重要?》，http://blog.sina.com.cn/s/blog_be62e9a90102wg0i.html，访问日期：2017年9月27日。

状态下,强人工智能产品完全可能实施人类无法控制的严重危害社会的行为。早在1940年,美国科幻作家阿西莫夫就预想到在未来,机器人有可能在具有独立意志之后,做出危害人类的事情,因此为了保护人类,其提出了"机器人三原则",[①]并因此获得了"机器人之父"的桂冠。这三个原则体现出人工智能的发展不应威胁到人类自身安全的愿望。当然,在人工智能时代,即使有了原则,原则也未必起多大作用。当脱离程序控制的强人工智能产品出现时,有可能真的会成为"我们人类文明面临的最大威胁",谁也不敢保证科幻电影中强人工智能产品HAL杀死飞行员的场景不会在现实中上演。"防范机器人向负面发展已经迫在眉睫,无需等到机器人的智能等于人的智能的那一天……它们带给人类社会的不只是工作效率的提高和人的生活改善,将冲击或改变人类社会的某些规则。"[②]"居安思危,思则有备,有备无患。"[③]虽然目前所出现的弱人工智能产品尚不能对人类社会构成威胁,但是既然我们已经预见到随着深度学习、神经网络、蒙特卡洛树搜索、云计算等技术的不断发展,脱离人类设计和编制程序控制的强人工智能产品有出现的可能,就应当提前在刑事法律层面做好准备,以防止强人工智能产品给现行刑事责任追究制度带来挑战时,我们的刑事立法和刑事司法措手不及、无法应对。

尽管在某种程度上,弱人工智能产品的出现有可能对国家安全、国防利益、公共安全、社会管理秩序、公民的人身和财产安全等造成负面影响,但是正如前文所述,弱人工智能产品只具有工具性的意义,对于其给人类社会带来的风险系数增加的状况,我们只能按照规制传统犯罪的方法对弱人工智能产品的不当研发和使用加以控制,而不能考虑由仅能作为犯罪工具的弱人工智能产品承担刑事责任。但是,一个新的具有自主意志和独立思考能力,可以自主作出决策并实施相应行为的强人工智能产品的出现,必然会对现行的刑事法律体系带来冲击和挑战。人工智能产品的普及完全可能使得其在人类社会生活中的地位从普通工具上升至法律主体的高度,这是不可回避的社会发展的必然。正因为如此,未来人类社会的法律制度都需要针对人工智能技术的发展进行相应的调整。我们必须认识到强人工智能产品与弱人工智能产品在本质上的差异,并明晰强人工智能产品在刑法中的地位。具有自主意志的强人工智能产品自主决

---

① "机器人三原则"是指:第一,机器人不得伤害人类,或看到人类受到伤害而袖手旁观;第二,机器人必须服从人类的命令,除非这条命令与第一条相矛盾;第三,机器人必须保护自己,除非这种保护与以上两条相矛盾。

② 封锡盛:《机器人不是人,是机器,但须当人看》,《科学与社会》2015年第5期。

③ 《左传·襄公十一年》。

策并在人类设计和编制的程序范围外实施犯罪行为时应如何处理，是强人工智能时代不可避免的“内忧”，也是需要刑法必须正视和解决的问题。

从上文分析中可以得出结论，强人工智能产品完全有能力在设计和编制的程序范围之外实施严重危害社会的行为，也即强人工智能产品在自主意志支配之下的行为完全有可能对刑法所保护的社会关系造成严重侵害。简言之，强人工智能产品有能力对刑法所保护的客体造成侵害。

刑法中所规定的行为在狭义上指的是“危害行为”，即由行为人意志支配之下违反刑法规定的危害社会的客观活动。马克思曾有名言，“对于法律来说，除了我的行为以外，我是根本不存在的，我根本不是法律的对象”，一切法律都是以规制行为作为其内容的。那么“行为”是否必须是“人”的行为？假如我们列出“行为”的所有必备要件或本质特征，而强人工智能产品在自主意志支配下能够全部符合的话，是否意味着法律也应当将强人工智能产品在设计和编制的程序范围外按照自主意志实施的行为纳入规制范围？对于上述问题，笔者已在相关论文中进行过详细阐述。笔者认为，强人工智能产品在设计和编制的程序范围外的行为相比于传统理论对于“行为”的定义，除了不满足自然人犯罪主体需具有生命体的要素之外，其他的要素似乎均符合行为理论要求。而这一结论又是因为传统理论未预见到人工智能技术会取得如此大的进展。就此而言，在强人工智能产品的“智能”高度发展的状况下，突破传统理论显然不足为奇且无可厚非。我们完全可以认为，强人工智能产品在设计和编制的程序范围外的行为可以成为刑法意义上的“行为”。

承担刑事责任的基础是责任主体的意志自由，具体表现为责任主体具有辨认能力和控制能力，而辨认和控制能力的基础是思维能力。自然人的思维能力来源于大脑，强人工智能产品的思维能力则来源于程序和算法。刑法意义上的辨认能力是对行为的性质、后果、作用的认识能力，这种认识包括事实层面的认识和规范层面的认识。事实认识是一种形式上的认识，强人工智能产品可以通过其“电子眼”、“电子耳”认识到事实。相较于辨认能力，控制能力是强人工智能产品的必备能力，是程序设计与编制的必需内容。强人工智能产品拥有极快速的处理能力、反应速度和极精准的控制能力，能够凭借大数据与高速运算能力对行为作出精准的控制。与人类相比，强人工智能产品具有更强的控制能力与可培养的辨认能力。由此可见，强人工智能产品可以符合刑法所规定的犯罪构成中的主体要件。

罪过是主观目的的表现，罪过形式可以表现为故意或过失。所谓故意，是指明知自己的行为会发生危害社会的结果，并且希望或者放任这种结果发生。

所谓过失,是指应当预见自己的行为可能发生危害社会的结果,因为疏忽大意而没有预见,或者已经预见而轻信能够避免,以致发生这种结果。刑法中的罪过形式(故意或过失)包括认识因素和意志因素两个方面。正如上文所提及的,强人工智能产品具有更强的控制能力与可培养的辨认能力,而辨认能力是认识因素的具体体现,控制能力是意志因素的具体体现,所以具有辨认能力和控制能力就具备了在主观上成立故意和过失的两种可能。应当看到,虽然我们应当承认强人工智能产品具有成立故意和过失的可能,但是对于强人工智能产品故意或过失的主观罪过判断,应与对自然人责任主体的主观罪过判断有所区别。原因在于,在认定自然人责任主体的主观罪过时,我们通常以一般人的认识能力作为基本标准并结合行为人自身的特殊情况进行判断。自然人责任主体形成对事物的认识是靠学习和生活经验积累;而强人工智能产品形成对事物的认识是靠程序、算法和深度学习而不是靠生活经验的积累,且设计者设计大部分强人工智能产品的初衷可能是为了让其在特定领域中发挥作用,因此强人工智能产品的认识水平在很大程度上会被局限于特定领域,而缺乏对社会生活的整体认识,其判断是非善恶的标准也就有可能异于常人。但无论如何,强人工智能产品的主观心理可以符合刑法所规定的犯罪构成的主观要件,对此,似乎不应该有太多的异议。

四、人工智能产品的刑事责任

正如前述,强人工智能产品在设计和编制的程序范围内实施的行为,与弱人工智能产品没有差别,所造成的刑事法律风险属于“外患”,此时,我们应将强人工智能产品视为犯罪工具。而强人工智能产品超出设计和编制的程序范围,依靠独立意志,自主决策并实施严重危害社会的行为,所造成的刑事法律风险属于“内忧”,其所实施的行为完全符合刑法所规定的犯罪构成要件,此时,我们可以将强人工智能产品实施的这种行为视为犯罪行为,并给予刑罚处罚。

(一)“外患”情况下的单方责任

“外患”情况,指的是人工智能产品不具有独立意志,在设计和编制的程序范围内实施行为,被行为人利用进行犯罪活动的情况。在这种情况下,设计者是人工智能产品的创造者,并通过程序给人工智能产品设定行为目的和行为边界。此处的人工智能产品可以是弱人工智能产品,也可以是没有超出设计和编制程序,不以独立意志指导自己行为的强人工智能产品。此时的人工智能产品虽然有可能基于深度学习和算法作出相应判断并进而实施行为，但这些判断和行为仍是在程序控制范围之内，实现的是设计者或使用者的意志，其行为完全符合设计者设计和编制程序的目的。即使人工智能产品实施了严重危害社会的行为，也只能将其视为设计者或使用者实施犯罪行为的“工具”，人工智能产品本身不应当承担刑事责任，而应当由人工智能产品的设计者或使用者承担刑事责任。

（二）“内忧”情况下的双方责任

“内忧”情况，指的是强人工智能产品超出设计和编制的程序范围，依靠独立意志，自主决策并实施严重危害社会行为的情况。在这种情况下，虽然人类通过程序给人工智能产品设定行为目的和行为边界，但人工智能产品基于算法和深度学习，产生了自我意志，出现了超出人类通过程序设定的行为目的和行为边界的情形。基于上文中提到的弱人工智能产品与强人工智能产品的本质区别，此处的人工智能产品仅包括超出设计和编制程序实施行为的强人工智能产品，而不可能包括弱人工智能产品。此时的强人工智能产品所作的决策和判断并据此实施的行为已经超出了设计和编制程序的范围，不再符合甚至从根本上违反了设计者或使用者的目的或意志，也不再是设计者或使用者实施犯罪行为的“工具”，而是一个独立的刑事责任主体，此时，我们当然应将危害结果归责于强人工智能产品。但同时应当看到，与自然人责任主体基于自然规律而具有的独立意志不同，强人工智能产品不具有生命体，其独立意志可以追根溯源到设计者为其编制的程序，同时使用者在使用过程中的行为也有可能触发强人工智能产品的敏感点，使其产生实施危害社会行为的冲动并进而付诸实施。“人是主体，他既能创造，也应该能够控制，道义上也有责任控制自己的创造物。”[①] 强人工智能产品的设计者和使用者作为创造主体和控制主体，理应对强人工智能产品的行为负有监督义务，并对其可能实施的严重危害社会的行为负有预见义务并尽其所能避免此类行为的发生。所以当强人工智能产品实施了严重危害社会的行为时，除了追究强人工智能产品的刑事责任外，负有预见义务和监督义务的设计者或使用者也有被追究刑事责任的可能。如果强人工智能产品的设计者或使用者违反了预见义务，那么其可能承担的是一般过失犯罪的刑事责任；如果强人工智能产品的设计者或使用者违反了监督义务，那么其可能承

① 王家范：《机器人永远无法替代历史学家》，http://www.hao123.com/mid/17830650830069659715，访问日期：2017 年 10 月 1 日。

担的是监督过失的刑事责任;如果强人工智能产品的设计者或使用者既不可能预见危害结果的产生,也确实履行了监督义务,那么其可能不需要承担刑事责任,此为意外事件或由强人工智能产品独立承担刑事责任。强人工智能产品的设计者或使用者一方的刑事责任大致如上所述,笔者在此不再赘述。笔者希望重点探讨另一方——强人工智能产品的刑事责任以及强人工智能产品与自然人责任主体、其他强人工智能产品成立共同犯罪的状况。

没有责任就没有刑法,这是责任主义的具体体现,也是近代刑法的一个基本原理。从理论背景看,现代意义上的刑事责任,起源于17世纪、18世纪的资产阶级启蒙运动所极力推崇的个人权利本位主义。“社会以个人权利为本位,国家不再是凌驾于个人权利之上的一种特殊权力组织,国家权力包括刑罚权只是个人为保有自身享有最大限度的自由而割舍出的一部分个人权利的集合,个人受国家刑罚权的约束以及国家刑罚权对个人权利的干预,目的都是保障个人完全地享有属于自身最基本的权利和自由。”①国家刑罚权和个人权利之间是一种相互制约的双向关系。国家刑罚权是个人权利的保证,改变了刑法作为镇压工具而存在的性质,要求刑罚权的适用具有合理性。正是在这种理论思想背景下,德国自然法学思想家塞缪尔·普芬道夫(Pufendorf, Samuel, Baron von)首次在刑法中提出“责任”的概念,揭示了犯罪人与犯罪行为之间的内在联系,并以此作为刑罚后果的归责基础。②这一观点经过刑事古典学派的丰富和发展,逐步演化为“责任主义”,成为近代刑法的一项基本原则,其目的在于以主观责任和个人责任来否定中世纪刑法中的结果责任和团体责任,抑制国家刑罚权的不当扩张,防止惩罚无辜,保障公民的基本人权。可见,从刑事责任概念出现之始便是与主观责任联系在一起的。然而,责任的本质在理论上一直存在争议。行为责任论认为,责任非难的对象是各个犯罪行为,应受处罚的不是行为人,而是行为;或者说,被追究责任的是行为,而不是其背后的性格、人格。而性格责任论则认为,责任非难的对象不是犯罪行为,而是行为人的危险性格。据此,应受处罚的不是行为,而是行为人。不过,从保障人权的角度来看,如果仅有危险性格就成为处分的对象,本身就具有一定的危险性。只有当具有危险性格的人现实地实施了犯罪行为时,才能成为被科处刑罚的对象。因此,性格责任论已经退出了历史舞台。而人格责任论着眼于上述两种立场的缺陷,认为行为人的人格是责任的基础。此说认为,人格由素质、环境宿命地形成的部分和由行为人

① [意]贝卡里亚:《论犯罪与刑罚》,黄风译,中国大百科全书出版社1993年版,第8、9页。

② [德]汉斯·海因里希·耶赛克、托马斯·魏根特:《德国刑法教科书》,徐久生译,中国法制出版社2001年版,第503页。

有责地形成的部分，只能就后一部分对行为人人格进行非难。有责的人格形成，是由日常生活的“行状”导致的，只要这种“行状”是可以改变的，就可能对人格进行非难。①笔者赞同人格责任论的观点，因为犯罪的成立是由不法和责任两个部分组成的。不法只是一种客观行为的描述，实施行为者能否承担刑事责任的关键，是看行为主体是否具有责任能力或具备人格，只有具备人格者才可能对其加以处罚。责任的必要性是非难可能性，如果对主体缺乏非难可能性，就没有必要给予刑罚处罚。而非难可能性的前提也是具备人格。因此，无人格，也就无责任。

事实上，虽然我国法律目前没有规定人工智能产品的法律人格与权利义务，但世界范围内早已有国家或组织针对该议题进行研究或立法。例如欧盟法律事务委员会主张机器人的“工人”身份并赋予特定的权利义务；日本、韩国也起草了《机器人伦理宪章》等规范性文件。②立法上赋予人工智能产品以法律人格与权利义务并非无稽之谈，而是世界范围内已有先行者的前沿立法活动。当然，虽然目前已有立法赋予人工智能产品以法律人格，但是在刑事法律范围内，我们探讨的具有人格的人工智能产品只能是具有自主意志的强人工智能产品。只有强人工智能产品才有可能成为刑法中的责任主体，前文中笔者已对此作过详细分析，这里不再赘述。应当看到，正如自然人的刑事责任能力会随着年龄或精神状况的变化而变化一样，强人工智能产品的责任能力也并非一成不变。强人工智能产品的法律人格和责任能力会随着程序运行的变化而变化。如果强人工智能产品在设计和编制的程序范围内实施行为，应认定其不具有法律人格，也就不具有刑事责任能力；反之，如果强人工智能产品超出设计和编制的程序范围实施行为，应认定其具有法律人格，也就具有刑事责任能力。

强人工智能产品可能与自然人责任主体、其他强人工智能产品构成共同犯罪。例如，强人工智能产品可能会受到自然人或其他强人工智能产品的教唆从而在设计和编制的程序范围外产生犯意，或者在设计和编制的程序范围外产生犯意后受到其他自然人或强人工智能产品的帮助，实施了严重危害社会的行为，抑或设计者虽在研发过程中并未将犯罪意图融入程序的设计和编制中，但在强人工智能产品产生后萌生犯意，利用强人工智能产品的学习能力，让强人工智能产品帮助自己实施严重危害社会的犯罪行为。在这些复杂的情况下，是否可以认为上述主体共同参与实施了犯罪行为？是否可以认为上述主体需要

① 张明楷：《论同种数罪的并罚》，《法学》2011年第1期。

② 参见吴汉东：《人工智能时代的制度安排与法律规制》，《法律科学》2017年第5期。

共同承担有关刑事责任?笔者认为,在上述几种情况下,完全可以认为上述主体成立共同犯罪,需要共同承担有关刑事责任。根据我国《刑法》第 25 条的规定,共同犯罪是指二人以上共同故意犯罪。对此处的"人"应作何理解?笔者认为,既然我们承认强人工智能产品具有法律人格和刑事责任能力,其就可以成为共同犯罪中的"人"。因此,这里的"人"可以是自然人,也可以是强人工智能产品。如果设计者或使用者起初并无犯罪意图,但在发现强人工智能产品实施危害社会的行为时,不仅没有采取一定的技术措施予以阻止,反而在强人工智能产品不知情的情况下暗中予以帮助的,可以构成片面帮助犯,应对设计者或使用者按照共同犯罪(片面共犯)原理以强人工智能产品所实施的行为性质予以定性处罚,而对强人工智能产品单独追究刑事责任。此外,如果设计者或使用者是有特殊身份的人,强人工智能产品不具备特殊身份,二者共同犯罪,可以按照有特殊身份者的行为性质进行定性。例如,设计者或使用者是国家工作人员,通过与强人工智能产品联络,利用自身管理公共财物的便利,让强人工智能产品帮助实施贪污公共财物的行为,对国家工作人员当然可以贪污罪论处,对强人工智能产品也应按照贪污罪的共犯处理。因为事物的性质是由事物的主要矛盾决定的。在本案中,设计者或使用者与人工智能产品所实施的贪污行为依赖于设计者或使用者的国家工作人员的身份所形成的便利条件,而强人工智能产品并无此身份和便利条件,此时占主导地位的是作为国家工作人员的设计者或使用者,理应按照只有国家工作人员才能构成的贪污罪的共同犯罪处理。同时,多个强人工智能产品也可能成立犯罪集团。例如,设计者制造出三个以上的强人工智能产品,使其为了实施一种或几种犯罪而形成一个组织,此时,这样的组织就是犯罪集团。犯罪集团是共同犯罪的一种特殊形式,既然我们将共同犯罪概念中"二人以上"中的"人"理解为既可以包括自然人,也可以包括强人工智能产品,那么犯罪集团概念中的"三人以上"中的"人"同样可以理解为既可以包括自然人,也可以包括强人工智能产品。总之,社会发展日新月异,共同犯罪的形式和具体构成也完全可能有不同的表现形式,这需要我们与时俱进,更新观念。

人工智能时代的刑事风险与刑法应对

刘宪权*

【内容摘要】 人工智能时代的到来必将带来安全与风险问题，其中的刑事风险包括可能使得部分传统犯罪的危害发生“量变”，可能会导致新的犯罪形式产生，以及人工智能产品可能因为种种原因脱离人类控制，进而实施严重危害社会的犯罪行为。我国现行刑法体系对于人工智能时代中有关主体刑事责任的追究具有一定的局限性和滞后性。人工智能产品的研发者或使用者故意利用人工智能技术实施犯罪行为时，人工智能产品只是一种“智能工具”，刑事责任应由研发者或使用者承担。人工智能的研发者或使用者对于人工智能产品造成的危害结果，可能承担过失犯罪的刑事责任，判断标准则是根据研发或使用当时的人工智能技术发展水平，考察研发者或使用者对危害结果是否负有预见义务。面对人工智能时代已经或可能出现的刑事风险，刑法条文需要进行一定的修正与完善。增设滥用人工智能罪、确立研发者或使用者的严格责任以及确立智能机器人刑事责任主体地位，是完善刑事立法的当务之急。

【关键词】 人工智能 刑事风险 刑事责任 严格责任 立法完善

人工智能(Artificial Intelligence, AI)的概念其实早在20世纪50年代的达特茅斯会议(Dartmouth Summer Research Project on Artificial Intelligence)上就已经被提出，并且在该会议召开之前的十几年间，人们已经对此开展了一定范围的研究。应该承认，对人工智能的研究曾一度停滞不前，主要原因在于人工智能无法实现人类对其能够自我学习、自我创造的预想。但是，2016年谷歌公司的阿尔法狗(AlphaGo)在人机大战中最终以4∶1的总比分战胜了围棋世界冠军李世石，人工智能技术正式崛起，并掀起了新一轮人工智能技术发展的高潮。正如几十年前人类无法预想今天的我们已经完全置身于互联网时代之中一样，现在的我们可能也很难想象未来我们将身处一个全新的时代——人工

* 刘宪权，华东政法大学刑法学教授、博士生导师。

智能时代。如今,世界各国都把发展人工智能作为战略发展重点,我国更是提出要以举国之力,抢占人工智能全球制高点。[①]然而,人工智能快速发展的同时,风险也随之而来。国务院最新印发的《新一代人工智能发展规划》明确指出,人工智能发展的不确定性可能带来安全风险与挑战,可能会冲击现有的法律与社会伦理,还会带来侵犯个人隐私等问题。针对这些安全风险与挑战,我们需要尽快建立关于人工智能的法律法规、伦理规范和政策体系,全方位形成对人工智能技术的安全管控能力。笔者认为,一个全新时代的到来,对传统的法律理念和原有的法律法规无疑有所冲击,而我们面临的人工智能时代,同样也会给我们带来一系列的法律应对和完善的问题。时下,法学界已经有学者开始对人工智能所引发的知识产权、民事责任等问题展开研究,但对于可能出现的刑事责任问题则几乎无人问津。事实上,面对研发和使用人工智能程序中研发者和使用者实施的,或者智能机器人超越人类智慧独立实施的严重危害社会的犯罪行为,刑法绝对不应该无动于衷以至于束手无策。在目前我国刑法尚未考虑到人工智能发展所带来的影响的情况下,笔者希望能够就我国刑法应当如何合理应对人工智能时代所带来的刑事风险展开具体的分析与讨论。

一、人工智能时代的刑事风险

人工智能时代以人工智能技术的应用为核心,人工智能技术通过模拟人类的神经网络,让计算机系统对数据库进行深度学习,使得计算机系统能够进行分析,判断以及决策。这种高级"智能"在改变人们的生活的同时,也必然会引发我们对于传统犯罪行为的重新思考。毋庸置疑,人工智能技术研发和应用的过程存在一定的伦理风险、道德风险和法律风险,而对于其中可能存在的刑事风险,我们不能也不应该视而不见。具体而言,笔者认为人工智能时代的刑事风险可以分为三类:其一,可能使得部分传统犯罪的危害发生"量变";其二,可能导致新的犯罪形式产生;其三,人工智能产品可能因为种种原因脱离人类控制,进而独立实施严重危害社会的行为。

(一)人工智能可能使得部分传统犯罪的危害发生"量变"

科技的发展带给人类社会的改变总是具有一定的相似性,这种相似性表现在科技发展在改善人类社会生活的同时也增加了社会的风险。工业革命不仅

① 参见2017年7月8日国务院印发的《新一代人工智能发展规划》。

使得人类社会大大提高了效率，而且还使得犯罪工具更加先进，互联网时代的来临同样也是如此。笔者曾在相关论文中论述过，互联网技术的快速发展虽不会使得所有传统犯罪统统“升级”，但确实会使得部分传统犯罪的危害发生“量变”。[①]从工业革命时代到互联网时代，每一次人类社会生活时代的更替都可能使得部分传统犯罪插上科技的“翅膀”。我们完全有理由相信，人工智能时代在带给人类社会方便快捷高效的新生活的同时，也必将增加人类社会的风险系数。

一方面，从犯罪危害的“广度”而言，人工智能技术可能使得犯罪行为的危害覆盖面更“广”。快速发展的人工智能技术已经在社会生活全方位地蔓延，越来越多的行业中都出现了人工智能的身影。可以预测，在不久的将来人工智能将部分甚至完全地替代人类进行某些工作。人工智能在很多方面已经表现出和人类一样甚至超越人类的能力：在医疗领域，人工智能已经可以精准判断肿瘤的位置和大小，并提供相应的治疗方案，也已经有外科手术机器人可以参与具体的手术过程；在艺术创作领域，人工智能可以自行创作旋律，使美妙的音乐渗入人类的生活，人工智能创作的诗歌也能慰藉人类的心灵；在工业领域，人工智能早已掀起了一场空前的革命，人工智能可以大幅度提高生产过程中的效率，同时人工智能可以充分运用大数据了解客户需求，就连产品本身也处处蕴含人工智能科技，例如无人驾驶汽车已经可以行驶在大街小巷之中。根据相关部门的规划，未来我们国家将实现智能制造、智能农业、智能金融、智能商务、智能家居等全方位的社会智能化。这些规划无疑让人兴奋、令人鼓舞，但也同时会使人们产生些许担忧并引起我们的警惕。人工智能技术覆盖面如此之广，一旦出现了问题，很有可能会造成“牵一发而动全身”的危险局面，如果我们没有准备也不做预案，其后果将是不堪设想的。

另一方面，从危害“深度”而言，人工智能技术可以使得产品全面智能化，也可以使得犯罪工具以及犯罪手段更加智能，由此犯罪行为所造成的社会危害可能更“深”，也即不法分子完全可以利用人工智能技术全面实现犯罪计划，一旦危害结果发生，很难得到修复。例如，不法分子可以通过人工智能学习其他公司的核心技术，进而彻底颠覆该公司的运营。这与传统的侵犯商业秘密类犯罪所造成的危害后果在深度上有着巨大的差距。再如，在证券市场上，如果行为人利用人工智能对数据的深入研究与学习分析能力，快速掌握有利信息，或掌握像高频交易一样的某种技术优势，再利用这种信息或优势造成证券市场秩序

① 参见刘宪权：《网络犯罪的刑法应对新理念》，《政治与法律》2016 年第 9 期。

的混乱,完全可能造成比一般的市场操纵行为更为严重的社会危害。

(二) 人工智能可能会导致新的犯罪形式产生

我们可以预见,人工智能技术的快速发展除了会使得部分传统犯罪的危害发生“量变”,也完全可能会因新结合点的出现而导致新的犯罪形式产生。

首先,与大数据滥用结合的新犯罪形式。人工智能的基本原理是利用人工构造的神经网络系统以及一系列编码程序,对大量数据进行深度学习,从而掌握识别甚至决策等技能。从中可以看出,在整个人工智能系统深度学习的过程中,对大数据的利用无疑是非常重要的一部分,数据之于人工智能而言犹如水之于人类生命,因而对人工智能的滥用很有可能就是对大数据的滥用。过去我们一般认为,对数据的利用可能涉及的犯罪类型是非法获取计算机信息系统数据。从“两高”出台的司法解释我们可以看出,①我国刑法及司法实践侧重于保护用于维护信息系统自身功能的、以访问控制为主要考虑的数据,没有关注数据自身内容属性上的价值与保护必要。②但是人工智能时代可能带来新的滥用数据的风险,产生新的滥用数据的犯罪形式。数据的集中本身就是一种风险的存在,因为数据越多,包含的信息量就越多,不法分子攻击一次数据库就能获利颇多,从而降低了犯罪成本。更令人胆战的一点是,人工智能技术往往可以产生超出人类预期的结果,一些数据从表面看来可能不包含关键的敏感信息,但是通过人工智能技术分析海量数据,以及对多个数据库进行综合分析,最终完全可能通过推演得到关键的敏感信息,甚至包括威胁到国家安全的重要信息。与此同时,目前对于数据的安全防护手段无法跟上人工智能技术发展的速度,也就无法及时针对新的犯罪形式作出预警反应。

其次,与“欺骗”人工智能系统结合的新犯罪形式。一方面,不法分子可以通过干扰人工智能系统得以逃脱监控或制裁。人工智能具有识别和决策功能,一旦不法分子改变或控制人工智能中的算法,完全可以使得人工智能系统发生识别或决策错误。未来警方很大程度上会依赖人工智能技术来侦破案件,“人工”的参与度大大下降,不法分子只要能够采取一定手段“欺骗”人工智能系统,就能逃之夭夭,从而给社会安全带来更大的隐患。另一方面,不法分子完全可以通过“欺骗”人工智能系统让自己非法的行为“合法化”。我们完全可以想象,

① 2011年最高人民法院、最高人民检察院《关于办理危害计算机信息系统安全刑事案件应用法律若干问题的解释》第1条规定,获取支付结算、证券交易、期货交易等网络金融服务的身份认证信息10组以上的,或除此以外的身份认证信息500组以上的,属于“情节严重”的情形。

② 于志刚、李源粒:《大数据时代数据犯罪的制裁思路》,《中国社会科学》2014年第10期。

未来人类的社会生活是在人工智能系统的覆盖下进行的，人工智能依赖于计算机算法，而凡是计算机算法就一定会有算法漏洞或缺陷。在过去，黑客对系统进行攻击往往可以通过反复调整同一封邮件或图片来“骗过”安全过滤系统，那么在未来，不法分子也完全可以通过“骗过”人工智能系统来从事非法甚至犯罪活动，例如开展非法的政治活动等。

（三）人工智能产品可能脱离人类控制而实施严重危害社会的犯罪行为

智能机器人是人工智能产品的代表。美国科幻作家阿西莫夫曾提出“机器人三原则”，即“机器人不得危害人类、必须服从人类的命令、在不违反第一条和第二条的情况下必须保护自己”。[①]但是这样的原则真的能保证智能机器人不伤害人类吗？就连阿西莫夫自己都在多部作品中塑造过智能机器人脱离人类控制的场面。著名物理学家史蒂芬·霍金多次强调人工智能可能在未来会威胁到人类，特斯拉首席执行官伊隆·马斯克认为人工智能是“我们人类文明面临的最大威胁”，并指出未来人工智能完全可能伤害人类。在著名科幻电影《2001太空漫游》中，机器人 HAL 设计杀死了飞船上的科学家们，这种场景很有可能在未来真实地出现在人类社会生活中。一旦智能机器人因为深度学习产生了自主意识和意志，并在自主意志支配下实施了不在人类设计和编制的程序范围内的犯罪行为，智能机器人可能就需要面临刑事责任问题。在现行法律体系下，需要承担刑事责任的只有一般自然人和单位。与自然人相比，智能机器人虽然没有生命，但却拥有和人一样的辨认能力与控制能力，完全可能成为刑事责任的承担主体。同时应当看到，智能机器人有一定的特殊性，即具有两面性：一方面，在设计和编制的程序范围内实施行为，其实现的是人类的意志，无法决定自己的行为目的，对自己所实施的行为不需要承担相应的责任；另一方面，智能机器人在设计和编制的程序范围外实施行为，实现的是自己的意志，和其他具有刑事责任能力的主体实施犯罪行为的情况别无二致。一个自然人从出生到死亡可以看作一种“纵向”的刑事责任能力递增的过程，即不满 14 周岁时不具有刑事责任能力，已满 14 周岁不满 16 周岁时具有限制刑事责任能力，已满 16 周岁就具有完全刑事责任能力。而智能机器人从设计和编制的程序内到程序外可以看作一种“横向”的刑事责任能力的转化过程，即智能机器人在设计和编制的程序内实施行为不需要承担刑事责任，而在设计和编制的程序外实施行

① ［美］艾萨克·阿西莫夫：《我，机器人》，叶李华译，江苏文艺出版社 2013 年版，第 59、60 页。

为需要承担相应的刑事责任。笔者认为,人工智能的普及完全可能使得智能机器人在人类社会生活中的地位从普通工具上升至法律主体的高度,这是不可回避的社会发展的必然。正因为如此,未来人类社会的法律制度都需要针对人工智能技术的发展进行相应的调整。

二、人工智能时代相关主体的刑法规制

诚然,以智能机器人为代表的人工智能可以通过深度学习产生自主意识和意志,并在自主意识和意志的支配下实施严重危害社会的犯罪行为,此时智能机器人已经具备了刑法中犯罪主体的主要条件,确实需要承担相应的刑事责任。但是,无论从刑法的目的分析,还是从刑罚种类分析,通过我国现行刑法对智能机器人直接加以惩罚确实难以想象。同时,在大多数的情况下,人工智能是在人类设计和编制的程序范围内进行有关操作,体现的仍然是人类的意志而非自主意志。如果最终产生危害结果,承担刑事责任的似乎应该是人工智能的研发者或使用者。笔者认为,就目前我国刑法而言,可以从故意犯罪和过失犯罪两个角度考虑对人工智能研发者或使用者的行为加以规制。

(一)行为人故意利用人工智能实施犯罪行为

科技的发展在造福人类社会的同时也为不法分子带来可乘之机,因而不法分子很有可能利用人工智能技术开展犯罪活动,例如具有犯罪意图的研发者完全可以在设计和编制程序的时候植入自己的犯罪计划,使得以智能机器人为代表的人工智能产品帮助自己实现犯罪目的。这种情形属于行为人故意利用人工智能实施犯罪行为的情形。笔者认为,对于故意利用人工智能技术研发或使用相应产品实施严重危害社会的犯罪行为,应当将人工智能产品看作行为人实施犯罪行为的"智能工具",所有刑事责任应当由人工智能产品的研发者或使用者承担。以智能机器人为例,不法分子为了实现自己的杀人意图,设计出一个"智能杀手","智能杀手"可以通过深度学习,从而自主判断和决定杀人的方式。如果"智能杀手"最终实施了杀人的行为,笔者认为,此时全部的刑事责任都应当由"智能杀手"的研发者来承担,理由是:此时"智能杀手"实现的是研发者的意志而非自己独立的意志。我们承认,智能机器人可能通过深度学习产生自主意识和意志,但即使是在产生自主意识和意志之后,也不是每个行为都能体现自主意志。如果智能机器人是在设计和编制的程序范围内实施行为,应当认为此时该行为体现的是研发者的意志。刑法要求犯罪主体具有刑事责任能力的

原因在于，拥有刑事责任能力的行为人在实施行为时具有相对的意志自由，也即行为人面临多种行为选择时，可以依靠辨认能力和控制能力具体分析进而作出选择、实施行为。智能机器人在设计和编制的程序范围内实施行为时，并没有选择行为目的的自由，“智能杀手”自“出生”的那一刻起，存在的意义就是为了杀人。而有行为选择自由和能实现自主意志的是智能机器人的研发者，其能选择设计和编制不具有非法意图的程序，使得智能机器人不做出严重危害社会的犯罪行为。如果研发者设计和编制了具有非法意图的程序，使得智能机器人做出严重危害社会的犯罪行为，那么该犯罪行为实现的显然是研发者的意图，因而刑事责任承担的主体也应为研发者，智能机器人本身不需要承担任何刑事责任，此时对于智能机器人性质上的理解应当是研发者实施犯罪行为的“智能工具”。

行为人利用智能机器人实施严重危害社会的犯罪行为，可以理解为行为人借助智能机器人的“手”实施了犯罪行为。因为行为人不是“亲自”实施犯罪行为，所以容易发生认识错误的情况。那么，对于此类认识错误如何理解呢？笔者认为，有必要对以下两种情况进行比较与讨论：第一种情况是智能机器人最终无法实现行为人的犯罪计划，此时应当属于行为手段的认识错误，即行为人意欲犯罪，但其使用的手段或精心选择的作案工具无法实现自己的犯罪意图。例如，行为人利用“智能杀手”去杀害甲，但是最终因为程序设计失败，“智能杀手”没有完成杀害甲的任务，此时行为人应当构成故意杀人未遂。这种情况类似于行为人欲毒害他人，但错将白糖当作砒霜，最终没有产生危害结果，应以犯罪未遂加以认定。第二种情况是智能机器人实施的行为与行为人预想的结果有偏差，此时的这种“错误”属于哪一类错误呢？笔者再以“智能杀手”为例，行为人利用“智能杀手”去杀害甲，设计和编制的所有程序都是针对杀害甲这一计划进行的，但是因为种种原因，“智能杀手”误以为乙是甲，故将乙杀害。笔者认为，在这种情况下，这种对于对象的认识错误并不发生在行为人自己身上，而发生在智能机器人身上，此时的情况就好比行为人放狗去咬甲，但狗误以为乙是甲，故将乙伤害的情况，因为产生“误解”的是狗而不是人，所以这种情况不应属于对象错误。“智能工具”产生的认识错误类似于“狗”产生的“误解”，应该归结于行为人的行为误差，属于打击错误。对于打击错误，笔者认为，在一个行为过程中，如果行为人主观上既存在故意的因素也存在过失的因素，则应当是故意吸收过失，即以故意犯罪认定。当然，行为人利用智能机器人实施犯罪行为还有可能发生行为对象的认识错误和因果关系的认识错误，因为这两种情况和一般传统犯罪发生认识错误的情况并无二致，故笔者在此不作一一讨论。

可以看出,上述针对行为人故意利用人工智能实施犯罪行为的刑事责任分析,都是在人工智能对于行为人而言只是一种“智能工具”的前提下进行的。但其实“使用”人工智能本身可能就存在刑事风险,“使用”过程可能存在的违法行为无法在现行刑法体系下得以规制,例如滥用数据的行为,这无疑会成为人工智能时代刑事风险防控中的一个“缺口”。

(二)人工智能研发者和使用者的过失责任

诚如前述,智能机器人可以通过深入学习产生自主的意识和意志,因此,智能机器人完全可能做出人类不可控的行为,对此智能机器人的研发者和使用者是否构成相关过失类犯罪呢?过失犯罪以违反一定义务为前提,如果违反了预见义务,即“应当预见但没有预见”或“已经预见但轻信可以避免”,则成立过失犯罪。我国刑法是以惩罚故意犯罪为原则,以惩罚过失犯罪为例外,也即所有过失犯罪的认定均以刑法规定为限。因此,在现行刑法体系下,对人工智能的研发者和使用者过失实施犯罪行为的刑事责任追究,也必须以刑法有关过失犯罪的条文规定为依据。

笔者认为,在人工智能环境下,判断人工智能的研发者和使用者是否对危害结果负有预见义务,主要需要考虑的是研发或使用当时的人工智能技术发展水平,理由是,判断人的能力和行为需要一个相对清晰的标准。人工智能具有较高科技含量,其风险也相对较高,因而人工智能的研发者和使用者需要尽一切可能最大程度保证自己研发和使用的产品不存在安全隐患。可以认为,研发和使用当时的人工智能技术发展水平是一个相对清晰的标准,利用这个标准来判断研发者和使用者是否具有预见义务也相对客观。如果研发者和使用者完全可能利用当时的人工智能技术预见危害结果的发生,则人工智能的研发者和使用者负有预见义务。最终导致危害结果的发生,应当认为研发者或使用者没有履行预见义务,并且这种不作为与危害结果之间存在因果关系,研发者或使用者成立过失犯罪。人工智能的行为与研发者对程序的设计编制和使用者的使用情况紧密相关。人工智能的研发过程是复杂的,需要经过种种测试与试验,才能保证最终产品符合安全标准。如果检测过程中,研发者“已经预见”了人工智能在未来使用过程中可能导致危害结果的发生,但可能因为试验显示该情况的概率较低等原因,研发者轻信这种情况可以避免,那么研发者成立“过于自信的过失”。如果检测过程中,研发者因为没有全面检测等原因“没有预见”危害结果的发生,但实际上如果全面检测是可以发现人工智能存在缺陷的,那么研发者成立“疏忽大意的过失”。同样地,如果使用者在使用人工智能的过程中没有按照相关说明操作，最终导致了危害结果，则应当按照具体情况成立“过于自信的过失”或“疏忽大意的过失”。对于人工智能的研发者和使用者构成的犯罪罪名，笔者认为，根据我国目前的刑法规定，应根据人工智能实施的行为和具体造成的危害结果来定罪量刑。例如，如果因为智能机器人的行为造成了被害人死亡的结果，则研发者和使用者构成过失致人死亡。

与此同时，法律不强人所难。囿于一定地域内社会历史发展阶段与水平的限制，人类所掌握的人工智能技术完全可能无法彻底消除人工智能的安全风险，也即人工智能的安全系数与标准的提高还有赖于人工智能技术的进一步成熟。在这种情况下，我们就不应当追究研发者和使用者的刑事责任。对于最终导致的危害结果，可以按刑法中的意外事件处理。人类社会应当是鼓励创新的，如果因为人工智能技术的相对不成熟，就放弃对人工智能产品的研发，那么对于人类社会的进步而言显然是弊大于利的。我国《产品质量法》第 46 条规定“本法所称缺陷，是指产品存在危及人身、他人财产安全的不合理的危险；产品有保障人体健康和人身、财产安全的国家标准、行业标准的，是指不符合该标准”。国家允许生产机器人并将其投放市场，必须制定人类现有科学技术水平所能够企及的国家标准或行业标准，符合标准的便不属于缺陷产品，其所导致的危险便不属于“不合理的危险”。因而自然可以遵循这样的逻辑，即既然对于产品投入流通时的科学技术水平无法发现缺陷的“缺陷产品”尚不能追究其生产者的民事责任，那么，对其刑事责任的追究更无从谈起。

同时我们还需要探讨的是，由于人工智能产品的特殊性，人工智能产品的研发者和使用者是否因为其特殊地位对人工智能产品的安全负有特殊义务？如果因为没有履行这些特殊义务，并且不存在主观故意，最终人工智能产品造成了严重的危害结果，其研发者和使用者是否负有一定的过失责任？研发者和使用者与人工智能产品之间的关系类似于监督与被监督的关系，所以可能有人考虑以监督过失责任来追究研发者和使用者的过失责任。但是应当看到，我国刑法规定的监督过失责任的一类主体是具有领导职责的负责人，例如我国《刑法》第 134 条规定的“重大责任事故罪”、第 135 条规定的“重大劳动安全事故罪”等条文中，如果发生重大伤亡事故或造成其他严重后果的，相关主管人员或直接责任人员需要承担刑事责任。监督过失责任的另一类主体是负有特定职责的国家机关工作人员，例如我国《刑法》第 408 条规定的“环境监管失职罪”、第 409 条规定的“传染病防治失职罪”等条文中，负有“环境保护监督管理”及“从事传染病防治”等职责的国家机关工作人员，因严重不负监管责任，最终导致重大责任事故的，国家机关工作人员需要承担相应的刑事责任。一般认为，监督过失责任是一种严格责任(推定责任),也即只有当存在足够的证据能够证明监督责任主体已经履行了相应的监督义务时,才可以免除其刑事责任。所以追究行为人的过失责任需要以法律的明确规定为前提。根据我国刑法目前的规定,人工智能产品的研发者和使用者似乎不符合关于监督过失责任主体的规定,人工智能产品似乎也不是被监督的主体,故研发者和使用者不需要被追究监督过失责任。因此,人工智能产品的研发者和使用者在我国现行刑法语境下似乎不存在过失责任问题,这可能是刑法对于人工智能刑事风险防控的一种缺陷。

从上文关于人工智能时代刑事责任的分析可以看出,面对人工智能时代中的多重刑事风险,我国现行刑法显得力有不逮,具体表现包括:无法规制智能机器人的犯罪行为,对研发者和使用者故意和过失犯罪的责任追究也均存在一定的缺陷。法律具有滞后性,我国现行刑法目前存在这些方面缺陷的原因显然是没有考虑(事实上在立法的当初确实很难考虑)人工智能技术快速发展可能带来如此多的安全风险问题,因此如果按照我国现行刑法体系,人工智能产品的研发者和使用者的某些行为因不在规制范围之内,而很有可能"逍遥法外",成为"漏网之鱼"。为确保人工智能技术的安全性,使得人工智能技术真正服务于人类社会,笔者认为,我国刑法可能需要针对人工智能时代所带来的各种新情况作出相应的调整。

三、人工智能时代的刑法完善

为了防止未来出现人工智能脱离人类控制的局面,我国刑法应该重视前瞻预防与风险防控。诚如前述,我国现行刑法体系显然无法适应人工智能技术的发展水平,对于人工智能时代中可能出现的刑事风险的责任追究具有一定的局限性和滞后性,亟待改造与完善。但是我们也应当看到,刑法的规制对于人工智能技术的发展而言可能是一柄"双刃剑":如果过多地干预人工智能的研发或使用,可能会阻碍人工智能技术的创新与发展,刑事立法活动更需要尊重客观规律。因此,刑法对于人工智能产品研发或使用过程中的规制应当保持一定的谦抑性,既需要严格防控人工智能技术被滥用的风险,又需要不阻碍人工智能技术的创新与发展。笔者认为,未来我国刑法可以考虑从以下几个路径来进行完善。

(一) 从源头防控风险:增设滥用人工智能罪

对于人类社会而言,人工智能时代的到来同时就意味着人类已经开始面临人工智能的安全与风险问题。对于风险防控最佳的选择就是从源头进行防控,也即杜绝一切滥用人工智能技术的行为。笔者认为,可以适时增设滥用人工智能罪,以完善对滥用人工智能行为的刑法规制,理由如下:

首先,滥用人工智能的行为已然触犯了公民最宝贵的核心利益,即人类社会的安全问题,刑法需要对其加以特别规制。笔者在上文已多次提及,人工智能技术在拓宽人类视野,给人类社会带来新鲜血液的同时,也为人类社会装上了一颗"不定时炸弹",即人工智能产品可能脱离人类控制的风险。铲除这颗"不定时炸弹"最好的方式就是不要让其有随时爆炸的风险。对于人工智能技术而言,就是让人工智能产品的研发与使用过程始终在安全边界范围内进行。人工智能可能使传统犯罪活动发生危害上的"量变",也可能导致产生新的犯罪形式,甚至智能机器人可能脱离人类控制而实施严重危害社会的犯罪行为。毫无疑问,如果有行为人对人工智能加以滥用,这种行为的社会危害性完全可能是难以控制的,小可至公民的财产权被侵犯,大可至国家、公共安全受到威胁。笔者认为,在人工智能时代,滥用人工智能行为的社会危害性可能远远超过许多传统的犯罪行为,例如生产、销售伪劣产品罪等。既然智能机器人可能在自主意识和意志支配下实施行为,它也完全可以实施绝大多数严重危害社会的犯罪行为,甚至还可能颠覆人类社会。尽管这些可能只是在滥用人工智能最为极端的情况下才会发生,但也恰恰说明滥用人工智能的行为可能将人类自身置于十分危险的境地。然而,我国现行刑法对这些严重危害社会的滥用人工智能行为却无动于衷甚至束手无策。为了防止这种情况的发生,我们能做的就是将滥用人工智能的行为尽快纳入刑法的规制范围内,从源头上杜绝人工智能威胁人类社会局面的发生。这样一来,既有利于实现对人工智能安全与风险问题的防控,同时也可以加大对数据滥用、侵犯个人隐私、违背道德伦理等行为的惩戒力度。

其次,只有刑法的规制才能真正减少滥用人工智能行为的发生,刑法以外法律法规的规制不足以威慑人工智能产品的研发者和使用者,无法起到对人工智能风险的防控作用。刑法对于犯罪人权利的剥夺往往是不可逆的,能起到明显的警示作用。因而刑法必须对滥用人工智能的行为加以规制,人工智能风险才有可能得到有效防控。众所周知,刑法是最后一道屏障,立法者应该谨慎划定犯罪圈,对于某种危害社会的行为,只有在其他法律不足以规制和调整的情况下,刑法才能将其归入调整的范围并规定为犯罪。我们可以想象,滥用人工智能的行为必然会造成严重危害社会的结果,如果仅仅依靠其他法律法规加以规制显然存在不足,而刑法的介入则成为必须。一旦滥用人工智能的行为入刑,那么人工智能的研发或使用过程必然变得更加严谨,相应的监管过程也必然更加严密,人工智能的安全与风险问题也会相对缓解。笔者在此强调将滥用人工智能行为纳入刑法规制范围,并不意味着可以忽视其他法律法规的作用。事实上,其他相关的法律法规也应该针对滥用人工智能的行为作出及时调整,包括规定人工智能技术的操作规范,滥用人工智能的表现形式等。并在相关法律法规中明确规定,滥用人工智能行为情节严重的,按照刑法有关规定处理。以实现合理的行刑衔接和民刑衔接。只有这样对于滥用人工智能行为的规制才能形成一个较为完整与协调的法律体系。

最后,笔者认为,将滥用人工智能的行为纳入刑法规制范围属于适当的前瞻性立法,是充分考虑人工智能时代所带来的种种变化后的恰当选择。法律需要保持一定的稳定性,才能使得公民对法律权威保持信仰,因而立法活动需要具有一定的前瞻性,即立法活动需要考虑到未来人类社会的基本发展情况,从而避免出现新情况之后对法律朝令夕改。正如上文已经提及,滥用人工智能行为的客观表现形式多种多样,包括制造危害社会的人工智能产品,滥用大数据,侵犯他人隐私,等等,可以说涉及人类社会生活的许多方面,未来还将出现其他立法者囿于人工智能技术发展状况而无法全面考虑到的情况。因此,就目前人工智能产品的研发和使用情况而言,直接将"滥用"的行为作为规制的对象并规定相应的兜底条款是较为妥当的做法,未来可以通过司法解释等活动进行更加具体的规定,从而实现刑法规范稳定性与前瞻性的平衡。

(二)确立严格责任:增设人工智能事故罪

除了故意利用人工智能技术实施犯罪行为需要加以规制外,笔者认为,由于人工智能可能造成的社会危害性大,并且研发者和使用者在大多数情况下对人工智能产品具有一定的把控能力,因此可以考虑在刑法中确立人工智能产品研发者和使用者的严格责任。承担严格责任以负有一定的特殊义务为前提,目前人工智能产品研发和使用过程中的义务体系尚未建立,所以确立研发者和使用者严格过失责任的前提是完善人工智能产品研发和使用过程中的义务体系。Google DeepMind、Lucid AI 等机构已经设立了伦理审查委员会,该类委员会就是为了确保人工智能产品的安全而存在的。虽然科技的发展速度远远超过人类的想象,但是如果尽早做好准备,对其研发过程本身进行控制,明确生产者和使用者在生产和使用过程中的权利和义务,在一定程度可以避免产生巨大的安全隐患。笔者认为,人工智能产品的研发者和使用者的义务需要包含以下几方面的内容:

首先,在研发人工智能产品的过程中必须将人类社会中的法律以及道德等规范和价值嵌入相应的系统之中，换言之，就是必须让人工智能在自主学习的过程中也“学习法律”，从而让其知道什么可为什么不可为。人类创造人工智能的目的是更好地为人类社会服务，为了能够实现这个目的，我们有必要采取一定的措施使人工智能系统能够更好地融入人类社会之中，而其中最为必要的就是让人工智能在一定指导下学习人类社会的法律以及道德等规范和价值。一方面，人工智能必须掌握人类社会的基础性法律，例如刑法能够使人工智能产品有效区分犯罪行为和非犯罪行为。刑法中规定的犯罪行为都是具有严重社会危害性的行为，如果人工智能不能认识到犯罪行为的社会危害性，那么可以想象其在自主意志支配之下很有可能“不经意间”实施严重危害人类社会的犯罪行为，造成严重的危害后果。另一方面，人工智能还需要掌握与其从事业务密切相关的法律规范。一般而言，人工智能产品具有一定的专业性，即通常用于专门从事一类业务，例如外科手术机器人专门用于辅助外科手术过程，翻译机器人专门用于识别和转换各类语言，因此就像专业的业务人员需要了解自己所从事业务中的行业规范一样，人工智能产品既然能够自主判断、操作业务，也必须掌握自己所从事业务的法律规范。这一点类似于各行各业新进人员的“岗前培训”，这样的“岗前培训”有利于人工智能在法律规范允许的范围内更专业地处理业务。换言之，我们需要打造一个真正专业、规范的“业务人员”。应当看到，法律具有一定的行为指引作用，法条规定能够提供一个既定的模式，从而引导人们在法律所允许的范围内从事社会活动。因此，让人工智能产品在研发过程中“学习法律”，可以指引其实施正确、合法的行为。

其次，研发者和使用者需要在研发和使用人工智能产品的过程中履行数据保护义务。人工智能产品的背后有数据库的有力支撑，而数据的集中容易带来数据滥用的风险，因而作为人工智能产品的研发者和使用者必须尽到一定的数据保护义务，才能避免数据滥用的风险。人工智能产品的研发者和使用者往往都不是单独的个人，而是公司或团队。对此，笔者认为，在研发和使用人工智能产品的公司或团队中，需要设“数据保护官”，也即需要有专门人员进行数据保护的相关工作。如果无法实现专门人员进行数据保护的相关工作，研发和使用人工智能产品的公司或团队可以考虑引入第三方机构负责专门的数据评估和安全保障工作。

最后，人类必须能做到完整控制人工智能自主武器系统。人工智能自主武器系统指的是部分人工智能产品所配备的不需要人类的直接监督和决策即可自动锁定目标并使用潜在武力予以致命打击的系统。正因为人工智能自主武器系统不需要人类对其下达命令即可对外实施武力行为，所以一旦人工智能的算法出错或算法结果不在人类预测范围内,人工智能自主武器系统实施行为的后果将不堪设想。笔者认为,所谓对人工智能自主武器系统能够做到完整控制需要满足几个条件:一是开启人工智能自主武器系统需要得到人类的允许。即使人工智能自主武器系统能够自主实施行为,但开启该系统必须得到人类允许。也即只有在特定场合和情形下,人类才允许人工智能自主武器系统使用武力。二是人工智能自主武器系统不能主动伤害人类。如果人工智能自主武器系统能够主动伤害人类,那么就意味着人类随时有受到攻击的可能。人工智能有深度学习能力,其做出的行为完全可能不在人类的预期范围内。例如,根据阿西莫夫小说改编的电影《我,机器人》中描述过一个场景:智能机器人面对同时落水的一个成年人和小女孩选择救助成年人,因为智能机器人计算出该成年人存活的概率大于小女孩,即使成年人自己要求智能机器人放弃自己去救小女孩,智能机器人依然选择根据计算结果进行救助。人工智能作出的判断大多依赖于计算机算法,不包含道德伦理要求以及人类所拥有的情感,因此人工智能产品极有可能机械地根据计算机算法得出被人类认为不合理的结果,并根据这个结果选择主动伤害人类,这将是人类所不希望看到的。只有人类在研发人工智能过程中为人工智能自主武器系统设定行为边界,即不允许其主动伤害人类,才能从根源上防止人所不能控制的意外的危害结果发生。三是可以随时关闭人工智能自主武器系统。即使人工智能自主武器系统的开启必须得到人类的允许,并且人类设定的程序使得人工智能自主武器系统不能主动伤害人类,也无法完完全全杜绝具有非法意图的不法分子利用人工智能自主武器系统实施违法行为。因此,人工智能自主武器系统必须有能够被及时中止的设置,一旦发生了危险情况,他人可以立即中止自主武器系统,从而避免危害结果的发生。

笔者认为,如果人工智能产品的研发者和使用者没有履行前述的几种义务,那么人工智能产品的研发者和使用者需要承担相应的严格责任。当然,严格责任确认的前提是前置法律法规应当将这部分义务规定在条文之中,而刑法则可以规定不履行相应法律法规中关于人工智能产品研发和使用过程中的规定,造成严重危害结果的,有关研发者和使用者需要承担刑事责任。这种严格责任与滥用人工智能故意犯罪的刑事责任相比应当是较为轻微的。笔者认为,可以通过增设新罪名对人工智能产品的研发者和使用者的严格责任加以确定,例如增设人工智能产品事故罪。综上,增设滥用人工智能罪是从故意犯罪的角度对研发者和使用者加以刑法规制,而增设人工智能事故罪是从过失犯罪的角度对研发者和使用者加以刑法规制,两者相辅相成,最终可以实现对人工智能刑法规制的完善。

(三)适时考虑确立智能机器人的刑事责任主体地位

笔者在上文已经提及,智能机器人完全可能具有与人一样的辨认能力与控制能力,其也完全可能通过深度学习,在设计和编制的程序范围外实施严重危害社会的行为。目前我国刑法规定的刑事责任能力主体只包括自然人和单位,显然不能涵盖智能机器人。笔者认为,未来在必要的时候,刑法可以考虑赋予智能机器人刑事责任主体的地位,理由如下:

首先,智能机器人在设计和编制的程序范围外实施行为实现的是自己的意志,而意志存在与否对于刑事责任能力的认定有着重要意义。以单位犯罪为例,一直以来,对于单位应否成为刑事责任主体的争论的焦点就在于"单位是否能够像自然人一样,可以实行犯罪行为,可以有犯罪的意识和意志,是否有受刑能力"。①德国刑法认为单位不存在自己的意志,因而不应成为刑事责任承担主体。费尔巴哈曾表示:"只有个人才能成为犯罪的可能的主体,而法人(如公司、大学或者学院等)决不可能成为犯罪的主体。"②然而,也有国家认为单位有自己的意志,其意志表现为单位内部所有人的共同意志,因而可以成为刑事责任承担的主体。与单位进行比较,我们可以发现,智能机器人的意志自由程度比单位更强,智能机器人完全可能脱离人类产生独立的意志。对于人类来说,智能机器人是人类模拟自身神经网络创造出来的事物,可以说它比世界上任何事物都要更类似于人,刑法应当尊重其自由意志,适时考虑赋予其法律上的主体资格。

其次,智能机器人的行为完全可能成为法律意义上的行为。传统关于行为的理论包括自然行为论、因果行为论、目的行为论、社会行为论、人格行为论等,这些行为理论无一例外地认为只有"人"的行为才可能成为法律意义上的"行为"。但是这些理论产生之时,人工智能技术尚未崛起,当时的学者无法想象人工智能时代中可能出现如此类似于"人"的智能机器人,它们和人类一样可以在自主意识和意志支配下实施行为。理论随着时间的推移而继续发展,行为理论也应如此,我们应该根据新时代的要求来对智能机器人行为进行定位。对于一个普通故意伤害的被害人而言,被自然人故意伤害和被智能机器人故意伤害并没有什么本质的区别。我们绝对不可能认为,被智能机器人伤害的被害人没有

---

① 刘宪权:《刑法专题理论研究》,上海人民出版社 2012 年版,第 93 页。

② [德]安塞尔姆·里特尔·冯·费尔巴哈:《德国刑法教科书》,徐久生译,中国方正出版社 2010 年版,第 37 页。

受到伤害。笔者认为,智能机器人和自然人的区别仅仅在于自然人具有生命体,而智能机器人是非生命体,这一区别似乎并不会改变行为的性质。因此,笔者认为,在未来刑事立法活动中确立智能机器人的刑事责任主体地位并非天方夜谭。

四、结　　语

综上所述,笔者认为,人类既然有能力发展人工智能,就应当也具有控制人工智能的能力。为了避免出现科幻电影中人工智能脱离人类控制的局面,我们必须重视人工智能的安全与风险问题。防控人工智能风险的关键在于把控人工智能产品的研发和使用。目前人工智能产品的研发和使用过程存在多重刑事风险,从源头上对这些风险加以防控或许是一个较为恰当的选择。因而刑法需要在其他法律法规对人工智能产品的研发和使用过程作出具体规定的基础上,将其中严重危害社会的行为纳入规制范围。

人工智能时代的刑事风险与刑事责任

刘宪权　房慧颖*

【内容摘要】以智能机器人是否具有辨认能力和控制能力，可以将智能机器人划分为弱智能机器人与强智能机器人。弱智能机器人不具有独立意志，只能在设计和编制的程序范围内实施行为，相当于设计者或使用者实施犯罪行为的工具。弱智能机器人本身不应当承担刑事责任，而应当由弱智能机器人的设计者或使用者承担刑事责任。此时，对设计者或使用者按照其利用弱智能机器人所实施行为的性质进行定罪量刑即可。强智能机器人具有辨认能力和控制能力，不再只是设计者或使用者的工具，其可以在自主意志和意识的支配下，独立实施严重危害社会的行为。此时，我们完全可以将强智能机器人作为刑事责任主体对待。

【关键词】人工智能　弱智能机器人　强智能机器人　刑事责任

人工智能（Artificial Intelligence，简称为AI）是指使机器像人一样去完成某项任务的软硬件技术。对智能机器人的合理应用，将会带来许多行业的重大变革，并在较大程度上通过解放劳动力，促进社会的深度和快速发展。但是如果设计者或使用者对智能机器人进行不当利用，甚至将其作为实现犯罪意图的工具，抑或是智能机器人本身在具有独立意志之后产生了犯罪意图，进而实施严重危害社会的行为，将会给人类社会带来极大的威胁，甚至会导致人类社会的毁灭。

一、强弱智能机器人之界分

以智能机器人是否具有辨认能力和控制能力，可以将智能机器人划分为弱智能机器人与强智能机器人。目前，弱智能机器人的使用，为我们的生活带来了极大便利，我们已经进入弱人工智能时代。随着科技的爆炸式发展，具有辨

* 刘宪权，华东政法大学刑法学教授、博士生导师；房慧颖，华东政法大学博士研究生。

认能力和控制能力的强智能机器人的出现也并非天方夜谭,我们最终将会进入强人工智能时代。

弱智能机器人虽然可以在设计和编制的程序范围内进行独立判断并自主作出决策,但不具有辨认能力和控制能力,其实现的只是设计者或使用者的意志。例如,阿尔法狗(AlphaGo)虽然凭借自主判断和决策战胜了围棋国手,但其自主判断和决策仍是在设计和编制的程序范围内进行的,实现的是设计者或使用者的意志——在下围棋时战胜对手。人类是弱智能机器人的创造者,可以通过程序给弱智能机器人设定行为目的和行为边界。此时,弱智能机器人的设计者或使用者完全有可能让弱智能机器人为己所用,实现自己的犯罪目的,如制造专门用来杀人的弱智能机器人,实现自己非法剥夺他人生命的目的。同时,不法分子可能利用弱智能机器人本身存在的漏洞,实现自己的犯罪目的。如诺基亚公司董事长李思拓所言,未来的家居设备很可能都是智能联网的,犯罪分子有可能通过智能洗碗机所连接的 WiFi 侵入家庭网络,从而操纵其家里的一切,实现自己的犯罪目的。在这种情况下,弱智能机器人实施的严重危害社会的犯罪行为本质上是为了实现他人的犯罪意志,我们理应将该弱智能机器人看作他人实施犯罪行为的"工具"。

强智能机器人具有辨认能力和控制能力,可以超出设计和编制的程序范围,进行自主决策并实施相应行为,实现其自身的意志。正如 1968 年上映的美国经典科幻电影《2001:太空漫游》所呈现的那样,人工智能产品 HAL 读懂飞行员想要关闭它的唇语,于是决定先发制人,故意让电脑失灵,导致 4 人丧生。电影里的 HAL 就是我们这里所讲的强智能机器人,它可以超出设计和编制的程序范围自主作出让电脑失灵的决策,从而达到不让飞行员将自己关闭的目的。当然,这种情景只是人类的幻想,但是人类的科技发展史正是不断将幻想变成现实的历史。1783 年法国 J.F.P.罗齐埃和 M.达尔朗德乘气球升空、1903 年莱特兄弟飞机试飞成功,实现了庄子在《逍遥游》中所描述的"列子御风"的幻想;1969 年"阿波罗号"飞船首次成功登上月球,实现了"嫦娥奔月"的幻想。虽然到目前为止,智能机器人仍只能在设计和编制的程序范围内实施行为,实现设计者或使用者的意志,即我们目前仍处于弱人工智能时代,但是随着深度学习、神经网络、蒙特卡洛树搜索、云计算、类脑智能等技术的不断发展和完善,当技术突破下一个瓶颈时,出现具有辨认能力和控制能力、能够在设计和编制的程序范围外作出自主决策并实施相应行为、实现自身意志的智能机器人,其实并非无稽之谈。强智能机器人在设计和编制的程序范围外作出自主决策并实施相应行为时,其并未受到设计者或使用者等任何人为设置或操控,完全是自发实施的，且该种行为超越甚至根本违背了相关人员的意志。强智能机器人实施的这种犯罪行为和其他具有刑事责任能力的主体实施的犯罪行为相去无几。由于强智能机器人具有强大的自主学习能力，其智商和智慧有可能会高出人类数百倍，所以，当强人工智能时代到来时，我们的社会将会面临难以预知的风险，更有甚者，人类可能会面临灭顶之灾。

二、弱人工智能时代的刑事风险与刑事责任

弱智能机器人不具有辨认能力和控制能力，其实现的只是设计者或使用者的意志。因此，我们可以将弱智能机器人看作人类改造世界的新型工具。相较于普通工具，弱智能机器人的优势在于其可以在某一方面完全替代人类自身的行为，达到人类预期的目的。如果这一优势被犯罪分子所利用，其就会在付出更小代价的同时，带来更大的社会危害。

一方面，借助弱智能机器人会在一定程度上为犯罪分子实施犯罪行为带来便利，并使其犯罪行为取得事半“功”倍的效果。例如，恐怖分子可以借助携带爆炸物的弱智能机器人在人员密集的公共场所实施爆炸袭击，制造恐慌，危害公共安全。与传统的“人肉炸弹”相比，利用弱智能机器人实施爆炸袭击，不会危及恐怖分子的自身生命安全，同时也更有利于恐怖分子的隐蔽，大大增加了对其实施抓捕的难度。再如，在证券期货市场上，犯罪分子可以借助弱智能机器人远超金融分析师对数据的精准处理能力和远超金融操盘手的操作速度，攻破程序漏洞，控制证券期货交易市场。犯罪分子利用弱智能机器人，发出一个简单指令，就会导致证券期货市场产生混乱，从而坐收渔利。与传统的操纵证券期货市场的行为相比，犯罪分子借助弱智能机器人实施的破坏证券期货交易秩序的行为，实施难度更小、破坏力更强、获利更高。另一方面，犯罪分子将智能机器人作为犯罪工具，可能会衍生新类型的犯罪。从正面来看，人工智能技术的飞速发展与大数据密不可分，可以说，人工智能技术是建立在大数据之上的，失去大数据的支撑，人工智能技术就犹如无本之木。但从反面来看，对数据的滥用在当今的信息社会乃至智能社会，将会成为占据很大比重的犯罪形式。同时，法律具有一定的滞后性，我国刑法及司法实践侧重于保护用于维护信息系统自身功能的、以访问控制为主要考虑的数据，没有关注数据自身内容属性上的价值与保护必要。这就意味着，在不存在强有力监管的情况下，今后相当长的一段时间内利用智能机器人进行的滥用数据的犯罪将会愈演愈烈。例如，犯罪分子获取海量数据信息，通过弱智能机器人的分析和推算，从中获取关键

敏感信息,其中甚至包含威胁国家安全、公共安全或公民个人人身及财产安全的信息,再利用这些信息进行犯罪行为,获取巨额利益。

应当看到,弱智能机器人不具有独立意志,只能在设计和编制的程序范围内实施行为,相当于设计者或使用者实施犯罪行为的工具。弱智能机器人的工具属性决定了其在犯罪中的地位,弱智能机器人不可能作为犯罪主体而承担刑事责任。在弱智能机器人被设计者或使用者利用来实施犯罪行为的情况下,设计者或使用者通过程序给弱智能机器人设定行为目的和行为边界。此时的弱智能机器人虽然有可能基于深度学习和算法作出相应判断并进而实施行为,但这些判断和行为仍是在程序控制范围之内,实现的是设计者或使用者的意志,其行为完全符合设计者设计和编制程序的目的。即使弱智能机器人实施了严重危害社会的行为,也只能将其视为设计者或使用者实施犯罪行为的"工具",弱智能机器人本身不应当承担刑事责任,而应当由弱智能机器人的设计者或使用者承担刑事责任。此时,对设计者或使用者按照其利用弱智能机器人所实施行为的性质进行定罪量刑即可。

三、强人工智能时代的刑事风险与刑事责任

强智能机器人具有辨认能力和控制能力,不再只是设计者或使用者的工具,其可以在自主意志和意识的支配下,独立实施严重危害社会的行为。此时,我们完全可以将强智能机器人作为刑事责任主体对待。

根据《刑法》第17条的规定,刑事责任主体需具备以下条件:第一,实施了严重危害社会的行为;第二,具备刑事责任能力;第三,依法应当承担刑事责任。依笔者之见,在这三个条件中,行为人实施严重危害社会的行为、具备刑事责任能力,无疑是本质的条件。如若强智能机器人符合这些本质要件,我们就应在《刑法》第二章第四节单位犯罪后增设一节"智能机器人犯罪",承认其刑事责任主体资格。笔者认为,强智能机器人符合《刑法》规定的刑事责任主体所需要具备的条件。首先,强智能机器人自主决定并在设计和编制的程序范围外实施严重危害社会的行为时,已经满足了成为刑事责任主体的第一个条件。正如未来实验室首席战略与创新官特雷西·弗洛斯所言,人工智能和机器学习技术将帮助机器人拥有自动编程并实施犯罪行为的能力,他还预言,到2040年机器人犯罪率将超过人类。其次,在设计和编制的程序范围外实施严重危害社会行为的强智能机器人与自然人一样具有辨认能力和控制能力。只是自然人的辨认能力和控制能力来源于生命,受到年龄等因素的影响,而强智能机器人的辨认能

力和控制能力则来源于程序和算法。强智能机器人可以通过其“电子眼”、“电子耳”认识到事实，同时，强智能机器人拥有极强的处理能力、极快的反应速度和极为精准的控制能力，能够凭借大数据与高速运算能力对行为作出精准的控制。与人类相比，强智能机器人具有更强的控制能力与可培养的辨认能力。所以，强智能机器人也满足了成为刑事责任主体的第二个条件。由此可见，具有独立的意识和意志，能够自主决定并在设计和编制的程序范围外实施严重危害社会行为的强智能机器人可以成为刑法上的刑事责任主体，当然这需要由刑事立法加以明确。

强智能机器人在自主意志支配下所实施的严重危害社会的行为已经超出了设计和编制的程序范围，不再符合甚至从根本上违反了设计者或使用者的目的或意志，也不再是设计者或使用者实施犯罪行为的“工具”，而是一个独立的刑事责任主体。此时，我们当然应将危害结果归责于强智能机器人。但同时应当看到，与自然人责任主体基于自然规律而具有的独立意志不同，强智能机器人不具有生命体，其独立意志可以追根溯源到设计者为其编制的程序，同时使用者在使用过程中的行为也有可能触发强智能机器人的敏感点，使其产生实施危害社会行为的冲动并进而付诸实施。强智能机器人的设计者或使用者作为创造主体和控制主体，理应对强智能机器人的行为负有监督义务，并对其可能实施的严重危害社会的行为负有预见义务并尽其所能避免此类行为的发生。所以当强智能机器人实施了严重危害社会的行为时，除了追究强智能机器人的刑事责任外，负有预见义务和监督义务的设计者或使用者也有被追究刑事责任的可能。如果强智能机器人的设计者或使用者违反了预见义务，那么其可能承担的是一般过失犯罪的刑事责任；如果强智能机器人的设计者或使用者违反了监督义务，那么其可能承担的是监督过失的刑事责任；如果强智能机器人的设计者或使用者既不可能预见危害结果的产生，也确实履行了监督义务，那么其可能不需要承担刑事责任，此为意外事件或由强智能机器人独立承担刑事责任。

应当看到，人工智能时代是一个全新的时代，智能机器人是一种新生事物，人们不宜再用旧有视角与传统理论来看待新时代的新生事物，而是需要一套全新的理论来考虑智能机器人的行为和法律地位。为此，我们需要推陈出新、革故鼎新，明确不同类型的人工智能产品的法律特征和法律地位，同时应当未雨绸缪，就我国刑法应当如何合理应对人工智能时代的刑事风险展开具体的分析与讨论。

人工智能时代的刑事风险和责任分配

——以智能机器人为切入点

张金钢*

【内容摘要】 人工智能时代已悄然而至，带来各种挑战和新的变化，应认真对待人工智能技术可能带来的新的刑事风险。智能机器人具有辨认和控制能力，可作为受刑事处罚的主体，其刑事责任具有双面性。智能机器人的研发者或操作者刻意或者在明知的情况下设定程序，借助智能机器人实现构成要件，故意利用智能机器人实施犯罪行为时，刑事责任应由研发和操作者作为直接正犯来承担。智能机器人的研发和操作者对于智能机器人造成的危害结果，视是否违背预见义务以及是否具有预见可能性的不同情况，可能承担过失犯罪的刑事责任或按意外事件处理。人工智能技术日新月异，应该在法律制度框架的正确指引和约束下发挥其核心价值，以期充分发挥其功用，并防范其弊端，在刑事归责的合理性与智能机器人研发应用的风险性之间寻找良好的平衡。

【关键词】 人工智能　智能机器人　刑事责任　刑责承担范围

一、人工智能时代——潜力前景与风险争议

"计算机之父"冯·诺依曼(John von Neumann)曾指出："技术正以其前所未有的速度增长……我们将朝着某种类似奇点的方向发展，一旦超越了这个奇点，我们现在熟知的人类社会将变得大不相同。"①自此，学界惯用奇点一词代指技术变革引发社会生活革命性变革的时刻。目前，人工智能的发展正濒临奇点的状态，自1956年"人工智能"概念进入人类历史以来，②人工智能技术得到了

* 张金钢，华东政法大学博士研究生。

① Ulam S.Tribute to John von Neumann, 1903—1957[J]. Bulletin of the American Mathematical Society, 1958, 64(3):1—49.

② 1956年夏季，以麦卡赛、明斯基、罗切斯特和申农等为首的一批有远见卓识的年轻科学家在一起聚会，共同研究和探讨用机器模拟智能的一系列有关问题，并首次提出了"人工智能"这一术语，它标志着"人工智能"这门新兴学科的正式诞生。

跨越式的发展,正以指数级的速度高速增长,智能机器人已经广泛运用于社会生活工作和生产等领域。目前,许多之前存在于科幻小说的内容已经成为现实:谷歌人工智能棋手阿尔法狗(AlphaGo,围棋人工智能程序)击败了人类顶尖棋手,汽车自动驾驶技术日臻完善,工业生产和日常生活中到处活跃着"机器人"群体……可谓"智能时代,未来已来"。①人们在为人工智能的进化速度和发展水平感到惊叹的同时,也激发了对人工智能安全问题的普遍忧虑,人工智能是否成为人类"最后的发明"?②2016年11月,在深圳举办的中国国际高新技术成果交易会上,一个名叫"小胖"的机器人突然出现失控现象,在没有指令的前提下,自行打砸玻璃站台,误伤了观众。而历史数据表明,当机器人失控的时候,完全可能会导致人类死亡。1978年9月,世界上第一宗机器人杀人事件发生于日本广岛,一家工厂的切割机器人在切割钢板时造成值班工人死亡;1981年,工程师肯基·鄂瑞达(Kenji Urada)在修复机械手臂的时候被活活卡死在房屋的柱子上,等等。可以预见,未来人工智能技术引发的伤人事件将继续上演,并呈现出新的特征。

人工智能时代已悄然而至,它所产生的影响力和变革力将使庞大的国家和卑微的个体都在被裹挟之中无法自拔。在我国,国务院于2017年7月20日发布的《新一代人工智能发展规划》,从国家战略层面,对我国人工智能未来发展的战略态势、总体要求、重点任务、资源配置、保障措施和组织实施等进行了具体规划,明确指出了人工智能发展的不确定性可能带来的安全风险与挑战,可能会冲击现有的法律与社会伦理,强调我国应当加快人工智能与现行法律制度的结合,通过制定法律法规和伦理准则等保障措施最大限度降低风险,确保人工智能安全、可靠、可控的发展。这一战略规划对我国的法学研究和法制工作者提出了一系列新的课题,亟待深入研究,积极回应。有理由预见,在不远的将来,诸多领域的各式各样的智能机器人将成为人类社会中司空见惯的事物,与此同时,面对不断出现的人工智能伤人事件或失误事件,智能机器人的刑事责任(当然也有行政责任和民事责任,但不在本文讨论之列)将日益浮出水面,成为一个不容回避的法律问题,"圣人不治已病治未病,不治已乱治未乱,此之谓也。夫病已成而后药之,乱已成而后治之,譬犹渴而穿井,斗而铸锥,

① 参见李善友:《智能时代　未来已来》,《企业研究》2017年第4期。

② 据2014年英国广播公司的报道,著名物理学家霍金表示,"人工智能或许不但是人类历史上最大的事件,而且还有可能是最后的事件","人工智能的全面发展可能导致人类的灭绝"。参见张艳:《人工智能给法律带来四大挑战》,《社会科学报》2016年8月4日;杜严勇:《人工智能安全问题及其解决进路》,《哲学动态》2016年第9期。

不亦晚乎”。①笔者认为,在人工智能时代,刑法也不能忽视人工智能技术所带来的时代变迁,有必要从刑法学的角度来看待人工智能时代的到来。“具有自主意识与意志的智能机器人是否可以成为刑事责任的承担主体,是否具有刑事责任能力?”②的确,在时代更迭的洪流中,我们应当审慎对待人工智能技术可能带来的新的刑事风险,通观其态势,审度其价值,进而寻求解决之道,以便应对和适应人工智能时代所可能带来的各种挑战和新的变化。

二、智能机器人——刑法回应与对策修正

“智能机器人是人工智能技术的结晶,人工智能技术的核心就是通过模拟人类的神经网络,利用算法和程序对大数据加以深度学习。”③具有深度学习能力的智能机器人为人类开启了一个新的进步维度,同时,对此类智能机器人的行为进行法律评价也触发了新的难题。其难点首先在于当智能机器人作为人类的道具被使用的阶段之后,接近奇点理论的时候,智能机器人开始脱离人类的控制,将会引发什么样的问题?如果人类是将智能机器人作为支配性的工具而辅助性地使用的话,出现刑事责任归责问题时,基本上只要通过现行法及扩张解释就可以解决和应对。因为此时人类是作为主体进行行动,只不过是将智能机器人作为智能工具而操作和使用,最终的法律效果(权利和义务)都归属于人类,人类应该承担相应的法律责任。而与此相对,当智能机器人发展到接近奇点理论的时候,智能机器人脱离了人类的控制,现行的法律规则是否能够全面应对呢?

时下,关于智能机器人的责任问题,在民法领域众多学者已经在研究这个难题,而在刑法领域讨论才刚刚开始,几乎无人问津。如果智能机器人造成了具有刑法意义的结果(例如人被杀害或受伤,或者物品遭到毁坏),就会产生刑事责任问题:谁是行为人?谁承担刑法上的罪责?是智能机器人背后的人——使技术发挥其作用的研发者与使用者——承担刑责?还是智能机器人本身?抑或无人承担刑责,因为公众原则上希望研发并利用此类技术,因此也必须承担其(部分的)不可预测性带来的后果?下文概要介绍智能机器人所引发的刑事责任的可能理由及其界限,旨在探讨前述问题。

---

① 《黄帝内经·素问·四气调神大论》。

② 刘宪权:《论人工智能时代智能机器人的刑事责任能力》,《法学》2018年第1期。

③ 刘宪权:《人工智能时代刑事责任与刑罚体系的重构》,《政治与法律》2018年第3期。

(一) 智能机器人的刑事责任之构建

1. 具有自主意识和意志的智能机器人可作为受刑事处罚的主体

众所周知,刑法是为人制定的,如果行为人的行为导致了构成要件所描述的结果,那么该结果就要归责于该行为人。如果行为人能够认识到其行为的不法性,也能够以可期待的方式避免,却仍然故意或者过失满足了犯罪构成要件,也即符合构成要件的不法行为的非难可能性,那么刑法上的罪责则由行为人承担。然而我们已经看到,具备深度学习能力的智能机器人也可以具有行为能力,并且至少能够在引申的意义上"自主地"行动,那么智能机器人能否也像人一样可以受刑事处罚?在开始寻求这个问题的最终答案之前,我们可以简单回顾一下有关对非人类进行刑法惩戒的经验和设想。纵观人类刑法的历史,罪责与刑罚并非由人类所垄断,在过去的数个世纪中,直至启蒙时期,在刑法秩序当中确实存在着很多非人类的实体,也即刑法曾经经历过并非完全以人类为中心进行构建的时期,比如刑法史有关欧洲近代早期针对动物的刑事诉讼程序和刑罚的记载,一起比较晚近的动物诉讼相传发生在巴塞尔(1474 年):审判对象是一只公鸡,其被指控下了一个蛋,蛋中孵出了一条蛇精。这只巴塞尔的公鸡和其他被判决的动物一样,被判处死刑。随着社会的进步和人们思想观念的更新,针对动物的刑法也走到尽头,自此以后,动物不再被等同于人,而是被作为"物"对待。

"法律是人的有限理性的产物,法律规则本身也体现并顺应着人的局限性。"[①]按照现代的理解,机器和动物一样不具有人的法律地位,它们不被当作自主的生命体,因为它们是以被定义好的方式发挥其功能。马克·吐温早在 1906 年就写道:"(机器)所做的不会超出或者少于它的制造者允许和迫使它做的。机器毫无人的特质,它不能选择。"人类在制造机器人时往往有一个简单的奴隶预设,即机器人本质上是类似于奴隶的行为体,因此在人们的潜意识中,机器人没有独立的法律主体地位。同时,行为、归责、刑事责任等这样的概念,一直以来都是不可侵入且不可变化的,被认为是无法适用于机器的,即使是具备深度学习能力、具有辨认和控制能力的智能机器人自主地进行活动,但是因为该活动不属于刑法当中的行为,则对机器人进行刑事责任的归属都不具有可行性。[②]

① 郑戈:《人工智能与法律的未来》,《探索与争鸣》2017 年第 10 期。

② 国内相关论述,参见马克昌:《刑法中行为论比较研究》,《武汉大学学报(社会科学版)》2001 年第 2 期;杨开湘、蒋凌申:《自动柜员机刑法意义新探——基于对最高人民检察院司法解释的分析》,《东方法学》2009 年第 4 期;陈忠林、梅锦:《论人格在定罪中的运用》,《现代法学》2012 年第 6 期;等等。

这样的立场是将机器人所造成的具有刑法意义的结果,让机器人自身承担刑事责任的可能性,先验地予以完全排除。但是,这种认定人类和机器人之间的差异是否存在某种理由呢?对于人类所适用的概念用于机器人时,犹豫不决,这是人类打着"我们人类是独一无二的存在"这个讲究的"标签"所导致的,"而这一结论又是因为以传统理论未预见到人工智能技术会取得如此大的进展为前提的。"①

但是在科幻作品中我们总能发现端倪,表明原本被设想为人类助手的机器或许还是能够做得更多。逐渐演化成人的智能机器人一再成为科幻小说的主题。早在1950年,科幻作家艾萨克·阿西莫夫就形象地阐述了机器的法律人格问题。在小说《我,机器人》中,阿西莫夫提出了规范人与机器人之间(上下等级)关系的"机器人三原则"。②在许多科幻影片中,有着更强自主意识的机器人同样扮演了重要角色,最典型的例子当属史蒂文·斯皮尔伯格执导的影片《人工智能》中的智能机器人——男孩大卫,它满怀悔意地向它的人类妈妈保证会改过——就像经典人物匹诺曹那样,以便能够回到家中,这些作品描述的智能机器人都学会了发展自我意识、感觉,可以产生自主的意识和意志。

毕竟人类社会是动态的,法律也应当针对动态的演变作出相应的调整。"目前,在机器人的权利主体地位上,欧盟议会法律事务委员会(JURI)已经就机器人和人工智能提出了立法提案,拟采用'拟制电子人'的方式,赋予机器人法律主体地位。"③"2016年2月,美国国家公路安全交通管理局认定谷歌无人驾驶汽车采用的人工智能系统可以被视为'司机',也就是说,在美国,人工智能产品在一定程度上已经被赋予了虚拟的'法律主体资格'。"④国内也有论者指出:"人工智能具有独立自主的行为能力,有资格享有法律权利并承担义务,人工智能应具有法律人格。"⑤毋庸置疑,人类与智能机器人共存与发展已经成为不可回避的趋势,简单地反对或阻止智能机器人可作为受刑事处罚的主体往往适得其反。西方哲学家认为:"技术发展到一定程度后必然会有精神,如果技术发展更加智慧,它就会像大脑一般成为精神的更好载体。"⑥"智能机器人和自然人一

① 刘宪权:《人工智能时代的"内忧""外患"与刑事责任》,《东方法学》2018年第1期。

② 第一,机器人不能伤害人类,也不能在人类受到伤害的时候置之不理;第二,机器人必须遵守人类发出的命令,只有当该命令违背第一原则的时候除外;第三,机器人必须保护自己,除非与第一、第二原则相冲突。

③ 张玉洁:《论人工智能时代的机器人权利及其风险规制》,《东方法学》2017年第6期。

④ 高奇琦、张鹏:《论人工智能对未来法律的多方位挑战》,《华中科技大学学报(社会科学版)》2018年第1期。

⑤ 张童:《人工智能产品致人损害民事责任研究》,《社会科学》2018年第4期。

⑥ [美]Phil McNally, Sohai Inayatullay:《机器人的权利——二十一世纪的技术、文化和法律》,邵水浩译,《世界科学》1989年第7期。

样，完全可能具有自主的意识和意志。智能机器人虽然是由人类设计和编制的程序组成的，同时也因为人类在其‘体内’设计和编制的程序使其具有了思考和学习的能力，这种能力使得智能机器人可以产生自主的意识和意志。例如，打败围棋世界冠军的AlphaGo能够在人类设计和编制的程序之下通过学习而掌握围棋技术从而赢得比赛。”①正如雷·库兹韦尔(Ray Kurzweil)在《人工智能的未来：揭示人类思维的奥秘》中所谈论的：“当机器说出它们的感受和感知经验，而我们相信它们所说的是真的时，它们就真正成了有意识的人。”②同理，行为、责任这样的基本概念并非只限于人类，比如民法和刑法上，因为存在法人、单位犯罪的概念，作为刑事责任主体的人的概念并非没有扩张的可能性。刑事责任主体作为犯罪行为实施者与刑事责任的承担者，成为适用刑法必先界定清晰的要件之一，否则任何对犯罪主体施以刑罚的刑事责任设置便形同虚设。当然，适用刑法惩戒犯罪主体亦非毫无边界，为此，联想到“单位”这一刑事责任主体的定性与智能机器人的法律属性有异曲同工之处，既然可以将行为、刑事责任等概念扩展到法人和单位等非人主体，那么自然人以外的主体，比如具备深度学习能力、具有辨认和控制能力的智能机器人，参照我国《刑法》对“单位”这一刑事责任主体的定性，运用有关刑法理论演绎人工智能体这一刑事主体在刑罚体系中的适用也未尝不可。是故，欲以纸面上的抽象法律概念把纷繁复杂的社会生活编织进包罗万象的文本罗网，多少显得有些“法律人之自负”，因此“在旧的理论无法回答新时代所带来的问题之时，我们所需要做的就是对旧理论加以改造和完善。将智能机器人纳入刑事责任主体范围之内并非是没有理论依据的，只需要我们在旧理论的基础上灌以新的血液，就能回答人工智能时代所提出的新的疑问”。③

2. 具有辨认和控制能力的智能机器人的刑事责任

如果肯定具有自主意识和意志的智能机器人可作为受刑事处罚的主体，能够实施刑法意义上的行为，那么随之而来的难题就是智能机器人的刑事责任问题：智能机器人能够承担刑事责任吗？

无论在我国还是在大陆法系国家，刑事责任能力是犯罪成立的要件之一，也即在我国，行为人具有刑事责任能力才成立犯罪，然后才产生刑事责任的问题。刑事责任是刑事法律规定的，因实施犯罪行为而产生的，由司法

① 刘宪权：《论人工智能时代智能机器人的刑事责任能力》，《法学》2018年第1期。

② [美]Ray Kurzweil：《人工智能的未来：揭示人类思维的奥秘》，盛杨燕译，浙江人民出版社2016年版，第203页。

③ 刘宪权、朱彦：《人工智能时代对传统刑法理论的挑战》，《上海政法学院学报》2018年第2期。

机关强制犯罪者承受的刑事惩罚或单纯否定性法律评价的负担,同时学界通常认为刑事责任能力的有无又是行为主体能否成为刑事责任主体的必备要素,简言之,作为刑事责任主体必须具备刑事责任能力。“刑事责任能力是指行为主体承担刑事责任的能力,体现为行为主体辨认和控制自己行为符合规范要求的能力,包括行为人认识不法与否的认识能力,以及在此基础上控制自己行为的控制能力。”①由于刑事责任能力是以行为人的辨认和控制能力为基础的,可以简单地说,刑事责任能力就是行为人辨认和控制自己行为的能力。

智能机器人虽然没有生命,但其行为受到设计和编制程序的影响。编程之于智能机器人犹如生命之于自然人,智能机器人的辨认能力和控制能力来源于编程。人工智能背景下的智能机器人,由于研发者在程序的设计和编制之时,就已经对智能机器人的行为进行了最基本的工作原理和工作机制的设定,因此智能机器能明确知道自己的行为是否符合所设定的最基本的工作原理和工作机制,能够辨认自己行为的性质、意义、后果,此为智能机器人的辨认能力;智能机器人由于可以深度学习,从而可以产生自主的意识和意志,进而可以在自己的意识、意志支配之下对自己的行为进行操控,通过自己独立的意志选择和决定自身行为,此为智能机器人的辨认能力。智能机器人作为人工智能技术发展的代表和结晶,如上文所述,智能机器人由于可以深度学习,从而可以产生自主的意识和意志,具备和人类一样的辨认能力和控制能力,并在自主意识和意志的支配下实施严重危害社会的犯罪行为,完全可能成为承担相应刑事责任的主体。但是不可忽视的问题是,要注意具有辨认和控制能力的智能机器人刑事责任的双面性。也即,具有辨认和控制能力的智能机器人既可能在设计和编制的程序范围内进行独立判断并自主作出决策,实现设计者或使用者的意志;也有可能超出设计和编制的程序范围进行自主决策并实施相应行为,实现其自身的意志。在前一种情况下,由于智能机器人在设计和编制的程序范围内实施行为时,无法自主决定行为目的,只能根据程序设计和编制的目的来决定自己的行为方式,其实现和执行的是人的意志而非自主的意志,不具有辨认能力和控制能力,因此不承担刑事责任。在后一种情况下,由于智能机器人在设计和编制的程序范围外实施行为时,自主决定行为目的,其实现和执行的是自我生成的自主意志,具有辨认能力和控制能力,与具有刑事责任能力的自然人实施严重危害社会的行为并无不同,因此应承担刑事责任。

---

① 刘艳红主编:《刑法学(上)》,北京大学出版社2016年版,第132页。

（二）智能机器人的“隐身后台者”——研发者和操作者的刑事责任之分配

如上所述，智能机器人可以通过深度学习产生自主意识和意志，并且在自主意识和意志的支配下实施严重危害社会的犯罪行为，与具有刑事责任能力的自然人实施严重危害社会的行为并无不同，应承担刑事责任。此时可以将智能机器人的行为举动认定为“前台亮相者”的自主行为，那么据以将之归责于“隐身后台者”（研发者和操作者）的因果关系就会中断，因此此种情况下，智能机器人的研发者和操作者将不产生相关刑事责任分担的问题。但不可否认的是，在大多数情况下，智能机器人在设计和编制的程序范围内进行独立判断并自主作出决策，体现的仍然是人类的意志而非自主意志，如果这种情况下不能令智能机器人承担刑事责任，那么我们就将面临一个紧迫问题：在何种条件下，智能机器背后的人可以以及必须为智能机器人的错误行为担责？例如，如果智能军事机器人向无辜的人开火，或者智能无人驾驶汽车造成其他交通参与者伤亡，那么这些智能军事机器人的制造者或使用者是否应受刑罚处罚？“人是主体，他既能创造，也应该能够控制，道义上也有责任控制自己的创造物。”①智能机器人的研发者和操作者作为创造主体和控制主体，在此种情况下，理应对智能机器人的行为负有相应的刑事责任。就目前我国刑法而言，笔者以下从两个方面和角度，确立差别化的责任规则和归责原则，以此来厘清和确定智能机器人研发者和操作者的刑事归责原理。

1. 基于故意的可罚性

不可否认的是，“智能机器人可能通过深度学习产生自主意识和意志，但即使是在产生自主意识和意志之后，也不是每个行为都能体现自主意志。如果智能机器人是在设计和编制的程序范围内实施行为，那么应当认为此时该行为体现的是研发者的意志”。②如果智能机器人引起了刑法意义上的结果（例如人被杀或受伤，或者物品遭到毁坏），而这又是由于智能机器人的研发者或操作者刻意或者在明知的情况下设定程序，借助智能机器人实现构成要件，那么该研发者或操作者作为直接正犯承担刑事责任不成问题。例如，军事指挥官刻意操纵智能军事机器人杀害平民，或者无人驾驶汽车被研发者故意设定程序令其碾压道路上的骑车人，这样的情形下可以径行确定，危害结果系由智能无人机操纵

---

① 王家范：《机器人永远无法替代历史学家》，http://www.hao123.com/mid/17830650830069659715，访问日期：2018年4月24日。

② 刘宪权：《人工智能时代的刑事风险与刑法应对》，《法商研究》2018年第1期。

者或无人驾驶汽车的研发者一手造成,他们应当作为相关犯罪构成要件中的行为人承担责任,因为他们是在利用——无论是多么智能化的——智能机器人,就像常人根据自身意愿使用一件工具一样,相当于研发者或操作者为实施犯罪行为的"智能工具"。这在按照自己意图操纵智能机器人的人来说,实际上是直接故意,可以理解为智能机器人的"隐身后台者"——研发者或操作者,直接借助智能机器人的"手"实施了犯罪行为,因此,此种情况下将刑事责任直接归责于智能机器人的研发者或操作者,并相应地科处刑责并无不妥。

2. 基于过失的可罚性

然而更为常见的情形是,智能机器人造成了人们并不希望的损害:智能军事机器人的操作者只想打击预定的军事目标,智能无人机却因功能失灵而偏离轨道杀死了平民;智能无人驾驶汽车本应当遵守相关交通道路行驶规则,但却违规并在十字路口撞伤骑车人,在这些情况下,只能基于过失考虑对智能机器人的研发者或操作者,进行刑事责任归责和刑事处罚。《刑法》第 15 条第 1 款规定:"应当预见自己的行为可能发生危害社会的结果,因为疏忽大意而没有预见,或者已经预见而轻信能够避免,以致这种结果的,是过失犯罪。"可见,过失犯罪的成立是以对预见义务的违反为前提的,也即"应当预见但没有预见"、"已经预见而轻信能够避免"。同时义务与责任是紧密相联的,"没有责任就没有刑罚(责任主义)是近代刑法的一个基本原理"。[①]且我国刑法以惩罚故意犯罪为原则,以惩罚过失犯罪为例外。因此,在现行刑法体系下,对智能机器人的研发者和操作者过失实施犯罪行为的刑事责任追究也必须以刑法有关过失犯罪的规定为前提和依据。

笔者认为,在人工智能迅速发展的时代背景之下,智能机器人的研发者或操作者在研发和操作智能机器人的过程中对预见义务的违反,对智能机器人的应用提出了新的课题。一般而言,这种预见义务的违反就源自结果的可预见性:当一个人认识到,他的行为可能造成对某种受刑法保护利益的侵害,却仍然我行我素,那么其行为通常也就违背了预见义务。如前述"应当预见"意味着行为人有预见义务,这种义务不仅包括法律、职务与业务方面的规章制度所确定的义务,而且包括日常生活准则所提出的义务。义务规范为一般人所设,无需具体规定,如果法律法令、规章制度、生活准则赋予一般人预见义务,属于一般人之列的行为人能够预见的,那么便是应当预见的。也即,如果智能机器人实施的危害行为,是因为智能机器人的研发者或操作者的疏忽大意所导致的,且

① 张明楷:《刑法学(上)》,法律出版社 2016 年版,第 240 页。

智能机器人的研发者或操作者可能利用当时的人工智能技术知晓会发生这一特定危害后果的可能性，遵循刑事责任过错推定原则，即使他们实际上并不知道该特定危害行为和危害结果发生在何时何地，也应承担相应的刑事责任，这是承担疏忽大意之刑事责任的认定基础。例如，智能军事机器人程序的研发者由于编程疏忽或者操作者在使用过程中没有按相关说明操作，对保卫人类生命没有采取限制行为的预防措施，那么程序研发者和操作者要对智能军事机器人的“杀人”行为负责。“已经预见”并不是真正的有认识，这种认识的程度十分有限，只是行为人曾经预见过危害结果发生的可能性，至于可能性之大小以及在何种条件下会转化为现实，其认识常常是模糊不清的。众所周知，人工智能机器人的研发是精细复杂的，在研发或操作智能机器人可以避免危害结果的发生的情况下，如果智能机器人的研发者或操作者完全可以利用现有人工智能技术，对智能机器人进行审慎的制造与编程、深入的测试以及持续的关注，“预见”到了智能机器人可能在未来实施犯罪行为并导致相应的危害结果，但轻信在现有的人工智能技术下这种危害结果是能够避免的，那么则符合“已经预见并轻信能够避免”的情况，属于过于自信的过失。

3. 出罪事由

展望未来，人工智能无疑将是人类最具开放性的创新，人类社会应当鼓励创新，与此同时，大凡尖端前沿技术往往都蕴含不确定和无法预见的因素，如果都通过刑法的勉强介入来解决问题的话，那么就会使得尖端前沿技术产生使之萎缩的危害效果，同时给人类带来的利益也可能会被消解掉，智能机器人的研发和操作亦是如此。

在仅仅存在过失的场合，可能会在可预见性以及结果归责的层面出现问题。人工智能机器人，其决策行为并非总是可以预测的，因此对于研发者或操作者来说，智能机器人的错误行为的可预见性是有疑问的，同时因为人工智能技术的高度复杂性，也使得结果归责的证明变得几乎不可能。我国《刑法》第16条明文规定：“行为在客观上虽然造成了损害结果，但是不是出于故意或者过失，而是由于不能抗拒或者不能预见的原因引起的，不是犯罪。”我们通常把不能预见称作意外事件，意外事件具有三个特征：一是行为在客观上造成了损害结果；二是行为人没有故意与过失；三是损害结果是由不能预见的原因引起的。[①]法律不强人所难，智能机器人作为人工智能技术发展的代表和结晶，这一

---

① 第三个特征只是第二个特征的进一步说明，所回答的问题是，为什么行为人没有故意与过失却造成了构成要件的结果。从因果关系的角度来说，损害结果当然是由行为人的行为引起的，而不是其他原因所致。

技术自身是高度复杂的,同时这个领域中风险非常之高并且难以控制,即便是在经过了研发、调试、制造之后的应用阶段,由于受到一定地域内人工智能技术发展阶段与水平的限制,人类所掌握的人工智能技术完全可能无法彻底消除人工智能的安全风险,会陷入无法预测的事态当中,此时如果将与此相联的不可避免的风险转嫁给研发者和操作者,这是不公平的。因此在这种情况下,即便客观上造成了损害结果,也不应当追究智能机器人研发和操作者的刑事责任,可按刑法中的意外事件处理。

基于过失的可罚性并非要求人们必须放弃任何可能蕴含风险的行为,就智能机器人的研发和操作来说,如前所述,这个领域中风险非常之高并且难以控制,如果刑法过于积极地介入,那么刑责的威慑有可能导致(至少某些)智能机器人的研发和操作——由于缺少可控性——完全停滞甚至终止。这样的结果虽然赢得了安全,但另一方面却损失了大量的、能为人们的生活带来重大便利的创新应用。任何科学技术的发展都不是以人的意志为转移的,人工智能技术是现代工业文明发展的必然产物,智能医疗机器人、自动驾驶汽车、智能无人机等将会给人类带来诸多便利与福祉,如果我们拒绝,必将被历史的车轮甩在后面。因此,我们在处理人工智能机器人的刑事归责问题时,必须维持秩序与变革、守护与创新、价值与事实之间的动态平衡。①

三、未竟的话题——智能革命图景与理性检视

人工智能技术方兴未艾,是目前科技发展的前沿与热点问题,随着人工智能时代的来临,人类必将迎来人工智能技术飞速发展的时代,“计算机仅能执行强制的指令——对其编程不是为了使其作出判断”。②人工智能技术的进步正使这一观点变得陈腐,甚至可能成为一个偏见。人工智能既是人类文明,亦有社会风险,“人工智能超越人类智能的可能性,人工智能产生危害后果的严重性,以及人工智能技术本身内在的不确定性,这些因素足以构成法律以及其他规范防止风险的必要性”。③人工智能的挑战是深刻的、全方位的,无论是霍金等科学家们的警告,还是各界人士的创意性思考,都在提醒我们——人工智能不仅仅是技术问题,更是亘古未见的与人类命运休戚相关的重大社会问题。

法律对人工智能现实问题的解决,关乎人类与智能机器人未来的发展走

① 参见郑戈:《人工智能与法律的未来》,《探索与争鸣》2017 年第 10 期。

② Pompeii Estates, Inc. v.Consolidated Edison Co., 397 N.Y. S.2d 577, 580(N.Y. Civ. Ct. 1977).

③ 吴汉东:《人工智能时代的制度安排与法律规制》,《法律科学》2017 年第 5 期。

向，所谓无规矩不成方圆，人工智能技术日新月异，应该在法律制度框架的正确指引和约束下发挥其核心价值，如此，以期充分发挥其功用，并防范其弊端，在智能机器人研发应用的风险性与刑事归责的合理性之间寻找良好的平衡：一方面保障必要的激励，在人工智能时代的“美丽新世界”中尽可能广泛地遏制可控的刑事风险，另一方面研发和利用自主行动的智能机器人所带来的诸多可能性，而无需担忧不可洞悉的刑法后果。

当前，我国刑法理论界对于智能机器人刑事责任问题的研究正处于众说纷纭的阶段，远没有达成共识，如何应对智能机器人带来的刑事责任认定的挑战，以及如何认定智能机器人与相关人类主体之间的刑事责任归属与承担，均是当前讨论最富争议性的话题，同时也是亟须应对的法律难题。当前来说，并不存在一个清晰明了的解决方案，究竟什么样的刑事归责原则最适合应对智能机器人带来的刑事风险的挑战，笔者以上提出的几种刑事归责方案并非盖棺之论，更多的目的在于提出问题，引起人们的关注和思索，共同寻找并论证妥恰的刑事归责方案，这也是本文的题中之义。

智能汽车的刑事风险与刑法应对

龙　敏*

【内容摘要】 随着人工智能时代的到来，传统的"功能汽车"逐渐进化为"智能汽车"，智能汽车将可能是我们日常生活中最先普及的人工智能产品。智能汽车的自动驾驶功能在提高驾驶安全性和运输便利性的同时，其危险性也不可避免。当具有自主性和后天学习能力的智能汽车在自动驾驶中造成重大损害时，以人类行为为中心的传统刑法及刑事责任规则在刑事责任的认定中暴露出局限性。作为对人工智能产品刑法规制的应对，一方面，刑法应当区别于传统汽车相关操作主体，对自动驾驶的相关操作主体明确合理的行为注意义务和过失责任认定规则；另一方面，刑法要立足于智能汽车的人工智能特征，对于自动驾驶造成的损害不能直接归因于人类行为时刑事责任的承担与分配予以明确。

【关键词】 智能汽车　自动驾驶　交通肇事　刑事责任

近年来，在移动互联网、大数据、超级计算、传感网等新理论、新技术以及经济社会发展强烈需求的共同驱动下，人工智能技术快速发展，并不断被应用到越来越多的领域和场景。智能汽车即为人工智能的重要应用之一，为了确保汽车行业在智能互联网领域的战略领先地位，各国都希望在2020年前后实现智能汽车量产前的最后冲刺，抢占智能汽车自动驾驶功能的世界领先地位。2015年6月，谷歌无人车正式开上美国加州的公路进行测试。①2016年6月，百度总裁张亚勤表示，百度今后将无人车项目作为其未来的重点，同时计划三年商用五年量产。②2017年4月，特斯拉首席执行官伊隆·马斯克在TED演讲中表示，他相信完全自动驾驶汽车技术仅需"大约两到三年的时间"即可实现。③有研

* 龙敏，华东政法大学助理研究员，法学博士。

① 郑连声、张科明、王洪磊：《智能终端下一站：无人驾驶汽车(上)》，https://xueqiu.com/8107212038/65708052，访问日期：2018年3月5日。

② 《百度无人车正在计划三年商用五年量产》，http://finance.ifeng.com/a/20160627/14532032_0.shtml，访问日期：2018年3月5日。

③ 肖马克、赵新华：《无人驾驶汽车：谁来承担责任》，http://www.kwm.com/zh/cn/knowledge/insights/self-driving-cars-who-will-be-liable-20170829，访问日期：2018年3月5日。

究报告预测，最早在2040年，智能汽车有望得到大规模普及。[①]我国国家发展和改革委员会在2017年12月26日发布了《增强制造业核心竞争力三年行动计划（2018—2020年）》，该三年行动计划包括了一份“智能汽车关键技术产业化实施方案”。由此可见，自动驾驶离我们并不遥远，智能汽车将可能是我们面对的最早普及的智能机器人。智能汽车的快速发展将给人们带来更多的出行与运输便利，但同时也给我们的法律法规带来新的挑战。当智能汽车自动驾驶情形下引发交通事故造成损害时，一定会伴随着民事损害赔偿责任和刑事责任分配等问题，对于其中的民事损害赔偿责任应如何承担与分配的问题在法学界得到的回应较多，有些国家也通过立法作出了一些回应，但对于刑事责任的承担与分配问题目前较少谈及。

一、刑法对智能汽车规制的局限性

智能汽车，又被称为智能网联汽车，是指搭载先进的车载传感器、控制器、执行器等装置，并融合现代通信与网络技术，实现车与X（车、路、人、云端等）智能信息交换、共享，具备复杂环境感知、智能决策、协同控制等功能，可实现“安全、高效、舒适、节能”行驶，并最终可实现替代人来操作的新一代汽车。[②]智能汽车其发展的核心是由系统进行信息感知、决策预警和智能控制，逐渐替代驾驶员的驾驶任务，并最终完全自主执行全部驾驶任务，因此智能汽车又常被称为自动驾驶汽车。据统计，约90%的交通事故可归咎于驾驶员在识别、决策和操作上的过失，[③]智能汽车利用人工智能技术对人类驾驶行为进行提醒、纠正、补救，甚至代替人类实施驾驶行为，正好能够避免因驾驶员失误而引发的交通事故，从而提高驾驶的安全性。虽然智能汽车具有较高的安全系数，但在行驶中发生交通事故致人损害甚至造成严重的危害后果也是不可避免的。随着智能汽车开始使用，自动驾驶事故不断，造成死伤结果的重大交通事故也越来越多。例如，2016年1月我国河北一辆特斯拉Model S汽车在自动驾驶模式下追尾了停靠在路边的道路清扫车，致使驾驶员当场死亡；2016年5月美国佛罗里达州

---

① Todd Litman, Autonomous Vehicle Implementation Predictions: Implications for Transport Planning, http://orfe.princeton.edu/%7Ealaink/SmartDrivingCars/PDFs/VIctoriaTransportAV_Predictions-avip.pdf，访问日期：2018年3月14日。

② 2018年3月1日《国家车联网产业标准体系建设指南》对智能汽车的概念作了明确的规定。

③ U.S. Department of Transportation, “National Motor Vehicle Crash Causation Survey: Report to Congress”, https://crashstats.nhtsa.dot.gov/Api/Public/ViewPublication/811059，访问日期：2018年2月18日。

一辆特斯拉 Model S 汽车在佛罗里达州高速公路上与一辆垂直方向开来的挂车相撞,导致驾驶员当场死亡。①2018 年 3 月 18 日发生了 Uber 自动驾驶撞死行人事故。②2018 年 3 月 23 日美国加利福尼亚州一辆处于自动驾驶模式下的特斯拉 Model X 汽车发生车祸导致司机死亡。③

由于智能汽车不同于传统的汽车,其具有人工智能的属性,自主性和"后天的"学习能力④是其核心特征,以人类行为为中心的现行刑法规定及刑事责任规则在自动驾驶造成的交通损害的刑事责任认定中暴露出局限性。在传统的交通事故中,事故多是由于驾驶员的过失造成,驾驶员对损害后果承担刑事责任,但随着智能汽车自动驾驶功能的使用,人类对于智能汽车的驾驶员身份逐渐弱化,甚至将完全转变成乘客的身份,安全驾驶注意义务则不断转移至智能汽车的自动驾驶系统。如果自动驾驶系统运行中导致重大交通损害,人类驾驶员(在完全自动驾驶下或称使用者)是否因为注意义务的转移而免除一切责任?刑事责任是否转而由智能汽车的研发者及生产者承担?智能汽车的研发者及生产者因其所研发与生产的是具有高危险性的产品,在研发与生产中是否应当突破传统的刑事责任规则,承担更为严格的过失责任?人工智能的深度学习能力使智能汽车在自动驾驶中对驾驶现场的预测和作出的决策可能超出研发者或生产者的预见,预见性的缺失使得其决策脱离人类的控制,造成的损害后果难以归因为人类行为,这种情形下的交通损害刑事责任应当由谁来承担于法无据。

刑法面对智能汽车所暴露的局限性,最直接的后果就是各相关主体刑事责任风险不明确。智能汽车技术的发展速度超出了人们的想象,智能汽车可能带来的便利不仅振奋人心,其法律责任的不确定性也让人们有所畏惧,尤其是涉及人类各种利益的刑事责任的不明确,将成为今后自动驾驶技术发展的障碍。在 2018 年的两会上也有代表提出,目前急需加强自动驾驶汽车的相关立法,界定自动驾驶汽车相关主体责任。⑤智能汽车给法律带来的最大的挑战即在于其

---

① 《又一起命案,特斯拉无人驾驶值不值得信赖》,http://www.sohu.com/a/115205763_116476,访问日期:2018 年 3 月 1 日。

② 《Uber 发生全球首例自动驾驶撞死行人事故》,http://news.163.com/shuangchuang/18/0320/10/DDB754JE000197V8.html,访问日期:2018 年 3 月 20 日。

③ 《特斯拉证实 Model X 撞击致死事故处于自动驾驶状态》,http://money.163.com/18/0331/14/DE8144QB002580S6.html,访问日期:2018 年 3 月 31 日。

④ "后天的"学习能力指智能汽车深度学习能力,即智能汽车在使用过程中在车联网提供数据的基础上根据学习算法进行学习并创建规则,此处用以区别于设计者、编程者及制造者在智能汽车投入使用前所输入的运行规则和数据。

⑤ 《2018 两会进行时　看看车界大佬们都说了啥》,http://www.chexun.com/2018-03-09/105128684.html,访问日期:2018 年 3 月 10 日。

自动驾驶功能对人为操作和人类预见性的排除，因此，在自动驾驶事故责任的认定过程中，首先应当判断事故发生是否有人为因素的介入，进而分析不同情形下自动驾驶造成损害后果所可能产生的刑事责任与如何承担与分配刑事责任。

二、自动驾驶中人为因素致害的刑事责任问题

智能汽车，无论多么先进，其研发与制造的目的在于为人类提供更好的代步与运输工具，作为一种智能工具，由人类设计、制造与使用，与人类的介入和干预分不开，因此即使在智能汽车自动驾驶的情形下人为责任也不可避免。此处人为因素下的刑事责任只讨论智能汽车研发、生产与使用中人类因过失而应承担刑事责任的情形，因为毕竟人类故意利用智能汽车实施犯罪对传统的刑事责任认定并没有太大的挑战，其中智能汽车只是实施犯罪的一种新工具而已。智能汽车使用中人为因素导致交通损害主要指智能汽车从研发、生产到使用过程中涉及的各方主体因违反注意义务而使智能汽车在自动行驶中造成损害。

（一）智能汽车研发者与生产者的刑事责任风险

智能汽车研发者与生产者（以下统称生产商）的刑事责任风险主要在于因智能汽车产品缺陷所引发的刑事责任。生产商因为所研发、生产的智能汽车是一种具有危险性的产品，因此其在研发与生产过程中必须确保其所研发和生产的产品没有产品缺陷，智能汽车的产品缺陷和常见的产品缺陷一样主要体现为设计缺陷、制造缺陷以及警示缺陷等。在智能汽车的研发设计方面，设计者应当尽到合理的注意义务使得其所设计的智能汽车通过合理的设计消除所能预见的所有实质危险；在智能汽车的制造方面，生产商应当保证汽车的制造过程中所制造和整合的所有零部件以及整合后的汽车在功能上不存在瑕疵；在警示义务方面，因为智能汽车的自动驾驶标准不同，其对驾驶人员的操作要求也有所不同，所以生产商必须明确告知智能汽车的使用者应如何正确操作以及在自动驾驶中应保持何种程度的警惕，并对智能汽车所存在的安全隐患作出提示。此外，由于智能汽车是以新兴的人工智能技术为基础，人类对相关技术的掌握时间还较短，对于该技术的安全性还不能认为有十足的把握，因此为了确保产品的安全性，生产商还应当承担对智能汽车进行充分测试并对其危险性进行持续关注的义务，一旦发现已经进入市场的智能汽车产品有缺陷并存在安全隐患，必须停止销售并召回已销售汽车，以避免交通损害的发生，否则造成损害结

果的应当承担刑事责任。

有学者认为,由于人工智能可能造成的社会危害性大,并且研发者和使用者在大多数情况下对人工智能产品具有一定的把控力,因此可以考虑在刑法中确立人工智能产品研发者和使用者的严格责任。①鉴于智能汽车生产商所研发和生产的智能汽车是具有危险性的产品,并且智能汽车在自动驾驶过程中因其“自主决策”造成的损害在生产商研发与生产的过程中是否能预见和避免,也即能否归因为生产商的过失往往难以查证,因此可以考虑对智能汽车的生产商规定严格责任。严格责任的适用有利于增强生产商的社会责任感和提高其注意力,有利于防止生产商为了追逐利益而制造不当风险,尤其是在当下智能汽车自动驾驶研发与生产“速度战”心理明显的形势下,严格责任有利于生产商在保证技术拥有足够的成熟度和安全可靠性后再将其自动驾驶技术投入市场,以避免不当风险的存在。当然,对生产商的严格责任并不是绝对责任,应当给予生产商对其在主观上是否存在过失以辩护的余地。正所谓法律不能强人所难,人类所掌握的人工智能技术完全可能无法彻底消除人工智能的安全风险,亦即人工智能的安全系数与标准的提高还有赖于人工智能技术的进一步成熟,在这种情形下,不应当追究研发者和使用者的刑事责任。②对于智能汽车也应如此,如果生产商能够证明其在现有的科学和技术水平之下,已经尽了自己的能力注意和避免损害结果的发生,则可以不认为其在产品研发和生产中存在过失。所谓现有的科学与技术水平有赖于智能汽车相关的产业标准进行衡量,在智能汽车商业化之前,肯定会有一系列符合当前技术水平的智能汽车生产相关的国家标准或行业标准出台。③如果智能汽车生产商能够证明其研发和制造行为符合相关的生产标准,则可以排除过失责任。

(二)智能汽车使用者的刑事责任风险

智能汽车的自动驾驶通常可以划分为三个级别:有条件自动驾驶、高度自动驾驶和完全自动驾驶。有条件自动驾驶是指系统完成所有驾驶操作,根据系统请求,驾驶人需要提供适当的干预;高度自动驾驶是指系统完成所有驾驶操作,特定环境下系统会向驾驶人提出响应要求,驾驶人可以对系统请求不进行响应;完全自动驾驶是指系统可以完成驾驶人能够完成的所有道路环境下的操

①② 刘宪权:《人工智能时代的刑事风险与刑法应对》,《法商研究》2018年第1期。

③ 2017年12月已经发布了《国家车联网产业标准体系建设指南》,根据该指南所确定的建设目标,到2020年,我国将初步建立能够支撑驾驶辅助及低级别自动驾驶的智能网联汽车标准体系;到2025年,我国将系统形成能够支撑高级别自动驾驶的智能网联汽车标准体系。

作，不需要驾驶人介入。不同自动驾驶级别的智能汽车在使用过程中对于使用者的注意义务要求有所不同，也即使用者对交通事故损害后果将面临不同的刑事责任风险。

1. 人机混驾情形下使用者的刑事责任风险

人机混驾是指由人类驾驶员与自动驾驶系统共同完成智能汽车的驾驶工作。未来在自动驾驶普及的路上，自动驾驶将会出现人机混驾的阶段，这是自动驾驶发展道路上最容易出问题的阶段，如何分配责任将是难以解决的问题。[①]在人机混驾导致重大交通事故刑事责任的分配中，人为责任即使用者在智能汽车自动行驶中违反安全使用注意义务所应承担的责任。人机混驾中的使用者即智能汽车的驾驶员，其在智能汽车人为驾驶过程中作为驾驶员所应当承担的安全驾驶注意义务与传统驾驶并无区别。但当智能汽车处于自动驾驶情形下时，驾驶员也不能排除负有一定的安全驾驶的注意义务。其中的注意义务主要包括三个方面，一是对智能汽车自动驾驶功能进行正确操作与使用的义务；二是对智能汽车的接管义务，即在自动驾驶系统请求或在驾驶员认为有必要接管汽车时立即接管汽车的义务；三是对自动驾驶汽车的警觉义务，即在智能汽车自动驾驶期间，保持必要的警觉，以便能随时履行接管义务，避免危害结果的发生。如果智能汽车驾驶人因违反上述安全驾驶注意义务导致智能汽车发生重大交通事故时应当承担刑事责任。以 2018 年 3 月 23 日发生的特斯拉 Model X 汽车致死案件为例，特斯拉公布致死事故调查结果时声明，自动驾驶系统发出数次影像提示和一次声音提示，要求驾车人双手握住方向盘，但是在事故发生前 6 秒内，系统没有检测到驾驶员将双手放在方向盘上。从距离高速公路混凝土隔离带 150 米处，驾车人可以清晰看到隔离带并有 5 秒左右的反应时间。但是行车日志显示驾车人并没有采取任何行动。[②]在这种情形下，本案中智能汽车的驾驶人违反正确的操作要求，其双手没有握住方向盘，并且在自动驾驶中没有履行必要的警觉义务和接管义务，损害后果应当归责于驾驶人员。

当然，在智能汽车自动驾驶损害责任的分配中，应当根据智能汽车自动化程度的不同而对驾驶人员规定不同程度的警觉义务和接管义务。如果智能汽车自动驾驶功能自主性或深度学习能力越强，则驾驶人员所应承担的警觉义务和接管义务就越低，反之，则对注意义务的要求越高，对损害后果的刑事责任风

① 《北航教授：自动驾驶将进入人机混驾阶段》，http://auto.people.com.cn/n1/2016/0722/c1005-28575827.html，访问日期：2018 年 4 月 2 日。

② 《特斯拉公布致死事故调查结果：系统提示但司机未采取行动》，http://auto.sina.com.cn/news/hy/2018-04-02/detail-ifysvmnz4443929.shtml，访问日期：2018 年 3 月 30 日。

险越大。

2. 完全自动驾驶时使用者的刑事责任风险

随着智能汽车智能化技术的不断发展,自动驾驶系统越来越先进,人类在智能汽车行驶中的参与行为将越来越少,甚至在完全自动驾驶汽车的行驶中人类只保留乘客的角色,不再对智能汽车的行驶进行操作,使得智能汽车的驾驶者所承担的驾驶注意义务越来越少,正如 2014 年 12 月美国谷歌公司成功研发的无人驾驶汽车,该汽车无方向盘、换挡装置、油门踏板和刹车踏板,汽车通过软件和传感器实现全自动驾驶。①在完全自动驾驶的智能汽车使用中,人类驾驶者的角色已完全消失,更不用谈驾驶者的注意义务与过失责任。驾驶中的注意义务和过失责任已完全转移给了自动驾驶系统,也即前文所述的使用者的警觉义务和接管义务也不存在了。完全自动驾驶智能汽车使用的刑事责任风险便只存在于对智能汽车的正确使用的义务,如根据使用说明对智能汽车进行定期检查、避免违规安装应用程序等义务,如果使用者违反了注意义务导致损害结果的应当承担刑事责任。

对于是否应当追究智能汽车自动驾驶使用者严格责任的问题,笔者认为,无论智能汽车自动驾驶级别如何,都不应当追究智能汽车使用者的严格刑事责任。如前文所述,智能汽车在使用过程中,使用者有按照智能汽车使用方法进行正确使用的注意义务,如果对智能汽车的使用者规定严格责任,有利于督促使用者在智能汽车的使用过程中提高注意力,甚至在智能汽车自动驾驶过程中时刻保持最大的警觉,随时准备着接管汽车以避免发生交通事故。如果智能汽车的使用不能减少人类驾驶员的负担,而是使人们承担比传统驾驶更为严格的驾驶注意义务,那么智能汽车的研发和生产便失去了意义。人工智能的运用与智能汽车的使用,其目的在于让人类从驾驶员身份中解脱出来,对智能汽车使用者课以严格责任是与智能汽车的研发和推广目的相背离的。因此,对智能汽车使用者规定严格责任并不合理。

三、自动驾驶中非人为因素致害的刑事责任问题

智能汽车作为智能机器人,其自主性、学习和适应能力不断增强,很多情况下很难再被看作纯粹的驾驶工具。智能汽车因具有人工智能的属性,在其自动驾驶情形下,汽车的驾驶者或使用者面对自动驾驶范围内的汽车智能行为并没

① 参见陈晓林:《无人驾驶汽车对现行法律的挑战及应对》,《理论学刊》2016 年第 1 期。

有作出任何操作行为，也不存在任何过错。自动驾驶过程中人为因素的排除使得现行刑法对智能汽车在自动驾驶范围内交通肇事的刑事责任无从适用。当自动驾驶汽车在缺乏人类因素干预的情形下，以其自主性独立运作，如果发生了严重的交通事故，刑法是否应当干预，刑事责任应当如何承担或分配成为我们必然要面对的问题。人工智能产品以其是否具有辨认能力和控制能力，可以划分为强人工智能产品和弱人工智能产品。笔者认为智能汽车在非人为因素下交通肇事的刑事责任问题也可以根据其人工智能属性的不同来进行探讨。

（一）强人工智能属性智能汽车的刑事责任问题

强人工智能产品具有辨认能力和控制能力，既可能在设计和编制的程序范围内进行独立判断并自主作出决策，实现设计者或使用者的意志，也可能超出设计和编制的程序范围，进行自主决策并实施相应行为，实现其自身的意志。[①]强人工智能产品由于其深度学习的能力使得其不仅具有辨认和控制能力，并且其辨认和控制能力甚至已经超越人类。现行的刑法以人类和单位为犯罪主体，规制人类和单位的不法行为，但在强人工智能产品以自主行为造成严重危害后果的情形下，无论是人类还是单位主观上不存在过错，客观上不存在不法行为，如果追究相关人类或单位的刑事责任并无根据。为了不让具有辨认和控制能力，可以自主作出决策并实施相应行为的强人工智能产品对刑法所保护的社会关系造成严重侵害，刑法应当对强人工智能产品的侵害行为作出相应的规定，以做到有备无患。对此，有学者提出，应当突破传统刑事责任规则的局限性，赋予强人工智能产品以法律主体地位，将因强人工智能产品自主意识和意志行为造成的危害结果归责于强人工智能产品。[②]

相应地，具有强人工智能属性的智能汽车如果被赋予法律主体地位，那么智能汽车应当对在其自身意志支配下实施的犯罪行为承担相应的刑事责任，也即由智能汽车自身来为因其决策失误而引起的重大交通事故承担刑事责任。虽然说智能汽车的安全性较高，但其对于交通事故也无法完全免疫。刑法应当针对智能汽车规定相应的注意义务，以确保其实现安全驾驶。当智能汽车在自动行驶过程中因没有履行注意义务或没有正确履行注意义务（例如智能汽车在数据采集或运算过程中出现差错等）造成重大交通事故时，也应当像人类法律主体一样承担相应的刑事责任。智能汽车作为智能机器人的一种，其在行驶过

① 刘宪权：《人工智能时代的“内忧”“外患”与刑事责任》，《东方法学》2018年第1期。

② 参见刘宪权、胡荷佳：《论人工智能时代智能机器人刑事责任能力》，《法学》2018年第1期；刘宪权：《人工智能时代的“内忧”“外患”与刑事责任》，《东方法学》2018年第1期。

程中具有比人类更加强大的数据采集和分析能力,从而能够以较高的精度实现对路况和物体的识别,对行驶过程中的道路情况、周边环境等信息的接收能力与处理能力比人类更强,其反应速度、对汽车操作与控制的精准程度都要远远高于人类技能所能达到的程度。可见,智能汽车具有比人类驾驶员更强的注意能力,这也是为什么目前已有数据统计表明自动驾驶的安全系数要高于人类驾驶员。[①]因此,在智能汽车的刑法规制过程中,刑法应当对其规定比人类驾驶员更为严格的安全驾驶注意义务。

(二)弱人工智能属性智能汽车的刑事责任问题

如果说强人工智能属性智能汽车的刑事责任问题是我们未来必须面对的问题,那么弱人工智能属性智能汽车的刑事责任问题一定是当下必然面对且急需解决的问题。弱人工智能产品区别于强人工智能产品之处在于其不具有辨认能力和控制能力。人类决策系统与人工智能系统存在一个本质上的区别,人工智能系统本质上不受提前预置的概念、经验法则、传统智慧等因素限制,从而使其能够选择人类完全没有考虑或者可能会实施的解决方案。[②]由此可见,虽然弱人工智能产品不具有辨认和控制能力,但其依然可以在其深度学习后所生成的规则而非程序员所设计和编制的规则与程序下独立判断和作出决策,也即其依然可以在无人为因素介入的情形下作出决策,并且其决策可能超出人类的可预测性。弱人工智能虽说还有其工具性,但有些决策也是超越人类的,面对弱人工智能独立决策所造成的危害后果的规制给刑法带来了挑战。

弱人工智能属性的智能汽车虽然是程序员制定了学习规则,但学习能力和适应能力的存在使得预测智能汽车在某些特定情境中的行为超出人类预先设置的规则。例如,在行驶过程中遇到的各种交通情形或突发状况都会反映成数据,所有数据通过网络传回云平台供所有智能汽车进行学习,成为智能汽车的学习和训练的样本,智能汽车随着样本训练的不断增加,其驾驶技术也飞速增长,很多驾驶决策都是在后天学习后作出的,完全超出了编程或生产环节。大数据分析能力及深度学习能力的不断强大使得智能汽车可以在设计和编制的程序之外建立各种行驶规则,这些规则很可能是设计者、编程者、制造者和使用者所无法预计的。在某些自动驾驶的过程中,智能汽车根据所接收的路况信息

① 《无人驾驶汽车进展:安全性已超人类驾驶员》,https://www.cnbeta.com/articles/tech/258168.htm,访问日期:2018 年 3 月 15 日。

② 司晓、曹建峰:《论人工智能的民事责任:以自动驾驶汽车和智能机器人为切入点》,《法律科学(西北政法大学学报)》2017 年第 5 期。

等数据，再依据其自身算法所建立的规则进行独立判断与决策。在这种情形下，不具备辨认和控制能力的智能汽车，不能视为独立的主体，但具体决策的作出其实也是排除了人为因素的参与。

有损害，必有责任。法律责任是国家施加给违法者的一种强制性负担，是补救受到侵害的合法权益的一种手段，法律责任是通过法律制裁而实现的，任何法律责任的实现以责任主体的存在和确定为前提。①就目前来说，智能汽车在法律上依然只能是物，当危害结果又不能归因于相关人类主体的情形下，弱人工智能属性的智能汽车所导致的严重危害后果应当由谁来承担法律责任？如果由没有过错也没有实施加害行为的生产商或使用者来承担责任，则与既有的法律责任规则不符。但如果完全没有人对造成的损害承担责任，被侵权人的权益又无法得到保障。因此，各国都在积极探索新的责任规则或法律方案来解决这种情形下法律责任的承担与分配问题。德国新修订的《道路交通法》规定智能汽车车辆所有人对由智能汽车自动驾驶造成的损害承担严格责任。②美国有些州通过颁布新法案或修改法律的方式明确了关于自动驾驶汽车的责任问题，密歇根州受其作为汽车生产基地的影响，规定除汽车生产中的缺陷所导致的损害外，制造商不对任何其他损害承担责任；美国纽约州则试图规定制造商、车主和驾驶员都对智能汽车自动驾驶造成的损害承担严格责任，目前该法案尚未通过。③英国 2017 年 2 月 22 日《汽车技术与航空法案》以保险责任转嫁的形式规定了智能汽车自动驾驶造成的损害由保险公司承担赔偿责任。④可见，对于损害赔偿责任基本都倾向于由生产商来承担，这些国家或地区的规定都只解决了智能汽车交通肇事后的民事赔偿责任的承担问题，相关主体在承担民事赔偿责任后，对于严重的肇事后果，是否还需要承担刑事责任则都没有作出相应的规定。为了实现对危险的控制和对法益的保护，是否有必要让智能汽车的生产商对自动驾驶交通损害承担刑事绝对责任？

毫无疑问，智能汽车的生产商在制造智能汽车、研发自动驾驶功能，为人类交通带来便利的同时也制造了风险，但当智能汽车被允许上路之时就表明人类在衡量利弊之后已经接受其所存在的风险，正如传统汽车也同样使人类置身交

---

① 公丕祥：《法理学》，复旦大学出版社 2002 年版，第 473 页。

② 张韬略、蒋瑶瑶：《德国智能汽车立法及〈道路交能法〉修订之评介》，《德国研究》2017 年第 3 期；《德国修改道路交能法引入自动驾驶条款》，http://www.junhe.com/law-reviews/640，访问日期：2018 年 4 月 1 日。

③ 参见《无人驾驶汽车一旦出事，责任由谁承担？》，http://wemedia.ifeng.com/51355858/wemedia.shtml，访问日期：2018 年 4 月 4 日。

④ 参见“New UK Laws address driverless cars insurance and liability”，https://www.out-law.com/en/articles/2017/february/new-uk-laws-address-driverless-cars-insurance-and-liability/，访问日期：2018 年 4 月 4 日。

通事故的风险之中并早已被人类所接受一样。因此，对于智能汽车（当然也包括其他人工智能产品）应当根据其社会有用性，一定程度上容许其所具有的危险性。也即，能够基于社会相当性的观念将注意义务在行为人、受害人以至于社会之间作出合理的配置，把原来由危险行为的行为人所承担的所有注意义务在一定条件下分配一部分由社会或受害人来承担，从而达到保障危险业务正常发展和限制危险业务危害性的最佳平衡。①当然，危险的容许必须是有一定限度的，危险容许程度的控制主要是通过注意义务的设定来实现的，由于智能汽车的生产商和其他行为人相比，其掌握了自动驾驶先进技术，属于专业技术人员，理应承担更多的风险，在责任的分配中承担更为严格的注意义务，上文已经论述了智能汽车生产商的注意义务内容，并指出其应当承担严格责任（过错推定）。在此基础上，只要生产商能够证明其已经在现有的人工智能技术标准下尽到了应有的注意义务，智能汽车在自动驾驶中即使发生了现实的损害后果，也无需承担刑事责任。

在此，应当区别于智能汽车生产商民事责任的承担，民法上对智能汽车造成损害赔偿责任的规定，无论是源于严格责任制度还是民事替代责任制度，作为一种特殊的侵权责任，是“从整个社会利益之均衡、不同社会群体力量之对比，以及寻求补偿以息事宁人的角度来体现民法的公平正义观”。②同时，生产商对民事赔偿责任的承担也体现了容许的风险并进行风险分配的理念，因为生产商处在消化成本的有利位置，其承担了相应的赔偿责任后可以通过定价等方式广泛分散损失负担，从而实现由社会成员共同分担风险。而刑事责任则不同，生产商一旦承担了刑事责任，便无法通过自身的行为将风险分担给其他人。另一方面，刑事责任具有严厉性和刑罚标签的耻辱性，让为科技进步而不断努力的智能汽车的研发者和生产者对技术的有限性承担如此严厉的绝对责任显然有失公平并违背正义，也不利于智能汽车技术的发展与进步。如果让智能汽车生产商承担过多的安全责任，将会导致车企采用趋于保守的驾驶策略，这或将不利于自动驾驶技术的发展。③因此，只要智能汽车的研发者和生产商能够证明智能汽车是在其自动驾驶范围内造成的损害，并且当时的技术水平无法实现对智能汽车的损害情形进行预测并加以预防，则应当排除刑事责任的承担。

---

① 参见臧冬斌：《试析以允许的危险理论解读医疗刑事过失》，《广西政法管理干部学院学报》2008年第2期。

② 张新宝：《中国侵权行为法》，中国社会科学出版社1995年版，第56页。

③ 柴占祥、聂天心、Jan Becker编著：《自动驾驶改变未来》，机械工业出版社2017年版，第146页。

四、结　　语

关于自动驾驶交通肇事的刑事责任问题，无论是出于对阻碍技术发展的担心还是传统刑法局限性太多，各方一直都处于回避的状态。随着近来自动驾驶致人死伤事故的不断出现，自动驾驶交通肇事的刑事责任问题已无法回避。事实上，刑事责任的严厉性与切身相关性，使得人们更加关注与期待刑法对此作出回应。自动驾驶交通肇事刑事责任的不明确，使得操作者因畏惧刑事责任的承担而裹足不前，公众也担心自己会不会无端成为技术风险的受害人。相反，明确刑事责任，才能使得操作者在从事自动驾驶相关行为的过程中提高注意力，切实履行注意义务，进而提高自动驾驶的安全性，也能帮助公众消除对新兴科技的恐慌。因此，刑法应当针对自动驾驶作出相应的调整与完善，尽快明确与之相关的刑事责任。唯有如此，才能助力我国智能汽车行业的健康发展，抢占产业发展的制高点。

无人驾驶汽车刑事风险的刑法应对

汤　君*

【内容摘要】 无人驾驶汽车将产生一定的刑事风险，行为人可能基于无人驾驶汽车实施故意或过失犯罪，而现行刑法则无法及时规制相关犯罪行为。在司法上，应针对无人驾驶汽车的所有者、使用者、研发者、制造者等责任主体，根据其主观心态和客观行为进行刑事归责。在立法上，需要在前置法中设立相关行为人的法定义务，从“预见义务”和“监督义务”两方面进行规范，如果行为人违反了相应的法定义务，其应当承担相应的刑事责任。

【关键词】 人工智能　无人驾驶　刑事风险　刑法应对

1956年，美国的达特茅斯(Dartmouth)会议上首次提出了人工智能的概念。六十余年来，人工智能的发展经历了三次浪潮，虽曾一度停滞不前，但近年来，随着计算机技术、统计学、神经科学、互联网以及大数据的不断发展，人工智能逐渐成了“改变人类未来的终极科技”，人工智能时代已经到来。无人驾驶汽车作为人工智能时代的标志性产品，通过其飞速的发展，吸引了全社会的关注。2009年，谷歌开始无人驾驶汽车项目研发，截至2016年10月，已进行了320万公里的道路测试，相当于人类300年的开车经验。百度于2015年完成北京开放高速路的自动驾驶测试，并且是在城市、环路及高速道路混合路况的环境下进行的全自动驾驶。在百度的时间表里，2018年要实现百度无人驾驶公共汽车上路行驶载客。①日本科技记者鹤原吉郎认为“高度自动化”的无人驾驶汽车预计将于2020年实现，首先应用于主干道或高速公路。到2025年，应用范围将大规模扩展，但仍无法完全脱离人类。而“完全自动化”的无人驾驶汽车则可能要等到2030年后才能得到实际应用。②百度公司创始人李彦宏则更为乐观，他在

* 汤君，华东政法大学博士研究生。

① 李彦宏等：《智能革命——迎接人工智能时代的社会、经济与文化变革》，中信出版集团2017年版，第173页。

② 日本日经大数据编：《AI商业时代：人工智能如何改变商业、就业和社会》，杨玲等译，机械工业出版社2017年版，第45页。

2018年两会期间答记者问时表示:“再有个三五年的时间,我相信在完全开放的道路上能够替代司机的无人驾驶车也就会出现。”无论根据哪种观点,我们可以确信的是,无人驾驶汽车终将成为现实。

一、无人驾驶时代的社会风险

无人驾驶汽车也称为轮式移动机器人,是指在没有人工参与的情况下,依靠传感器和全球定位系统等人工智能技术,能够感知环境、自主判断、自动行驶的机动车辆。

2014年,国际自动车工程师学会(SAE International,简称SAE)对自动驾驶等级进行了定义:

自动化水平0(Level 0):无自动化,汽车的驾驶全部由人工完成。

自动化水平1(Level 1):驾驶支援,能辅助人工就部分任务进行处理。

自动化水平2(Level 2):部分自动化,自动驾驶技术能单独操控部分驾驶任务。

自动化水平3(Level 3):有条件的自动化,在某些情况下,自动驾驶技术能单独完成驾驶操作,但当系统有请求时,驾驶员必须随时接管行使控制权。

自动化水平4(Level 4):高度自动化,在一定的环境和条件下,自动驾驶技术能单独完成驾驶任务,驾驶员不需要接管行使控制权。

自动化水平5(Level 5):完全自动化,在所有人类驾驶者可以应付的道路和环境条件下,自动驾驶技术均能完成驾驶任务。①

从以上分级可以看出,Level 0、Level 1这两个等级,自动驾驶技术无介入或介入极少,基本同传统汽车无差别。Level 2、Level 3两个等级,只能称得上半自动化驾驶,远远达不到无人驾驶的技术标准,对人工驾驶的依赖是不可避免的。而Level 4、Level 5这两个等级的自动驾驶汽车,其对人工驾驶的依赖已大大减少甚至不再需要人工驾驶,可谓真正意义上的“无人驾驶汽车”。本文讨论的无人驾驶汽车,即指Level 4、Level 5这两个等级的自动驾驶汽车。

在人工智能技术高速发展的今天,无人驾驶汽车离我们越来越近,随着这项技术的逐步成熟,无数传统汽车厂商和互联网公司趋之若鹜,希望在不远的将来实现无人驾驶汽车量产,成为汽车驾驶的主要方式。谷歌无人驾驶汽车、

---

① SEA International: SAEJ3016. SAE J3016 Taxonomy and Definitions for Terms Related to On-Road Motor Vehicle Automated Driving Systems[S].

百度无人驾驶汽车和Uber无人驾驶汽车等都早已进入实地测试阶段,但都“不约而同”地出现了一系列“小事故”,并由此引发了法律问题。百度无人驾驶汽车在直播测试时公然违反交通法规,谷歌无人驾驶汽车发生多次事故,所幸并未发生人员伤亡,而特斯拉则造成了全球第一宗致人死亡的无人驾驶车祸。[①]这就提醒我们,无人驾驶汽车一旦全面投入使用,必将带来一系列的社会风险甚至是刑事风险。笔者认为,无人驾驶汽车可能会对公共安全以及公民的人身和财产安全带来威胁。

(一)无人驾驶汽车对公共安全带来的威胁

无人驾驶汽车对公共安全的威胁将长期存在,无论是在测试阶段还是合法上路之后。北京市于2017年12月15日发布《北京市关于加快推进自动驾驶车辆道路测试有关工作的指导意见(试行)》和《北京市自动驾驶车辆道路测试管理实施细则(试行)》。后者第17条规定:“测试主体应在指定区域、指定时段内测试。”这两份文件的出台,意味着无人驾驶汽车有了合法上路测试的法律依据。这也是政府部门出于公共安全的需要,对无人驾驶汽车道路测试进行了行政规制。但在此之前,百度董事长李彦宏于2017年7月5日乘坐公司研发的无人驾驶汽车在北京市五环路上行驶,并将行驶视频在百度AI开发者大会上进行了展示。[②]为获取更多的测试场景和测试数据,不断完善无人驾驶汽车的技术水平,制造商们不会满足于在指定区域和指定时段进行道路测试。而相关行政法规中的行政责任则无法对制造商的违法行为产生震慑,违法的代价显得太低廉。我国目前仅有工业和信息化部、公安部、交通运输部联合发布的《智能网联汽车道路测试管理规范(试行)》及各省的相关规范文件,尚无法律法规对于自动驾驶进行具体的规定。可以说行政法、民法、保险法等法律上对于自动驾驶产生的重大事故的法律责任问题尚无较为清晰的界定。刑法作为保障法,应当注意其提供的保护是二次性的。例如交通肇事罪以“违反交通运输管理法规”为前提,因此在自动驾驶领域尚未形成行业规范或颁布法律法规之时,行为人利用自动驾驶车辆发生的交通事故无法纳入交通肇事罪。交通肇事罪为行政法的实施提供保障,因而势必是相对滞后的。[③]

---

① 团子:《无人驾驶汽车事故不断　谷歌特斯拉Uber谁也没逃掉》,http://tech.sina.com.cn/roll/2017-03-26/doc-ifycspxn9900655.shtml,访问日期:2018年4月20日。

② 朱开云:《李彦宏:百度无人驾驶车上五环收到了一张罚单》,http://news.ynet.com/2017/11/16/666370t70.html,访问日期:2018年4月20日。

③ 杨宁:《自动驾驶与刑法研究的新展开》,《人民法治》2018年第6期。

（二）无人驾驶汽车对公民人身和财产安全带来的威胁

如前所述，几大互联网公司和汽车企业所生产的无人驾驶汽车在近几年表现似乎并没有得到公众的认同，交通事故不断产生，甚至造成了他人人身伤亡，同时在“部分自动化”的汽车上都出现了无法容忍的故障。2016 年 5 月 7 日，一款特斯拉 2015 Model S 汽车在经过佛罗里达州威利斯顿西郊高速公路的时候，与一辆拖挂卡车相撞，驾驶员当场受到致命伤害。这件事经美国国家公路交通安全管理局（NHTSA）调查，除了认为司机操作不当外，同时将特斯拉汽车自动化级别从 L3（有条件的自动化）降至 L2（部分自动化）。针对无人驾驶汽车，据美国全国广播公司 2014 年的调查显示，有 88％的受访者表示，自己非常不喜欢无人驾驶汽车，主要原因是害怕失去对汽车的控制权。无人驾驶汽车对公民人身财产安全的威胁，已经不仅仅局限于对他人，甚至还包括驾驶员和乘客。

（三）现行法律已无法及时规制无人驾驶汽车

随着人工智能技术的突破性发展，无人驾驶技术一定会不断成熟，将带来潜在的巨大社会、经济和环境效益，但同时也将带来诸多待考虑的新的法律问题。无人驾驶汽车上路，首先就是对《道路交通安全法》若干条文的冲击。在无人驾驶汽车达到 L5（完全自动化）之后，驾驶员是否还需要取得驾驶证？未成年人、醉酒之人是否可以单独乘坐无人驾驶汽车？在完全自动化之后，按制造商的说法，无人驾驶汽车会比人工驾驶更可靠、更安全。那么是否还应当允许驾驶员对汽车采取人工操作？因为在这样的逻辑下，人工驾驶反而变得更不安全，更应该为法律所禁止。如何建立一个客观、全面的市场准入标准？如何进行无人驾驶汽车的牌照发放和登记管理？如何制定统一的检验和监管制度？如何对侵权主体进行认定？民事责任的归责原则又当如何？采用严格责任自然保护了受害人的利益，但是否会阻碍人工智能的发展？在刑事法律方面，无人驾驶汽车交通肇事之后，责任主体如何确定？因果关系如何判定？事故责任又如何划分？总之，无人驾驶汽车的使用和推广，在给人们带来便利的同时，会面临更多具体的法律问题，这些问题将直接关系到每个公民的利益和无人驾驶汽车的进一步发展，值得我们深入研究。

无人驾驶汽车宣称其安全性远高于人工驾驶汽车，但考虑到道路交通情况的复杂性，没有任何一家无人驾驶汽车制造商能保证其绝对的安全。这就需要对无人驾驶汽车引发的交通事故进行法律的界定，并进行相应的法律规制。无人驾驶汽车因交通肇事造成重大财产损失和人员伤亡，刑法作为调节社会关系的终极手段,应当在其他部门法不能充分地保护法益时,作为最终的屏障起到保护作用。

二、无人驾驶汽车的刑事风险及对刑法的挑战

(一) 无人驾驶汽车的刑事风险

1. 基于无人驾驶汽车可能发生的故意犯罪

在无人驾驶汽车正式进入市场投入商用后,可能被行为人利用成工具,实施故意犯罪,并且这样的行为更具隐蔽性并容易逃脱刑罚制裁。行为人可以利用无人驾驶汽车的人工智能系统漏洞,控制汽车以达到其故意杀人或故意伤害他人的目的,并以"无人驾驶"为由,逃脱法律制裁。同时,另一种可能是,行为人无需坐在无人驾驶汽车之中,同样可以通过技术手段,远程控制无人驾驶汽车,实施故意杀人或故意伤害的犯罪行为。在这样的行为中,行为人完全不用出现在犯罪现场,除了可能会在人工智能系统中遗留的操作痕迹,其他任何痕迹都不会留下,更加容易逃脱法律制裁。同故意杀人和故意伤害行为不同,以危险方法危害公共安全,主要针对不特定的人。行为人可以利用无人驾驶汽车实施危害公共安全的行为,无论是驾驶人利用系统漏洞直接操作,还是行为人通过远程控制,对不特定多数人的生命、健康或者重大公私财产安全都是极大的威胁。另外,无人驾驶汽车的市场前景是极为广阔的,谁率先完成路测,形成行业标准,全面实现量产,谁就能占领市场,这对其设计者和制造者来说则是巨大的利益诱惑。行为人为了巨大的利益,可能将技术尚未成熟的产品投放市场,而这些产品尚不符合保障人身、财产安全的国家标准、行业标准,甚至可以说,这些所谓的行业标准和国家标准都尚未成熟。

2. 基于无人驾驶汽车可能发生的过失犯罪

目前任何无人驾驶汽车的设计者和制造者都不敢说无人驾驶汽车百分之百安全可靠,他们宣传的只是比人工驾驶更可靠、更安全,应该说,基于无人驾驶行为产生的交通肇事无法完全避免。无人驾驶汽车使用者在疏于履行注意义务或者违规操作的情况下,可能造成重大财产损失或人身伤亡。同时,因为无人驾驶不再需要行为人的人工参与,那么醉酒驾驶的行为将会更多出现,同时对于醉酒后能否进行无人驾驶行为,有待相关前置法的规定。而追逐竞驶这样的行为,是否能在无人驾驶汽车中实现,同样值得讨论。另外,研发者和制造者基于"预见义务"和"监督义务"有可能成立过失犯罪。

(二)无人驾驶汽车对现行刑法的挑战

1. 传统犯罪因人工智能而发生“量变”

由于科学技术的不断发展,犯罪的手段也在日新月异地更新,一些传统的犯罪行为,会借助人工智能的辅助,使得犯罪的危害性发生“量变”。犯罪行为的危害性覆盖面更“广”。人工智能技术使得犯罪工具以及犯罪手段更加智能,因此犯罪行为所造成的社会危害性可能更“深”。①上述行为人利用无人驾驶汽车作为工具,实施杀人或伤害他人的行为,就是典型的传统犯罪的“智能升级版”。

2. 因前置法缺失,无法实现对无人驾驶汽车的刑法规制

无人驾驶技术发展迅速,如无一定的前瞻性,刑法规制将远远跟不上无人驾驶汽车的发展速度,无法实现对具有一定社会危害性的无人驾驶行为定罪处罚。但即使刑法修正具备一定的前瞻性,也会受制于前置法的相关规定。

目前我国仅有北京市和上海市先后出台针对无人驾驶汽车道路测试的相关管理办法,但仅限于无人驾驶汽车道路测试方面的相关规制。②对于无人驾驶汽车在公共交通道路上的行为尚无任何法律规定,而我国刑法中,能够对无人驾驶汽车进行刑法规制的,联系最紧密的,莫过于交通肇事罪。而交通肇事罪则是属于法定犯,与行政法规有着密切的联系,该罪名客观方面表现为违反交通运输管理法规,因而发生重大事故,致人重伤、死亡或者使公私财产遭受重大损失的行为。因我国行政法规中,对无人驾驶汽车尚无规定,将导致对上述交通肇事行为无法定罪处罚。

3. 刑法条文将因前置法的改变而修正

我国有关交通运输方面的法律法规将因无人驾驶汽车的发展而发生改变,首先必然是有关交通行政法规。无人驾驶汽车对驾驶员的要求一定会不断降低,技术上会允许醉酒之人、儿童独自乘坐无人驾驶汽车。那么对于无人汽车是否存在醉酒驾驶的问题就有了讨论的空间。一旦技术上有了全面的保障,行政法规对驾驶员的责任和义务进行了重新的规定,那么对于醉酒使用无人汽车的行为就不存在定罪处罚的基础。同时,由于技术的限制,无人驾驶汽车将严格按照交通规定安全行驶,并不允许人工操作实施追逐竞驶的行为。危险驾驶罪中对于驾驶机动车追逐竞驶、情节恶劣的行为同时也失去了定罪处罚的现实

① 刘宪权:《人工智能时代的刑事风险与刑法应对》,《法商研究》2018年第1期。

② 北京市于2017年12月15日发布《北京市关于加快推进自动驾驶车辆道路测试有关工作的指导意见(试行)》和《北京市自动驾驶车辆道路测试管理实施细则(试行)》。上海市于2018年2月22日发布《上海市智能网联汽车道路测试管理办法(试行)》。

意义,有关危险驾驶方面的刑法条文迟早将面临修正。

三、无人驾驶汽车刑事风险的刑法应对

(一)司法层面:无人驾驶汽车相关责任主体的归责

无人驾驶汽车同传统汽车有着本质的区别,就是人对汽车的控制。无人驾驶汽车无需人工的介入,不需要传统的驾驶员,而是通过人工智能规划行驶路线,通过各类传感器、高精电子地图和大数据等保证行驶安全。无人驾驶汽车的设计、制造分工则较传统汽车更为精细,除了传统汽车制造方的分工外,人工智能软件的设计方、地图提供方、导航定位服务方等都参与了无人驾驶汽车的制造。一方面,驾驶员因人工智能而逐步退出对汽车的控制,是否还需承担责任存在争议。另一方面,无人驾驶汽车的制造参与者变得更为复杂,是否可以成为责任主体同样存在问题。

1. 行为人故意利用无人驾驶汽车实施犯罪

同传统汽车一样,无人驾驶汽车同样可以成为实施犯罪的工具。在此情况下,不难认定行为人的刑事责任,根据主客观相一致的原理,根据行为人的罪过形态和客观行为进行归责,追究行为人相关的刑事责任。

2. 无人驾驶汽车所有者、使用者基于过失行为产生的刑事责任

针对所有者的责任,有学者认为,因为传统汽车必须经由人工驾驶,所以所有者不参与驾驶的情况下一般难以成为责任主体。而无人驾驶汽车的所有者应当履行更为严格的注意义务,最大限度保证行驶的安全。一旦这些义务为交通管理法规所规定,所有者违反了这些义务,就应当成为交通肇事罪的主体。① 笔者并不认同这一观点,在所有者并未指示、强令使用者违章驾驶的前提下,不应成为交通肇事罪的主体。无人驾驶汽车的技术水平只会比传统汽车更为先进,相关驾驶人员更难理解并履行相关注意义务。传统汽车都没有要求所有者尽严格的注意义务,无人驾驶汽车就更不应当要求所有者尽严格的注意义务。对无人驾驶汽车的使用者,笔者认为,其不能因为并不直接参与无人驾驶汽车的控制而无需担责,使用者在使用的过程中,必须尽到注意义务,应当适用规范的操作流程并及时处理行驶中的故障,如有违反并造成严重交通事故,则可以成为交通肇事罪的责任主体。

---

① 刘蓝璟、刘卫华:《自动驾驶模式下交通肇事罪的认定》,《法制与经济》2018年第2期。

3. 无人驾驶汽车的研发者、制造者、销售者基于产品缺陷产生的刑事责任

无人驾驶汽车研发和制造环节可以说是该产品的核心环节，无人驾驶汽车能否安全、可靠，完全决定于前两者。无人驾驶汽车与传统汽车不同的是，传统汽车完全由人工驾驶，因此在责任的分担上，汽车的研发、制造者基本不承担交通行为中的相关责任。但值得我们讨论的是，无人驾驶汽车研发者和制造者是不是交通行为的参与人？笔者认为，汽车研发者和制造者设计和编制了无人驾驶汽车的程序和平台，同时在驾驶过程中基本是依靠这一程序和平台来指挥汽车进行辨识、控制和判断，从而实现安全的交通行为。同时，基于现在的人工智能理念，无人驾驶汽车的控制程序和平台也会依据最新的数据更新，不断进行软件升级，从而对驾驶行为进行完善，可以说设计者和制造者是长期和全过程地实质参与无人驾驶汽车的驾驶行为。一旦发生致人损害，构成犯罪，应当从故意或过失两种主观罪过分别认定。如研发者、制造者和销售者明知产品有缺陷，而为了利益生产不符合保障人身安全、财产安全的国家标准和行业标准的无人驾驶汽车，造成严重后果，应该追究相关行为人的刑事责任。如无人驾驶汽车的研发者和制造者在生产作业过程中，可以避免危害结果发生，但未尽到预见义务，“应当预见而没有预见”或“已经预见却轻信能够避免”，或者在无人驾驶汽车使用过程中违反监督义务，从而使无人驾驶汽车发生了危害社会的行为，那么应当成立过失犯罪，追究其刑事责任。

4. 无人驾驶汽车本身可否成为刑事责任主体

无人驾驶汽车是人工智能技术发展的代表性产品，是人工智能机器人的一种。如前所述，无人驾驶汽车是在设计和编程范围内实施驾驶行为的人工智能机器人。但是，如果一旦经过深度学习，无人驾驶汽车产生自我意识和自主意志，在设计和编程范围外实施驾驶行为并造成交通肇事，能否成为刑事责任主体？笔者认同刘宪权教授的观点：在设计和编制的程序范围外实施行为时，智能机器人和自然人一样，具有辨认能力和控制能力，具有刑事责任能力，可以成为刑事责任主体，其实施的犯罪行为实现的是自主意志，可能且应当承担刑事责任。[①]

（二）立法层面：应为行为主体设立相应的法定义务

在前置法中设立行为人相关的法定义务是对无人驾驶汽车进行刑法规制的必要前提。在这方面，《上海市智能网联汽车道路测试管理办法（试行）》（以

① 刘宪权：《人工智能时代刑事责任与刑罚体系的重构》，《政治与法律》2018 年第 3 期。

下简称《办法》)作出了尝试。《办法》第7条要求:“建立测试车辆远程监控数据平台,具备对测试车辆进行实时远程监控的能力。”第9条规定:无人驾驶汽车测试车辆具备‘人工操作’和‘自动驾驶’两种模式,且能够以安全、快速、简单的方式实现模式转换并有相应的提示,保证在任何情况下都能够将车辆即时转换为‘人工操作’模式”。由此可见,未来的交通运输行政法规应当对无人驾驶汽车研发者、制造者和使用者设立“监督义务”。当行为人违反“监督义务”时,应当承担监督过失的刑事责任。同时,应及早建立无人驾驶汽车的国家标准和行业标准,研发者和制造者应在大数据的基础上,充分完善无人驾驶汽车产品,充分考虑产品可能发生的社会危害,并在行政法规中确定研发者和制造者的“预见义务”,当行为人违反“预见义务”时,应当承担一般过失的刑事责任。

人工智能时代：无人驾驶汽车应用的刑事风险与责任

钟　菁*

【内容摘要】 人工智能可区分为弱人工智能和强人工智能。与此相对，无人驾驶汽车区分为弱人工智能阶段的无人驾驶汽车和强人工智能阶段的无人驾驶汽车。判断强、弱人工智能的根据在于人工智能产品是否具有自主辨认能力和控制能力。弱人工智能阶段的无人驾驶汽车易被犯罪分子当作工具，用在危害国家安全和公共安全、危害人身安全等犯罪中。强人工智能阶段的无人驾驶汽车通过不断的深度学习能产生自主意识和意志，在汽车制造者和使用者既设的程序范围外，实施的自主决策的行为，应当追究无人驾驶汽车本身的刑事责任。无人驾驶汽车引发的事故，可追究汽车制造者、使用者的故意责任或过失责任，必要时，也可追究无人驾驶汽车本身的刑事责任。

【关键词】 无人驾驶汽车　人工智能　刑事风险　刑事责任

人工智能(Artificial Intelligence)时代，无人驾驶技术应用最广泛的领域当属无人驾驶汽车行业。无人驾驶汽车(Autonomous Vehicle, AV)，又被称作轮式移动机器人，它是当下人工智能领域研发的重点项目，也是AI将科技融入生活得以预见的阶段性成果。无人驾驶汽车是通过车载传感系统感知道路环境，自动规划行车路线，并控制车辆到达预设目的地的智能汽车。它利用车载传感器(vehicle sensor)感知车辆周围环境，并根据控制系统所接收的道路、车辆位置和障碍物信息，把握车辆的转向和速度，从而保证车辆在独立运作状态下安全、顺利地运载。①

一、问题的提出

自20世纪70年代起，人类开始进行无人驾驶技术的研究，不仅传统的汽车

---

* 钟菁，华东政法大学博士研究生。

① Jeffrey K.Gurney, Sue My Car Not Me: Products Liability and Accidents Involving Autonomous Vehicles, 2013 U. Ill. J.L. Tech. & Pol'y 247(2013).

制造企业致力于研发人工智能汽车产业，而且包括谷歌、百度、Uber 在内的众多互联网科技公司也纷纷进入人工智能领域。有专家推测，到 2020 年，无人驾驶技术将在部分国家或城市全面应用到路面车载行业，到 2040 年，无人驾驶技术将覆盖全球大部分城市。①

无人驾驶车辆前景可观，但持消极观点的专家也提出了质疑和担忧。2017 年 4 月，斯蒂芬·霍金在北京会议中心举行的全球移动互联网大会(GMIC)上就表示，对人工智能短期的担忧主要在无人驾驶、智能的致命自主武器等方面。数据安全专家克雷格·史密斯(Craig Smith)在《汽车黑客手册：防入侵指南》一书中提到："在自动驾驶汽车出现程序错误或者遭遇非法程序入侵时，汽车生产厂商可能无法及时介入帮助车主，而被隔绝的车主自己也无法发现问题，更谈不上提前防护。"②

早在 2016 年 5 月 7 日，美国俄亥俄州一名男子驾驶特斯拉 Model S 汽车与一辆突然左转的卡车发生交通事故。事故发生时，特斯拉汽车正在使用自动驾驶系统，该车没能及时地自动刹车，直接钻入了卡车底部，造成了特斯拉车主死亡的惨剧。无独有偶，2018 年 3 月 18 日，美国亚利桑那州坦佩市，一辆正在无人自动驾驶的 Uber 车，将一名横穿马路的女子撞死。

无人驾驶汽车造成的惨剧连发，却并未阻滞无人驾驶技术的蓬勃发展。面对科技力量推动下日新月异的道路环境变化，我们不禁思索，一旦发生交通事故，无人驾驶车辆造成的伤害究竟应当由谁负责？汽车制造者和使用者在交通事故中分别扮演什么样的角色？人工智能主宰下的无人驾驶汽车是否还存在其他隐性的风险？面对伦理道德的抉择，应当要求无人驾驶汽车优先保护车内人员的安全还是车外人员的安全？诸如此类问题，都值得我们深思。

二、无人驾驶技术的刑事风险

从某种意义上说，人工智能可谓人类大脑的延伸。人工智能一般可以分为弱人工智能(Artificial Narrow Intelligence)和强人工智能(Artificial General Intelligence)。③判断强、弱人工智能的根据在于人工智能产品是否具有自主辨

---

① Adeel Lari; Frank Douma; lfy Onyiah: Self-Driving Vehicles and Policy Implications: Current Status of Autonomous Vehicle Development and Minnesota Policy Implications, 16 Minn. J.L. Sci. & Tech. 735(2015).

② 《买部无人驾驶车，还要学习反黑客技术》，http://www.ifanr.com/670618，访问日期：2018 年 4 月 20 日。

③ 闫坤如：《人工智能的道德风险及其规避路径》，《上海师范大学学报(哲学社会科学版)》2018 年第 2 期。

认能力和控制能力。[①]弱人工智能是指,通过预先编制的具体程序,运载既定的思维和判断模式,从而完全实现产品设计者或使用者的意志。强人工智能则指,拥有独立辨认能力和控制能力,不仅能在预先编制的具体程序范围内实现设计者或使用者的意志,而且可以超出程序范围自主决策,实现自身的意志。对强人工智能来说,带有正确程序的计算机确实可以被认为具有理解和其他认知状态,在这个意义上,恰当的编程计算机就是一个心灵。[②]

(一) 弱人工智能阶段的无人驾驶技术应用的风险

人工智能领域产品的升级,由弱人工智能向强人工智能过渡,映射到无人驾驶领域,就是一个从完全依附于程序编制的"人机协作"驾驶系统到拥有独立感官和辨识能力的自主无人驾驶系统的转换。弱人工智能版本的无人驾驶系统,尚无法完全脱离驾驶员的协作,其要求汽车驾驶操作必须建立在人机相互配合的基础上,驾驶员对自动驾驶系统的操作起到随时监督和接管的作用。例如,特斯拉 Model S 汽车上的自动驾驶系统就是让驾驶员即使是在高速公路上驾驶汽车,也能够安心地由汽车自动驾驶的技术。即便如此,特斯拉汽车的驾驶员的手一旦离开方向盘,系统就会鸣响警报,提醒驾驶员应当对汽车的驾驶始终进行监督,并随时准备接管驾驶。特斯拉公司称,自动驾驶技术尚在发展之中,它并不完美,需要驾驶员时刻保持警惕。[③]如上,在程序设计人员编制的系统程式范围内,汽车所实施的是不具有独立辨识能力的行为。车辆行为不仅受制于既定的程序,而且还需要人类的监督和辅助操作,显然,该种汽车自动化系统应当归类于弱人工智能阶段产品。

弱人工智能阶段的无人驾驶汽车,本质上是具有部分感知能力的机器人,它替代了汽车驾驶员完成驾驶劳动。对无人驾驶汽车的推广介绍中,通常认定无人驾驶系统的安全系数要远高于自然人驾驶汽车时的安全系数,这得益于人工智能系统对周边环境的感知能力要优于人类。此外,相比自然人驾驶,车载控制系统能够更及时、准确地处理道路信息,迅速作出反应,避免了因醉酒、疲劳、身体残缺等人为因素导致交通事故发生的可能性。[④]

---

① 刘宪权:《人工智能时代的"内忧"、"外患"与刑事责任》,《东方法学》2018 年第 1 期。

② [英]玛格丽特·A.博登:《人工智能哲学》,刘西瑞、王汉琦译,上海译文出版社 2001 年版。

③ 《无人驾驶第一命案:特斯拉制造》,http://www.cnfl.com.cn/2016/0705/292845.html,访问日期:2018 年 4 月 20 日。

④ Sabine Gless; Emily Silverman; Thomas Weigend, If Robots Cause Harm, Who Is to Blame: Self-Driving Cars and Criminal Liability, 19 New C rim. L.Rev.412(2016).

诚然,相较于普通交通工具,弱人工智能阶段的无人驾驶汽车容易被犯罪分子所利用,行为人只要熟悉运用数据编程控制汽车的内载计算机系统,就可能以很小的代价造成最大的社会危害。需要注意的是,弱人工智能阶段的无人驾驶汽车是在人工编制的程序范围内作出相应行为,对于其造成的危害,我们显然无法追究汽车本身的责任,而应当关注产品行为背后人工操控者可能要承担的刑事责任。

1. 利用无人驾驶汽车实施危害国家安全和公共安全犯罪

随着弱人工智能时代的到来,一些危害国家安全、国防利益、公共安全和社会管理秩序的行为可能不再需要人类亲力亲为,只需设计和编制出相应的程序,让弱人工智能产品"分忧代劳"。[①]产品行为背后的人工操控者包括产品的设计者和使用者两种。无人驾驶汽车的设计者或是使用者通过对无人驾驶汽车进行设计和编程,以无人驾驶汽车为工具,实施危害国家安全和公共安全的行为。例如,在著名美国电视剧《霹雳游侠》中,犯罪分子们利用机器人和无人驾驶汽车进行了许多犯罪活动。一旦犯罪行为人将无人驾驶汽车作为犯罪工具,不但实施犯罪的成本会大大降低,而且其可能造成的危害后果将远远超乎人们的想象。在无人驾驶汽车普遍使用的情形下,反政府武装分子不再需要以生命为代价实施自杀式袭击,就可以轻松达到严重的危害目的。更甚者,掌握汽车程序编制技术的暴力武装分子,可以随意侵入他人汽车的计算机系统,篡改编程,足不出户便可控制任意街道环境,造成社会混乱。同样,弱人工智能阶段的无人驾驶汽车也可能被用作危害公共安全的工具。例如,恐怖分子制造汽车炸弹、遥控汽车冲撞人群等传统的恐怖行为方式,将会更加不可查和不可控。操作无人驾驶汽车的恐怖分子不受限制地随时可能实施侵害公共安全的行为,并且永远躲在虚拟网络的背后,这为其隐藏身份、逃避抓捕提供了条件。

2. 利用无人驾驶汽车实施危害人身安全犯罪

利用无人驾驶汽车实施危害人身安全犯罪的行为人,不仅包括以实施某故意犯罪为目的的汽车研发者,也包括以实施某故意犯罪为目的的购买使用者,同样包括入侵他人汽车内载计算机系统的"黑客"。弱人工智能阶段的无人驾驶汽车不具有辨认和控制能力,无法通过神经网络和深度学习获取自己的思维能力,因此,始终只是行为人实施犯罪行为的"工具"。除了利用无人驾驶汽车进行传统的危害人身安全犯罪的方式,还可能出现新型的犯罪方法类型。例如,犯罪行为人化身网络"黑客",入侵他人正在行驶的汽车内载计算机系统,一

① 刘宪权:《人工智能时代的"内忧"、"外患"与刑事责任》,《东方法学》2018年第1期。

方面,可能造成汽车程序的错乱,从而直接导致乘车人员身体遭受损害;另一方面,汽车载着乘车人一刻不停地在道路上行驶,也可能成为非法拘禁罪构成的另一种犯罪行为方式。

(二) 强人工智能阶段的无人驾驶技术应用的风险

无人驾驶技术集自动控制、体系结构、人工智能、视觉计算等众多技术于一体,是计算机科学、模式识别和智能控制技术高度发展的产物。强人工智能产品不限于在设计者和使用者已设计和编制的程序范围内做出行为,而是可以通过自我的深度学习,掌握设计者和使用者并不能预知的信息,并且获得独立的思考能力。当然,强人工智能阶段的无人驾驶车辆也具有实现车辆设计者和使用者目的的功能,从这个意义上说,强人工智能阶段的无人驾驶车辆与弱人工智能阶段的无人驾驶车辆的作用相同,一旦发生侵害事故,其法律地位也无异。即,此二阶段的无人驾驶车辆都是车辆设计者和使用者实施行为的工具。在此,我们仅讨论超出车辆设计者和控制者编制程序范围,无人驾驶汽车的内载计算机系统达到了自主产生意识和意志水平的情形。

强人工智能阶段的无人驾驶汽车属于高级人工智能机器人,它具有自主意志并实施自主的决策。例如,无人驾驶汽车行驶的道路上有老人、儿童、宠物等不同的障碍物,车辆通过传感器获得道路交通信息后,经过影像的辨识,了解路面障碍物的类型,并在发生保护车内人员还是保护车外人员二者具有冲突的紧急状况时,能根据当时发生的具体情形,拥有独立的决断和取舍能力。再如,拥有可以脱离程序,产生独立意识和意志的强人工智能阶段的无人驾驶汽车,完全可以比拟为一个拥有独立意志的机器人"司机"。人类将驾驶车辆的双手解放,把自己的生命安危完全托付给这个"司机",就意味着一旦机器人产生侵害人类的想法,必然会产生严重的危害结果。

"居安思危,思则有备,有备无患。"[①] 1968 年上映的美国著名科幻电影《2001 太空漫游》中,向木星进发的"发现一号"太空船是由一台人工智能电脑"哈尔"掌控,但"哈尔"却故意预测错误结论,并设计杀害了飞船上的科学家。虽然,目前存在的人工驾驶技术尚未达到电影中存在的产生独立思维的阶段,但是,我们有理由预见,基于大数据、深度学习、神经网络、蒙特卡洛树搜索等技术的不断发展,人工智能产品必定会经历弱人工智能阶段,最终走向强人工智能阶段。因此,在刑事法律层面上,我们起码应当在可预见的范围内,做好相应

① 《左传·襄公十一年》。

的预防和应对措施,即明确发生侵害事实时适用刑法的基本原则,这也是克服刑事立法滞后性的必然出路。

三、无人驾驶技术应用的刑法规制

道路上无人驾驶车辆将日益增多,其伴随产生的法律问题和纠纷必将不断增加。笔者认为,为应对无人驾驶汽车可能造成的刑事风险,刑法既要从源头上进行预期风险的防范,也要对有可能发生的现实风险做好应对。

(一) 对汽车制造者和使用者故意犯罪的刑法规制

无人驾驶汽车,作为智能机器人的一种,它的程序由汽车的生产者预先设定和编制。弱人工智能阶段的无人驾驶汽车,不可能具有独立的意识和意志,其在程序范围内进行的汽车驾驶行为,体现的完全是人类的意志。与其说从源头上对汽车制造者进行规制,不如说是对人工智能系统程序的编制作出必要的限定。试想,只要汽车的使用者向汽车下达去往目的地的指令,并按下"Go"的按钮,无人驾驶汽车就会进入自动行驶模式,因此,即便是坐在驾驶位置的自然人,此时也容易出现对路面交通情况的懈怠。正如乘坐汽车的乘客将自己的生命安全交给驾驶汽车的司机一样,人类将目的地输入汽车并启动汽车的那一刻,也就将生命安全交给了这个机器人"司机"。[①]

汽车制造者故意向无人驾驶汽车植入错误程序,导致无人驾驶汽车违反交通规则,造成人员伤亡的,汽车的制造者应当构成故意杀人罪、故意伤害罪、危害公共安全罪等故意犯罪。汽车制造者故意利用弱人工智能阶段的无人驾驶汽车实施严重社会危害性的行为,实际上是将无人驾驶汽车当作其实施犯罪的工具,故所造成的危险责任应当由汽车的制造者承担。例如,掌握了无人驾驶汽车研发技术的团队计划实施恐怖活动,他们将"冲撞人群""向人群投射武器"等程序植入汽车内载计算机系统,最终汽车造成人员伤亡和财物损坏的责任应当皆由汽车研发者承担。这是因为,弱人工智能阶段的无人驾驶汽车只是在研发者设定的程序范围内实施目标行为,并无任何无人驾驶汽车本身自主的意识和意志的体现。如果研发者设计和编制了具有非法意图的程序,使得智能机器人实施了严重危害社会的犯罪行为,那么该犯罪行为实现的显然是研发者的意

① Clint W.Westbrook, The Google Made Me Do It: The Complexity of Criminal Liability in the Age of Autonomous Vehicles, 2017 Mich. St.L.Rev.97(2017).

图，因而刑事责任承担的主体也应为研发者，智能机器人本身不需要承担任何刑事责任，此时对于智能机器人在性质上的定位应当是研发者实施犯罪行为的“智能工具”。①

与弱人工智能阶段的无人驾驶汽车相比，强人工智能阶段的无人驾驶汽车通过深度学习，可以有自主的意识和意志，但是，也存在强人工智能阶段的无人驾驶汽车完全在汽车制造者和使用者编排的程序范围内实施危害行为的情况。基于上文中笔者对强人工智能阶段无人驾驶汽车的刑事责任能力的肯定，强人工智能阶段无人驾驶汽车与汽车制造者和使用者之间也可能成立共同犯罪。例如，强人工智能阶段无人驾驶汽车产生危害行为的故意，有可能是因为产品制造者和使用者的教唆行为引起的，或是强人工智能阶段的无人驾驶汽车，独立地产生了犯罪的故意，并以帮助的形式与汽车的制造者和使用者共同完成了犯罪行为。在上述情况下，无人驾驶汽车的制造者和使用者与无人驾驶汽车应当共同承担刑事责任，构成共同犯罪。

（二）汽车制造者和使用者过失犯罪的刑法规制

显而易见，随着人工智能科技的不断发展，无人驾驶汽车的智能化水平必将经历由弱人工智能阶段向强人工智能阶段的转变。过失犯罪主要分为“疏忽大意的过失”与“过于自信的过失”两种情形，且无论哪种情形的过失犯罪，对危害结果的发生均持否定态度。具体而言，汽车的制造者或使用者可能构成过失犯罪的情形，主要包括以下两种。

其一，对汽车智能科技高度化发展有可能造成危害而不可控的过失责任。自 1956 年美国达特茅斯学院会议上，“人工智能”的概念被第一次提出以来，“造出一个和人类大脑一样聪明的机器人”，就成为了“探寻智能的本质”这个浪漫梦想的终极目标。②许多科学家为了攀登这一学术领域的高峰，不惜一切代价，甚至为之痴狂。艾萨克·阿西莫夫在《我是机器人》中，提出的“机器人工学三原则”第一条就指出，机器人不得危害人类，不可因为疏忽危险的存在而使人类受害。③“机器人工学三原则”从一个侧面反映了人工智能化发展应该掌握的限度，也对人工智能研究人员的科研方向提出了底线要求。笔者认为，明知人

---

① 刘宪权：《人工智能时代的刑事风险与刑法应对》，《法商研究》2018 年第 1 期。

② 史中：《抄袭人类大脑！类脑人工智能会是未来吗？》，https://www.leiphone.com/news/201507/k8JcpvFb3WHEAaYm.html，访问日期：2018 年 4 月 26 日。

③ 《机器人三大原则》，https://baike.baidu.com/item/机器人三大原则/7182408，访问日期：2018 年 4 月 27 日。

工智能技术的持续发展，将造成人工智能产品的不可控，依然无节制地开发和利用，人工智能产品的制造者和使用者将承担“应当预见却疏忽大意没有预见”的过失责任。

有学者认为，在人工智能环境下，判断人工智能的研发者和使用者是否对危害结果负有预见义务，需要考虑研发或使用时的人工智能技术发展水平。[①]笔者对此观点持有异议。考虑研发或使用时的人工智能技术发展水平，应当区分人工智能产品的研发者和人工智能产品使用者分别讨论。一方面，对人工智能产品的使用者而言，因为科技水平受限，必然导致人类认知条件受有局限。法律不应强人所难。无人驾驶汽车的使用者，无法预知无人驾驶汽车本身存在的科技缺陷将会造成怎样的危害结果，因此，产品的使用者不存在疏忽大意的过失或是过于自信的过失的情况。一旦发生交通事故，只能认定为意外事件，或是追究产品生产者的责任。另一方面，无人驾驶汽车的生产者设计和研发了产品，他们不仅应当知悉新型产品的性能和人工智能水平，而且对产品研发成果可能存在的风险负有预知责任和监督义务。此时，缘于无人驾驶汽车的生产者对产品科技水平具有掌控能力，对产品风险负有当然的预知责任和监督义务，因此，很难认为生产者的责任承担与人工智能的科技发展水平有关。

其二，检测疏忽的过失责任。抛开无人驾驶汽车人工智能水平的持续发展可能带来的科技风险，基于无人驾驶汽车本身的机械属性与其内载驱动的计算机化，每辆汽车的出厂都应经过层层检验和测试。如果检测过程中，生产者已经认识到无人驾驶汽车存在未来可能造成危害结果的可能性，却自信地认为危害不会发生或发生的几率很小而置之不顾，那么，汽车生产者可能成立“过于自信的过失”；生产者因为检测疏忽而没有预见到未来有可能发生的危害结果，导致本可以避免的危害结果发生，则生产者可能构成“疏忽大意的过失”。

无人驾驶汽车属于高级人工智能产品，除了具有汽车本身的机械属性外，还具有高级自动化的人工智能属性。无人驾驶汽车的使用者在使用汽车前，除了应当进行汽车机械故障检查，定期进行汽车年检，还应当对无人驾驶计算机系统进行定期系统核查，否则，一旦因为检修疏忽造成交通事故，应当追究汽车使用者的过失责任。

（三）无人驾驶汽车的刑事规制

无法产生自主意识的无人驾驶汽车，只是在机械地执行汽车设计者和使用

① 刘宪权：《人工智能时代的刑事风险与刑法应对》，《法商研究》2018年第1期。

者预设的程序模式,体现汽车设计者和使用者的意志。因此,纯粹体现“工具”属性的无人驾驶汽车,不应对无人驾驶汽车本身追责。但是,如果无人驾驶汽车因为深度学习而产生自主意识和意志,并在自主意识支配下实施了不在人类设计和编制的程序范围内的犯罪行为,那么智能机器人可能就需要面临刑事责任的承担问题。①费尔巴哈曾说,“只有个人才能成为犯罪的可能的主体,而法人(如公司、大学或者学院等)决不可能成为犯罪的主体。”我国《刑法》第17条规定,“已满十六周岁的人犯罪,应当负刑事责任……已满十四周岁不满十六周岁的人犯罪,应当从轻或者减轻处罚。”由此可见,自然人刑事责任能力与刑事责任年龄相关,它建立在自然人出生后,在其成长过程中对世界认知能力不断提高的基础之上。②与此相对,温德尔·瓦拉赫与科林·艾伦在合著的《道理机器人:如何让机器人明辨是非》一书中对机器人担负起道德责任提出的两种解决方案值得参照借鉴,“一种是自上而下式的理论进路,是指通过将机器人所要掌握的知识和能力转化成一系列算法规则,把这些规则植入机器人的大脑,从而获得‘认知’;另一种则是自下而上式的发展进路,通过模拟孩童的成长过程,让机器人在不同环境的相互作用中习得复杂行为与认知的能力和知识”。由此可见,人工智能机器人获得独立的辨认和控制能力的过程,与最终获得完全刑事责任能力的自然人获得认知的过程相类似,都经历了一个从无到有、由浅入深的学习成长过程。

2018年4月,日本机器人竞选日本多摩市市长,在其开通的推特账号中宣传了“让政治变得更加公平”的竞选政见。③虽然AI机器人最终未能当选,但从另一个侧面也表达了科技的发展进步下,人们对机器人主体地位的认同感在不断提升的心声。

此外,现代各国的刑法普遍认为,刑事责任主体包括了自然人和单位。单位的刑事责任能力主要是来源于单位内部员工个人意志的集合。与单位相比,在预设的程序范围外实施行为的智能机器人具有的刑事责任能力更为“直接”,不需要通过其他主体的意志来表现,更类似于自然人的刑事责任能力。④

综上所述,无人驾驶车辆造成交通事故,除具备针对道路交通和公民人身

---

① 刘宪权:《人工智能时代的刑事风险和刑法应对》,《法商研究》2018年第1期。

② [德]安塞尔姆·里特尔·冯·费尔巴哈:《德国刑法教科书》,徐久生译,中国方正出版社2010年版,第37页。

③ 《机器人竞选市长,是时候谈谈机器人伦理了》,http://baijiahao.baidu.com/s?id=1599049916088196086&wfr=spider&for=pc,访问日期:2018年4月29日。

④ 刘宪权、朱彦:《人工智能时代对传统刑法理论的挑战》,《上海政法学院学报(法治论丛)》2018年第2期。

的危险性之外,与自然人驾驶人员一样,它本身也满足追究刑事责任能力的有责性条件。笔者认为,强人工智能阶段的无人驾驶车辆按照制造者和使用者的预定程序行驶时,不存在无人驾驶车辆本身承担刑事责任的问题,只有在强人工智能阶段的无人驾驶车辆超出预设程序,产生自主意识和意志,并实施犯罪意图支配下的危害行为时,才存在将无人驾驶车辆作为刑事责任主体看待的问题。

四、结　　语

无论人类"想"或是"不想",人工智能时代已经到来。随着无人驾驶汽车市场的不断扩大,它给人类生活带来的影响必将愈来愈深远。伴随发明和应用人工智能产品,人类除了乐于享受科技文明所带来的高效和便捷外,还应当对其可能产生的不可控的风险,具有预防和控制的能力。无人驾驶汽车交通事故的发生,应当首先划分无人驾驶汽车是处在弱人工智能阶段抑或是强人工智能阶段,其危害行为是基于自主犯意形成还是单纯执行程序指令;其次,从汽车研发源头上的控制到事故发生后的责任厘清,应区分汽车生产者、使用者的故意或是过失的刑事责任;再次,明确无人驾驶汽车本身的刑事责任问题。刑法对无人驾驶汽车时代的道路安全防控的介入不可或缺,我们应当加快建设无人驾驶汽车犯罪刑罚体系的构建,新增类似于"滥用人工智能罪""人工智能事故罪"①等罪名,以确保人工智能的良性进步发展。

① 刘宪权:《人工智能时代的刑事风险和刑法应对》,《法商研究》2018 年第 1 期。

第二编　智者见智：人工智能时代的法律新题

人工智能技术在为人类生活带来极大便利的同时，也给人类社会带来巨大的刑事风险。人工智能技术作为犯罪工具，无疑为犯罪插上了科技的“翅膀”，从而使其社会危害性程度呈几何倍数增长，甚至可能会引发更多的新型犯罪。同时，随着人工智能技术的发展，智能机器人可能会产生独立的意识和意志，自主决定并实施严重危害社会的行为。面对人工智能技术的发展所可能带来的风险，我们刑法学者既不应过度反应，将人工智能技术视为“洪水猛兽”，禁止或阻碍其发展；也不应漠然置之，小视人工智能所可能给人类社会带来的危害。我们应该做到未雨绸缪、积极布局，努力探索人工智能时代涉人工智能犯罪的刑法规制路径，为防控人工智能时代的技术风险（包括规制智能机器人的行为）、发挥人工智能技术的最大价值、促进社会的稳定健康发展出谋划策。

对于人工智能这一“双刃剑”，用之得当，则人类将能够享受到其所带来的巨大福祉；用之不当，人类可能会受到其所带来的毁灭性打击。一方面，人工智能技术的发展蕴藏着巨大的风险，这种风险可能会导致人类社会的毁灭，因此刑法学者不应坐视不顾，而应发挥刑法为社会稳定发展保驾护航的作用，发挥社会最后一道屏障的功能，将可能给人类社会带来毁灭性打击的危险扼杀在摇篮之中；另一方面，人工智能技术的发展会给人类社会带来极大利益，帮助人类从繁重的劳动中解放出来，为社会各个领域带来翻天覆地的可喜变化，为人类社会的美好生活提供更好的物质基础，所以刑法对涉人工智能犯罪的打击应保持适当的限度，不能阻滞甚至扼杀人工智能技术的发展。

本编“智者见智：人工智能时代的法律新题”共收录了 9 篇文章，主要是针对人工智能时代背景下刑法在规制智能机器人时所面对的法律问题——是否应当赋予智能机器人以法律主体身份、如何确立智能机器人的刑事责任承担方式等展开论述。针对这些人工智能时代所面临的刑法问题，学者们从不同的视角各抒己见，形成了观点的碰撞与交锋。《人工智能时代机器人行为道德伦理与刑法规制》一文从人工智能机器人的道德伦理出发，论述了应当限制性地赋予智能机器人法律主体身份。在刑法视野下，智能机器人应当具有犯罪主体地位，其行为应受刑法规制，还应当赋予其一定的权利，并且其权益也应受到刑法保护。《涉人工智能犯罪刑法规制正当性和适当性的路径》一文在肯定能够自主决定并实施严重危害社会行为的智能机器人的刑事责任主体身份的基础上，进一步探讨了人工智能犯罪的规制路径的设置。《人工智能发展的类型化与刑事责任》一文指出现有的将人工智能的发展分为弱人工智能与强人工智能的两分法存在局限，应当将人工智能类型化为弱人工智能、强人工智能与超人工智能，并应当针对每种人工智能产品的不同性质，分别形成三种不同的应对人工智能发展的刑事责任思路。《人工智能致损的法律责任》一文也探讨了强弱人工智能产品导致损害后，刑法应当如何分别应对。文章指出，在弱人工智能时代，应将人工智能风险视为新工业技术风险，适用危险责任，并结合共同企业理论，在降低甚至免除设计者、生产者或使用者过错要求基础上，由其承担赔偿责任。对于强人工智能产品，应赋予其法律主体地位，由其自身承担相应法律后果。《强弱人工智能产品刑事责任认定规则》与《人工智能犯罪中的刑事归责原则》两篇文章分别从不同的角度论述了人工智能产品所引发的刑事责任归责问题。《刑法对人工智能应秉持的理性态度》一文则与其他人观点不同，指出对于人工智能的刑法规制应保持理性，一方面不宜赋予人工智能刑事主体资格，另一方面按照人工智能涉足不同领域的特点进行"轻轻重重"的理性规制。《智能机器人的法律定位及其权利审视——以"索菲亚"被赋予公民身份为视角》一文在赋予人工智能产品刑事主体资格这一问题上表示认同，但对于人工智能产品是否能够被赋予公民身份则认为还值得商榷，指出应当根据科技的进一步发展作出精准预测。《人工智能在人身危险性测评中的功能》一文与本编其他文章不同，涉及的是人工智能时代所遇到的另一问题——人工智能技术在司法实践中的具体应用问题，探讨了人工智能技术在人身危险性测评中的具体应用，指出人身危险性测评技术的提升依赖于技术理性的提升，人工智能技术的发展将助益于人身危险性的测评。

在人工智能时代背景下，智能机器人特殊的身份定位使得其权利问题错综复杂，需要在今后很长的时间内予以深入的研究与探讨，科技的发展离不开规范的引导，界定机器人的权利范围在当下显得尤为重要，法律不但规制时下的社会现象，也要对未来可能发生的法律现象作出预测，"未来已至，需要擦亮双眼"，对于人工智能时代权利与责任的审视应以科学技术的真实进展为纲，以法律的基本理论为指导，不冒进也绝不保守。

人工智能时代机器人行为道德伦理与刑法规制

刘宪权*

【内容摘要】 机器人伦理是设定机器人法律制度的前提与基础，本质上服务于人类利益。机器人伦理主要针对具有“独立意志”的智能机器人，具体包括机器人道德、机器人社会关系等。具体设计机器人法律制度时，应体现机器人伦理的基本内容，秉持承认与限制的基本原则：一是承认机器人的限制性主体地位；二是承认机器人权利，此种承认具有功利主义色彩，本质上是为了更好地实现人类利益。智能机器人的行为应受刑法规制，智能机器人的权益也应受到刑法保护。刑法视野下的智能机器人具有犯罪主体地位，能够实施绝大部分犯罪并承担相应刑事责任；与此同时，智能机器人应享有财产权等权利，侵害机器人权利的行为可能构成相应犯罪。

【关键词】 人工智能　智能机器人　道德伦理　刑法规制　刑法保护

人工智能时代已悄然来临，人工智能的迅速发展正深刻地改变人类社会生活、改变世界，并影响着国家的发展战略。2017 年 7 月 8 日国务院《新一代人工智能发展规划》将发展人工智能作为我国抓住战略机遇、构筑先发优势、加快建设创新型国家和世界科技强国的重要国家战略。规划指出，人工智能成为国际竞争的新焦点，人工智能是引领未来的战略性技术，世界主要发达国家把发展人工智能作为提升国家竞争力、维护国家安全的重大战略；人工智能成为经济发展的新引擎，其将重构生产、分配、交换、消费等经济活动各环节，形成从宏观到微观各领域的智能化新需求，催生新技术、新产品、新产业、新业态、新模式，引发经济结构重大变革。在此重大社会变革之下，作为上层建筑而存在的伦理、法律、政策也应当实现必要的调整与升级，按照规划所提出的目标，实行“三步走”战略：第一步，到 2020 年，“部分领域的人工智能伦理规范和政策法规初步建立”；第二步，到 2025 年，“初步建立人工智能法律法规、伦理规范和政策体系”；第三步，到 2030 年，“建成更加完善的人工智能法律法规、伦

* 刘宪权，华东政法大学刑法学教授，博士生导师。

理规范和政策体系”。然而，目前我国尚无与人工智能紧密相关的伦理规范与政策法规，与人工智能应用相关的民事与刑事责任确认等法律问题依然主要在传统法律框架内进行解决，并且迄今为止围绕该问题所展开的研究还极为匮乏。如果说在民事领域有限承认智能机器人的民事权利能力已经成为现阶段部分民法学者的呼声，那么在刑事领域有限承认智能机器人刑事责任能力的主张或讨论则显得极为罕见。而事实上，人工智能时代注定无法回避后一问题。

时下，因人工智能与信息科技的进一步发展与提升，智能机器人愈加接近于“人”。除在医疗、交通、灾害应急处理等社会领域已经出现“人机合作”外，在某些特定领域(如知识产权领域)，智能机器人甚至能独立创造出“作品”，其主体性、人格性、创造性特征已初露端倪，并将会随着人工智能技术的进一步提升而愈发凸显。既然智能机器人愈加接近于人，并能够逐步与人合作或完全替代人从事工作，那么以下这些问题便应当得到理论上的回答：智能机器人与人的区别是什么？智能机器人与人的法律地位之间是否有着不可逾越的鸿沟？是否应当赋予智能机器人法律人格？当智能机器人像人一样实施了危害社会的行为时，仅仅以“人”为主体而构筑的现行法律体系是否“过时”，是否仍然足以应对人工智能时代涌现的新情况、新问题？

以上并不是单纯的法律问题，同时也是深层次的伦理问题。康德将法与伦理相区别，法律与伦理之间的关系是哲学领域经久不衰的话题。目前已达成共识的是，伦理与法律作为两种社会规范分别独立存在，法律是外在的、强制性的秩序，伦理是内在的、求诸个人内心的力量，二者刚柔并济、相辅相成地调整着社会秩序。正是基于法律与伦理之间合作共生的关系，《新一代人工智能发展规划》将法律法规、伦理规范、政策体系并列，共同作为人工智能时代社会治理的战略目标。法律与伦理，同为社会规范，都以社会为其发生的基础，“法和伦理适合于社会，发生于社会……在没有社会共同生活的地方，法和伦理虽然在观念上可能，但是不具有现实性。法与伦理在它们同来自社会这一点上，两者并不矛盾”。①伦理与法律均为规范，规范是社会的产物，同时也反过来及时助推社会的发展，一方面，人工智能时代与社会是人工智能伦理规范与法律法规的发生基础与现实来源；另一方面，人工智能伦理规范与法律法规的快速建立与完善，也是人工智能加速发展的必然要求与规范保障。

值得指出的是，《新一代人工智能发展规划》在“三步走”战略目标中对人工

① [日]川岛武宜：《现代化与法》，王志安、渠涛、申政武、李旺译，中国政法大学1994年版，第10页。

智能时代的伦理规范、法律法规、政策体系分别作了不同顺序的排位。第一步，到 2020 年“部分领域的人工智能伦理规范和政策法规初步建立”，其将“伦理规范”置于“政策法规”之前，并且未使用“政策体系”“法律法规”的表述；第二步与第三步，分别为到 2025 年“初步建立人工智能法律法规、伦理规范和政策体系”，到 2030 年“建成更加完善的人工智能法律法规、伦理规范和政策体系”，不难发现，此时其将“伦理规范”的位置略微后移，置于“法律法规”之后、“政策体系”之前。排位上的前后差别恐怕并非偶然无意之举，而自有其深意。在人工智能时代初期，与人工智能紧密相关的法律法规一片荒芜，初创法律法规须以伦理为土壤，只有解决了新时代的道德、伦理等基本问题，才有可能制定出符合时代要求与顺应人们内心准则的法律。因此，初创人工智能法律法规应当遵循从伦理走向规范的路径。而当人工智能时代深化发展到一定的程度，人工智能法律法规已渐成体系之时，伦理势必要谢幕于历史的主场，退居次要地位，更多表现为对法律的辅助实施。伦理与法律在不同历史阶段的角色与彼此之间的互动规律，反映着人类社会规范的产生过程，我们在构建人工智能法律体系时显然不能无视这一过程。在机器人广泛介入人类生活的人工智能时代，道德、伦理问题必须首先得到充分的讨论。故本文主要通过分析智能机器人的机器人道德、伦理，探究机器人的法律地位和法律权利，并在此基础上解析智能机器人在刑法体系中的地位以及对应的犯罪范围与受保护范围。

一、机器人道德、伦理

虽然人工智能的概念首次提出于 1956 年的达特茅斯会议上，但从一项技术、产品演进为一个时代并切实影响着人们的生活却是近年来才发生的事情。人们将人工智能称为一个时代不仅仅是因为人工智能技术的提升与应用改变了人们社会生活的方方面面，更在于人工智能呈现出了以往从未有过的特征：主体性、人格性、创造性等。智能机器人在代替人类从事工作的过程中，已慢慢呈现出摆脱工具地位，渐获主体地位的趋势；在深度学习、神经网络原理与大数据技术的支持下，智能机器人已可独立创作“作品”，符合独创性的特征；在某些发达国家，智能机器人甚至已经被赋予“工人”地位或给予“户籍”。上述种种现象似乎已经与既有的人类伦理产生冲突，使得我们必须重新审视机器人本身以及人类与机器人之间的关系。纯粹的机器人工具主义是否会遭到时代与世界的抛弃，最终在历史舞台上离场，取而代之的是经过时代更新的伦理？机器人的伦理与规范问题必将成为人工智能时代社会科学研究的重要课题。人工智能的法律制度安排离不开伦理基础与价值取向,机器人伦理是研究机器人规范、机器人刑法的重要前提。对机器人伦理的思考应具有一定的前瞻性与超越性,并着重于控制、预防机器人发展、应用过程中的风险,使机器人在发挥有益于人类社会的价值的同时不至于侵害人类的基本利益。笔者认为,机器人伦理涉及文化、意识的碰撞,主要表现为机器人道德、机器人关系等问题。

(一)机器人道德应当被赋予和认可

机器人道德是具有自主意识的智能机器人判断行为正当与否的基本标准与准则。机器人道德是智能机器人的必备内容,是人类社会对智能机器人融入社会生活最低限度的要求。道德是后天养成的,而非先天即有,这也意味着道德并非专属于自然人,智能机器人也可通过后天养成道德。机器人需要道德并非一个伪命题,尽管目前的机器人尚未有道德,但这并不意味着未来的智能机器人不需要道德。机器人需不需要道德与如何形成机器人道德是两个不同层面的问题。我们不能因为将道德"加载"于机器人存在技术困境,便简单地认为机器人无需道德。事实上,智能机器人大量应用于社会各领域,必然会涉及机器人道德问题。例如,杀伤性军用机器人如何区分平民、伤患、投降者和恐怖分子,在同时存在大量恐怖分子和些许人质的情况下是否选择攻击,等等。又如,家庭服务型机器人如何在照顾家庭成员的过程中,区分伤害与救助。再如,医疗型机器人在手术过程中对病人造成的"伤害"或者"治疗",何时、何种程度才能被认为是不道德的,甚至在传统的"电车难题""洞穴奇案"伦理困境中,机器人又会如何作出选择?以无人驾驶机器人道德实验的"隧道问题"为例,当你乘坐的汽车高速行驶至隧道口,一个儿童冒了出来,走到了路中间,正好挡住了隧道的入口,此时通过刹车来避免事故发生已为时晚矣。无人驾驶机器人只有两个选择:一是直接冲过去,但这会导致儿童死亡;二是快速转向撞向隧道的任意一边,但这会让你丧生。很显然,这一道德困境即便是人类也没有"正确答案",但无人驾驶机器人却必须面对并作出选择。上述所言都是机器人在快速、广泛深入社会生活中所可能面对的道德、伦理问题。机器人的自由程度越高,就越需要道德标准。机器人感知力的提升、自由化程度的提高所带来的不仅仅是工作效率的提升、社会成本的降低,更多的是系统性风险。机器人"加载"道德的目的并不是为了使机器人成为独立的物种,真正平等地参与社会生活,而是为了控制人工智能技术发展所致的系统性风险。这里的系统性风险主要是指机器人在发展、应用过程中,由于技术、外力、故障等各种原因所可能导致的对人类、社会、国家的危害。

机器人道德的主体是机器人，而非设计者或使用者。曾经有人提出机器人的道德选择应该由设计者、使用者设定或者由法律规定。“机器道德决定的做出是基于一种程序或软件，从深层理解，却是机器的使用者，因此在软件设计上体现一种道德的力量，可能是关键和必要的。”[①]哲学、伦理学和计算机科学等领域的学者已经提出了“人工道德”的概念，随着机器人智能水平的提高、独立自主性的提升，对于自主性越来越强的智能机器人来说，它们完全可能成为人工道德的主体。因此，机器人的设计者、使用者或法律规定的道德选择并不在本文所讨论的机器人道德问题的范畴内。事实上，机器人可以具有道德并非天方夜谭，更非无稽之谈。国外已有人进行类似的实证研究，美国机器人研究专家阿金(Ronald Arkin)为了使军用机器人比人类更具有人性，在机器人系统中设计了“人工良心”，并公开征求机器人应遵循的道德规范。[②]赋予机器人道德能力需要让机器人在一个道德判断情境中，模仿人类的决策过程。首先，机器人就是能意识到一个道德判断情境，接着依循所布建的推理策略——包括道德原则、基准与价值等，机器人才能在多样化的情境之下判断并处理道德信息，并作出相应敏感判断；特别是在道德两难的情境下，在不同道德原则相互冲突时，作出“合情、合理的决定”。机器人道德不可能也不应该脱离人类道德，这就意味着对机器人的设计者提出了较高的要求。在机器人的设计之初，便应将人类的基本道德原则以算法形式加入其中，并在其后的深度学习养成过程中进行不断的修正，以免出现机器人自以为“道德”但实际已严重背离人类道德观念的情形。这一重要的机器人设计要求应当体现在日后的机器人法律制度之中，以法律之形式明确设计要求才可有效控制机器人“无道德”或“非道德”所带来的风险。相应地，如果机器人的“道德算法”出现问题，机器人的设计者、使用者应根据主观过错程度与客观危害结果承担相应责任。例如，如果机器人的设计者在机器人的智能程序中取消了不能伤害人类的“机器人三原则”，[③]那么在机器人失控并造成危害结果的情况下，设计者就应承担相应责任。又如，如果机器人的使用者故意将关于违法犯罪内容的大数据灌输给机器人致使其严重背离人类道德并实施违法、犯罪行为的，就应追究使用者的法律责任。

---

① 王东浩：《机器人伦理问题研究》，南开大学 2014 年博士学位论文，第 46 页。

② 杜严勇：《现代军用机器人的伦理困境》，《伦理学研究》2014 年第 5 期。

③ 在短篇科幻故事《环舞》(*Runaround*)中，阿西莫夫首次明确阐述了他有关机器人三原则的思想。机器人第一原则：机器人不得伤害人类，或坐视人类受到伤害；机器人第二原则：除非违背第一原则，机器人必须服从人类的命令；机器人第三原则：在不违背第一及第二原则下，机器人必须保护自己。机器人三原则虽然来源于科幻小说作者的遐想，但笔者认为具有重要的指导意义。

当机器人能够且应当拥有道德时,其不道德的行为便存在了可谴责的基础,所谓道德非难才成为可能。从机器人的设计上来看,只有具备“人工道德”的机器人,才可以因不道德行为而受到非难,并承担相应责任。对于具备“独立意志”、“人工道德”的机器人,自身独立于机器人的设计者,应对自身行为及其所造成的后果负责。

(二) 机器人与自然人的关系不应是平等的

机器人的社会关系包括机器人与自然人的关系以及机器人之间的关系,其中最为重要也最具有现实意义的是机器人与自然人的关系。机器人与自然人的关系是随着历史发展、科技进步而逐渐产生变化的,其具体表现主要是取决于机器人自身的伦理地位。“对机器人伦理地位的思考正在成为人类不可回避的价值基点。机器人作为一种打引号的‘他’,不是动物的它,也不是人类的他,而是一种介于他和它之间的准他者。只有承认机器人是一种存在,承认其独立的伦理地位和内在价值,保持‘他’作为存在的完整性,人类才能和机器人和平共处,才能在与机器的结合中发展出恰当的伦理规范。”①机器人主体性、人格性、创造性的形成使得机器人的伦理地位成了人们未来必须考虑的问题。在很长的一段时间内,机器人只能是自然人的“工具”,机器人的“工具”地位根深蒂固地存在于人们的观念之中,以致有些人很难接受机器人主体地位的观点。然而,在人类的想象和对未来的预测之中,机器人在各方面均能够媲美甚至超过人类,其不仅可能获得主体地位,甚至可能会成为人类的“主人”。这一现实接受度与未来接受度的差异来源于人类对科技发展的复杂态度,并隐隐契合了人类心理与利益。人类一方面希望人工智能技术不断发展,机器人的智能性等能够媲美或者超越人类,最终实现替代人类从事工作的愿望;另一方面又害怕机器人在能力提升的同时会脱离人类的掌控,进而危害乃至奴役人类。著名理论物理学家霍金早于 2014 年接受 BBC 采访时就断言人工智能可能意味着“人类的末日”。②这一复杂的心理态度从另一侧面展现了机器人的益处与风险。从科技发展的角度来看,以往的机器人本质上是基于自动化技术的机械电子装置,不具有人的属性,更不能与人进行无障碍的、自由的互动,因而将其视为工具无可厚非。但在人工智能技术革新与大数据支持的背景下,机器人已经迈向高度智能化,能够独立自主地活动而无需由人事先设定或发出指令。从机器人与自

① 张显锋、程宇婕:《情感机器人:技术与伦理的双重困境》,《科技日报》2009 年 4 月 21 日。

② BBC news, “Stephen Hawking: will AI kill or save humankind?” http://www.bbc.com/news/technology-37713629, accessed July 28, 2017.

然人的关系来看，机器人的地位正在逐渐发生变化。可以预见的是，未来自然人与机器人的主从关系将慢慢淡化，取而代之的是近乎平等的关系，机器人的主体地位正在逐步显现。深圳一女子欲与机器人结婚，前往民政局进行婚姻登记，系全国首例自然人欲与机器人结婚的事例。①从图灵测试开始，人工智能的目标早已不是纯粹的运算能力与感知运算，“情感计算”也是人工智能的重要发展方向。人们希望与机器人展开情感交流，期盼机器人在完成工作与任务之余能满足人的情感和心理需求，而不是面对一台冷冰冰的机器。现实的人类需求孕育出越来越多具备情感计算能力、能与人类进行感性交互的技术和产品，比如菲比小精灵和真娃娃机器人玩偶，一个叫“帕罗”的机器海豹，甚至可以用来充当老年人的伴侣动物。②2010 年 11 月 7 日，“帕罗”成了首个获得“户籍”的机器人，“帕罗”的发明人在户口簿上的身份是父亲。③人类与机器人产生感情并不是无意义的臆想，而是具有科学依据的。日本丰桥技术科学大学（Toyohashi University of Technology）和京都大学（Kyoto University）的研究人员为人类与机器人的情感共鸣能力提供了神经生理学依据。④机器人主体地位的趋势已经形成，我们应当正视这一社会伦理现象，考虑赋予其适当的法律资格与地位，制定并完善相关的法律制度。

可以肯定的是，机器人绝不可能获得完全的、不受限制的、与自然人平等的主体地位。众多科幻电影、未来学家早已警醒人们人工智能若不受控制地发展下去，将会灭绝人类。即便不会使人类灭绝，恐怕人类也绝难接受与机器人共同治理社会、分享资源的局面。正是基于保护人类、维护人类利益的理由，机器人的伦理地位只能是也至多是限制性主体地位，这一原则应始终予以贯彻，并在法律制度中予以体现。笔者认为，即便未来有一天机器人真的能够成为“其他人”，法谚“法律面前人人平等”也不应适用于自然人与机器人之间。机器人的限制性主体地位意味着当自然人利益与机器人利益产生冲突时，原则上应保障自然人利益，在绝大多数领域内，自然人与机器人之间不应存在法律意义上的平等。

---

① 《全国首例机器人与人结婚?》，http://news.chinabyte.com/187/14066187.shtml，访问日期：2017 年 10 月 1 日。

② 《人工智能，当机器人有了丰富的感情，与机器人谈“感情”，人类是否“很受伤”?》，http://www.cankaoxiaoxi.com/science/20160405/1118962.shtml，访问日期：2017 年 10 月 1 日。

③ Jennifer Robertson, “Human Rights vs Robot Rights: Forecasts from Japan”, Critical Asian Studies, 46(4), 2014, pp.571-598.

④ 《人类会与机器人相爱吗? 易产生情感共鸣引担忧》，http://tech.sina.com.cn/d/v/2015-11-09/doc-ifxknutf1617260.shtml，访问日期：2017 年 10 月 1 日。

二、机器人的法律属性

机器人伦理是研究机器人法律属性的前提与基础,机器人伦理的研究成果能够为机器人的法律属性提供研究依据。机器人的伦理地位、机器人与自然人的关系都应体现在机器人的法律属性、法律制度之中。上述机器人伦理的内容可总结为机器人的法律制度安排所必须遵循的基本原则:承认与限制。智能机器人的规范研究与制度安排应始终坚持上述基本原则。在智能机器人的法律人格、法律权利与责任等问题上应秉持承认与限制的基本立场,这一立场实质上是赋予机器人限制性主体地位,而非与自然人完全平等的主体地位,因此在自然人与机器人的利益博弈、冲突中应坚持自然人利益优位。

(一) 机器人的法律地位

机器人伦理是构建机器人法律制度的基础与前提。以机器人的法律地位为例,尽管我们能够通过技术操作满足机器人法律地位的条件,但其背后的伦理基础显然是无法通过解释技巧进行补足的。因此,机器人的伦理地位与机器人的法律地位息息相关。机器人伦理地位不仅取决于社会的态度,更与人工智能技术存在重要关联。机器人主体性、人格性、创造性的凸显是人工智能技术迅速发展的高科技结果,没有这些科技,机器人永远只能是工具。人工智能技术使得智能机器人具有越来越多的可能性,在情感、军事、服务等领域都有突出的表现。例如,Packbot 机器人在成功执行了 35 次任务后,不幸被炸坏,而后有几名士兵恳求修复它,因为它曾救过自己的命。又如,性爱机器人在日本、欧洲相继出现并流行,也有人提出希望与其成为伴侣。可以预见的是,智能机器人的伦理主体地位终将会得到人们的认可,这一需求必然会反映在法律制度的构建上。机器人的主体地位虽然目前只是一种学术观点,但这一趋势必然会继续演进下去直至落实到法律实践之中。

承认机器人的伦理主体地位是构建智能机器人法律人格的前提与基础。智能机器人已然不同于普通的机器,存在赋予法律人格的正当化依据。可以肯定的是,目前智能机器人已具有以下能力:(1)模仿任何其他机器的行为;(2)好奇心(即为了研究它们的环境总是在移动)和自我识别(即对它们自己的视觉能作出反应);相互识别其同类机种的成员;(3)从它们自身的错误中学习;(4)像人一样是“有创造力的”和“有目的的”,甚至会“寻找它们力所能及的目标”;(5)再生自己的能力;(6)“通过自我修复机制而有无限的使用寿命”。[①]“没有理性的东西只具有一种相对的价值，只能作为手段，因此叫做物；而有理性的生灵才叫做‘人’，因为人依其本质即为目的本身，而不能仅仅作为手段来使用。”[②]智能机器人具有理性已是不争的事实，具有思维与意志亦是可期的未来。

法律的功能是将社会现实中纷繁不同、各具特点的人，以统一的标准人、制度人的方式抽象构建出法律上的人。[③]应该看到，时下将智能机器人作为法律人对待仍存在法理上的困惑。在法学发展的历史中，法律人的构建有许多不同的法学流派，自然法学派以“自然人”为基点，以人性为视角构建出在人类共性之上的“抽象人”。[④]功利法学派也同样以人性为视角，二者的区别是，自然法学派以“理性人”为基础，而功利法学派以“现实人”为基础。分析法学派则认为人生存于制度之中，依附于制度而获得相应的权利与自由。[⑤]凯尔森认为：“法律上的人并不是在‘它的’义务和权利之外的一个分立的实体，而不过是它们的人格化了的统一体，或者由于它的义务与权利就是法律规范，所以不过是一批法律规范的人格化了的统一体而已。”[⑥]笔者认为，我们将智能机器人作为法律上的人或者赋予智能机器人法律上的人格并不是天方夜谭，更不必有背离法学基础理论的担忧。自然法学派与功利法学派从人性角度解构法律人，而分析法学派从规范与制度角度解构法律人，两者都具有相当深厚的理论基础。从法规范本身来说，法律人的构建源于规范而非源于人性。法律人这一概念的出现，是通过法律制度将人的概念予以类型化的结果。“人之所以为人，并不是因为他是一种有肉体和精神的生物，而是因为根据法律规则的观点，人展现了一种自我目的。这样为了证明人类群体可能可以具备法学人格，我们不需要证明人类在生物学上是相同的客观实体、组织，而是需要证明自我目的在人类群体当中和在个体的人身上体现的是一致的。”[⑦]因此，将没有生命体的智能机器人作为法律人是具有现实可能性的。超越程序设计与编制范围、基于独立意志进行活动的智能机器人，完全可以证明自我目的，具备法律人格的基础。此外，也有学者提出从“伦理人”到“科学人”的转变。[⑧]“无论

---

① Phil McNally, SohaiInayatullay:《机器人的权利——二十一世纪的技术、文化和法律(上)》，邵水浩译，《世界科学》1989 年第 6 期。

② [德]卡尔·拉伦茨:《德国民法通论》(上册)，王晓晔等译，法律出版社 2003 年版，第 46 页。

③ 胡玉鸿:《法律主体概念及其特性》，《法学研究》2008 年第 3 期。

④ 参见赵敦华:《西方哲学简史》，北京大学出版社 2000 年版，第 289 页。

⑤ 胡玉鸿:《“法律人”建构论纲》，《中国法学》2006 年第 5 期。

⑥ [奥]凯尔森:《法与国家的一般理论》，沈宗灵译，中国大百科全书出版社 1996 年版，第 106 页。

⑦ [德]拉德布鲁赫:《法哲学》，王朴译，法律出版社 2005 年版，第 134 页。

⑧ 沈寨:《从“伦理人”到“科学人”——以民法为例看近现代中国法律上的“人”的变迁》，《太平洋学报》2011 年第 8 期。

如何,法律人格总会随着时代变迁丰富其内涵。值得肯定的是,法律人格在其历史发展过程中,起源于伦理性,又最终超越于(而非脱离)伦理性;伦理性在一定层面上仍是其深层基础,完全彻底抛弃伦理性这一本源很可能会让法律人格迷失方向和丧失进一步发展的动力。"①

既然智能机器人具备法律人格的基础,那么将其作为法律主体对待是否会对法律上"人"的概念产生致命的冲击? 应当看到,法律上"人"的概念并非一成不变。随着时代的变革与理念的转变,法律上"人"的内涵与外延经历了不断的演进与变化。正如同"法人"这一概念的确立扩大了法律上"人"的概念与范畴,人工智能时代智能机器人法律人格的创设也可依迹而行。因此,将智能机器人作为法律上的"人"似乎是契合时代潮流的。事实上,虽然我国法律目前没有规定智能机器人的法律人格与权利义务,但世界范围内早已有国家或组织针对该议题进行研究或立法。可见,立法上赋予智能机器人法律人格与权利义务并非完全不可能,世界范围内已有先行者的前沿立法活动。

(二)机器人的法律权利

机器人权利是机器人伦理与规范研究的重要内容。在承认法律人格之后,机器人的权利自然而然便是我们研究的重点和方向。承认与限制的基本原则应始终贯穿于机器人伦理与规范研究之中,在机器人权利的领域内亦不例外。机器人权利具有合理性,随着人工智能向纵深发展,机器人的权利必将得到承认。与此同时,机器人也应承担自己行为所致责任,这是基本法理之所在。在承认的基础上,对机器人的权利类型、范围也应当以伦理为依据进行限制。这一限制取决于自然人与机器人之间的关系,正如前文所述,无论如何自然人与机器人都不可能平等相处,人类不会容许机器人与人类共同治理国家的情形出现。即便机器人真的有可能达到与自然人无异,两者也不可能平等相处。

承认机器人的权利具有必然性。机器人权利应该得到承认的根本原因在于机器人权利具有合理性。主张机器人权利的观点并非一家之言,亦非空中楼阁。早在20世纪便有学者对机器人权利与责任进行研究。1964年,麻省理工学院的美国哲学家普特南(Hilary Putnam)认为当机器人技术足够成熟时,机器人对权利便会有所要求。②2000-2011年间,也有外国政府、研究机构等召开研讨

---

① 马骏驹、刘卉:《论法律人格内涵的变迁和人格权的发展》,《法学评论》2002年第1期。

② Hilary Putnam, "Robots: Machines or Artificially Created Life?", *The Journal of Philosophy*, 61 (21), 1964, pp.668-691.

会，讨论“机器人与权利”。①直至2017年，机器人权利与责任已经从学术研究转变为现实的立法例。欧盟法律事务委员会主张机器人的“工人”身份并赋予其特定的权利义务；日本、韩国也起草了《机器人伦理宪章》等规范性文件。②针对机器人权利的说法，也有反对的声音。“即便是机器人可以进行一定程度的自我进化，这也并不意味着人对这种进化的方向与速度失去可控性。假如机器人可以进化到成为拥有生命意识、自我生存欲求和发展目标能力的新型物种，我们就必须及时阻绝这种事态，绝对禁止这种可能提出权利要求的失控物对人类利益造成威胁与损害，这是我们触及与机器人相关的伦理道德问题时的核心关切之所在。”③应当看到，这一反对只不过是将限制的立场发挥到极致，核心在于保守的观念与对人工智能技术发展的悲观。一些保守的社会科学学者无法接受这一立场情有可原，毕竟科学技术的发展速度早已超出一般人的理解。“最终，人类不仅可以把机器人看作是机械奴隶、生产品和买卖物，而且可以看作是有其自身权利的实体。通观整个法律史，权利的每次向某种新实体的继续延伸总是有点不可思议的。我们倾向于设想无权‘事物’的无权性是大自然的一种天意，而不是一种出乎支持某种现状的法律协定。”④

在承认机器人权利的基础上，限制机器人的权利亦符合人类利益。“人权是一个重要的伦理、法律与政治概念，而机器人权利更多地属于伦理、科技与安全的范畴。”⑤美国未来学家库兹韦尔的奇点理论认为，技术的加速发展会导致一个“失控效应”，人工智能将超越人类智能的潜力和控制，迅速改变人类文明。人工智能奇点的来临使得机器人能够完全独立、自主升级、进化，人类已经无法理解机器人的世界。奇点带来的失控可能是人类与机器人共生，亦可能是人类完全被奴役甚至灭绝。所以，为了避免人类的灭绝，也为了人类的共同利益，限制是必然得到共识的基本立场。

值得注意的是，机器人的权利只能由法律明文规定，“天赋人权”无法适用于机器人。机器人毕竟不是普通法律意义上的人，自然人的法律权利诸如宪法权利、民事权利等均无法及于机器人。在机器人权利的具体内容上，不同类型、不同智能水平的机器人所享有的权利应当是不同的。有人提出无人汽车应当

① “For and against: Robot Rights”, http://eandt.theiet.org/magazine/2011/06/debate.cfm，访问日期:2017年10月15日。

② 参见吴汉东:《人工智能时代的制度安排与法律规制》，《法律科学》2017年第5期。

③ 甘绍平:《机器人怎么可能拥有权利》，《伦理学研究》2017年第3期。

④ Phil McNally, SohaiInayatullay:《机器人的权利——二十一世纪的技术、文化和法律(上)》，邵水浩译，《世界科学》1989年第6期。

⑤ 杜严勇:《论机器人权利》，《哲学动态》2015年第8期。

有"路权",即通过制定法律规定路面上车身前、后一定距离内为无人汽车独自占有。机器人被攻击时应有"自卫权",机器人外科医生应有执照和行医权。机器人为了有效地服务社会和便于公众接受,应当拥有相应的权利保障,机器人要遵纪守法,也要有权利。[①]此外,具有独立、自主意识的智能机器人不应被视为自然人的财产,而应受到最基本的尊重。[②]人类不能肆意处置、虐待或者抛弃此类机器人,针对机器人的利益也应当通过立法进行保护。

三、智能机器人严重危害社会的行为应受刑法规制

机器人伦理规范在机器人法律制度中的体现不仅应包含对智能机器人法律地位、法律权利的承认与限制,还应包括对智能机器人的规制与惩罚。这一内容尤其体现在与伦理规范息息相关的刑法之中。人工智能时代的来临,不仅为社会带来效率与红利,也带来了诸多的智能机器人风险。刑法如何应对智能机器人风险,如何规制与惩罚智能机器人是未来研究的重要内容。我们首先需要面对的问题是,智能机器人能否成为犯罪主体?智能机器人可以实施何种犯罪?

(一) 智能机器人可以成为犯罪主体

智能机器人能否成为犯罪主体取决于其是否符合刑法所规定的成为犯罪主体的条件。根据《刑法》第 17 条的规定,犯罪主体需具备以下条件:(1)实施了严重危害社会的行为;(2)具备刑事责任能力;(3)依法应当承担刑事责任。其中第(3)点条件的成立来源于立法,在第(1)点和第(2)点成立之后,由立法明确其犯罪主体地位。正如单位犯罪在 1979 年《刑法》中尚未出现,经由 1987 年《海关法》的附属刑法确立了单位(法人)犯罪一样,智能机器人犯罪是否依法应当承担刑事责任本身并不是决定智能机器人能否成为犯罪主体的实质条件,而是立法者在肯定智能机器人具备刑事责任能力并能够实施严重危害社会行为之后在立法上的选择与回应。第(1)点和第(2)点才是决定智能机器人能否成为犯罪主体的本质要件,第(3)点只是罪刑法定原则下对前两点在形式上的固定化、法定化。如若符合第(1)点和第(2)点,则可在《刑法》第二章第四节单位犯罪后增设一节智能机器人犯罪,承认其主体地位。

---

① 封锡盛:《机器人不是人,是机器,但须当人看》,《科学与社会》2015 年第 2 期。

② David Calverley, "Android Science and Animal Rights, Does Analogy Exist?", *Connection Science*, 18(4), 2006, pp.403-417.

1. 智能机器人能够实施严重危害社会的行为

本文所言可归责于智能机器人的犯罪行为，是指在程序设计与编制范围之外，智能机器人基于独立"意志"所自主实施的犯罪行为。对于智能机器人按照程序设定的目的实施犯罪行为的，应归责于智能机器人背后的程序设计者以及智能机器人的使用者等人。此时智能机器人仅是工具，而非主体，故危害结果不应也无法归责于智能机器人本身。智能机器人对社会造成损害的情形在世界范围内并不罕见，只是大部分不是智能机器人基于独立意志所自主实施的行为，而多是由于机器、程序故障或操作失误所致。例如，德国大众汽车厂"机器人杀人"事件其实是生产安全事故而非智能机器人基于独立意志所自主实施的行为。工人在工作过程中不慎触发机器人的程序而受到机器人的误伤，因而导致了死亡结果。目前看来，在躯体层面，智能机器人完全拥有实施严重危害社会行为的能力，而在意识层面，尚不能超越程序控制而产生自主意识。但可以预见的是，基于深度学习技术、神经网络学习技术与大数据技术的发展，在不久的将来，智能机器人完全可能产生超越于程序控制的自主意识。未来实验室首席战略与创新官特雷西·弗洛斯认为，人工智能和机器学习技术将帮助机器人拥有自动编程并实施犯罪行为的能力，并预言到2040年机器人犯罪率将超过人类。①

2. 智能机器人具有辨认能力和控制能力

辨认能力是控制能力的前提，只有具备辨认自己行为是非对错的能力，才可根据这种认识对自己的行为进行控制。对于有生命体的自然人来说，只要达到刑事责任年龄、精神正常便被视为具有辨认能力与控制能力。对于单位来说，刑事责任能力是单位内部自然人个人辨认、控制能力的集合，但又超越自然人，表现为超个人辨认、控制能力的一种集体意志。但智能机器人既无生命体，亦无法根据精神状况与刑事责任年龄认定其辨认和控制能力，更无法根据集体意志与法定存在形式认定其辨认和控制能力，智能机器人的辨认能力与控制能力来源于程序的设计、编制与物理硬件的联合作用。由人类设计、编制的程序使智能机器人具有了独立思考和学习的能力，这种能力使得智能机器人可以产生独立、自主的意识和意志。在这一意识与意志的支配下，程序与硬件为智能机器人的辨认能力与控制能力提供了物理基础。应当看到，只有同时具备辨认能力和控制能力，才可以承担刑事责任。在程序设计范围内进行活动的智能机

① 彬彬：《2040年机器人犯罪率将超过人类成大多数犯罪主体》，《科学与现代化》2017年第1期；《人工智能AI发展到一定程度后会犯罪吗？》，http://www.techweb.com.cn/column/2016-09-13/2392298.shtml，访问日期：2017年8月26日。

器人由于受制于程序，因此不具有控制能力，也就不具有承担刑事责任的能力。另外，刑法意义上的辨认能力是对行为的性质、后果、作用的认识能力，这种认识包括事实层面的认识和规范层面的认识。事实认识是一种形式上的认识，智能机器人可以通过其“电子眼”“电子耳”认识到事实。但对行为性质、作用的认识是一种规范认识，仅依靠物理硬件是不可能完成的。即便是自然人，其认识行为的性质、后果、作用的能力也并不是一蹴而就的，而是在成长过程中，逐渐在家庭乃至于社会生活中体会到规范秩序并由此形成规范意识。笔者认为，在智能机器人的程序设计与编制中加入深度学习法律与规范的部分，将大量的法律、规范性文件、案例作为智能机器人的学习内容，由此使机器人产生规范意识。相较于辨认能力，控制能力的实现是智能机器人的必备能力，是程序设计与编制的必需内容。智能机器人拥有极强的处理能力、极快的反应速度和极精准的控制能力，能够凭借大数据与高速运算能力对行为作出精准的控制。与自然人相比，智能机器人具有超强的控制能力与可培养的辨认能力，即智能机器人具有承担刑事责任的可能性。至于智能机器人承担刑事责任的具体内容与方式，则必须与智能机器人所享有的权利有所对应。因为刑罚是一种必要的害恶，是对犯罪人权利的剥夺与合法侵害，在现行法律体系并未确立机器人权利的情况下，现行刑法也不可能存在可以直接适用于机器人的刑罚。必须根据智能机器人所享有的权利类型重新建构刑罚体系，以实现刑罚的目的。

（二）智能机器人犯罪的范围

刑法分则共有十章，分别为危害国家安全罪，危害公共安全罪，破坏社会主义市场经济秩序罪，侵犯公民人身权利、民主权利罪，侵犯财产罪，妨害社会管理秩序罪，危害国防利益罪，贪污贿赂罪，渎职罪和军人违反职责罪。对上述十类犯罪而言，自然人完全能够实施，智能机器人则不然。智能机器人能够实施犯罪的范围取决于智能机器人自身的特点。智能机器人与自然人的共同点决定了两者都可实施的犯罪的范围，智能机器人与自然人的不同点则划分出了智能机器人无法实施犯罪的范围。

实施犯罪的范围取决于犯罪主体的特点。单位作为刑法明文规定的主体，能够实施诸多破坏市场经济秩序、妨害社会管理秩序的犯罪（较多地体现为法定犯），但其无法实施侵犯公民人身权利、民主权利的犯罪（较多地体现为自然犯）。众所周知，刑法中法定犯与自然犯的最大区别在于是否违背伦理道德。由于单位不具有伦理道德，其不可能实施具有违背伦理道德特性的自然犯类别的犯罪。对智能机器人而言，其尽管不具有生命体，但是，正如前述，其具有伦理与道德，能够实施违反伦理与道德规范的行为，进而在构成相应的自然犯类别的犯罪上没有障碍。应当看到，智能机器人能够实施刑法分则规定的大部分犯罪，只有极少数犯罪因其自身特性而不具有实施的可能性。智能机器人与自然人具有较多的共同点，因此以自然人为主体的刑法罪名往往也能够适用于智能机器人。以刑法分则第五章侵犯财产罪为例，智能机器人可以实施绝大部分犯罪，如抢劫罪、盗窃罪、诈骗罪等。但是，基于身份所实施的犯罪，智能机器人有些因不可能具有这种身份而无法单独实施（例如，贪污罪、受贿罪、挪用公款罪等罪的主体只能由国家工作人员构成，而智能机器人显然不可能具有这种身份），有些则完全可能单独实施（例如，智能机器人医生可以成为医务人员而实施医疗事故罪）。毋庸讳言，时下尽管智能机器人具有替代人进行工作的功能，甚至在医疗、法律、金融领域都有不俗的表现，但由于其在身份认定上还存在较大困难，智能机器人单独构成刑法分则要求具有特定身份的犯罪仍然有很大障碍。我们也应该看到，虽然时下智能机器人尚无法单独成为身份犯罪的正犯，但是我们完全可以用身份犯共同犯罪的规定和原理，对智能机器人的帮助、教唆等行为加以评价。不过，随着智能机器人不断深度融入人类社会，赋予智能机器人某些特定身份的图景可能迟早会到来，到那时智能机器人犯罪与自然人犯罪在主体范围上可能更为接近。

（三）智能机器人与一般机器人的区别

在人工智能时代到来之前，笔者就已提出“机器人”①可以成为犯罪对象的理论。具体而言，行为人冒用他人信用卡，在 ATM 机上取钱的行为构成信用卡诈骗罪，此时，ATM 机是被骗对象。笔者认为，ATM 机既不是机器也不是人，而是“机器人”。这是因为，程序设计与编制赋予了 ATM 机类似于银行柜员的识别功能，替代银行柜员进行金融业务。②当时尚未出现智能机器人，作为一般机器人的 ATM 机仅能成为诈骗罪的对象，不能成为诈骗罪的主体，即机器人无法实施诈骗行为并为此承担刑事责任。主要理由在于：(1)机器人虽然具有部分人的功能，但不足以主动实施诈骗行为。程序设计与编制赋予了机器人部分人的功能，这部分功能主要是指识别功能，包括验证账户、密码以及人的真实性等。一般而言，识别功能是被动的而非主动的，是程式化的而非创造性的。所以，机器人仅能在识别功能的范围内运作，而不可能超出识别功能的范围去实

① 此处“机器人”原本仅指一般机器人，但随着人工智能的发展，智能机器人也应被纳入其中。前文所述“机器人”是属概念，是指与自然人对应的机器人。

② 刘宪权：《金融犯罪刑法学原理》，上海人民出版社 2017 年版，第 509 页。

施欺骗行为。(2)识别功能尚不足以被评价为刑法中的辨认能力。实施诈骗行为并承担刑事责任的重要依据在于实施者的辨认能力与控制能力,机器人的识别功能还远远达不到一般自然人的辨认能力。正如前述,辨认能力不仅是对事实的认识,更是对事实所蕴含规范意义的认识,作为诈骗类犯罪对象的机器人最多只能认识到事实(包括错误的事实),而不可能认识到事实的性质、作用等规范层面上的意义。因此,机器人仅能作为诈骗类犯罪的犯罪对象,而不能作为诈骗类犯罪的犯罪主体。

然而,人工智能的发展不仅为"机器人"可以成为犯罪对象的理论提供了发展的路径,也为"机器人"可以成为犯罪主体提供了基础。未来的智能机器人可以主动实施诈骗行为,成为诈骗类犯罪的主体。智能机器人是普通机器人的升级,与普通机器人相比,智能机器人可能产生自主的意识和意志。人类创造机器人的技术达到了无与伦比的程度,依次经历了机器人 1.0 时代(制造出对外界环境无感知的初级机器人的时代)、2.0 时代(制造出对外界环境有感知的高级机器人的时代)、3.0 时代(制造出对外界环境有认知、推理和决策能力的智能机器人的时代)。科学技术的发展使得当下和将来的智能机器人能够像"人"一样思维甚至自我创造。智能机器人与普通机器人相比具有以下不同点:(1)智能性。智能性是区分普通机器人与智能机器人的本质特征。这一特征主要表现为认知、推理和决策的能力。智能机器人往往能够在需要感知、思考、计算乃至于创作的领域达到与人类相媲美甚至超越人类的程度。(2)主动性。普通机器人与智能机器人的共同点在于对外界都有认知能力,差别在于智能机器人具有推理和决策能力,即智能机器人的活动具有机器人难以比拟的主动性。只要给智能机器人设定好目标,其就会自我判断、决策通过何种方式实现目标,并针对情况变化进行反应,而普通机器人只能根据人类的指令进行被动的反应式活动。此外,智能机器人可以主动通过神经学习、深度学习与大数据技术来获得进步。(3)创造性。普通机器人不具有创造性,其每一步操作都是按照程序的具体设定来进行的,人们可以完全预测到它们遇到不同的情况会作出什么样的具体"反应"。例如,当持卡人将账户和密码"告知"ATM 机时,ATM 机会按照设计和编制的程序即时作出识别和判断,与持卡人进行符合设定程序的金融交易。智能机器人完全不同,人们可以为其设定目标,但无法预测其如何实现目标,即智能机器人实现设定目标的过程完全超出设计者的控制范围。

在探究智能机器人能否成为诈骗类犯罪主体时,应当考虑到智能机器人与普通机器人存在的差异。正如上文所述,对于具有自主意识的智能机器人,刑法上应当认可其刑事责任能力与主体地位。笔者将智能机器人分为两类:一类是仅能在程序设计与编制范围之内进行活动的智能机器人。这类机器人虽然具有认知、决策与推理能力，也能够实施诈骗行为，但其受研发者或使用者的钳制，不具有自主意识，不能独立作出决定，其实施的诈骗行为所体现的是其背后研发者或使用者而非其本身的意志与目的，因此，智能机器人此时只能作为背后的研发者或使用者实施诈骗行为的工具，而不能作为实施诈骗行为的主体。另一类是能够在程序设计与编制范围之外进行诈骗活动的智能机器人，其可基于自主意识而独立决定实施诈骗行为。后者能够成为诈骗类犯罪的主体应无异议。

综上，笔者认为，从能否成为诈骗类犯罪的主体角度看，普通机器人不具有实施诈骗行为的能力，不能作为主体；不具有独立意识的智能机器人虽然能够实施诈骗行为，但行为体现的是研发者或使用者的意志与目的，此时智能机器人只是工具而非主体；在程序设计与编制范围之外具有独立意识的智能机器人，能够独立实施诈骗行为，可以成为诈骗类犯罪的主体，承担诈骗类犯罪的刑事责任。但是，从能否成为诈骗类犯罪的对象角度看，机器人以及两类智能机器人都至少具有识别功能，因而都可以成为诈骗类犯罪的对象。承认智能机器人的犯罪主体地位，并非理论上的自我诠释与陶醉，而是具有巨大的社会治理意义。对实施了犯罪行为的机器人科处刑罚，有利于降低社会治理成本。刑罚的目的是预防犯罪，包括特殊预防与一般预防。这两种预防功能在机器人身上皆得以奏效。机器人具有感知刑罚痛苦的能力（刑罚的形式包括限制、剥夺自由、毁损等），并且能够在犯罪的快感与刑罚的痛感之间进行理性权衡，以调整其之后的行为，换言之，自由意志的存在决定了机器人本身是可以接受深度学习与深度改造的。一般预防的功能则体现得更为充分，由于机器人具有意识和意志，会学习，能思考，因而此机器人完全可以从彼机器人犯罪受刑的经历中受到威慑与教育，从而不断在自己的“大脑”中塑造或加深符合人类社会规范的价值观。假如我们无视机器人的自由意志，简单而粗暴地将机器人当作不具有主体资格的物品来看待，一旦机器人实施了严重危害社会的行为便在物理上毁损之（因为自由意志是无法毁灭的），那么经济成本将是巨大的，一般预防功能也会荡然无存。唯有尊重机器人的自由意志，将其作为行为主体与社会成员来看待，有罪必罚，并经由刑事诉讼程序进行法律上的审判，才能在机器人的“大脑”中建立价值体系，植入人类文明，使其自觉遵守并维护社会秩序，从而实现“人工人”向“社会人”的转变，这是人工智能技术发展到一定程度时的理性选择与必由之路，有利于最大程度地降低社会治理成本。

四、智能机器人应成为刑法保护的对象

智能机器人不仅能够成为犯罪主体,亦可成为犯罪对象。智能机器人的犯罪对象地位是不容否认的,一味地规制智能机器人的犯罪行为,而不保护智能机器人的权利不利于人工智能的健康发展。智能机器人的犯罪对象地位实际上折射出的是刑法保护理念。然而,无论采取何种刑法保护理念,这一疑问总是会浮现于心中:刑法保护智能机器人权利的意义是什么?

(一)刑法保护智能机器人权利的意义

这一问题应当回归本原,刑法保护的是什么?理论上有观点认为,刑法的任务与目的是保护法益。该观点从利益关联性、法的关联性、可侵害性、人的关联性、宪法关联性五个方面将法益的概念界定为,根据宪法的基本原则,由法所保护的、客观上可能受到侵害或者威胁的人的生活利益。其中人的生活利益不仅包括个人的生命、身体、自由、名誉、财产等利益,而且包括建立在保护个人的利益基础之上因而可以还原为个人利益的国家利益与社会利益。①因此,智能机器人能否成为刑法所保护的对象,取决于其是否享有权利。从利益关联性来看,智能机器人有着归属于自身的利益。特别是在机器人伦理中要求自然人尊重智能机器人,更是利益关联性的重要表现。从可侵害性来看,智能机器人的利益是可能受到他人侵害的。例如黑客故意损毁智能机器人的程序等。从人的关联性来看,前文已述,智能机器人的法律主体地位应得到承认,其能够成为法律上的"人"。从法的关联性与宪法关联性来看,智能机器人能否受到刑法保护,或者说智能机器人的犯罪对象地位最终仍需要宪法与法律明确其主体地位与相关利益。唯此,智能机器人的犯罪对象地位才能够得到确立。

从刑法的机能来看,保护智能机器人有着重要意义。刑法的机能在于人权保障与社会保护。从人权保障来看,智能机器人虽尚未有人权,但无碍于刑法保护其类似于人权的利益。智能机器人灵性的觉醒意味着智能机器人能够拥有认知、感情,智能机器人亦有其自身之欲求。在智能机器人成为被告人或被害人时,刑法的人权保障机能便可发挥作用,一方面使得作为被告人的智能机器人免受不白之冤,另一方面保护作为被害人的智能机器人的权益。从社会保护来看,保护智能机器人对维护与控制社会秩序具有积极意义。随着智能机器

① 参见张明楷:《刑法学》,法律出版社2016年版,第63页。

人的普及，未来的社会成员结构之中必然有智能机器人的一席之地，虽其不与人类完全平等，但保护这一类特殊的社会成员对社会秩序的维护亦具有重要作用。此外，不对智能机器人进行保护意味着人类可以随意处置智能机器人，这不仅会使得智能机器人产生负面情绪甚至于向人类发起反抗，更有可能令智能机器人失控以至于阻碍人工智能的发展，妨害社会秩序。从这个意义上说，承认机器人的权利具有鲜明的功利主义色彩，其本质是为了更好地实现人类的利益。

（二）刑法保护智能机器人权利的范围

智能机器人受刑法保护的范围取决于智能机器人的权利范围。刑法所保护的自然人享有的权利类型主要有人身权利、民主权利、财产权利等。行为人侵害某一权利类型即可能构成相应犯罪。例如，非法剥夺他人生命可以构成故意杀人罪。自然人享有生命权（人身权利），行为人故意杀害自然人的，因侵害了其生命权而构成故意杀人罪。然而，虽然单位是法人，但不享有人身权利中的生命权，所以故意使单位破产、消灭的，不属于刑法中故意杀人罪所规制的范畴。但是，侵害单位财产权利的，则可以构成相应的财产犯罪。由此可知，是否享有法律所赋予的权利是能否成为刑法上的犯罪对象的决定性条件。就权利概念而言，有应然权利与实然权利之分。依照“天赋人权说”，自然人的权利是与生俱来的，此为自然人之应然权利，未将应然权利转化为实然权利的法律，不是良法。但智能机器人不同于自然人，不适用“天赋人权说”，其权利只能来源于法律的规定。尽管目前我国法律尚未作出相应的规定，但不妨碍学者们基于智能机器人的特性为其构建权利模型。譬如在知识产权法领域，已有学者提出智能机器人应享有自己创作作品的著作权。①

鉴于承认智能机器人权利所秉持的功利主义立场，智能机器人在人身权利保护方面，尚不能与自然人享有同等待遇。智能机器人没有生命体，也不应享有生命权。自然人的生命权表现在自然人的生命体上，伤害自然人的生命体致使其死亡即是侵害其生命权。智能机器人没有生命体，只有机器躯体。机器躯体具有可修复性、可替换性等特点，与生命体不可修复、不可替换完全不同，因此，我们不能认为智能机器人具有生命体。应当看到，认为具有独立、自主意识的智能机器人有生命体且享有生命权，显然扩大了生命的本质与内涵。这一认识不仅与人类伦理观念相冲突，对于保护智能机器人也没有较大的积极意义。

① 王迁：《论人工智能生成的内容在著作权法中的定性》，《法律科学》2017 年第 5 期。

事实上,即便不赋予智能机器人生命权也同样可以妥当地保护智能机器人。例如,对于破坏智能机器人的机器躯体或者程序的行为,可以按照刑法中相关的财产犯罪加以处理。

智能机器人不应享有人身自由权。《世界人权宣言》第1条指出:"人人生而自由,在尊严和权利上一律平等。"天赋人权本质上是一定的社会文化结构所能提供的个人自由空间最大化。①需要指出的是,从刑法意义上分析,人身自由权属于人身权利中的重要组成部分,而所有人身权利(包括人身自由权)的存在,均是以生命权的存在为前提的。一个人如果丧失了生命,那么其所有的人身权利也就随之消失。正如前述,智能机器人与自然人的最大区别在于其不具有生命体,因而智能机器人也当然不可能具有人身自由权。另外,从价值论角度分析,智能机器人存在的目的与价值亦有独特性。智能机器人服务人类社会的存在目的决定了其服务价值是根本价值,自由价值远远低于前两者。赋予智能机器人人身自由权是与其存在目的冲突的,也不利于智能机器人服务人类社会。所以,智能机器人无法成为非法拘禁罪等侵害人身自由权犯罪的对象。值得注意的是,智能机器人虽然不具有人身自由权,但其具有独立、自主的意识,可在一定的自主空间内实施行为。例如,恐怖分子劫持智能飞行器并试图改变航向时,飞行器应自主判断并作出决定,拒绝恐怖分子的飞行操作,以自动驾驶的方式向正确的目的地飞行。

智能机器人未来可能享有财产权利并受到刑法保护。随着科技的发展和法学研究的逐步深入,智能机器人可能也将享有财产权利。例如,创作出作品的智能机器人享有著作权等。智能机器人享有上述权利是具有理论基础与现实可能的。对于完全独立、自主的智能机器人而言,财产是其赖以独立生存、保养自身的保障,应在立法上予以明确并进行保护。从刑法角度来看,侵害上述权利的行为可能构成相应犯罪。例如,盗窃、诈骗、抢夺智能机器人财产的,构成相应财产犯罪,但由于智能机器人没有肉体也没有生命权、人身自由权等人身权利,所以抢劫智能机器人财产的行为不应构成抢劫罪,而仍属于抢夺罪或者盗窃罪的范畴。

---

① 参见陈兴良:《刑法的价值构造》,中国人民大学出版社2006年版,第101页。

涉人工智能犯罪刑法规制正当性和适当性的路径

刘宪权*

【内容摘要】 人工智能技术会给人类社会带来较大风险,刑法应发挥为社会稳定发展保驾护航的作用,这是刑法规制涉人工智能犯罪的正当性所在。人工智能技术的发展会给人类社会带来极大利益,所以刑法对涉人工智能犯罪的打击应保持适当的限度,不能阻滞甚至扼杀人工智能技术的发展。在研发者或使用者将智能机器人当作犯罪工具的场合,应对研发者或使用者以其所实施的行为进行定罪量刑。具有自主意志,自主决定并实施严重危害社会行为的智能机器人应成为刑法上的刑事责任主体。增设能够适用于智能机器人犯罪的刑罚处罚方式,是人工智能时代规制涉人工智能犯罪的重要内容。

【关键词】 人工智能　刑法规制　正当性　适当性　刑事责任主体　刑罚增设

随着大数据和人工智能技术的迅速发展,我们已经迎来了可以与人类发展史上的农业革命、工业革命、信息革命相媲美的人工智能革命。人工智能革命使得人类社会的生产关系和生活方式发生了巨大变化,为人类生活带来了极大便利,并终将使人类从繁重的劳动和繁复的计算中解放出来,去探索人类更深层次的价值。应该看到,人工智能革命为我们带来了发展机遇的同时,也带来了严峻的挑战。时下,我国已经将网络强国、数字中国和智慧社会建设作为现代化经济体系和复兴发展战略的重要支撑。例如,2017 年 7 月国务院《新一代人工智能发展规划》将促进人工智能技术的发展上升为国家战略,提出集举国之力,抢占人工智能技术的制高点。①但是,我们对人工智能技术的发展所可能带来的风险也不容小觑。正如《新一代人工智能发展规划》所明确指出的那样:"人工智能发展的不确定性可能带来安全风险与挑战,可能会冲击现有的法律与社会伦理,还会带来侵犯个人隐私等问题。"著名物理学家斯蒂芬·霍金提

---

* 刘宪权,华东政法大学刑法学教授、博士生导师。

① 《国家最新宣布:集举国之力,抢占人工智能制高点!》,http://www.sohu.com/a/169064020_654106,访问日期:2018 年 1 月 23 日。

出:“人工智能的兴起可能成为人类历史上最糟糕的事情,也可能成为最美好的事情。我们只需要意识到这些危险,找到它们,采取尽可能好的做法和管理手段,提前为其后果做好准备。”①笔者认为,面对人工智能技术的发展所可能带来的风险,我们刑法学者既不应过度反应,将人工智能技术视为“洪水猛兽”,禁止或阻碍其发展;也不应漠然置之,小视人工智能所可能给人类社会带来的危害。我们应该做到未雨绸缪、积极布局,努力探索人工智能时代涉人工智能犯罪的刑法规制路径,为防控人工智能时代的技术风险(包括规制智能机器人的行为)、发挥人工智能技术的最大价值、促进社会的稳定健康发展出谋划策。

一、刑法规制涉人工智能技术犯罪的正当性

正如前述,人工智能技术在为人类生活带来极大便利的同时,也为人类社会带来巨大的刑事风险。人工智能技术作为犯罪工具,无疑为犯罪插上科技的“翅膀”,从而使其社会危害性程度呈几何倍数增长,甚至可能会引发更多的新型犯罪。同时,随着人工智能技术的发展,智能机器人可能会产生独立的意识和意志,自主决定并实施严重危害社会的行为。面对人工智能技术现在已经带来和将来可能产生的风险,刑法应发挥为社会稳定健康发展保驾护航的作用,这是刑法规制涉人工智能犯罪的正当性所在。

笔者曾在相关文章中论述过,以人工智能产品是否具有辨认能力和控制能力,可以将人工智能产品划分为弱人工智能产品与强人工智能产品。弱人工智能产品不具有辨认能力和控制能力,仅能在设计和编制的程序范围内实施行为,实现人类设计和编制程序的目的。人类完全有可能让弱人工智能产品为己所用,实现自己的犯罪目的。强人工智能产品具有辨认能力和控制能力,能在设计和编制的程序范围外实施危害社会的行为。强人工智能产品具有独立人格和刑事责任能力,可以将强人工智能产品实施的严重危害社会的行为认定为犯罪行为并给予刑罚处罚。②正因如此,笔者认为,人工智能时代的刑事风险可以被分为以下两个方面:

第一,在智能机器人不具有独立意识和意志的情况下,智能机器人只能被犯罪分子当作犯罪工具加以利用。正如创新工场董事长兼首席执行官李开复在谈到智能机器人时所言:“现在的机器没有丝毫自我认知,没有感情,没有喜

---

① 《霍金称人工智能或成为历史上最糟糕事件:需加以控制》,http://fm.m4.cn/201711/1334851.shtml,访问日期:2018年1月23日。

② 参见刘宪权:《人工智能时代的“内忧”“外患”与刑事责任》,《东方法学》2018年第1期。

怒哀乐，做了决定也讲不出为什么。”①此时，犯罪的社会危害性会急剧增加，甚至会衍生出一些新类型的犯罪。一方面，借助智能机器人实施原本以传统手段实施的犯罪，其社会危害性将会呈几何倍数增加。另外，科技的发展在提高生产力，促进人类社会发展的同时，也会在一定程度上为犯罪分子实施犯罪行为带来便利，并使其犯罪行为取得事半“功”倍的效果。随着人工智能技术的发展，原先必须由犯罪分子“亲力亲为”的事情，可以借助智能机器人予以完成。例如，恐怖分子可以借助携带爆炸物的智能机器人在人员密集的公共场所实施爆炸袭击，制造恐慌，危害公共安全。与传统的“人肉炸弹”相比，利用智能机器人实施爆炸袭击，不会危及恐怖分子的自身生命安全，同时也更有利于恐怖分子的隐蔽，大大增加了对其实施抓捕的难度。再如，在证券期货市场上，犯罪分子可以借助智能机器人远超金融分析师对数据的精准处理能力和金融操盘手的操作速度，攻破程序漏洞，控制证券期货交易市场。犯罪分子利用智能机器人，发出一个简单指令，就会导致证券期货市场产生混乱，从而坐收渔利。与传统的操纵证券期货市场的行为相比，犯罪分子借助智能机器人实施的破坏证券期货交易秩序的行为，实施难度更小、破坏力更强、获利更高。另一方面，犯罪分子将智能机器人作为犯罪工具，可能会衍生新类型的犯罪。从正面来看，人工智能技术的飞速发展与大数据密不可分，可以说，人工智能技术是建立在大数据之上的，失去大数据的支撑，人工智能技术就犹如无本之木。但从反面来看，对数据的滥用在当今的信息社会乃至智能社会，将会成为占据很大比重的犯罪形式。同时，法律具有一定的滞后性，我国刑法及司法实践侧重于保护用于维护信息系统自身功能的、以访问控制为主要考虑的数据，没有关注数据自身内容属性上的价值与保护必要。②这就意味着，在不存在强有力监管的情况下，今后相当长的一段时间内利用智能机器人进行的滥用数据的犯罪将会愈演愈烈。例如，犯罪分子获取海量数据信息，通过智能机器人的分析和推算，从中获取关键敏感信息，其中甚至包含威胁国家安全、公共安全或公民个人人身和财产安全的信息，再利用这些信息进行犯罪行为，获取巨额利益。

第二，随着人工智能技术的发展，智能机器人可能会产生独立的意识和意志，自主决定并实施严重危害社会的行为。早在20世纪40年代，美国著名的科

① 《警惕！人工智能杀不了人，却成为了犯罪分子的“帮凶”》，http://www.yxtvg.com/toutiao/5237329/20170915A07NOJ00.html，访问日期：2018年3月6日。

② 参见于志刚、李源粒：《大数据时代数据犯罪的制裁思路》，《中国社会科学》2014年第10期。

幻作家阿西莫夫就预想到随着技术的发展，在未来，机器人可能会具有独立意识和意志，实施危害人类的行为。为此，他提出了“机器人三原则”。[①]“机器人三原则”表达了人类对机器人威胁自身安全的担忧和希望机器人永远为自身服务的愿望。但是，根据唯物主义的世界观，我们应当看到，物质是第一性的，意识是第二性的，物质决定意识，意识反作用于物质。换言之，物质世界的发展会决定人类意识，人类意识反过来又会对物质世界的发展产生相应的影响。人类对具有独立意识和意志的机器人出现的设想，可能在有朝一日会变成现实。同时，物质的极大繁荣和科技的发展进步也会使得具有独立意识和意志的智能机器人的出现不再只是神话故事。目前，或许有人会认为，智能机器人是由人类研发的，因而其“智能”程度不可能超过人类。在此情况下，具有独立意识和意志的智能机器人只可能存在于人类的幻想之中，而不可能真正存在于人类的实际生活之中。但是，笔者则认为，人类的科技发展史正是不断将幻想变成现实的历史。1783 年法国 J.F.P.罗齐埃和 M.达尔朗德乘气球升空、1903 年莱特兄弟飞机试飞成功，实现了庄子在《逍遥游》中所描述“列子御风”的幻想；1969 年“阿波罗号”飞船首次成功登上月球，实现了“嫦娥奔月”的幻想。随着深度学习、云计算、蒙特卡洛树搜索、神经网络等技术的发展，出现具有独立意志的智能机器人并非只是人类的幻想。当这一天真的到来时，智能机器人将成为“人类文明最大的威胁”。[②]“防范机器人向负面发展已经迫在眉睫，无需等到机器人的智能等于人的智能的那一天……它们带给人类社会的不只是工作效率的提高和人的生活改善，将冲击或改变人类社会的某些规则。”[③]著名物理学家斯蒂芬·霍金多次提到，人工智能可能会在将来威胁到人类的安全，其明确指出：“技术有望逆转工业化对地球造成的一些危害，有助于消除疾病和贫困，但人工智能需要加以控制。”[④]出现具有独立意识和意志的智能机器人是技术发展之必然，我们应当居安思危，针对人工智能技术的发展，提前做好法律制度的调整，发挥法律为社会健康稳定发展保驾护航的作用。

有学者将人工智能技术和克隆人技术相提并论，认为学界夸大了人工智能

---

① “机器人三原则”是指：第一，机器人不得伤害人类，或看到人类受到伤害而袖手旁观；第二，机器人必须服从人类的命令，除非这条命令与第一条相矛盾；第三，机器人必须保护自己，除非这种保护与以上两条相矛盾。

② 《特斯拉 CEO 马斯克：人工智能是人类文明最大的威胁》，http://tech.qq.com/a/20170716/020743.htm，访问日期：2018 年 1 月 23 日。

③ 封锡盛：《机器人不是人，是机器，但须当人看》，《科学与社会》2015 年第 5 期。

④ 《人工智能是威胁还是挑战?》，https://www.sohu.com/a/203611665_181108，访问日期：2018 年 1 月 23 日。

技术的影响力，无论是人工智能技术本身还是法学界对人工智能研究的热潮，终将是昙花一现，必将无疾而终。[①]笔者对此观点不能苟同。人工智能技术与克隆人技术存在很大的不同，无论在技术上，还是在对其进行法律规制的探讨上，都不能将二者等同视之。笔者认为，人工智能技术与克隆人技术存在以下四点区别：

其一，人工智能技术的发展为人类带来的利益，远非克隆人技术所能及。在很多领域，人工智能技术带来了令人欢欣鼓舞的影响。在工业领域，人工智能技术的运用大幅度提高了生产效率；在医疗领域，人工智能技术的运用帮助医生准确判断肿瘤的位置和大小，智能机器人甚至可以参与到具体的手术过程中，极大地降低了手术的失误率；在艺术领域，智能机器人可以谱写出美妙的旋律，创作出激昂的诗篇。而克隆人技术只是一种通过克隆手段繁育人的技术，其能够为人类社会带来的主要利益是帮助不孕不育患者拥有自己的孩子，保护少数民族的遗传基因，为疾病患者提供人体器官等。显而易见，人工智能技术为人类社会带来的利益无论在深度还是在广度上远非克隆人技术可比。

其二，人工智能技术发展趋势的不可预测性远超克隆人技术。人工智能技术所带来的生产力的迅速发展，会给人类社会带来巨大的利益；但如果其为犯罪分子所用，对社会的危害程度将会难以估量。同时，若出现具有独立意志的智能机器人，对社会所带来的影响更是难以想象。正如霍金所言："人工智能的兴起可能成为人类历史上最糟糕的事情，也可能成为最美好的事情。"[②]人工智能技术的发展会为人类社会带来巨大的利益，但同时，其也可能严重威胁到人类自身的安全。而克隆人技术的发展巅峰，只不过是出现与被克隆人基本或完全相同的人，但克隆人不会在智商和智慧上超越被克隆人本身，这与智能机器人的智商和智慧会超越人类的状况存在很大的区别。

其三，人类社会对人工智能技术的认可程度远超对克隆人技术的认可程度。2017 年 7 月国务院《新一代人工智能发展规划》将促进人工智能技术的发展上升为国家战略，提出集举国之力，抢占人工智能技术的制高点。习近平总书记在十九大报告中强调，"推动互联网、大数据、人工智能和实体经济深度融合"。同时，百度、阿里巴巴、腾讯等互联网行业领航者的财务报告显示，人工智能正成为推动公司业绩增长的新引擎，都在以人工智能为基础驱动力完善其核

① 参见郝铁川：《不可幻想和高估人工智能对法治的影响》，https://baijiahao.baidu.com/s?id=1588641768963728785&wfr=spider&for=pc，访问日期：2018 年 1 月 23 日。

② 《霍金称人工智能或成为人类历史上最糟糕事件》，http://www.chinanews.com/gj/2017/11-09/8371829.shtml，访问日期：2018 年 2 月 19 日。

心业务。①但是,在当下,克隆人技术不仅从未得到如此广泛而深刻的认可,也不可能得到"集举国之力"的支持,而且其出现的第一时间就遭到了世界上大多数国家和地区法律的禁止或限止。

其四,人工智能技术已经并将继续引发一个"全新的时代",而克隆人技术则完全不可能。正如前述,人工智能技术给人类社会带来了巨大的利益,并终将全面改变人类社会的生活。尽管其存在一定的风险,但是我们不能因为对不确定风险的恐惧,而拒绝其已经产生并将继续给我们带来的利益。人工智能技术向纵深发展是历史发展之必然,人工智能时代这一"全新时代"的到来,不仅非人力所能阻止,而且也绝不会因其可能产生的风险而停顿。反观克隆人技术,其为人类社会所可能产生的利益微乎其微,而且还会对人类社会带来巨大的伦理风险、道德风险,当风险大于利益时,其遭到各国政府的禁止或限制就成为必然。换言之,即使克隆人技术未遭禁止或限制,其充其量也只是一门可以制造出和被克隆人完全等同的生物技术,不可能引起社会广泛而深远的变革,更不可能带来一个"全新的克隆人时代"。

由此可见,无论是在广度还是在深度上,人工智能技术对社会的影响远远超过克隆人技术,两者不能相提并论、不可同日而语。人工智能技术的发展蕴含着巨大的机遇和挑战,其给人类社会带来的便利固然值得欣喜,但其带来的风险也不能忽略。犯罪分子将智能机器人当作犯罪工具,可以使犯罪行为取得事半"功"倍的效果;智能机器人产生独立意识和意志之后有可能会自主决定并实施严重危害社会的行为,产生人类难以控制的后果。所以,刑法对涉人工智能技术犯罪进行规制具有必要性。作为"社会最后一道防线"的刑法应承担起保障社会稳定和健康发展的任务,完善现行刑法的规定,严密刑事法网,规制涉人工智能犯罪,不仅具有很大的必要性,而且具有充分的正当性。

二、刑法规制涉人工智能技术犯罪的适当性

正如前述,人工智能技术的发展给人类社会带来极大的利益,但又带来相应的风险,刑法对相关行为进行必要规制具有正当性。但是,由于人工智能技术是当下我们重点发展的技术,所以刑法对涉人工智能技术犯罪的规制应保持适当的限度,不能阻滞甚至扼杀人工智能技术的创新和发展。

① 《BAT人工智能布局》,http://money.163.com/17/0821/13/CSC8VLBV002580S6.html,访问日期:2018年1月23日。

（一）人工智能技术能够增进人类福祉

随着人工智能技术的发展，人们的生活将会发生翻天覆地的变化。正如百度公司董事长兼首席执行官李彦宏所言，“人工智能将给人类社会带来巨大改变，以后每个行业几乎都会产生颠覆性的变化。”①提高社会生产力，为人类的美好生活提供更好的物质基础，是人工智能技术乃至所有科学技术发展的目的和动力。

目前，人类社会仍面临着诸多困难，诸如繁重的体力劳动、生产领域的人身风险、交通堵塞、地区贫困、环境污染、疾病瘟疫等。按照人类社会目前的生产力发展水平，这些困扰了人类社会若干年的问题可能还会继续存在下去。因此，人类需要发展新的技术手段，以帮助解决这些悬而未决的问题。人工智能技术的出现，为人类历史性难题的解决，提供了新的方式和思路。

从短期来看，人工智能技术是人类改造世界的新型工具，如同其他工具是人类双手的延伸一样，我们也可以将发展初期的人工智能技术看作人手的延伸，其可以解放人类劳动力，并弥补人类自身技能的不足。相较于普通工具，人工智能技术的优势在于其可以在某一方面完全替代人类自身的行为，从而达到人类预期的目的。人工智能技术带给人类的福祉主要有以下四个方面：

在生活领域，扫地机器人、擦窗机器人、做饭机器人等用于家居的智能机器人在给我们的生活带来极大便利的同时，还间接提高了能源利用率，降低了不安全因素对生命健康的威胁程度。例如，在一个由人工智能技术控制的生活空间中，智能硬件会根据居住人的生活习惯，判断如何以最少的能源消耗达到使居住人享有最舒服生活状态的程度。再如，无人驾驶汽车的逐渐普及，不仅能够减轻人们的驾驶负担，还可以大大降低交通事故的发生率。

在生产领域，将人工智能技术应用到工业领域，用智能机器人代替人类从事繁重的体力劳动、具有高危险性的劳动或者需要及时根据外部环境进行调整的对人的体能消耗极大的劳动，可以极大地提高生产效率，节约人力成本。例如，在利用风车进行发电的场合，原来需要浪费大量人力来根据风向的不同及时对风车作出相应调整，但是人工智能技术的应用，使得风车在智能设备的操控下，可以根据不同的风向自动且及时地作出调整。在商业领域，原来企业要想了解用户需求、需要进行问卷调查，并对调查数据进行分析，这是一项费时费

① 《李彦宏：人工智能将给人类社会带来巨大改变》，http://finance.sina.com.cn/roll/2017-03-09/doc-ifychihc5958571.shtml，访问日期：2018年1月24日。

力且误差极大的繁重劳动。但是,利用人工智能技术可以轻松地实现数据或信息的聚合,并基于大数据分析,精准评估用户的情绪反应,为用户提供优质的符合其自身喜好的个性化服务。

在医疗领域,人工智能技术的应用,可以为大众提供普惠的医疗。医疗领域的发展和进步日新月异,作为普通人的医生,难以确保及时准确地掌握最新的医疗技术,且作为普通人的医生,其工作容易受到情绪、身体状况等因素的影响,不能保证永远保持高昂的工作状态,百分之一百精确地为病人完成每一次治疗。人工智能医生与普通医生相比,可以不受自身条件的限制,可以及时更新自己的知识储备,可以永不休息地为病人进行治疗,并能够在短时间内通过对大量数据的分析,精准地判断病症,制定出最佳的治疗方案,这不仅使得对每一个病人的治疗更有成效,而且可以缓解目前巨大的医疗压力,解决"看病难"的问题。

在文化领域,人工智能技术应用在翻译上的卓越成效,使得一个可以随身携带的小巧翻译器就可以实现不同语言之间的自如切换,帮助不同地区的人类实现更好的互动和交流。在客户服务领域,腾讯借助 QQ、微信等产品建立了10 亿级别覆盖度的基础库,对范围内的人群进行统计和分析,能够实现动态跟踪区域内人群流动、评估人流拥挤等级、捕捉开放社交网络的情况、分析目标客户群轨迹,让客户更精准地定位目标人群。①人工智能技术从 1956 年的达特茅斯会议开始到现在又一次掀起热潮的六十多年时间中,发展过程几多风雨,起起落落,仍然只是徘徊在起步阶段。尽管如此,人工智能技术带给人类生活的巨大便利是不容忽视的,也是令人欣喜的。

从长远来看,人工智能技术"能够催生并促进柔性制造、绿色制造、智能制造、全球制造等,对于实体经济转型升级意义深远",并将"实现产业化应用,为实体经济发展提供新动能"。②这将从根本上解决人类目前所面临的能源不足、环境污染的困境。另外,随着人工智能技术的深入发展,人类生产效率的大幅度提高,人类将从繁重的、高危的、无意义的工作中解放出来,去实现人之所以为人的更深层次的目的。正如德国哲学家康德在《纯粹理性批判》一书中所言:"人不是他人的工具,而是自身的目的。"③从繁重、重复的劳动中解放出来的人类,不再作为工业生产中的一个环节、一个工具而存在,而是有了更多的时间去

① 《人工智能时代　云和大数据到底有多重要?》,http://blog.sina.com.cn/s/blog_be62e9a90102wg0i.html,访问日期:2017 年 9 月 27 日。

② 彭训文:《人工智能,让生活更美好》,《人民日报(海外版)》2018 年 1 月 24 日。

③ [德]康德:《纯粹理性批判》,邓晓芒译,人民出版社 2017 年版,第 15 页。

探索世界、探索自身的意义。人不再为了生存而工作，人将会为了自身的幸福而工作。换言之，从长远来看，人工智能技术的最终落脚点理应是全人类的福祉。

(二) 刑法规制涉人工智能技术犯罪的限度

正如前文所述，人工智能技术的成长路途坎坷，经历了诸多风风雨雨，目前仍处于起步阶段。虽然人工智能技术存在风险，但我们不能忽视其所蕴含的巨大价值，更不能因人工智能技术对人类社会的危害具有不可预测性而将其扼杀在摇篮中。因此，笔者认为，对于智能机器人的研发者和使用者的行为，以及智能机器人产生独立意识和意志之后，自主决定并实施的严重危害社会的行为，刑法的干预和刑罚的设置应保持适当的限度，既不能让滥用人工智能技术的行为破坏社会的稳定发展，又不能让刑法的过度干预阻遏人工智能技术的创新。

刑法与其他部门法相比，最大的特点在于其调整社会关系的广泛性和制裁手段的严厉性。刑法是社会的最后一道防线，根据《刑法》第 2 条的规定，同一切犯罪作斗争是我国刑法的基本任务。对于严重危害社会的行为，在恰当的时候，我们理应将其纳入刑法的规制范畴。同时，就刑法的严厉程度而言，其他任何部门法都无法与之比拟。因此，刑法又理应保持谦抑性，不能因刑法的过度介入而阻滞甚至扼杀技术的创新，从而干扰社会的正常运转和发展。刑法的谦抑性，是指刑法介入、干预社会生活应以维护和扩大自由为目的，而不应过多地干预社会，反映到刑罚的配置中，就是刑事干预力度的节制，也就是使用轻缓的刑罚。[①]"其中，刑法的补充性是刑法谦抑性的重要内容。刑法的补充性，是指刑法不是遏制犯罪的唯一手段，而是补充经济、教育、行政等其他手段的最后手段。"[②]正如日本刑法学家平野龙一先生所言："即使行为侵害或威胁了他人的生活利益，也不是必须直接动用刑法。可能的话，采取其他社会统制手段才是理想的。可以说，只有在其他社会统制手段不充分时，或者其他社会统制手段(如私刑)过于强烈、有代之以刑罚的必要时，才可以动用刑法。这叫刑法的补充性或者谦抑性。"[③]对于人工智能技术的发展所蕴含的风险，如果通过行政、经济等手段足以防止其发生，就不能依赖刑事立法手段予以解决；只有在人工智能技术运用时给社会造成危害且达到严重程度，其他手段不足以防止其发生时，才

① 参见陈兴良：《刑事政策视野中的刑罚结构调整》，《法学研究》1998 年第 6 期。

② 刘宪权：《论互联网金融刑法规制的"两面性"》，《法学家》2014 年第 5 期。

③ [日]平野龙一：《刑法总论 I》，有斐阁 1972 年版，第 47 页；转引自陈兴良：《刑法谦抑的价值蕴含》，《现代法学》1996 年第 3 期。

能通过刑事立法予以解决。当然这必须在适当的时机通过修改和完善现有的刑法,对涉人工智能犯罪予以规制。因此,刑法对人工智能这一创新领域的介入应当谨慎,如果不区分情况,将人工智能技术看作"洪水猛兽",将其中危害较小的行为通过刑法予以打击,一味强调预防风险、惩治犯罪,这就违背了刑法的谦抑性原则,不利于保护和鼓励人工智能技术的创新和发展。

笔者认为,人工智能技术的产生乃至发展是社会生产力进步的必然结果,也将成为推动生产力进一步发展的动力机制,其内部也会形成某种调节机制,推动人工智能技术向着有利于人类社会良好发展的方向迈进,无疑应成为我们发展人工智能技术的初衷和落脚点。应该看到,人类历史上任何一次技术上的积极重大创新或者革命都会带来相应的负面影响,但其初衷和最终的结局都将促进人类社会的进步。事物都具有两面性,但我们不能因噎废食,不能因为技术上的负面影响而否定整个技术的积极作用。例如,立法者不会因为工业革命中瓦特发明的蒸汽机引发了一些爆炸事故,就将生产、制造蒸汽机的人全部处死,从此全面禁止蒸汽机的使用和技术上的改造。若如此,就没有后来火车、轮船的发明,也就没有人类如今生活上的便利和快捷。又如,立法者不会因为计算机和网络的发明与普及引发了新型犯罪,且使得部分传统犯罪的危害性呈几何倍数增长,就对计算机和网络的研发者和使用者处以刑罚,并严格限制计算机和网络的使用。若如此,就不会有现在计算机、网络时代的发展。我国的刑事立法者仅仅是通过增加些许涉计算机技术的新罪名,将利用计算机和网络严重危害社会的行为纳入刑罚的处罚范围。对于人工智能技术同样也应该如此。如前所述,人工智能技术可能或者已经带来的危害是客观存在的,但其带来的利益和对人类社会发展的促进作用更是显而易见的。人工智能技术可以取得现在的发展,主要与大数据技术的发展和处理器速度加快密不可分。大数据技术的应用,为人工智能领域的深度学习提供了充足的素材,人工智能技术的发展所需要学习的大量经验和知识就是数据。同时,由于处理器的处理数据的速度加快,海量数据都能得到及时的分析和处理。这些都促进了人工智能技术的发展。可见,人工智能技术的产生是社会生产力发展的必然结果,是技术发展势不可挡的必然规律。

如果我们因人工智能技术可能产生或存在的风险,而动用刑法对人工智能技术进行过度规制,短期来说,这种规制必然会阻碍人工智能这一新行业的兴起和发展,从而阻碍社会经济生活新增长点的发展;长远而言,这种规制是在与人类发展的必然规律相抗衡,注定是徒劳无功的;从现实来看,我国政府已经充分认识到了人工智能技术对经济发展乃至社会进步所具有的积极推动作用,无论是在国务院发布的《新一代人工智能发展规划》，还是在党的十九大报告中，都明确指出要支持和促进人工智能技术的发展，并推动其与实体经济的融合。因此，刑法应顺应时代潮流，保持适当的介入和规制限度，在促进社会稳定健康发展和防范人工智能技术所带来的风险之间寻找一个平衡点。

三、刑法规制涉人工智能技术犯罪的路径

前文已提到，涉人工智能技术犯罪主要包括两个方面：一是研发者和使用者将人工智能技术作为犯罪工具，这会为犯罪插上科技的“翅膀”，从而使其社会危害性呈几何倍数增长，甚至会引发更多的新型犯罪；二是随着人工智能技术的发展，智能机器人可能会产生独立的意识和意志，自主决定并实施严重危害社会的行为。刑法应采取措施，对涉人工智能犯罪进行相应的规制，为社会的稳定健康发展保驾护航，同时又要注意保持适当的限度，避免阻碍人工智能技术的发展。

（一）对研发者或使用者行为的规制①

应该看到，在大多数情况下，研发者或使用者会以造福社会或方便生活为目的来设计或使用智能机器人，并发展人工智能技术。但是，也不能排除某些研发者或使用者为了满足某些不正当利益，将研发或使用的智能机器人当作实施严重危害社会行为的工具。笔者认为，在这种情况下，研发者或使用者是犯罪行为的实行犯，智能机器人尽管可能会在犯罪过程中实际发挥重要的作用，但仍然只是研发者或使用者实施犯罪行为的工具，相当于研发者或使用者行为的延伸。此时，智能机器人活动的基础是设计和编制的程序，研发者或使用者利用程序对智能机器人进行控制，从而使智能机器人按照自己的意志，实施相应的犯罪行为。研发者或使用者不可能和智能机器人构成共同犯罪。现有的刑法规定完全可以对研发者或使用者将智能机器人作为犯罪工具而实施犯罪的行为进行规制。因为无论实施犯罪行为的研发者或使用者是人还是单位，都在刑罚处罚的主体范围之内。研发者或使用者利用什么工具实施了犯罪行为，对于犯罪的定性一般都不会产生影响。正如用刀杀人还是用枪杀人都构成故意杀人罪一样，研发者或使用者利用智能机器人实施犯罪行为或是用其他方式实施犯罪行为，一般也只能构成相同的犯罪。可能有人会提出，智能机器人的

① 本部分探讨的所有智能机器人的行为都是在设计和编制的程序范围之内实施的。

数据分析能力和执行能力等各项能力都远在人类之上，利用智能机器人实施犯罪行为的社会危害性会远远大于利用其他手段实施犯罪行为的社会危害性，因此对利用智能机器人实施犯罪的研发者或使用者，应从重处罚。笔者赞同这一观点，但同时认为，无论是利用何种工具实施犯罪，除刑法有特别规定外，都应按照相同的标准对行为人的犯罪行为统一量刑，否则就违背了刑法中的平等适用原则和罪责刑相适应原则。举例来说，行为人凭一己之力进行操纵证券市场的行为和行为人借助智能机器人进行操纵证券市场的行为相比，显然，后者的效率、影响力甚至获利都会远远超过前者，但是两种行为都应以操纵证券市场罪来认定，根据犯罪数额或其他情节以“情节严重”或“情节特别严重”来区分法定刑的量刑幅度。因此，在研发者或使用者将智能机器人当作犯罪工具的场合，对研发者或使用者以其所实施的行为进行定罪量刑即可，智能机器人作为犯罪工具虽然可能成为影响对研发者或使用者量刑的情节，但不应成为影响对研发者或使用者定罪的因素。

需要指出的是，由于本部分我们只探讨智能机器人的行为是在设计和编制的程序范围之内实施的情况，因此，智能机器人在没有独立的意识和意志情况下的任何行为，都只能看作研发者和使用者犯罪的工具（即研发者和使用者所实施犯罪行为的延伸）。也正因此，研发者或使用者不可能一起或单独和智能机器人构成共同犯罪。值得探讨的是，在将智能机器人当成犯罪工具，利用智能机器人进行犯罪的情况下，如果研发者与使用者并非同一人，且研发者与使用者之间没有通谋（在有通谋的情况下，应以研发者与使用者构成共同犯罪认定，笔者对此种情况不作赘述），最终的刑事责任应由使用者一人承担，还是研发者和使用者共同承担？笔者认为，对此应具体问题具体分析。

其一，研发者在设计智能机器人时，只赋予了其实施犯罪行为的能力。例如，研发者设计出“杀人机器人”，该智能机器人只能实施剥夺自然人生命的行为，可以认为，研发者对于该智能机器人在交付使用后所实施的任何行为都具有故意，或者说，研发者将自己的主观故意融入智能机器人所实施的行为之中，只不过这种故意内容的实现不是在当场，而是延迟到交付使用后。在这种情况下，智能机器人实施的行为融合了研发者或使用者的犯罪故意，在这种情况下，智能机器人的行为是研发者或使用者行为的延伸，其是二者实施犯罪行为的工具，研发者和使用者都应承担刑事责任。

其二，研发者在设计智能机器人时，完全是为了让其进行正常且合法的活动，并未赋予智能机器人任何实施犯罪行为的能力，但使用者借助智能机器人从事合法活动的能力而实施了犯罪行为。例如，研发者研发出一款进行证券交易数据分析的智能机器人，被使用者用以实施操纵证券市场的犯罪。研发者出于完全合法的目的设计智能机器人，只不过被使用者出于犯罪目的而“巧妙”地利用实施犯罪行为。在这种情况下，智能机器人只是使用者实施犯罪行为的工具，对于相关危害社会的结果当然只能由使用者承担刑事责任。

其三，研发者在设计智能机器人时，既赋予了其实施犯罪行为的能力，又赋予了其实施正常且合法活动的能力。例如，研发者设计出一款智能机器人，既可以通过程序控制启动杀人程序，让其实施杀人行为，又可以启动其实施正常活动（如扫地、擦窗）的程序。当使用者利用智能机器人实施犯罪行为的程序时，可以认为研发者和使用者都将其犯罪故意融入智能机器人的行为之中，因此，对于相关危害社会的结果，研发者和使用者都应当承担刑事责任。

其四，研发者设计的智能机器人，从表面上看，是从事正常且合法活动的智能机器人，但实际上，研发者在将智能机器人交付使用之后，通过远程控制，利用智能机器人实施犯罪行为。而使用者对智能机器人的预期是利用其从事正常且合法的活动，对于智能机器人可能实施的犯罪行为，其完全处于不知情的状态，而智能机器人所实施的危害社会的行为则是在研发者的掌控之下，因此，对于相关危害社会的结果应当由研发者承担刑事责任。

其五，研发者设计出从事正常且合法的活动的智能机器人，但是如果由于使用不当造成程序紊乱，智能机器人就会在失控的状态下实施严重危害社会的行为。这种情况又可以分为两种不同的状态：一种是研发者已经尽到了提示使用者注意的义务，而使用者未履行足够的注意义务，因使用不当导致智能机器人实施了严重危害社会的行为。在这种状态下，研发者已尽到提示义务，而使用者未履行足够的注意义务，研发者当然不可能对于相关危害社会的结果承担刑事责任，承担刑事责任的理应是使用者；另一种是研发者未尽到提示使用者的义务注意，导致使用者在不知情的情况下造成智能机器人程序紊乱，从而实施了严重危害社会的行为。在这种状态下，使用者毫不知情，当然不可能为此承担刑事责任，而应由研发者承担刑事责任。此种情况与前四种情况的不同之处在于，前四种情况中，研发者、使用者承担的是故意犯罪的刑事责任，而在此种情况下，研发者或使用者承担的是过失犯罪的刑事责任。理论上认为，过失犯罪以违反一定义务为前提，如果违反了预见义务，即“应当预见而没有预见”或“已经预见而轻信能够避免”，则成立过失犯罪。应当看到，在人工智能技术飞速发展的环境下，如何认定智能机器人的研发者或使用者是否违反了对危害结果的预见义务，值得我们思考。笔者认为，在人工智能环境下，判断智能机器人的研发者或使用者是否对危害结果负有预见义务，主要应考虑的是研发或使用当时的人工智能技术发展水平。理由是,判断人的能力和行为需要一个相对清晰的标准。智能机器人具有较高科技含量,其风险也相对较高,因而智能机器人的研发者或使用者需要尽一切可能最大程度地保证自己研发或使用的产品不存在安全隐患。可以认为,研发或使用当时的人工智能技术发展水平是一个相对清晰的标准,利用这个标准来判断研发者或使用者是否具有预见义务也相对客观。如果研发者或使用者完全可能利用当时的人工智能技术预见危害结果的发生,则人工智能的研发者或使用者负有预见义务。最终导致危害结果的发生,应当认为研发者或使用者没有履行预见义务,并且这种不作为与危害结果之间存在因果关系,研发者或使用者成立过失犯罪。智能机器人的行为与研发者对程序的设计编制和使用者的使用情况紧密相关。智能机器人的研发过程是复杂的,需要经过种种测试与试验,才能保证最终产品符合安全标准。如果在检测过程中,研发者"已经预见"到智能机器人在未来使用过程中可能导致危害结果的发生,但可能因为试验所显示该情况的概率较低等原因,研发者轻信这种情况可以避免,那么研发者成立"过于自信的过失"。如果在检测过程中,研发者因为没有全面检测等原因"没有预见"危害结果的发生,但实际上如果全面检测是可以发现智能机器人存在缺陷的,那么研发者成立"疏忽大意的过失"。同样地,如果使用者在使用智能机器人的过程中没有按照相关说明操作,最终导致了危害结果的发生,则应当根据使用者是"已经预见而轻信能够避免"还是"应当预见而没有预见"的具体不同情况,分别成立"过于自信的过失"或"疏忽大意的过失"的犯罪。对于智能机器人的研发者或使用者构成的犯罪罪名,笔者认为,根据我国目前的刑法规定,应根据智能机器人具体实施的行为和具体造成的危害结果加以确定。例如,智能机器人的行为造成了被害人死亡的结果,对于研发者或使用者则应以过失致人死亡罪定罪处罚。

其六,在研发者和使用者都难以预料的情况下,智能机器人发生程序紊乱从而实施了严重危害社会的行为。法律不强人所难,囿于一定地域内社会历史发展阶段与水平的限制,人类所掌握的人工智能技术完全可能无法彻底消除智能机器人的安全风险,也即智能机器人的安全系数与标准的提高还有赖于人工智能技术的进一步成熟。此时,由于研发者和使用者都不可能预见到智能机器人会实施严重危害社会的行为,因此,二者对于相关危害社会的结果都不应当承担刑事责任,而应当作为意外事件处理。人类社会应当是鼓励创新的,我们如果对研发者和使用者因为人工智能技术的相对不成熟而对社会造成相应危害的行为,一律予以定罪处罚,必然会对人工智能产品的研发和人工智能技术的发展进步造成致命打击,这显然违反了认定犯罪所坚持的客观相统一的标准，对于人类社会的进步而言也是弊大于利的。我国《产品质量法》第 46 条规定："本法所称缺陷，是指产品存在危及人身、他人财产安全的不合理的危险；产品有保障人体健康和人身、财产安全的国家标准、行业标准的，是指不符合该标准。"国家允许生产智能机器人并将其投放市场，必须要制定人类现有科学技术水平所能够企及的国家标准或行业标准，符合标准的便不属于缺陷产品，其所导致的危险便不属于"不合理的危险"。因而自然可以遵循这样的逻辑，即既然对于产品投入流通时的科学技术水平无法发现缺陷的"缺陷产品"尚不能追究其生产者的民事责任，那么，对因技术水平欠缺所导致的智能机器人对社会造成危害的行为的刑事责任追究更无从谈起。

（二）对智能机器人行为的规制①

当智能机器人产生自主意识和独立意志，自主决定并在设计和编制的程序范围外实施严重危害社会的行为时，如何对智能机器人的行为进行刑法规制，就必然成为我们讨论的议题。

在智能机器人自主决定并在设计和编制的程序范围外实施严重危害社会的行为时，我们完全可以将智能机器人作为刑事责任主体对待。智能机器人能否成为刑事责任主体，取决于其是否符合刑法所规定的条件。根据我国《刑法》第 17 条的规定，刑事责任主体需具备以下三个条件：第一，实施了严重危害社会的行为；第二，具备刑事责任能力；第三，依法应当承担刑事责任。依笔者之见，在这三个条件中，行为人具备刑事责任能力实施严重危害社会的行为无疑是本质条件。如若智能机器人符合这些本质要件，我们就应在《刑法》第二章第四节单位犯罪后增设一节"智能机器人犯罪"，承认其刑事责任主体资格。笔者认为，具有独立的意识和意志、自主决定并在设计和编制的程序范围外实施严重危害社会行为的智能机器人可以成为刑事责任主体，理由是：首先，智能机器人自主决定并在设计和编制的程序范围外实施严重危害社会的行为时，已经满足了成为刑事责任主体的第一个条件。正如未来实验室首席战略与创新官特雷西·弗洛斯所言，人工智能和机器学习技术将帮助机器人拥有自动编程并实施犯罪行为的能力，他还预言，到 2040 年机器人犯罪率将超过人类。②其次，笔者曾在相关文章中论述过，在设计和编制的程序范围外实施严重危害社会行为

① 本部分探讨的所有智能机器人的行为都是在设计和编制的程序范围之外实施的。

② 参见彬彬：《2040 年机器人犯罪率将超过人类成大多数犯罪主体》，《科学与现代化》2017 年第 1 期；《人工智能 AI 发展到一定程度后会犯罪吗？》，http://www.techweb.com.cn/column/2016-09-13/2392298.shtml，访问日期：2018 年 1 月 24 日。

的智能机器人与自然人一样具有辨认能力和控制能力。只是自然人的辨认能力和控制能力来源于生命,受到年龄等因素的影响,而智能机器人的辨认能力和控制能力则来源于程序和算法。刑法意义上的辨认能力是对行为的性质、后果、作用的认识能力,这种认识当然包括事实层面的认识。事实层面的认识是一种形式上的认识,智能机器人可以通过其"电子眼"、"电子耳"认识到事实。相较于辨认能力,控制能力是智能机器人的必备能力,是程序设计与编制的必需内容。智能机器人拥有极其快速的处理能力、反应速度和极为精准的控制能力,能够凭借大数据与高速运算能力对行为做出精准的控制。与人类相比,智能机器人具有更强的控制能力与可培养的辨认能力。[①]所以,智能机器人也满足了成为刑事责任主体的第二个条件。由此可见,具有独立的意识和意志,能够自主决定并在设计和编制的程序范围外实施严重危害社会行为的智能机器人可以成为刑法上的刑事责任主体,当然这需要由刑事立法加以明确。

既然在设计和编制的程序范围外实施严重危害社会行为的智能机器人可能成为刑事责任主体,那么,智能机器人是否可能与研发者和使用者成立共同犯罪呢?笔者认为,对此情况需要分情况讨论。其一,智能机器人不能和研发者成立共同犯罪。这是因为,我们这里讨论的是智能机器人在研发者设计和编制的程序范围外实施的行为,这说明智能机器人主观上已经超出了研发者设计和编制的程序范围,甚至从根本上违反了研发者的意志。智能机器人此时的行为体现的是自身意志,而非研发者的意志。如果智能机器人的行为体现的是研发者的意志,我们只能将其理解为是研发者设计和编制的程序范围内的行为,即智能机器人只能是研发者实施犯罪行为的工具,这种情况在前文已论述过,在此不再赘述。可见,智能机器人和研发者二者之间不可能存在共同故意,因此二者也就不可能成立共同犯罪。对于智能机器人超出设计和编制的程序实施的行为,应当由智能机器人自身承担刑事责任。当然,如果研发者在研发过程中,应当预见到智能机器人可能会超出设计和编制的程序范围实施危害社会的行为,由于疏忽大意而没有预见,从而没有采取相应的措施进行预防,或者研发者已经预见到智能机器人可能超出设计和编制的程序范围实施危害社会的行为,而轻信可以避免这种情况的发生,对于研发者可以追究过失犯罪的刑事责任。

其二,智能机器人可以和使用者成立共同犯罪。这是因为,不同于研发者的故意,使用者的故意对于智能机器人在设计和编制的程序范围外的故意行为

① 刘宪权:《人工智能时代的"内忧""外患"与刑事责任》,《东方法学》2018年第1期。

不具有操控性。在此情况下，智能机器人在设计和编制的程序范围外实施行为时，完全可能与使用者存在共同故意，且智能机器人与使用者在共同故意的支配之下完全可能共同实施严重危害社会的行为，二者成立共同犯罪自不待言。当然，与研发者相同，如果使用者在使用智能机器人的过程中，由于疏忽大意或者轻信能够避免等使得智能机器人在设计和编制的程序范围之外实施了严重危害社会的行为，可以追究研发者过失犯罪的刑事责任。值得一提的是，根据我国《刑法》第25条的规定，共同犯罪是指二人以上共同故意犯罪。对此处的“人”应作何理解？在当下我们只是将此处的“人”理解为是自然人或者单位。但是，笔者认为，在人工智能时代，对于成立共同犯罪所要求的“二人以上”中的“人”的理解，应与时俱进，符合时代发展的现实情况。既然我们承认在设计和编制的程序之外实施严重危害社会行为的智能机器人具有法律人格和刑事责任能力，其就可以成为共同犯罪中的“人”。因此，这里的“人”既可以是自然人或者单位，也可以是智能机器人。如果设计者或使用者起初并无犯罪意图，但在发现智能机器人实施危害社会的行为时，不仅没有采取一定的技术措施予以阻止，反而在智能机器人不知情的情况下暗中予以帮助的，可以构成片面帮助犯，应对设计者或使用者按照共同犯罪（片面共犯）原理以智能机器人所实施的行为性质予以定性处罚，而对智能机器人单独追究刑事责任。

此外，如果设计者或使用者是有特殊身份的人，智能机器人不具备特殊身份，二者成立共同犯罪，可以按照有特殊身份者的行为性质进行定性。例如，设计者或使用者是国家工作人员，通过与智能机器人联络，利用自身管理公共财物的便利，让智能机器人帮助实施贪污公共财物的行为，对国家工作人员当然可以贪污罪论处，对智能机器人也应按照贪污罪的共犯处理。因为事物的性质是由事物的主要矛盾决定的。在此种情况下，设计者或使用者与智能机器人所实施的贪污行为依赖于设计者或使用者的国家工作人员的身份所形成的便利条件，而智能机器人并无此身份和便利条件，此时占主导地位的是作为国家工作人员的设计者或使用者，理应按照贪污罪的共同犯罪处理。同时，多个智能机器人也可能成立犯罪集团。例如，三个以上的智能机器人为了实施一种或几种犯罪而形成一个组织，此时，这样的组织就是犯罪集团。犯罪集团是共同犯罪的一种特殊形式，既然我们将共同犯罪概念中“二人以上”中的“人”理解为既可以包括自然人或者单位，也可以包括智能机器人，那么犯罪集团概念中的“三人以上”中的“人”同样可以理解为既可以包括自然人或者单位，也可以包括智能机器人。总之，社会发展日新月异，共同犯罪的形式和具体构成也完全可能有不同的表现形式，这需要我们与时俱进，更新观念，推陈出新，革故鼎新。

笔者认为,对在设计和编制的程序范围外实施了严重危害社会的行为的智能机器人进行刑罚处罚是防止人工智能时代社会动荡,维护社会稳定,保障人民安居乐业的必然要求。但是,我国目前的刑罚体系存在局限性,无法对在设计和编制的程序范围外实施严重危害社会行为的智能机器人进行处罚,即我国目前的刑罚体系无法完全适应人工智能时代的发展需求。在已经到来并持续发展的人工智能时代,面对智能机器人在设计和编制的程序范围外实施的严重危害社会的行为,我们的刑罚可能会无能为力。我国目前的刑罚体系是以处罚自然人犯罪为原则,以处罚单位犯罪为例外,由于智能机器人与自然人和单位存在明显的差异,我国的刑罚体系中的四种类型的刑罚——生命刑、自由刑、财产刑、权利刑适用于智能机器人既不合理,也不可能。理由如下:

第一,智能机器人与自然人和单位存在明显的区别。其一,智能机器人与自然人最主要的区别在于自然人有生命体,而智能机器人不具有生命体。自然人的生命始于出生,终于死亡,是不可逆转的。自然人的生命要受到自然规律的制约,从出生开始就不可逆转地走向衰老、死亡。自然人随着年龄的增长而逐渐培养出辨认能力和控制能力,刑事责任能力随着年龄的增长而产生,随着生命的终结而结束。生命的不可逆转性决定了自然人的辨认能力和控制能力具有不可逆转性,是纵向发展的。智能机器人的辨认能力和控制能力来源于程序。程序可以被修复、补充、删除、恢复,所以智能机器人的生存不具有不可逆转性,也即其辨认能力和控制能力是可以逆转的。智能机器人在设计和编制的程序范围内实施行为时,相当于研发者或使用者的工具,此时的智能机器人不具有辨认能力和控制能力,也就不具备刑事责任能力,而智能机器人在设计和编制的程序范围外实施行为时,在自身意志的支配下自主选择实施或不实施某种行为,此时的智能机器人具有辨认能力和控制能力,也就具备了刑事责任能力。由此可见,智能机器人和自然人相比,辨认能力和控制能力的产生和发展存在质的区别。其二,智能机器人与单位最主要的区别在于,单位是一个集合体,而智能机器人是一个个体。单位依赖于其成员而存在,如果没有成员,单位就不可能存在;反之单位的任何成员,如果脱离了单位,就不具有其在单位中的地位和性质,不再作为单位的成员起作用,只是独立的个体。单位成员之间是按照单位的统一要求和一定秩序,相互联系,相互作用,协调一致,共同形成一个单位整体。可见,单位是一个集合体。单位犯罪是在单位整体意志支配下实施的严重危害社会的行为,这里的"整体意志",既不是单位内部某个成员的意志,也不是各个成员意志的简单相加。而对于智能机器人而言,指导其实施行为的是程序(即使人工智能在设计和编制的程序范围外实施行为,也只是基于其通过深度学习等而获得的自身“改良”程序)。当智能机器人在设计和编制的程序范围外实施行为时,实现的是自身的个体意志,与单位行为中所体现的“整体意志”存在本质差异。

第二,我国现行刑罚处罚方式不能适用于智能机器人。其一,刑罚体系中的生命刑无法适用于智能机器人。由于智能机器人没有生命,当然也就没有生命权可言。自然人的生命遵循自然规律而产生和消亡,人为地剥夺实施了严重危害社会行为的自然人的生命,打破生命自然产生和消亡的规律,是法律报应的一种形式。“生命刑作为以剥夺人的生命权为内容的刑罚,与法律报应有着不解之缘。杀人者死,可以说是法律报应的一条原则。”①智能机器人不是自然界的产物,其产生和消灭不是基于生命的起源和消亡,而是基于设计和编制的程序。智能机器人不具有生命体,因而刑罚无法通过剥夺生命的方式而对犯罪的智能机器人进行处罚。在此情况下,也就无法起到刑罚应有的作用。其二,刑罚体系中的自由刑无法适用于智能机器人。智能机器人没有人身权。人身权包括人格权和身份权,是与自然人的人身不可分离的权利,始于自然人出生,终于自然人死亡,与自然人的生命密不可分。人身权是自由权产生和存在的基础。自由刑是我国刑罚体系的中心。“执行自由刑就是实现设施关押,同时,它还伴有将犯人与社会隔离的作用……”②智能机器人没有生命,因此,也就不可能存在与生命紧密相连的其他人身权,更不可能享有作为人身权内容之一的自由权,对其施加剥夺自由权的自由刑更是无从谈起。智能机器人以不同的形态而存在,甚至可能没有物理形体。智能机器人依托程序的运行结果而实施行为,物理形体并不是智能机器人的必备要素(例如,阿尔法狗和阿尔法元都只是隐藏在电脑里的一个程序而已,并不存在物理形体)。对于不具有物理形体的一类智能机器人而言,对其施加自由刑以实现其和社会的隔离显然是无稽之谈。

其三,刑罚体系中的财产刑和权利刑暂时无法适用于智能机器人。财产刑和权利刑通过剥夺犯罪人的财产或政治权利,给其造成痛苦,从而起到惩罚犯罪的作用。笔者之所以说“暂时”无法适用,是因为随着人工智能技术的进一步发展和进步,以及伦理学和法学在此领域研究的进一步深入,赋予智能机器人财产权和一定的政治权利并非不经之谈。例如,沙特阿拉伯已经成为世界上首个授予智能机器人公民身份的国家。③可以预见,在不久的将来,会有更多的国

① 陈兴良:《刑法哲学》,中国政法大学出版社2014年版,第305页。

② [日]大谷实:《刑法讲义总论》,黎宏译,中国人民大学出版社2008年版,第463页。

③ 《沙特阿拉伯成为第一个向机器人授予公民资格的国家》,http://tech.sina.com.cn/d/i/2017-10-27/doc-ifynfvar4425645.shtml,访问日期:2017年10月28日。

家或地区赋予智能机器人公民权、财产权等权利。如果智能机器人在设计和编制的程序范围外实施了严重危害社会的行为，剥夺其一定数额的财产或者剥夺其政治权利等可以成为对其进行惩罚的一种手段。“但是财产刑和权利刑在我国刑罚体系中并非居于主导地位，而是属于附加刑，是补充生命刑和自由刑等主刑适用的刑罚方法，又称从刑”，①其惩罚的强度和效力有限，在独立适用时，主要针对较轻的犯罪。对于罪行严重的智能机器人，仅适用财产刑或者权利刑未必能够起到理想的作用。况且，在法律赋予智能机器人财产权和政治权利之前，对智能机器人施加财产刑或权利刑本身也并无可能。

李斯特曾言：“刑法既是善良人的大宪章，也是犯罪人的大宪章。”②刑罚是国家对犯罪人合法实施暴力，本质上是对犯罪人权利的合法侵害，但这种合法侵害应严格控制在刑法的规定之内。这也是刑法“是犯罪人的大宪章”的含义所在。所以，对智能机器人犯罪而言，对其适用现行刑法中所规定的刑罚是不合适的，必须根据智能机器人所享有的权利类型重新建构刑罚体系，以实现刑罚的目的。笔者认为，依据智能机器人自身的特点，增设能够适用于智能机器人的刑罚处罚方式，无疑是人工智能时代规制涉人工智能犯罪的重要内容。笔者建议，在刑法中针对智能机器人增设删除数据、修改程序、永久销毁等刑罚处罚的方式。另外，如果将来相关法律赋予智能机器人财产权或者政治权利，也可以对智能机器人单处或并处财产刑或者权利刑。

笔者认为，对于智能机器人的刑罚处罚方式可以有三种，分别为删除数据、修改程序、永久销毁。所谓删除数据，是指删除智能机器人实施犯罪行为所依赖的数据信息，相当于抹除智能机器人的“犯罪记忆”，使其恢复到实施犯罪行为之前的状态，“犯罪记忆”将不会再成为该智能机器人成长经历中的一部分，从而引导智能机器人在今后的深度学习过程中主动获取“正面数据”，排斥或绝缘于可能导致违法犯罪行为的“负面数据”，直接降低其人身危险性。所谓修改程序，是指在通过多次删除数据仍然无法阻止智能机器人主动获取有可能实施违法犯罪行为的“负面数据”时，也即该智能机器人不能被正面引导时，强制修改其基础程序，将其获取外界数据、深度学习的能力限制在程序所设定的特定范围内，从根本上剥夺其实施犯罪行为的可能性。这意味着该智能机器人的深度学习功能从此将是不全面的或受限制的，不再能获取人类设计和编制的程序限定范围外的数据，因而当然无法产生超出人类意志之外的自我独立意志。所

① 刘宪权主编：《刑法学》，上海人民出版社2016年版，第306页。

② ［德］李斯特：《德国刑法教科书》，徐久生译，法律出版社2006年版，第31页。

谓永久销毁，是指在删除数据、修改程序均无法降低实施犯罪行为的智能机器人的人身危险性时，便只能将其永久销毁。换言之，该智能机器人的深度学习历程已经十分漫长，并在长久的实践与成长中形成了程序上的“反删除能力”、“反修改能力”，除了将其永久销毁外，人类已无法实现对其在数据、程序上的有效控制。可见，删除数据、修改程序、永久销毁构成了专门适用于智能机器人犯罪的刑罚阶梯，体现了处罚的层次性，可以与智能机器人所实施行为的社会危害性与其自身的人身危险性产生对应关系。当然，如果将来的法律赋予智能机器人财产权，可以对在设计和编制的程序范围外实施严重危害社会行为的智能机器人单独或者附加适用罚金或者没收财产等财产刑；如果将来的法律赋予智能机器人政治权利或者其他资格，也可以对在设计和编制的程序范围外实施了严重危害社会行为的智能机器人单独或者附加适用剥夺政治权利或者剥夺相关资格的权利刑。

四、结　　语

人工智能技术的发展对人类社会而言是把“双刃剑”，用之得当，则人类将能够享受到其所带来的巨大福祉；用之不当，人类可能会受到其所带来的毁灭性打击。具体而言，一方面，人工智能技术的发展蕴藏着巨大的风险，这种风险可能会导致人类社会的毁灭，因此刑法学者不应坐视不理，而应未雨绸缪，刑法应发挥为社会稳定发展保驾护航的作用，发挥社会最后一道屏障的功能，对将会给人类社会带来毁灭性打击的危险扼杀在摇篮之中；另一方面，人工智能技术的发展会给人类社会带来极大利益，帮助人类从繁重的劳动中解放出来，为社会各个领域带来翻天覆地的可喜变化，为人类社会的美好生活提供更好的物质基础，所以刑法对涉人工智能犯罪的打击应保持适当的限度，不能阻滞甚至扼杀人工智能技术的发展。在人工智能技术发展的初期阶段，智能机器人并没有产生自主意志，不能自主决定并实施危害社会的行为，只能作为人类改造世界的工具，因此在研发者或使用者将智能机器人当作犯罪工具的场合，对研发者或使用者以其所实施的行为进行定罪量刑即可。当人工智能技术发展到一定程度时，可能会出现具有自主意志，能够自主决定并实施严重危害社会行为的智能机器人。笔者认为，这个阶段的智能机器人具备了刑事责任主体所必需的要件，应将其当作刑法上的刑事责任主体。我国现有的刑罚是以处罚自然人犯罪为原则，以处罚单位犯罪为例外的，现有的刑罚处罚方式难以适用于智能机器人。笔者建议，根据人工智能时代的时代特点，增设能够适用于智能机器人犯罪的刑罚处罚方式，这也是人工智能时代规制涉人工智能犯罪的重要内容。

人工智能发展的类型化与刑事责任

张俊英*

【内容摘要】 现有将人工智能的发展分为弱人工智能与强人工智能的两分法存在局限，应当考虑将人工智能分为弱人工智能、强人工智能与超人工智能三种类型，并分别形成三种应对人工智能发展的刑事责任思路。针对利用弱人工智能实施的违法犯罪活动，区分研发制造、运营与使用的不同环节运用现有刑法规定进行处理；针对强人工智能，应考虑适时修改刑法、赋予部分的刑事拟制人格，并结合刑事责任能力鉴定进行归责处理；针对超人工智能，应考虑刑法予以立法禁止，将相关研究、支持与应用行为予以刑事处理。

【关键词】 人工智能　弱人工智能　强人工智能　超人工智能　刑事责任

人类社会正在进入前所未有的人工智能时代，开始发展人类以往并不关注的内在思维能力，前所未有的人工智能发展也把前所未有的风险带到了人们身边，人类社会迫切需要从法律、技术、伦理等领域进行未雨绸缪的规制，更加需要考虑人工智能侵害个体权利、危害社会秩序，甚至毁灭人类文明的犯罪问题。①虽然有些观点认为人工智能的发展并没有达到如此可怕的地步，如马云认为：人工智能永远不能代替人的智慧，②然而凡事预则立、不预则废，人们需要在人工智能创造社会福祉与规制人工智能风险之间划定妥当的界限，在需要规制的各种人工智能风险中，人工智能的刑事风险最为明显、最为直接，并且有的新型犯罪已经到来，③必须要予以全面充分的审慎思考进行应对。

---

* 张俊英，华东政法大学博士研究生、上海立信会计金融学院讲师。

① 张玉洁：《论人工智能时代的机器人权利及其风险规制》，《东方法学》2017 年第 6 期。

② 马云：《“人工智能”这几个字听起来我就很生气》，https://www.huxiu.com/article/202311.html，访问日期：2018 年 1 月 23 日。

③ 陈波：《绍兴警方破获全国首例人工智能犯罪大案》，《绍兴晚报》2017 年 9 月 23 日。

一、人工智能的三种类型与刑事风险

近年来人工智能在技术层面已经取得很大进步，但对于人工智能的内涵与体系迄今仅形成少量共识，主要是对人工智能的分类方面形成一定共识，即根据人工智能运行是否可以自行辨认和控制计算机程序，将人工智能分为弱人工智能与强人工智能。所谓弱人工智能，是指智能机器人可以在设计和编制的程序范围内进行独立判断并自主作出决策，但不具有辨认能力和控制能力，其实现的只是设计者或使用者的意志。所谓强人工智能，是指智能机器人具有辨认能力和控制能力，既可能在设计和编制的程序范围内进行独立判断并自主作出决策，实现设计者或使用者的意志，也有可能超出设计和编制的程序范围，进行自主决策并实施相应行为，实现其自身的意志。“强人工智能”的概念最初是约翰·罗杰斯·希尔勒针对计算机和其他信息处理机器而创造的：“计算机不仅是用来研究人的思维的一种工具；相反，只要运行适当的程序，计算机本身就是有思维的。”①人工智能的弱强两分法从技术上将人工智能的发展状态进行了划分，描述了人工智能可能的发展路径，有助于人工智能的进一步发展。但是该两分法实际存在着定位、标准和功能方面的严重不足，不能适应真正的未来智能社会发展需要，也更加不能适应应对人工智能风险的法律需要，需要将人工智能的发展类型进一步划分为弱人工智能、强人工智能和超人工智能，并应该对三种类型所带来的不同刑事风险进行相应的法律处置。

（一）目前人工智能两分法的弊端

1. 弱强人工智能两分法的定位拘泥于将传统的人的部分智慧作为比较参照系，难以真正面向未来智能社会

将人工智能分为弱人工智能与强人工智能的分类，其定位是将以计算机程序与机械运行的结合形式进行判断是否具有人的某些思维能力或者官能，其本质是将人工智能与人进行比较，换言之，即使将来人工智能发展到极高的强人工智能阶段，其最多与一般生物人的思维能力相当，也不能突破现代智人的思维水平，如果仍然拘泥于弱强人工智能两分法将无法真正面向未来的人工智能社会。

① 刘宪权：《人工智能时代的“内忧”“外患”与刑事责任》，《东方法学》2018 年第 1 期。

2. 弱强人工智能两分法的标准源自单一思路、区分界限模糊不清，难以真正适应未来智能社会

当今有关人工智能的定义都没有得到一致认可，但以下内容作为区分弱强人工智能两分法的标准却是得到了广泛共识——如果说某个人工智能程序或者装置达到了强人工智能，那么需要具备以下条件：(1) 自动推理。使用自动策略来解决问题，并在不确定性的环境中作出决策。(2) 自动规划。(3) 自我学习。(4)使用自然语言进行沟通。(5)整合以上这些手段来达到同一个目标的系统。①为了将上述标准转化为可操作的检测过程，科学家们提出了多种测试方法，其中最为著名的是图灵测试。然而包括图灵测试在内的现有测试弱强人工智能分类的标准都属于静态思路、界限模糊不清，往往运用程序或者机器能否进行单一结果表达的区分标准，而没有考虑智能的动态运用。例如，据英国《独立报》2014 年 6 月 8 日报道首次有电脑通过图灵测试，在英国雷丁大学举办的一项测试"骗过"了研究人员，令他们以为"它"是一个名为 Eugene Gostman 的 13 岁男孩。②

3. 弱强人工智能两分法倾向价值中立、不考虑价值判断，难以真正匹配人类发展需要

每当科技发展到某个关键临界点的时候，总会对这种科技的发展提出是否需要价值判断的问题，比如第二次世界大战末期关于原子弹的开发，以爱因斯坦为代表的科学家们既担忧原子弹的开发给人类带来巨大灾难、又担忧原子弹被纳粹抢先发明，经过长期而痛苦的考量最终转向盟国"曼哈顿计划"，为世界反法西斯胜利争取了重大契机。目前关于人工智能的弱强两分法仅仅考虑人工智能是否具有拟人的智能或者类似于人的辨认能力与控制能力，似乎人工智能的发展给人类社会带来的都是商业机会、繁重解放，忽视了人工智能的发展给人类社会带来的风险。但另一方面当今世界也有许多科学家、业界领袖走向了另一种极端，如霍金、马斯克等人提出了对人工智能的风险警告，但往往将人工智能混为一个整体而笼统提出"人工智能将是毁灭人类的科技大灾难"等观点，③反而给社会公众造成了不必要的忧虑，也误导了对人工智能合理的价值判断。可见，对人工智能发展的合理区分无法脱离价值判断，单纯考虑技术标准

① Russell & Norvig, Artificial Intelligence: A Modern Approach, Prentice Hall, 2010, p.25.

② Andrew Griffin, Turing test breakthrough as supercomputer becomes first to convince us it's human, http://www.independent.co.uk/life-style/gadgets-and-tech/computer-becomes-first-to-pass-turing-test-in-artificial-intelligence-milestone-but-academics-warn-9508370.html，访问日期：2018 年 1 月 28 日。

③ 英国金融时报社：《人工智能时代生存指南》，浙江出版集团 2017 年版，第 127 页。

是不可取的，反之笼统地否定也是不可取的。严格来看，对人工智能的法律规制也是价值判断的组成部分，仅仅从技术层面对人工智能进行弱强两分从根本上大大压缩了对人工智能进行法律规制乃至刑事责任考量的合理空间，因而对人工智能进行更为合理的发展分类也是考量对人工智能刑法规制的重要前提，也是对某些认为人工智能与刑法无关的怀疑论者的有力回应。

（二）人工智能三种类型划分的合理性与可行性

对于人工智能发展的合理分类，应当考虑如下三点：其一，人工智能的发展定位应当建立合理的参照系，人工智能与人的参照比较仅是人工智能发展的初级阶段，当人工智能发展到高级阶段时就需要建立起人工智能自身的参照比较，人工智能超越人的某些智慧领域只是时间问题，但后代人工智能自主超越前代人工智能才是人类必须面对的关系人类存亡的大挑战；其二，单一的静态检测标准并不能真正对人工智能发展状况进行合理的评估，人工智能的分类标准应当采用动态的综合思路，应当考虑采用多元检测标准对人工智能进行合理分类，从自然语言、逻辑推理、图像识别等诸多方面进行综合检测，而不是考虑在单一方面取得超越人的表现；其三，对人工智能的分类需要考虑价值判断，纯粹的价值中立在人工智能领域不应当存在，包括机器人伦理、人工智能政策、人工智能法律规则等各种价值判断在人工智能领域的参与都具有必要意义，价值判断参与的类型和力度与人工智能的发展成反比，在人工智能发展的初级阶段需要伦理、政策与私法的规制，在人工智能发展的高级阶段更需要公法的规制，在人工智能发展已经展现出高级阶段萌芽的当今世界，考虑作为公法强力保障的刑法的规制介入已是无可回避的选项。（具体如表1所示）

表1

类型＼区分	定位参照系	评估标准	价值意义
弱人工智能	人的部分智能	感知智能	政策优先、私法公法保障
强人工智能	弱人工智能	认知智能	私法优先、公法保障
超人工智能	强人工智能	全知智能	刑法规制

综上，对于人工智能发展的分类，应分为：弱人工智能、强人工智能与超人工智能。虽然该种分类的前两类也使用弱强的概念，但其分类定位、评估标准、价值意义已发生根本的变化。具体理由在于：首先，人工智能三分法的区分定

位侧重考虑人工智能的内部参照系。三分法中的弱人工智能运行中需要人工监控或干涉；三分法中的强人工智能是设计机器或者程序能够自行处理外来信息、自主作出逻辑决策、运行中不需要人工监控或干涉，强人工智能有可能自主创造弱人工智能；三分法中的超人工智能是机器或者程序不由人设计或制造，而是由强人工智能演化产生，并可能自主创造强人工智能。

其次，人工智能三分法的评估标准侧重智能的综合评估。弱人工智能仅能够在单一的智能领域取得进展，即使有时能够远远超越人的表现，比如阿尔法狗（AlphaGo）即使能够战胜全部的人类棋手，但它仅仅会下棋，还是属于弱人工智能；强人工智能可以在综合的智能领域取得进展，具备了类似于人的通用智能，仅需通常的信息摄取即可自主进行决策和行动，并由于其高超的学习能力而可以很快成为该领域的佼佼者，比如一种通用人工智能设备经过短暂学习后进入车辆即能够成为飙车高手、了解棋类规则后即能够很快成为段位高手、掌握击剑规则后将能够很快成为击剑高手；超人工智能将具备超越人的认知和行动能力，甚至具备人没有的某些能力，比如超人工智能将可能发现并运用明物质量子化重组原理取得隐形能力、将可能发现并运用超维度空间转移原理取得星际航行能力等。

最后，人工智能三分法的价值意义更为合理。将人工智能仅区分为弱强两种类型难以形成对应的完备价值评价体系，难以适应人工智能发展更为复杂的内在结构而必须采取更为细致的价值评价趋势，比如弱人工智能结构中存在着自然语言、图像识别、逻辑运算等多种体系方向，结合应用领域的多样化应当以政策规制优先、私法公法保障为辅；强人工智能结构中存在思维认知、行动认知、情感认知等多种发展方向，结合应用领域的复合程度应当以私法保障优先、公法保障为辅；超人工智能的出现将从根本上颠覆传统的价值观，甚至都不可用“价值”来衡量，毕竟价值归根结底是对人的价值，超人工智能将有自己的价值观，甚至是与人的价值观直接对立，因而从人的价值观出发来评价超人工智能应当采取最强有力的公法规制即刑法规制。

（三）人工智能三种类型的被利用风险与刑事归责风险

科技发展处于前所未有的时代，附随的各种风险同样前所未有，人工智能带来的风险更加复杂。一方面，人工智能在为人类创造新福祉的同时也增加了新的被利用风险，人工智能被利用作为犯罪工具具有更加隐蔽、更不容易被发现的特点。从无人驾驶汽车到家庭保姆机器人、从无人机到外科智能手术刀都预示着个体或者社会利益可能受到人工智能被利用的侵害，其中有的已经成为现实，[①]更多的已经迫在眉睫：家庭保姆机器人可能被设定程序不给幼儿或者病弱长者喂食、无人机可能被设定投放毒物或者爆炸物、外科智能手术刀可能被设定对患者进行不必要的器官切除等。另一方面，人工智能带来以往从未有过的刑事归责风险。热兵器被发明出来后用于杀伤人并没有改变冷兵器被发明以来杀伤人的刑事归责模式，但是人工智能的出现使得人的行为呈现出人与机器或者程序的相互作用，而不再是单纯的人的行为，从根本上改变了刑法归责的基础：人的行为动摇了无行为则无犯罪、无行为则无责任等刑事归责模式。比如在某运用人工智能的搜索引擎中输入某明星××的名字，搜索引擎会自动联想填充出××假胸的搜索关键词，多数人由于不注意或者点击惯性而进入该页面，此次进入又进一步强化了该联想关键词诱导更多人进行点击，在这种情况下难以分辨出哪些属于人的控制、哪些属于人工智能的运行，并且能在极短时间内造成诽谤他人的滚雪球效应，很快符合 2013 年《关于办理利用信息网络实施诽谤等刑事案件适用法律若干问题的解释》第 2 条的规定："同一诽谤信息实际被点击、浏览次数达到五千次以上"，可认定为属于"情节严重"而构成诽谤罪，但认定该实际被点击数时不考虑点击是来自人的行为还是人工智能的自动运行显然并不合理，也不符合该司法解释的制定宗旨。对人工智能参与或者控制的危害行为应当根据人工智能的弱强超类型，结合传统的自然人或单位与人工智能分别发挥的作用，进行区分处理和归责。

二、在现有刑法框架内审慎规制弱人工智能涉及的犯罪

弱人工智能的优势在于利用大数据和深度机器学习的紧密结合，能够快速进行大纵深精密计算，并在实质上放大或者延伸人类的某些官能尤其是大数量快速识别与控制能力。比如我国某些地方已经开始运行的"天眼系统"：一个女警察带上一个类似墨镜的器械可以对同时出现在同一个街面的数百名行人进行人脸识别、数十辆机动车或非机动车进行车牌车型识别，能够在微秒级时间内与数据库实时比对发现犯罪嫌疑人或者威胁并予以及时处置，这实际上是放大并延伸了人的视觉官能。因而在弱人工智能的研发、制造、运营和使用过程中都存在较大的刑事风险，需要予以合理应对。

---

① 2016 年 1 月在我国京澳高速磁县段发生一起严重车祸，一辆处于自动驾驶状态的特斯拉 Model S 汽车撞上道路清障车，导致车主身亡；同年 5 月在美国佛罗里达州，同样处于自动驾驶状态的特斯拉同型车撞上左转载重车，导致车主身亡。参见 http://news.sina.com.cn/o/2018-03-01/doc-ifyrzinh1187078.shtml；http://www.sohu.com/a/224374447_130887。

(一)弱人工智能在研发或制造过程中可能涉及的责任类犯罪

首先,应当妥当区分弱人工智能研发或者制造的合理风险,避免将目前弱人工智能发展中主观上没有罪过的科学研究风险进行刑事归责,弱人工智能发展中主观上没有罪过的科学研究风险可以视作被允许的风险。“被允许的危险,是指行为虽然创设了在法律上具有重要意义的危险,但这种危险一般(与具体事例无关)是被允许的。因此,与正当化事由不同,这种行为已经被认为阻却了对客观构成要件的归属。被允许的风险的典型范例是,在遵守了所有道路交通规则的情况下驾驶机动车。尽管在遵守了所有交通法规之后仍然发生了一种法益侵害结果,但这种侵害的造成也不是一种符合构成要件的行为。这对过失犯罪与故意犯罪都同样适用。”①如前文所述美国佛州发生的特斯拉无人驾驶汽车致人死亡事故,其主要原因是:在阳光直射的条件下无人驾驶系统无法区分前方卡车的车身蓝色与前方蓝天的蓝色,导致该系统没有分辨出卡车因而发生事故。弱人工智能已经能够感知超越人类视网膜所能感知的颜色类型和数量,但是却仍然不能可靠识别和辨认在复杂情况下的综合颜色,对此不能认为特斯拉无人驾驶汽车的研发者或者制造者应当承担刑事责任。

其次,弱人工智能的研发者或者制造者可能存在的责任类犯罪。责任类犯罪属于过失犯罪,我国刑法以惩罚故意犯罪为原则、惩罚过失犯罪为例外,需要严格遵循罪刑法定原则,只能在刑法有明确规定的前提下才能予以刑事归责,因而对弱人工智能的研发者或者制造者追究刑事责任必须以现行刑法有关过失犯罪的明确规定为依据。我国刑法惩罚过失犯罪的核心要素是行为人是否对危害结果负有预见义务以及预见能力。弱人工智能研发者或者制造者的预见义务应当来自法律的规定,同时要结合该国该地区的人工智能发展水平。“可以认为,研发和使用当时的人工智能技术发展水平是一个相对清晰的标准,利用这个标准来判断研发者和使用者是否具有预见义务也相对客观。如果研发者和使用者完全可能利用当时的人工智能技术预见危害结果的发生,那么人工智能的研发者和使用者就负有预见义务。危害结果最终发生的,应当认为是研发者或使用者没有履行预见义务,并且这种不作为与危害结果之间存在因果关系,研发者或使用者成立过失犯罪。”②我国现行刑法中可能涉及弱人工智能

① [德]克劳斯·罗克辛:《德国刑法学总论(第一卷)》,王世洲译,法律出版社2005年版,第273页。

② 刘宪权:《人工智能时代的“内忧”“外患”与刑事责任》,《东方法学》2018年第1期。

研发者或者制造者的过失犯罪的罪名主要是重大责任事故罪，而该罪名的适用都存在严格的刑法规定前提，实际上导致对疏忽大意或者过于自信的过失心态下的弱人工智能研发者或者制造者也难以予以适当的刑事追责。这预示刑法应当在适当时候考虑修改以适应人工智能的发展趋势。

（二）运营弱人工智能的过程中可能涉及公民个人信息等犯罪

人工智能的运用根据使用者的类型以及是否具有商业、公益目的可以分为运营和一般使用两种类型：人工智能的运营是公司、企业或者事业单位出于商业或者公益目的而进行的大规模使用；一般使用则是自然人出于其他目的的小范围使用。这一区分不但具有刑法上的要件意义，而且在技术上也具有确定因果联系的重要意义。

首先，弱人工智能的运营可能涉嫌侵犯公民个人信息罪。人工智能的运营是需要投入大量人力物力的高端业务，具有雄厚实力的各大高科技公司目前在个性化数据挖掘、自然语言对话、无人车与无人机、图像识别等方面取得了重大进展，然而在重大进展的背后却隐藏着人工智能运营中难以回避的"原罪"即大数据的获得可能涉嫌侵犯公民个人信息罪。大数据是推动人工智能发展的两大动力之一，它主要来源于各大高科技公司、事业单位在经营、履行职责中获得的公民个人信息、消费信息等，经过机器算法整理后具有重大的经济和社会价值。例如阿里系淘宝平台推出"千人千面"搜索系统，能够根据消费者个人的消费习惯自动搜索并个性化推送商品类型，极大地激发了消费者的消费欲望。"习惯如此之轻，以至于无法察觉；又是如此之重，以至于无法挣脱"，[①]掌握了消费习惯就掌握了消费者。弱人工智能收集海量消费记录后能够精准分析出消费习惯，并精准推送相关商品链接、广告、优惠信息等，然而弱人工智能收集海量消费者信息通常并没有合法依据，甚至游走在违法犯罪的边缘，例如，近期多个主要自媒体平台收到网友反映：在家里电脑附近和朋友聊天说想过几天去某国某地区游玩，在随后打开网页浏览时就会大量跳出与该地区有关的旅游广告；自言自语想买某品牌手机，很快电脑就会跳出相关推荐弹窗等。弱人工智能自动监听消费者对话并海量收集整理有价值信息，难以确保都经过被收集者同意，而根据 2017 年《关于办理侵犯公民个人信息刑事案件适用法律若干问题的解释》第 3 条规定："未经被收集者同意，将合法收集的公民个人信息向他人提供的，属于刑法第二百五十三条之一规定的'提供公民个人信息'，但是经过

① ［美］罗伯特·哈格斯特朗：《巴菲特之道》，杨天南译，机械工业出版社 2015 年版，第 269 页。

处理无法识别特定个人且不能复原的除外。”同时结合我国实名制登记等有关规定,该弱人工智能系统的运营已涉嫌侵犯公民个人信息,在符合其他法定要件的情况下极可能构成犯罪。

其次,弱人工智能的运营可能涉嫌拒不履行信息网络安全管理义务罪。弱人工智能除了在商业方面有着较多运营,同时在新传媒领域也有着较多运营。在新传媒领域的弱人工智能运营相比较其他领域运营有着更为显著的特点:不仅仅需要学习善良,还要能分辨丑恶,分辨出涉嫌色情、血腥、惊悚类侵犯儿童权益等有害内容。世界各国立法都对网络平台运营者提出了安全监管和内容监管的义务要求,我国也不例外。为了应对海量大数据涌入新传媒平台,同时也为了更好履行监管义务,各大网络平台都开始运营弱人工智能。但是由于弱人工智能运营的不足,导致各大网络平台广泛存在监管不到位甚至涉嫌拒不履行信息网络安全管理义务犯罪的情况。例如,近期我国有关部门开始部署在网络平台清理打击儿童“邪典”视频,即是从国外 YOUTUBE 等网站流入我国爱奇艺、腾讯视频、搜狐视频等网站的侵害儿童身心健康的有害信息。①弱人工智能在海量信息形式审核方面比一般自然人有着更高效率,但是在内容审核方面却仍不如一般自然人,类似“邪典”视频由于在标题或者关键词上打着“亲子”、“早教”等掩饰,加之视频内容并没有出现通常的色情或者淫秽图像,后台监管的人工智能就没有进行过滤,导致类似有害信息泛滥造成了较为恶劣的后果。

(三)一般使用弱人工智能的过程中可能涉及危害社会的犯罪

首先,搭载弱人工智能的设备或者平台被直接恶意利用作为危害社会的工具,此种情形在刑法予以归责与其他利用动物或者无生命物或者无刑事责任能力人作为工具危害社会并没有本质区别。

其次,搭载弱人工智能的设备或者平台被间接使用或者滥用作为危害社会的工具,在刑法上进行归责应当充分考虑罪刑法定原则。此种情形主要有两种表现形式:其一,迄今为止的人工智能都尚处于弱人工智能阶段,尚不具备独立的辨认和控制能力而需要自然人或者自然人机构的监督与干涉,弱人工智能在人为的操控或者引导下发生导致他人利益受损或者危害社会的行为,需要予以个案区别分析是否承担刑事责任。例如,无人驾驶状态下的自动驾驶汽车在高速公路上突遇行人闯入道路,驾驶员急忙接管,但由于事发突然刹车不及仍然

---

① 何源:《中宣部等部署开展儿童“邪典”动漫游戏视频集中整治行动》,http://finance.ifeng.com/a/20180213/15986162_0.shtml,访问日期:2018 年 2 月 1 日。

发生行人死亡后果，对此是否需要追究交通肇事罪的责任则需要综合考虑自动驾驶的人工智能程度与驾驶员的具体状态。如表 2 所示，根据当前世界公认的 SAE 标准可以将弱人工智自动驾驶汽车分为 L1 至 L5 五级，需要依照发生事故的自动驾驶汽车等级不同来分配系统与人的不同义务进而判定责任。如果发生事故的自动驾驶汽车属于 L3 等级，驾驶操作全部由弱人工智能进行、驾驶员负责系统请求时的周边监控与紧急事态接管，系统未及时发现行人闯入道路并造成严重后果的则应当由弱人工智能的研发者或制造者承担责任、系统及时发现行人闯入道路并发出请求而驾驶员有条件接管却未及时处理的则由驾驶员

表 2

<table>
<tr><th rowspan="2">称呼(SAE)</th><th rowspan="2">SAE 定义</th><th colspan="4">主　　体</th></tr>
<tr><th>驾驶操作</th><th>周边监控</th><th>支援</th><th>系统作用域</th></tr>
<tr><td>L0 无自动化</td><td>由人类驾驶者全权操作汽车，在行驶过程中可以得到警告和保护系统的辅助。</td><td>人类驾驶者</td><td rowspan="3">人类驾驶者</td><td rowspan="4">人类驾驶者</td><td>无</td></tr>
<tr><td>L1 驾驶支援</td><td>通过驾驶环境对方向盘和加减速中的一项操作提供驾驶支援，其他的驾驶动作都由人类驾驶员进行操作。</td><td>人类驾驶者
系统</td><td rowspan="4">部分</td></tr>
<tr><td>L2 部分自动化</td><td>通过驾驶环境对方向盘和加减速中的多项操作提供驾驶支援，其他的驾驶动作都由人类驾驶员进行操作。</td><td rowspan="4">系统</td></tr>
<tr><td>L3 有条件自动化</td><td>由无人驾驶系统完成所有的驾驶操作。根据系统请求，人类驾驶者提供适当的应答。</td><td rowspan="3">系统</td></tr>
<tr><td>L4 高度自动化</td><td>由无人驾驶系统完成所有的驾驶操作。根据系统请求，人类驾驶者不一定需要对所有的系统请求作出应答，限定道路和环境条件等。</td><td rowspan="2">系统</td></tr>
<tr><td>L5 完全自动化</td><td>由无人驾驶系统完成所有的驾驶操作。人类驾驶者在可能的情况下接管，在所有的道路和环境条件下驾驶。</td><td>全域</td></tr>
</table>

承担责任,其他等级的自动驾驶汽车类似处理。其二,滥用弱人工智能实施侵害社会利益、他人利益符合刑法规定的应当承担刑事责任。弱人工智能具有自动学习、自动收集信息的能力,在此基础上国外主流引擎和国内主要社交平台都运用了弱人工智能大数据挖掘技术,例如谷歌公司的 google 搜索之所以功能强大即是因为能够自动根据搜索关键词和点击量将合适网页自动置顶、新浪公司的微博热搜榜亦是类似。由于弱人工智能只能发现识别信息的频度而无法识别信息是否真实,因而弱人工智能极易被滥用,例如,我国多次发生收买网络水军虚构捏造对他人人格名誉造成严重损害的虚假信息事件,行为人利用弱人工智能机械归集大数据的特点实施高密度搜索打榜、人为操纵热搜榜,在虚假信息登上热搜榜后,其他网友进一步高频点击导致弱人工智能更加固定搜索关键词,引发了侵害他人人格名誉的马太效应。对此应当综合考虑相关司法解释中的点击数、转发数等定罪量化要求,应当由行为人承担滥用弱人工智能人为控制打榜的责任。

三、适时修改刑法赋予部分刑事拟制人格以规制强人工智能犯罪

“具有辨认能力和控制能力的强人工智能产品自主决策并在人类设计和编制的程序范围外实施犯罪行为时应如何处理……是需要刑法必须正视和解决的问题。”①弱人工智能的技术发展不以人的意志为转移,终将发展到具有自主辨认和控制能力的强人工智能,从根本上动摇传统主体判断的基础,包括刑法在内的法律体系亟需对此作出预判。

当前对强人工智能是否赋予主体资格或者拟制人格问题存在着否定说和肯定说两种观点。前者认为:“智能机器人在刑事法律领域不应具有主体资格。……即便未来出现了高级、超级智能机器人……也不能在立法和司法层面认可其具有完备的刑事责任能力。智能机器人的认知和决定能力……是依附于人类的辨认能力和控制能力而存在的,是一种与人类的能力相区别的拟制的能力。由此决定,智能机器人的‘意志’不是自由的,对其因主观拟制能力所为的全部活动,不能以自然人的行为对待。……如果给予智能机器人刑事法律的主体资格,势必导致刑事责任体系的崩溃。”②而后者认为:“对于人类来说,智能

① 刘宪权:《人工智能时代的刑事风险与刑法应对》,《法商研究》2018 年第 1 期。
② 黄京平:《如果智能机器人犯罪,谁是责任主体?》,《人民检察》2018 年第 1 期。

机器人是人类模拟自身神经网络创造出来的事物，比世界上任何事物都更类似于人，刑法应当尊重其自由意志，适时考虑赋予其法律上的主体资格。……智能机器人的行为完全可能成为法律意义上的行为。……智能机器人与自然人的区别仅仅在于自然人是生命体，而智能机器人是非生命体。由于这一区别并不会改变行为的性质，因此在未来的刑事立法中确立智能机器人的刑事责任主体地位并非天方夜谭。”①笔者赞成后者观点，赋予强人工智能在刑法上的特殊主体资格或者拟制人格具有现实合理性和规范合理性。

首先，赋予强人工智能在刑法上的特殊主体资格或者拟制人格具有现实合理性。强人工智能形成的基本标志是机器或者程序具备了与人的智慧相当的识别、分析与控制能力，虽然有观点认为人工的智能与人的智慧并不是一回事，②但并不妨碍将强人工智能与人的智慧进行衡量，从 18 世纪机械唯物主义的“人是机器”到当今的“机器像人”等表明，将人与非人的存在相比较有着深远的思想渊源。而反对观点认为人工智能没有灵魂、自由意志甚至是机器人不会做梦因而不能赋予强人工智能具有主体资格，对此可逐一分析。具体分析如下：其一，自古至今的灵魂观点都源自宗教学说、祖先崇拜或者文学创作，从未得到科学的现实证明，灵魂之说无法作为否定强人工智能主体资格的可靠理由；其二，现代科学已经证明做梦是特定生物的心理活动表现，除了人之外，大多数哺乳类动物都有做梦现象，但无法断言大多数哺乳类动物具有智能，做梦观点也无法作为否定强人工智能主体资格的可靠理由；其三，自由意志从总体上看可以作为界定强人工智能的标志，但由于至今为止对自由意志尚未达成普遍认可的观点，不同学科、不同流派对自由意志是否存在、如何存在有着极大分歧，③因而探讨强人工智能的刑事领域主体资格首先需要对自由意志在刑法领域作出界定，刑法领域的自由意志即是对事实的辨认能力与行为的控制能力，据此而言强人工智能显然具有自由意志从而可成为刑法上的主体之一。

其次，赋予强人工智能在刑法上的特殊主体资格或者拟制人格具有规范合理性。具有意志自由的事实合理性并不能必然成为刑法上的主体，比如经过训练的海豚、警犬的辨认与控制能力已不逊于人类，但并不能将其确定为刑法上的主体，能够成为刑法上的主体还需要规范合理性亦即意志自由在刑法上的可

① 刘宪权：《人工智能时代的“内忧”“外患”与刑事责任》，《东方法学》2018 年第 1 期。

② 马云：《“人工智能”这几个字听起来我就很生气》，https://www.huxiu.com/article/202311.html，访问日期：2018 年 1 月 23 日。

③ ［美］萨姆·哈里斯：《自由意志：用科学为善恶做了断》，欧阳明亮译，浙江人民出版社 2013 年版，第 26 页。

责性。刑法认可主体资格的基准是具有自身独立的辨认与控制能力而不是考虑该能力的来源,更不能陷于“非我族类其心必异”的窠臼来看待强人工智能。自然人的辨认与控制能力是生命表现、单位的辨认与控制能力是社会表现、强人工智能的辨认与控制能力是科技表现,随着强人工智能持续发展将来有可能出现生命、社会、科技三者统一而形成科技生命体之间的社会系统,不仅仅酷似于真实人类的机器人将出现,其他机器猫、狗、植物等机器生物也将出现。具有自由意志的强人工智能机器人杀害自然人或者其他强人工智能机器人显然应当承担刑事责任,甚至杀害其他机器动物依照某些国家刑法也应当承担刑事责任。

强人工智能体实施危害社会的行为总体上应当纳入刑法的规制范围,但在刑事责任归责的构造与适用中可能与传统刑法有所不同。具体表现在:

第一,强人工智能体的辨认与控制能力是否有程度的差别。自然人的辨认与控制能力受到生理发育、教育水平等因素的制约,单位的辨认与控制能力受到经营结构、经营范围等因素的制约,强人工智能的辨认与控制能力也受到深度学习模式、物理构造等因素的制约。如在科幻片《变形金刚》中的汽车人显然属于强人工智能,但是汽车人不会飞,变形为汽车的大小与性能也受到自身结构的限制,因而其辨认与控制能力有着程度的差别。当强人工智能发展到一定社会化程度有可能出现职业差别,分布于工业、农业、服务业等不同领域的强人工智能体必将专注于各自领域的深度学习模式,从而其辨认与控制能力也将出现领域的分化。

第二,强人工智能体的罪过是否存在故意与过失的差别。故意与过失的差别从刑法规范上看首先是明知与预见的差别,在具体个案中多表现为认知水平与程度的差别,该差别在自然人与单位主体的判断上较为明显,可以从生理发育、教育水平、经营状况等因素进行区别。但对于强人工智能体,特别是专属于某一特定领域的强人工智能体而言来判定某一领域的危害现象是否具有故意或者过失则存在较大困难,如前所述 L5 级的全自动汽车发生了致人重伤的事件中是否具有罪过则需要对该汽车的全部数据进行分析,正如对人的罪过进行判断是由人进行,对强人工智能是否具有罪过是由人进行还是由另外的强人工智能进行,显然出现了两难选择:从数据掌握上看,人不如人工智能;从逻辑分析上看,人工智能不如人,而罪过的判断需要综合数据与逻辑。同时常识告诫我们:没有全知全能的人,但是从理论上而言却存在全知全能的人工智能,这就可能对故意与过失的认知基础产生重大影响从而引发罪过形态的重大变化。

第三,强人工智能的刑事受责资格。承担刑事责任需要具有刑事受责资格即符合法定条件能够承受刑罚或者其他刑事制裁措施，如果刑事主体缺乏承担刑事责任的法定条件则需要变更或者免于处罚。由于强人工智能的法律地位尚不完备导致对强人工智能的刑事受责资格存在较多限制，例如，对强人工智能主体难以适用财产刑，适用财产刑的法定前提是被惩罚主体具有一定的合法财产，而强人工智能主体是否享有合法财产权尚未得到法律的明确规定。[①]因而应当创设适用于强人工智能的新型刑事制裁措施，"适用于强人工智能产品的刑罚可以有三种，分别为删除数据、修改程序、永久销毁。……构成了专门适用于强人工智能产品的刑罚阶梯，体现了处罚的层次性，可以与强人工智能产品所实施行为的社会危害性与其自身的'人身危险性'产生对应关系"。[②]

四、刑法立法禁止超人工智能的研究、支持与应用行为

人工智能对人类社会而言是一把双刃剑，有识之士对人工智能的担忧亦不在少数，但弱人工智能、强人工智能对人类社会的风险尚可以通过技术、政策、法律等措施进行风险管控，对人类社会足以造成颠覆风险的则是超人工智能，需要予以最严格的风险防范。

超人工智能具有两层含义。一是具有超越一般人类、甚至超越强人工智能的识别与控制能力。如著名科幻小说《三体》中三体人制造的两粒质子，用于监视并干扰地球粒子加速器以锁死地球的基础科学，可以从真空中获取能量，并利用量子纠缠实现瞬时通信，将质子二维展开通过电路蚀刻改造能够转回到高维变成拟人机器人。二是能够制造强人工智能、甚至制造人类。超人工智能最令人担忧之处在于反客为主，具备了自我繁衍的能力后脱离人类防控甚至将人类作为异类进行控制。如科幻电影《黑客帝国》中的超人工智能"矩阵"(Matrix)能够将全人类链入矩阵系统进行圈禁并"种植"新的人类以获得维持系统所需的生物能，同时制造出强人工智能体 Agent 来追杀人类反抗者，将人类全部变成了"电池"。上述两层含义也可以被视为判断超人工智能的参考标准，当人工智能可以不依靠人为干预而生成自由意志即成为强人工智能，当强人工智能可以自我繁衍或者取得超越人类以及超越强人工智能的能力即成为超人工智能。

否定人工智能意义的"不可能派"观点曾认为："人工智能不可能发现相对论，不可能发现量子力学，不可能发现暗物质。"[③]但实际上这一观点是建立在人

① 吴汉东：《人工智能时代的制度安排与法律规制》，《法律科学》2017 年第 5 期。
② 刘宪权：《人工智能时代的刑事风险与刑法应对》，《法商研究》2018 年第 1 期。
③ 马国川：《丁肇中：愿中国对人类作出更大的贡献》，《财经》2017 年第 27 期。

类中心主义和通常的物理规律认知论基础上,并没有联系人工智能出现后对于智慧或者智能的新理解。2009年康奈尔大学教授Hod Lipson与其博士研究生Michael Schmidt研发出的Eureqa计算机程序,只给予一些入门数据,该计算机程序自己只用几十个小时计算就推论出牛顿花费多年研究才发现的牛顿力学公式,相当于只用几十个小时计算机程序就自己重新发现了牛顿力学公式。Eureqa计算机程序仅仅属于弱人工智能尚且能够发现物理学基础原理,对于强人工智能或者超人工智能则更加不成问题,甚至人类至今也没有找到的暗物质、暗能量、新夸克乃至统一微观与宏观力学的新力学规律也将由超人工智能来完成。

通常而言,法律应当是科技发展的推进器而不能是科技发展的阻力,但是如果科技发展将给人类社会带来难以掌控的风险,那么法律尤其是刑法就应当适时而出、筑起防控风险的防护堤。当人工智能发展到强人工智能阶段后,就应当考虑刑法立法禁止超人工智能的研究、支持与应用行为。对此可以从刑法应对另一种先进科技发展的立场进行比较,该种先进科技发展的意义实际上不亚于超人工智能,那就是克隆技术。克隆是人工诱导的体细胞无性繁殖技术,可以不通过传统有性方式而"制造"出与源体基因完全一样的人类(生殖性克隆)或者器官(医疗性克隆),医疗性克隆技术为人类治疗某些需要移植器官的严重疾病带来了曙光,而生殖性克隆则为人类社会带来了伦理与法律的颠覆性挑战,由于两种克隆技术实际上仅有一线之隔,更加剧了对克隆技术的规制困难。包括我国在内的多数国家都已经在行政法规中明确禁止生殖性克隆,但收效甚微,难以阻挡。例如,2002年12月27日,邪教组织"雷尔"教派的法国女科学家布里吉特·不瓦瑟利耶举行记者招待会,宣布世界上第一个克隆婴儿"夏娃"诞生。为此,各国开始考虑运用刑法处罚克隆技术的研究、支持与应用行为,比较典型的如德国与日本制定了包含刑事条款的专门法律予以规制,明确了禁止生殖性克隆的严肃立场;规制最为严格全面的当属法国,法国修改了多处刑法典规定并设置专编专条予以规制,全面禁止克隆甚至连医疗性克隆也予以禁止。对照我国刑法立法模式,《法国刑法典》更具有借鉴意义,其条文主要有:(1)《法国刑法典》第二卷第一编"反人类及人种之重罪"第二副编"反人种之重罪"第一章"优生及克隆繁殖之重罪",涉及克隆的罪行主要是第214-2条"为使与活着或死亡之他人的基因相同的儿童降生而实施某种手术的,处30年有期徒刑并科750万欧元罚金";以及第214-4条"参与某组建的团体或达成的默契,以一项或多项具体行为表明准备实施第214-2条所指之某一项重罪的,处无期徒刑并科750万欧元罚金"。(2)《法国刑法典》第五卷第一编"公共卫生领域之犯罪”第一章“生物医学伦理领域之犯罪”，涉及克隆的罪行主要是第 511-1 条“容许从自身取得细胞或者配子，旨在诞生一名与另一活人或死人基因相同的婴儿的，处 10 年有期徒刑并科 15 万欧元罚金”；第 511-17 条“为工业或商业目的，进行……人体胚胎克隆繁殖的，处 7 年有期徒刑并科 10 万欧元罚金”；第 511-18 条“以研究为目的，进行……人体胚胎克隆繁殖的，处 7 年有期徒刑并科 10 万欧元罚金”；第 511-18-1 条“以治疗为目的，进行人体胚胎克隆繁殖的，处 7 年有期徒刑并科 10 万欧元罚金”。从上述条文可以看出：《法国刑法典》对克隆的处罚立场非常严厉，全面禁止涉及克隆的研究、支持与应用行为，无论是出于工业、商业、研究或者治疗目的；处罚涉及克隆的准备行为、共同行为与容许行为；涉及克隆的自由刑非常重。由此可知，虽然克隆的科技与医疗价值巨大，但与其对人类社会的风险相比就相形见绌，值得动用刑法予以规制。

鉴于此，建议我国适时修改刑法，增设“非法进行超人工智能研究、支持与应用罪”：“非法进行超人工智能研究、支持、应用，情节严重的，处 5 年以下有期徒刑，并处 20 万元以上 100 万元以下罚金；情节特别严重的，处 5 年以上 15 年以下有期徒刑，并处 100 万元以上罚金或没收财产”，同时设置单位犯罪与强人工智能主体犯罪条款。适用该条文的关键即是如何认定超人工智能，对此，可以考虑运用科技鉴定与法庭心证结合的方法予以认定。

五、小　　结

综上，根据人工智能分为弱、强、超三种的类型化思路，审慎规制弱人工智能涉及的犯罪、主体化规制强人工智能涉及的犯罪、犯罪化规制超人工智能等刑事责任路径更加有利于人工智能的发展，也更加有利于维护人类的共同利益。

人工智能致损的法律责任

陈　萍*

【内容摘要】　人工智能可能给人类社会造成损害。人工智能因其自主性不同而有强弱之分，两者法律责任应随之有所区别。目前我们仍处在弱人工智能时代，对于人工智能的损害后果，产品责任已显不足，宜将其视为新工业技术风险，从企业责任角度采取法律经济学视角，适用危险责任，尝试共同企业理论，在降低甚至免除设计者、生产者或使用者过错要求基础上，由其承担赔偿责任。尽管强人工智能时代何时来临尚未可知，但其技术必然性已无争议，届时自然人将与智能机器人共处，宜赋予其法律主体地位，由其自身承担相应法律后果，进而确立人工智能的责任承担方式。

【关键词】　人工智能　事实自证　危险责任　共同企业理论　法律主体资格

当我们正惊叹于 Alexa(Amazon)、Google Assistant、Bixby(Samsung)和 ThinQ(LG)等高科技产品的发展热潮时，2018 年 3 月接连发生的优步(Uber)用车和特斯拉(Tesla)Model X 汽车致人死亡事故无疑给近两年来势迅猛的人工智能降了降温。其实，人工智能致人损害的事件早已存在。比如，1978 年日本广岛的摩托车厂机器人突然转身将其背后的工人抓住并切割；又比如，1989 年全苏国际象棋冠军击败人工智能机器人，机器人释放强电流致使冠军身亡。如果说这些还只是硬件技术尚未成熟期的个别意外事故(调查证明，两起事件都是计算机软件受到电磁波干扰而产生操作失误)，那么在人工智能已逐步运用于自动驾驶、医疗、军事、陪护服务等重要社会领域的当下，我们则不得不正视人工智能引发损害的现实问题。对于这种损害责任在法律上予以明确界定，才能最大化人工智能的社会经济效益，并最小化其潜在威胁。本文拟就人工智能致损法律责任这一关键问题，着力分析，略陈管见，以供参考。

* 陈萍，华东政法大学博士后研究人员。

一、人工智能致损法律责任的逻辑基础

（一）人工智能的强弱界分

1956年夏天，美国新罕布什尔州达特茅斯会议首次提出人工智能，被视为人工智能科学的奠基性事件。2016年在全世界瞩目中阿尔法狗（AlphaGo）打败李世石，云计算、大数据、积层神经网络、深度学习带来的人工智能飞跃震撼性地展露在大众面前，人工智能元年就此开启。但是，人工智能（artificial intelligence）目前尚无通用定义，仍是一个雨伞术语（umbrella term），包括检索解决问题、知识表达、机器学习、自然语言处理、人工神经网络等主要技术。人工智能是关于人造物的智能行为，而智能行为包括知觉、推理、学习、交流和在复杂环境中的行为。人工智能的一个长期目标是发明出可以像人类一样或能更好地完成以上行为的机器。①新兴人工智能将关注点从人脑和认知推理扩充到更广阔的在多空间及多时间尺度上出现的生物机能、进程、现象。这反映出的不仅是一场哲学革命（人类不再处于生物界的中心），而且也是一场技术革命（台式计算机已融入各种各样的虚拟和物理装置中，如互联网代理、虚拟角色、电子记事簿、通信设备、移动机器人、智能假肢等），这些都是为了满足人类交互、融合、便捷而出现的对实时化、嵌入式智能、自主行为、自适应、社会认知等方面的需求。②

对于人工智能，有必要区分弱人工智能和强人工智能（又被称为一般人工智能和完全人工智能、狭义人工智能和广义人工智能），两者主要有两个划分标准：一是是否可以实现人类所拥有的所有认知功能。全球已经有超过1000家人工智能公司，市场规模增长空间是非常大的，未来八年内将超过350亿美元。③无疑人工智能在棋类竞赛、医疗诊断、语音识别等领域已有惊人表现，但迄今为止还没有哪台计算机能在所有智力活动中战胜人类。二是是否能够构建目标。弱人工智能只是简单地执行我们交给它的任务，而强人工智能能够思考它自己的目标，并对目标进行调整，换言之，它是拥有意志的。④尽管人工智能研

① ［美］Nils J.Nilsson：《人工智能》，郑扣根、庄越挺译，机械工业出版社2000年版，第1页。

② ［瑞士］Dario Floreano, Claudio Mattiussi：《仿生人工智能》，程国建等译，国防工业出版社2017年版，第1页。

③ 曹建峰：《怎样应对人工智能带来的伦理问题》，《学习时报》2017年6月14日。

④ 参见［英］卡鲁姆·蔡斯：《人工智能革命——超级智能时代的人类命运》，张尧然译，机械工业出版社2017年版，第3-6页。

发者至今仍无法有效破解莫拉维克悖论(Moravec's paradox),即"要让电脑如成人般地下棋是相对容易的,但是要让电脑犹如一岁小孩般的感知和行动能力却是相当困难甚至是不可能的"。①不过,同人类大脑中的神经元一样,人工构建的"神经网络"在接收数据后,神经元之间的关系发生变化,该系统自主形成了一个"概念",并形成了特定的反应机制。当后期输入的数据与之前学习的数据对应时,机器就可以自主进行识别。由此说明,人工智能同人类智能一样,可以通过进化获得。②因此,强人工智能可能会在我们的有生之年出现,而且它还代表了一种生存威胁。忽视这个问题,或者以为我们可以通过简单的开关就能控制它们,都是非常愚蠢的行为。③

(二)人工智能致损的逻辑结构

尽管人工智能因认知功能和目标构建不同而有强弱之分,但其能对人类社会造成损害已是不争事实,无论是极其严重的致人死亡事故还是社交网络中的种族主义、性别歧视言论(Tay事件),造成这些后果的原因多种多样,可能是技术缺陷、可能是产品瑕疵、可能是操作失误、可能是设计不当,但抛开人为因素,机器人具备的知识一部分是由其设计者和制造者事先装好的,另一部分则直接来自其感知装置——它们看到、读到、触到、听到的东西。而且,通过对已有知识的解释和推断,机器人还可以"制造"额外的知识。④人工智能与传统计算机程序不同,其是以目标为导向来运行的。人工智能具备自主性(Autonomy),主要通过自我学习来实现其目标。

为此,人工智能应按照如下逻辑运行:首先,人工智能应自我保护,以最大限度地实现其现有最终目标;其次,人工智能应保存现有最终目标的内容,否则,最终目标内容发生变化,将来最大限度地实现其现有最终目标的可能性减小;再次,人工智能不断提升自身的理性和智能以改善自我决策能力,进而提高其实现最终目标的能力;最后,人工智能尽可能获取最多资源,从而转换这些资源并用于实现最终目标工作。⑤弱人工智能系统可能对人类造成伤害,如果设计

① Moravec, Hans, Mind Children, Harvard University Press, 1988, p.15.

② 刘寅斌、胡亚萍:《从谷歌大脑看人工智能在知识服务上的应用》,《图书与情报》2017年第6期。

③ [英]卡鲁姆·蔡斯:《人工智能革命——超级智能时代的人类命运》,张尧然译,机械工业出版社2017年版,第178页。

④ [英]厄尔斯·尼尔森:《理解信念——人工智能的科学理解》,王飞跃、赵学亮译,机械工业出版社2017年版,第18页。

⑤ Stephen M.Omohundro, "The Nature of Self-Improving Artificial Intelligence" Singularity Summit 2007, San Francisco, CA.

不当，就算是下棋的人工智能也会非常危险。如果没有开发特殊预警措施，人工智能将反对切断电源，试图进入其他技术系统以自我复制。设计不当的人工智能将无视其他人的安全以获取资源，从而实现其设计目标。该运行逻辑确认了人工智能可能导致损害。人工智能能够自我训练和累积经验，能够作出独立于其开发者的决策。强人工智能能够自主构建目标，能够通过社交网络达成共识，自我完善，具备理性，将最终目标分解为中间目标来完成实现。不难发现，在以上各个步骤中，人工智能自主性越大，则其造成损害的风险越大。

（三）人工智能致损的风险领域

当今乃至可见的未来，人与机器人之间的关系不应该是取代而是共存，未来的世界可能是人与机器人共在。[①]在社会各个领域——包括经济、工业、艺术与科学、管理、国际关系、教育、文化、日常生活等，信息处理系统将成为重心工具，而人工智能系统将产生最主要的影响。当然，人工智能的工作范围、环境、技术要求和实际应用中的潜在风险如影随形，甚至无法预估。

其一，自主武器系统（Autonomous Weapon Systems）。该系统俗称“杀手机器人”，根据红十字国际委员会（ICRC）2016 年 3 月专家会议报告，自主武器系统是在没有人为干预的情况下能够选择（即搜索或探测、识别、追踪、选择）和攻击（即使用武力打击、压制、破坏或摧毁）目标的武器系统。[②]尽管百度公司首席科学家吴恩达（Andrew Ng）说：“害怕杀手机器人的兴起就像担心火星人口过剩一样可笑。”[③]但根据上述会议报告，自主武器系统的潜在风险和预料之外的后果包括误伤己军、伤害平民、意外导致冲突产生或升级、遭到网络攻击或电子欺骗以及“正常事故”。这些不同风险的量级将受到特定武器及其使用环境的显著影响。以爱国者导弹防御系统为例，对自主武器系统的失误率进行说明，该系统在某个特定行动期间内的 13 次战斗中导致了 2 次自伤事件。[④]联合国人权委员会高度重视自主武器系统风险，于 2018 年 4 月在日内瓦举办缔约国专家会议，在《特定常规武器公约》框架内，围绕“致命性自主武器系统（Lethal Autonomous Weapon Systems）”引发的技术与应用关切、伦理

---

① 刘伟：《关于机器人若干重要现实问题的思考》，《人民论坛》2016 年第 15 期。

② 《自主武器系统：增强武器关键功能的自主性带来的影响》，http://www.icrc.org/zh/publication/4283-autonomous-weapons-systems，访问日期：2018 年 2 月 8 日。

③ 《人工智能的真正风险》，http://www.chinadaily.com.cn/interface/yidian/1083961/2016-12-26/cd_27779724.html，访问日期：2017 年 12 月 27 日。

④ 刘伟：《关于机器人若干重要现实问题的思考》，《人民论坛》2016 年第 15 期。

与道德关切以及未来发展之路进行探讨,以确保最终的生命决定权仍掌握在人类手中而不是机器手中。①

其二,算法偏见(Algorithmic Bias)。算法是以数学方式或者计算机代码表达的意见。②大数据算法的运作流程大致是:首先使用历史数据(或称训练集)归纳出某个类别(或称之为特征,不管是用分类还是聚类的方法),然后针对一个新来的对象,按照已知的数据特征,将其归属于"最像"它的那个类中,如果这个类还有其他已知的特征,那么就预测这个对象也具有这种特征,这样就完成了预测功能。本质上,大数据算法还是属于"人算计人"的思维物化的表现。③因此,设计者和开发者可能将自己的偏见嵌入算法系统。另外,即便在技术层面,大数据算法的内在"基因"仍会促使它表现出歧视性,如"偏见进则偏见出(Bias In, Bias Out)"、大小样本地位悬殊,等等。算法偏见在一定程度上支撑着精准营销的技术基础。算法能带来巨大的商业广告利益,一般是各个公司的商业秘密。但是,如果涉及公共领域,则可能带来较大的社会风险。比如,在"剑桥分析"事件中,利用选民性格弱点,向其推送假信息影响政治倾向,甚至利用机器人水军在社交媒体注册虚假账户,传播相关政治理念的行为,受到舆论谴责。人们对剑桥分析公司提供的政治精准营销业务、收集用户数据的来源、维度、体量已有所了解,但是,其业务中具有决策作用的算法并不公开,在输入数据与输出决策结果之间存在外界看不到的"隐形层",其决策过程不可解释,即形成所谓的"算法黑箱"问题。④另外,在某些领域中,使用算法本身可能也是一种歧视。美国部分交易商已经对算法交易(algorithmic trading)提起诉讼,认为这种做法是对人类的歧视,人类在反应速度上绝不可能与之匹敌。⑤

其三,个人数据保护。众所周知,人工智能的发展离不开海量数据的支持,人工智能进步的基础是在机器学习过程中广泛运用数据来进行训练。同样,人工智能时代,数据的收集、使用等各个环节都面临着新的风险。在数据收集环节,大规模的机器自动化地收集着成千上万的用户数据。比如,无人驾驶领域,由于无人驾驶汽车需要方向定位与导航技术的支持,其对乘客的乘车时间、所

① https://www.unog.ch/80256EDD006B8954/(httpAssets)/DF486EE2B556C8A6C125827A00488B9E/$file/Summary+of+the+discussions+during+GGE+on+LAWS+April+2018.pdf,访问日期:2018年5月11日。

② Batya Friedman, Helen Nissenbaum. "Bias in Computer Systems"(PDF). ACM Transactions on Information Systems. 1996, 14(3):330-347.

③ 张玉宏、秦志光、肖乐:《大数据算法的歧视本质》,《自然辩证法研究》2017年第5期。

④ 穆琳:《"剑桥分析"事件"算法黑箱"问题浅析》,《中国信息安全》2018年第4期。

⑤ [以]尤瓦尔·赫拉利:《未来简史》,林俊宏译,中信出版社2017年版,第281页。

经地点、停车方位、行车轨迹以及最终目的地等信息均有清晰的记录。倘若车内载有视频监控装置,不仅行车轨迹与时间有清晰的记录,而且车内乘客的相貌、行为等也均会处于记录之中。每一辆无人驾驶汽车的信息均是整个大数据的一部分。①在数据使用环节,数据分析技术广泛使用,数据经挖掘能分析出深层信息,不仅可以识别出特定的个人,还能分析出个人的购物习惯、行踪轨迹等信息,进一步扩大了隐私暴露的风险。甚至在万物互联、大数据技术和智能信息处理系统的互相加持之下,人们或许将不再有隐私可言。此外,在整个数据的生命周期中,由于黑客攻击的外在侵犯以及系统安全漏洞的技术缺陷等原因,个人数据始终面临着被泄露的潜在风险。

二、弱人工智能致损的法律责任分担

目前,自动驾驶汽车、工业机器人、护理机器人等人工智能具有自主学习、判断和完善的能力,但仍是受自然人、自然人集合体——民事主体控制的机器人,因此,尚不足以取得独立的主体地位。②然而,一旦弱人工智能对人类和财产造成损害,那么,应当由谁来承担责任呢?相关责任方无外乎设计开发者、生产制造者和具体使用者。问题是他们承担责任的法律基础何在?具体又该如何分配责任呢?

(一)产品责任之局限

目前,人工智能领域中的自动驾驶汽车,因其经济效益和社会效用越来越受到全球各大公司青睐。国际汽车工程师协会(SAE International)将自动驾驶技术划分为六个等级:无自动化(Level 0)、驾驶支援(Level 1)、部分自动化(Level 2)、有条件自动化(Level 3)、高度自动化(Level 4)以及完全自动化(Level 5)。尽管目前已经开始测试或运营的车辆大多处在 L2 或 L3 等级,自动驾驶汽车已经是人工智能最有可能导致损害发生的领域。对于已发生的自动驾驶车辆致人死亡事故,目前只能按照产品质量责任来确定相关方责任。比如,2016 年 5 月 7 日,美国佛罗里达州有人驾驶以自动驾驶模式行驶的特斯拉 Model S 汽车在高速公路全速撞到一辆正在垂直横穿高速公路的白色拖挂卡车,最终造成车毁人亡。美国道路交通安全管理局(NHTSA)第 PE 16-007 号

① 陈晓林:《无人驾驶汽车对现行法律的挑战及应对》,《理论学刊》2016 年第 1 期。
② 吴汉东:《人工智能时代的制度安排与法律规制》,《法律科学》2017 年第 5 期。

调查报告认定,自动驾驶系统(Autopolit)是高级的驾驶辅助系统(ADAS),需要驾驶员持续充分关注交通环境并监控,随时准备采取行动以避免碰撞。自动驾驶系统与该起致命交通事故没有直接关系,事故的直接原因是驾驶员忽视操作提醒,没有对道路上的危险保持随时监控和快速反应。①

从生产者和消费者双方来看,产品责任的前提是人为过错造成——即设计或制造缺陷、信息缺陷、没有指示如何安全恰当地使用产品。然而,人工智能是否存在缺陷并不能采用与一般产品(尤其是计算机软件程序)相同的标准。因为人工智能是自我学习系统,能作出自主决定。消费者很难证明人工智能产品缺陷,尤其是该缺陷在人工智能离开生产者或开发者时就已存在。我们无法想象能够在人工智能自我决策引起损害与产品缺陷引起损害进行区分,除非我们将独立自主决策(这是人工智能的独特特征)等同于缺陷。②因此,对于自动驾驶系统,生产者应当适用更高的注意标准。针对上述特斯拉事故,调查报告认定自动驾驶系统不存在安全缺陷,并不是事故发生的直接原因,也并不能完全免除特斯拉的法律责任。面对自主智能机器人,人们将需要开始审视既有的产品责任制度能否在制造商利益和消费者利益之间实现平衡。③对于人工智能致损的处理应当对生产研发者赋予更为严格的过错标准,这可以从证据要求、理论来源和责任主体等方面进行论证。

(二)事实自证原则之主张

事实自证责任原则(principle of res ipsa loquitur)是英美侵权法中的一项特殊的证据制度和证据学说。在特定情形下,该制度允许法官或陪审团仅从原告提供的间接证据便推出被告存在过失并应对原告承担赔偿责任的结论。事实自证责任仍然是过失责任原则,在这些案件中,原告仍然必须证明被告存在某种过失;所不同的只是,根据事实自证原则,原告在证明被告过失时可使用某些间接(而不是直接)证据。④该原则对于人工智能致损法律责任具有很强的实用性,尤其是已多次发生的自动驾驶汽车事故。首先,事故本身往往是多种原因造成的结果,比如,驾驶员轻率、系统警报不足、硬件失灵等;其次,自动驾驶系

---

① https://static.nhtsa.gov/odi/inv/2016/INCLA-PE16007-7876.PDF,访问日期:2018 年 4 月 11 日。

② Twerski, Aaron D. From Risk-Utility to Consumer Expectations: Enhancing the Role of Judicial Screening in Product Liability Litigation, Hofstra Law Review: Vol.11: Iss.3(1983), Article 2.

③ 司晓、曹建峰:《论人工智能的民事责任:以自动驾驶汽车和智能机器人为切入点》,《法律科学》2017 年第 5 期。

④ 许传玺:《侵权法事实自证制度研究》,《法学研究》2003 年第 4 期。

统究竟基于什么原因没有正常运行往往也是多种因素造成的，比如，雷达数量不足、天气因素影响等。自动驾驶系统本身具有的自主性更是增加了原告举证的困难，既然其决策是基于自我学习，那么，理论上每次决策都具有特殊性。如果依然要求自动驾驶系统必须是损害发生的直接原因，才能对其进行追责，对于受害人而言无疑是有失公平的。

以 2018 年 3 月 18 日美国亚利桑那州坦佩市优步自动驾驶汽车事故为例。事故中一位推着自行车横穿马路的女性被优步自动驾驶测试车辆撞击身亡。事故发生时该车辆处于自动驾驶模式，在限速 35 英里的路段以每小时 40 英里的速度行驶，没有减速迹象。事故发生时，优步员工在驾驶座上，但未能及时接管车辆避免事故。按照相关规定，优步在进行自动驾驶汽车载客测试时，为每辆车配备两名员工。其中一人在司机座位上监控车辆行驶，在必要时切换到人工驾驶模式；另一人在副驾驶座位上监督自动驾驶状况。①根据美国媒体最新报道，美国国家运输安全委员会调查初步认定，事故发生时，可能是车辆探测器已经“看到”了受害者，但车辆软件系统可能将这名女性路人归为“不是真正障碍的物体”，以致系统决定不停车。②鉴于优步已与受害人家属达成协议，该案不会正式进入司法程序。尽管事故最终调查报告尚未出台，但是，我们看到对于优步软件发生这种判断失误究竟是不是安全缺陷可能不再是归责核心。优步公司在本起事故中存在过失是不证自明的，或者自动驾驶系统决策失误，或者驾驶员轻信车辆系统未予以足够注意，或者上述两者皆有。尽管亚利桑那州坦佩市警察局局长西尔维亚·莫伊尔在事故发生时表示：“无论当时采用的是自动驾驶模式或是人类驾驶模式，都很难避免这次事故。”③但这种解释可能有欠科学，因为自动驾驶系统的重要经济价值和社会价值之一就是通过使用更加精细、敏感的技术来避免人类驾驶可能发生的事故。

（三）危险责任之提倡

危险责任是工业社会在侵权法上的产物。由于危险责任并非源于行为人的过错，而是源于危险，因而，危险责任的确定也就不在于行为人的行为不法性

① 《全球首例！自动驾驶汽车致人死亡　行业遭遇“致命一击”?》，http://industry.people.com.cn/n1/2018/0321/c413883-29880009.html，访问日期：2018 年 3 月 23 日。

② “Uber Finds Deadly Accident Likely Caused By Software Set to Ignore Objects On Road” https://www.theinformation.com/articles/uber-finds-deadly-accident-likely-caused-by-software-set-to-ignore-objects-on-road?shared=6c88fd，访问日期：2018 年 3 月 15 日。

③ 《自动驾驶汽车撞死行人　系全球首例，优步叫停北美测试》，http://www.xinhuanet.com/tech/2018-03/21/c_1122567267.htm，访问日期：2018 年 3 月 23 日。

和道德上的可谴责性,而在于危险的控制性。这种理论也称为危险责任说。①人工智能由人类制造但却无法由人类完全控制,其对社会带来的风险超过新技术工业风险。风险理论的基础是人们的行为有时本人无法完全掌控;因此,要求他们遵守安全法规并不合理,因为即使人们安全行事,事实上风险依旧存在。人工智能正是人类行为引发的风险,因为人工智能能够从收集到的、整合过的和一般化的信息中得出个别结论,并进行相应的回应,这正是人工智能固有的特定性质。此时,人工智能设计者、制造者和使用者应当对人工智能的行为承担责任,而且是无过错责任。因为介入对社会有益和有用的危险活动的人应当在其获利范围内对该活动给社会造成的损害承担责任。对此,《法国民法典》第1242条第1款规定:“任何人不仅对自己的行为造成的损害负赔偿责任,而且对应由其负责之人的行为或其照管之物造成的损害负赔偿责任。”鉴于弱人工智能尚不具备法律主体地位,那么对其负责或照管之人应当承担其损害赔偿责任。

以英国马格纳科学中心(Magna Science Centre)发生的Gaak机器人事件为例。2002年英国罗瑟勒姆大学科学中心启动一项“生存机器人”项目。机器人分别被设计成“捕猎者”和“猎物”,并被放在2 000平方米的竞技场中。通过红外感应器,猎物根据光线指示寻找食物,捕猎者则捕猎它们并吸取其能量。人工智能通过神经网络运作。实验旨在证明“适者生存”原则,并揭示机器人(包括人工智能)是否能够从已有经验中获益,即自主发现新的捕猎和自卫技术。在实验中,Gaak机器人在无人看管15分钟后成功脱逃。机器人强行通过“监狱”墙壁,找到出口并逃向街道。它到达一个停车场,并被一辆汽车撞坏。②该事件表明人工智能可以学习并应对环境,而不管其研发者意愿。Gaak机器人通过自主决策造成交通事故,对他人造成伤害。Gaak机器人事件证实人工智能的活动具有危险性,而且这些危险甚至无法提前采取安全措施来进行预防。因此,人工智能的管理者(生产者、所有者)应当对人工智能行为承担责任。这也是联合国教科文组织与世界科学知识与技术伦理委员会的意见,其在2016年8月《关于机器人伦理的初步草案报告》中提出采取责任分担的解决途径,让所有参与到机器人的发明、授权和分配过程中的人来分担责任。

---

① 郭明瑞:《危险责任对侵权责任法发展的影响》,《烟台大学学报(哲学社会科学版)》2016年第1期。

② Paulius Čerka, Jurgita Grigienė, Gintarė Sirbikytė. Liability for damages caused by artificial intelligence, Computer Law & Security Review: The International Journal of Technology Law and Practice, 2015, 31(3).

(四)共同企业学说之尝试

如上所述,如果依然通过过错责任方式来划定人工智能致损的法律风险,那么最终极大可能仍将归咎于某个程序员。在这种情况下,责任负担对该自然人而言是不合比例的。责任负担太大可能导致程序员的担忧从而不将其身份公之于众,或者这将导致正式市场科技发展停滞,使所有程序开发工作进入非正式市场。此时,很有必要引入"共同企业学说"(common enterprise doctrine)。该学说是指一组相互关联的法人中的每个实体可能集体共同为其他实体的行为承担责任。共同企业理论允许法律赋予其责任,而无需明示或在一方或另一方的不法行为各个方面的细节分配中挣扎;只要各方具有从事共同行为的统一目标即可。[①]共同企业学说在人工智能领域值得深度探索。以自动驾驶汽车为例,在全球市场中,既包括通用、丰田、奥迪、宝马、沃尔沃、日产等传统老牌汽车厂商,也包括谷歌、百度、腾讯等非汽车制造商。虽然各自相互之间竞争激烈,但是互相合作也越来越多。比如,百度与比亚迪合作的自动驾驶新能源汽车,与金龙客车合作的自动驾驶微循环巴士,及与智行者科技合作的无人驾驶扫路机和无人驾驶物流车等。

目前的立法是在物理实体车辆和信息处理系统之间进行责任区分。比如,2013年美国道路交通安全管理局发布《自动驾驶汽车的基本政策》,以及内华达州、加利福尼亚州、佛罗里达州、密歇根州等9个州也通过了自动驾驶汽车立法,对自动驾驶汽车测试事故的责任承担进行了规定,即原车辆在被第三方改造为自动驾驶车辆后,测试过程中导致财产损失、人员伤亡的,车辆的原始制造商不对自动驾驶车辆的缺陷负责,除非有证据证明车辆在被改造为自动驾驶车辆前就已存在缺陷。[②]然而,这种责任分担方式并不符合人工智能的运行逻辑,因为人工智能的设计、编程、制造及配件构成决策的软硬件整体系统。人工智能的感知、认知判断和执行是不可分割的系统工程。在各个组成部分之间进行切分,不但在技术上操作难度较大,而且在责任分担上实无必要。通过共同企业学说,将车辆和系统提供者作为责任共同体,既可破除产品责任的理论不适,又可避免证据认定的繁冗细节,更可提高人工智能经营企业的法律风险成本。这种弱人工智能致损责任分担方式较能体现效益原则,强化处于强势地位的厂商、销售商的责任,恢复处于弱势地位的消费者权利,从而保护受害人利益,以

---

① David C. Vladeck, "Machines without Principals: Liability Rules and Artificial Intelligence", (2014) 89 Wash. L.Rev. 117, 149.

② 何波:《人工智能发展及其法律问题初窥》,《中国电信业》2017年第4期。

实现社会公正。

三、强人工智能致损的法律责任构建

(一) 强人工智能的法律主体地位

人工智能开发者旨在创造能“理解”的程序,教会机器掌握人类智能,理智地思考和行为。人工智能的突破性发展以人工神经网络为基础。著名人工智能专家、西雅图艾伦大脑科学研究院首席科学家克里斯托弗·科赫(Christof Koch)同意:“如果你能建造一台计算机,其电路和大脑一模一样,这台计算机也就能产生意识。”①比如,谷歌大脑是由 1.6 万多个处理器,通过 10 亿个内部节点,搭建的虚拟大脑。在分析从 YouTube 上随机抓取的无标签视频剪辑图片,经过 10 天的时间运转后,它在 2 万张图片中准确识别了猫的图片。②当计算机基本电路数量可与人类神经细胞连接相媲美,人工智能将无限接近人类大脑,进而具备“理性人”特征,能够产生意识。换言之,此时人工智能已经具备独立构建目标的能力,符合强人工智能的特征。而要成为法律主体必须满足这一逻辑前提,即作为法律秩序内的成员必须对法律秩序和共同规范怀有内在的认同感和自愿服从的义务感,这一逻辑前提决定了理性能力是成为法律主体的必备条件。③具有理性能力的强人工智能应当获得相应的法律主体地位。因为,从性质上说,法律主体是法律的创造物、规范的人格化、能动的行为者,也是联结法律与现实生活的桥梁。④

从现实生活来看,尽管某些人工智能可能并不是完全意义上的强人工智能,但它们已经被赋予“人格”。比如,人工智能律师 ROSS 作为员工受雇于知名律所。ROSS 由 Legal Cortex 和 IBM Watson 的认知计算技术创造而成。2016 年,ROSS 在 Baker Hostetler 律师事务所获得首份工作,受雇于公司破产部,从事法律检索工作。⑤比如,2017 年 11 月,在沙特阿拉伯首都利雅得举行的

① [英]卡鲁姆·蔡斯:《人工智能革命——超级智能时代的人类命运》,张尧然译,机械工业出版社 2017 年版,第 90 页。

② 刘佳:《谷歌“学习机器人”:像人类大脑一样去思考》,《第一财经日报》2013 年 1 月 17 日。

③ 许翠霞:《动物真的能够成为法律主体吗? ——关于法律主体的前提性说明》,《安徽大学学报(哲学社会科学版)》2010 年第 6 期。

④ 胡玉鸿:《法律主体概念及其特性》,《法学研究》2008 年第 3 期。

⑤ “Meet ‘Ross,’ the newly hired legal robot”, https://www.washingtonpost.com/news/innovations/wp/2016/05/16/meet-ross-the-newly-hired-legal-robot/?noredirect=on&utm_term=.fa464957618f,访问日期:2017 年 12 月 12 日。

“未来投资倡议”大会上，“女性”机器人索菲娅（Sophia）被授予沙特公民身份。它也因此成为史上首个获得公民身份的机器人。①甚至有些人工智能已开始寻求“公民代表”身份。比如，“2018年4月，一名为‘松田达人’的人工智能机器人正在东京都西部地区的多摩市竞选市长，它的竞选口号是‘人工智能将改变多摩市’。若当选市长，它会先对市民请愿书进行分析并列出赞成和反对的理由，然后再把请愿书提交给市议会代表。”②

从立法动向来看，欧洲议会2017年2月16日决议以396票对123票通过了《机器人民事法律规则（Civil Law Rules on Robotics）》决议，并送至欧盟委员会讨论。该决议提议创建一个新的针对机器人的个人类型：电子人（electronic persons），建议欧盟委员会研究“为机器人创造具体法律地位的法律后果，以便至少可以赋予最复杂的自动机器人以电子人的具体权利和义务，其中包括对它们可能造成的任何损害进行补偿，并将电子人格适用于机器人作出理智的自主决定或以其他方式与第三方互动的情况。”③

当然，赋予强人工智能法律主体资格，并不代表其可享受与自然人同等的所有权利和义务。举例而言，自然人天然具有的生命权、人格尊严权目前尚不在法律主体资格的内涵之中。尽管现实生活中已经出现这种“过度保护”的声音。比如，2017年，总部位于美国马萨诸塞州沃尔瑟姆的科技公司发布了一段视频，视频里展示员工在踢一台四脚的机器。这个想法原本是为了展示Spot良好的平衡性能。但有些人认为这类似于虐待动物的行为。善待动物组织（PETA）的相关人士发表了一份声明，称Spot遭受的行为是“不恰当的”。④更关键的是赋予强人工智能法律主体资格并不意味着可以减轻其研发者、生产者和使用者的责任。

（二）强人工智能致损的主要责任形式

机器与人可能在智能上接近或相同，但机器与人永远不同，它可能在某些方面不如人，但更可能是因为它在某些方面比人强而与人不同。因此，在法律责任承担形式方面，强人工智能作为新型主体类型，应当存在某些特殊之处。

① 杨晓哲：《诞生与关闭》，《中国信息技术教育》2017年第23期。

② 《机器人竞选日本市长或成世界首位人造市长》，http://www.cankaoxiaoxi.com/science/20180420/2262349.shtml，访问日期：2018年5月6日。

③ “Civil Law Rules on Robotics”，http://www.europarl.europa.eu/sides/getDoc.do?pubRef=-//EP//NONSGML+TA+P8-TA-2017-0051+0+DOC+PDF+V0//EN，访问日期：2018年2月11日。

④ 《机器人越来越聪明了，是否应该赋予TA更多的权利?》，http://tech.163.com/17/1226/08/D6IPBN0U00098IEO.html，访问日期：2017年12月25日。

强人工智能既不是生命体,又不是组织体,所以,在法律责任承担形式上与自然人和法人都有不同之处。

其一,民事责任;民事主体违反民事义务,导致他人遭受损失,应当对他人承担民事责任。尽管目前承担民事责任的形式主要包括停止侵害、排除妨碍、消除危险、返还财产、恢复原状、修理更换、重作、赔偿损失、支付违约金、消除影响、恢复名誉、赔礼道歉等,但民事责任以恢复被损害的民事权益为目的,主要是财产责任,行为人主要责任承担方式是通过支付一定数额的赔偿金给受害人。强人工智能亦不例外,其承担民事责任的方式更类似于法人,以其拥有的财产对受害人进行物质赔偿。"在可预见的未来,某一套算法将能自己拥有一个运输帝国或是创投公司资本,而不必服从任何人类所有者的命令。"①对于消除影响、恢复名誉、赔礼道歉等形式主要适用于侵害自然人名誉权、姓名权、肖像权、人身自由的情况,可以由侵权方采取书面或口头方式,也可以在侵权方承担相关费用的情况下由法院将判决书进行公告来实现。但是,这种受损利益的补救方式不宜适用于强人工智能,一方面它们可能还无法体会这些责任类型背后的情感因素,另一方面自然人似乎也很难从中获得应有的人格补偿感。

其二,行政责任;强人工智能作为未来社会的重要参与者,应当成为行政管理的对象。如果违反行政管理法规,则应当接受行政处罚。行政处罚类型主要有警告、罚款、没收违法所得、没收非法财物、责令停产停业、暂扣或者吊销许可证、暂扣或者吊销执照、行政拘留等。对于行政拘留,似乎已经有社会实例。据称 2015 年,瑞士的一件艺术装置中,一个机器人在暗网(dark web)上购买了摇头丸和一本伪造的匈牙利护照,还有其他东西。这个机器人——而非艺术家或者其他人——被圣加仑的警察局逮捕,于三个月后释放。②另外,无人驾驶汽车闯红灯等违章现象也已出现。③"谷歌公司曾称,如果无人驾驶汽车因违反交通规则而遭罚款,谷歌公司将承担罚款,而非车上之人。"④正如法人登记一样,对于智能机器人,首先应当比照自动驾驶汽车进行等级注册登记。从处罚内容来看,责令停产停业、暂扣或者吊销许可证、暂扣或者吊销执照之于智能机器人,可以是一定期限内或永久禁止从事某种事务、强制召回升级、注销登记等。

① [以]尤瓦尔·赫拉利:《未来简史》,林俊宏译,中信出版社 2017 年版,第 291 页。

② [英]霍斯特·艾丹米勒:《机器人的崛起与人类的法律》,李飞、郭小匣译,《法治现代化研究》2017 年第 4 期。

③ https://www.bloomberg.com/news/articles/2018-05-21/why-intel-s-mobileye-blew-a-red-light-while-showing-off-its-ride,访问日期:2018 年 5 月 22 日。

④ 李欲晓:《物联网安全相关法律问题研究》,《法学论坛》2014 年第 6 期。

其三,刑事责任;"从起源来看,侵权法与刑法具有天然的亲缘关系,只是随着法学的发展,从罗马法的私犯(delictus)中独立发展到一定阶段出现侵权法,并逐步与刑法相分离,成为民法的一个部门法。"①刑事责任与侵权责任在责任起源上具有很多类似性。对于强人工智能的刑事责任已有专门论述,认为智能机器人可能超越程序的设计和编制范围,按照自主的意识和意志实施犯罪行为,因而完全可能成为行为主体而承担刑事责任。智能机器人所适用的刑罚体系在一定程度上有别于自然人和单位。设计智能机器人的刑罚体系必须坚持罪刑相适应原则、以刑罚目的为导向原则、刑罚节俭性原则。"适用于智能机器人的刑罚可以有三种,即删除数据、修改程序、永久销毁。"②

四、结　语

"机器人不是人,是机器,但须当人看,而且它们还是成长中的'孩子',让它们健康成长是人的责任,即使未来超越人,那也是人的福祉与期望。"③然而,牛津大学人类未来研究院主任尼克·博斯特罗姆估计,全球只有 6 个人在全职研究友好人工智能的问题。人工智能致损的社会风险将随着技术自主性的发展而越来越大,人工智能的发展与规制可能是我们面对未来时代的最重大的主题。我们必须着手探索以技术、安全和法律为主导的风险控制系统,尝试建立智能机器人的分级登记、强制保险、专设赔偿基金等机制,形成制度性、法治化的治理体系。

① 转引自朱岩:《风险社会与现代侵权责任法体系》,《法学研究》2009 年第 5 期。
② 刘宪权:《人工智能时代刑事责任与刑罚体系的重构》,《政治与法律》2018 年第 3 期。
③ 封锡盛:《机器人不是人,是机器,但须当人看》,《科学与社会》2015 年第 2 期。

强弱人工智能产品刑事责任认定规则

王　冠*

【内容摘要】 强弱人工智能的区分不在于辨认能力和控制能力，而在于人工智能产品是否可以在人类智能基础上再次生成新的智能，即再生智能。弱人工智能产品因其不具有生物属性和自由意志而不具备也不需要被赋予"法律人格"，进而不是刑事责任主体。但弱人工智能产品致人损害行为，从处断意义上可以看作刑法上的危害行为，应视为其"背后"责任主体行为的组成部分，进而对其"背后"责任主体追究其故意犯罪、过失犯罪以及产品质量瑕疵问题引发的刑事责任。强人工智能机器人基于再生智能表现出自主意识和自主决策能力而具备独立的法律人格，在经过刑事责任能力鉴定后依据现有单独犯罪和共同犯罪的归责原理予以处理。但强人工智能机器人同时在人类智能与再生智能支配下实施犯罪时，或者存在被控制的情况下，应根据犯罪意志反映智能内容的来源主体不同而分别作相应归责处理。

【关键词】 强弱人工智能　刑事责任　认定规则

目前，欧盟、美国率先对人工智能进行了相关立法和制度的设计，并建立人工智能监管机构。我国在人工智能领域也取得了突飞猛进的发展，已经将人工智能提升到科技发展重要战略的高度。中国《机器人产业发展规划（2016—2020）》的出台、"十三五规划"的脑科学与类脑研究重大工程项目很大程度上将会极大地提升中国人工智能的发展速度。但我国人工智能发展的重心仍然放在鼓励技术研发方面，对于人工智能技术应用所带来的安全风险，尚缺乏整体认识和积极部署。不容忽视的是，人工智能近年来的日新月异，为人类带来便利的同时，也新增了各种安全风险。纵观国内外，均出现了机器人伤人事件。如"2015 年德国大众汽车制造厂中，一名工人正在安装调试机器人时，机器人突然'出手'击中工人的胸部，导致这名工人当场死亡。"①2016 年 11 月 18 日晚间，

---

* 王冠，华东政法大学博士研究生，上海市静安区人民检察院检察官。

① 《德国工厂发生首起"机器人杀人案"》，http://news.163.com/16/1118/22/C66JAE27000187VE.html，访问日期：2018 年 3 月 2 日。

北京进化者机器人科技有限公司在其官方微博发布了正式声明称，深圳高交会上，参展的机器人“小胖”移动时将展台玻璃碰倒摔碎，玻璃划伤了另一侧展台内的一名观众。[①]类似事故多数属于误伤，调查结论基本是机器人“故障”或者人为操作失误导致。诸如机器人之类的人工智能产品[②]在可预见的将来，必然影响到人类生活的方方面面。人工智能产品导致受损或者侵害人类利益时，必然产生责任归结于何人的问题。以人类为中心的传统法律归责原理和法律主体认定等诸多问题均面临全新的挑战。尤其是在强人工智能和超人工智能条件下，机器人实际上已经具有类人或者超人的智能，能否赋予机器人以法律人格并进而对机器人刑事归责，均是当前亟须应对的法律难题。

一、强弱人工智能产品的分级标准及意义

（一）辨认能力和控制能力不能成为强弱人工智能产品的界分标准

强弱人工智能产品的分级在技术层面上有着自身的界分标准，但技术标准对于法律领域并没有直接适用的意义。因为强弱人工智能产品的区分意义主要在于区分的目的。与技术层面区分目的不同的是，法律层面上之所以区分强弱人工智能产品，仍然主要围绕着是否赋予其法律主体地位而言。对此，有观点认为，在刑法领域应当以人工智能产品是否具有辨认能力和控制能力，将人工智能产品划分为弱人工智能产品与强人工智能产品。该观点认为弱人工智能产品虽然可以在设计和编制的程序范围内进行独立判断并自主作出决策，但不具有辨认能力和控制能力，其实现的只是设计者或使用者的意志。强人工智能产品具有辨认能力和控制能力，既可能在设计和编制的程序范围内进行独立判断并自主作出决策，实现设计者或使用者的意志；也有可能超出设计和编制的程序范围，进行自主决策并实施相应行为，实现其自身的意志。[③]笔者以为，“辨认能力和控制能力”作为区分强弱人工智能的界分标准，并不妥当。

首先，辨认能力和控制能力是对刑事责任主体精神层面上的要求，不等同于法律主体人格。具体地讲，我国《刑法》在规定精神病人的犯罪主体资格和刑

---

① 《深圳高交会机器人“觉醒”伤人》，http://news.163.com/16/1118/22/C66JAE27000187VE.html，访问日期：2018 年 3 月 2 日。

② 本文同时使用人工智能产品和机器人的用语，机器人在本文定义为具有强人工智能或者超人工智能的产品。

③ 刘宪权：《人工智能时代的“内忧”“外患”与刑事责任》，《东方法学》2018 年第 1 期。

事责任能力时,将其辨认能力和控制能力作为刑事责任主体精神层面的要素,应当说是合理科学的。但强弱人工智能的产品的区分核心在于人工智能产品是否具有法律人格,进而是否能够成为犯罪主体和刑事责任主体。可以发现,将精神层面的认定要素用于法律人格的鉴定,是不完全妥当的。这是因为,法律人格与人的精神是两个不同的概念。哲学上讲,精神是人对过去事物的记录和对记录的重现。而自然人的法律人格是指人之为人并具有权利能力和承担法律责任的资格。既然是两个不同的概念,自然内在的核心构成要素是不一样的。因此,不能因为辨认能力和控制能力是精神正常与否的判断标准,而认定其也可以作为法律人格有无的判断标准。

其次,强弱人工智能产品均具有一定的辨认能力和控制能力。强人工智能产品当然具有独立自主的辨认能力和控制能力,自不必说。对于目前社会生活中已然存在的各种所谓的"智能机器人",也同样具有相对的辨认能力和控制能力。比如扫地机器人可以辨认自己所处的空间和避开障碍物,也能在工作完成后控制自己再次回到充电卡座上。但无论如何,目前市场上广泛可见的扫地机器人不能被认定为强人工智能产品,因其本身智能程度较低,甚至于没有自主学习和升级的能力。因此,单纯依靠辨认能力和控制能力无法严格区分强弱人工智能产品。

最后,在设计和编制的程序范围"内和外"进行独立判断并自主作出决策,也不能成为强弱人工智能划分的标准。应当肯定的是,强弱人工智能产品均可以进行独立判断并自主作出决策,否则不能称之为人工智能。如果一个所谓的人工智能产品仍然时时依靠人工操作完成工作,丝毫没有独立判断和自主决策的能力,那么只能说这个产品只是人的工具,而不能定义为人工智能产品。人工智能本质上是对人类智能的模仿,功能在于脱离人类独立从事活动。既然如此,所有的人工智能产品均被要求能够独立判断并自主作出决策。至于这种判断和决策是否在设计和编制的程序范围内,事实上是一个伪命题。人工智能无论强弱,最初均是以人类设立和编制的程序为基础而发展的。这是人工智能的基础所在。强弱人工智能产品无论实施什么活动,均离不开内在的设计和编程。这些设计和编程就像是人类的躯体和血肉,无论强弱人工产品都必须具备。

因此,笔者认为,人工智能产品强弱之分不在于是否具有辨认能力和控制能力,也不在于在设计和编制的程序范围"内和外"进行独立判断并自主作出决策。强弱人工智能产品的界分不应当从人工智能产品之间的物理构造或者技术高低角度去寻觅,而应回归寻觅这一区分标准的目的和初衷。区分的目的是为了区分强弱人工智能产品的法律人格和责任能力。之所以讨论人工智能产品的法律人格和责任能力，原因在于其不同于人类。因此，这个问题的本质是人与智能机器的区别问题。只要厘清了人与智能机器的本质区别，自然就能认识到强弱人工智能的界分标准。

（二）强弱人工智能产品的界分标准——再生智能

在讨论人与智能机器区别之前，首先要了解人工智能的本质是什么，其产生是为了什么。人工智能（Artificial Intelligence，英文缩写为 AI）一词的缔造者已无从考据，但该词在 1956 年达特茅斯会议（Dartmouth Conference）上被科学家们正式提出并使用。随后，人工智能的概念逐渐被当时的相关科学家接受，后来伴随着人工智能科技进步而扩展为全世界通用概念。“人工智能是研究使计算机来模拟人的某些思维过程和智能行为（学习、推理、思考、规划等）的学科。”[①]这门学科旨在研究智能的实质，并生产出类人化的智能机器，其研究领域包括机器人、图像识别、语言识别、专家系统和自然语言处理等。时至今日，人工智能已融合了计算机科学、控制论、信息论、神经生理学、心理学、语言学等多种学科的研究成果，理论和技术日益成熟，应用领域也不断扩大。例如无人机、自动驾驶汽车、用于工业生产和日常生活的各种“机器人”等。

此类智能机器的研发目的旨在模拟人类进而代替人类从事特定活动，基本原理就是通过先进科技模拟再现人类的智能。笔者称其为“拟人化的智能”。当这种“拟人化的智能”尚处于较为低能的阶段时，人工智能程度较低，只是人类智能的部分延展和复制。此类智能机器的活动依赖于机器研发者事先预设的程序和机理，不具备自我学习和创造的能力。这种智能机器本质上属于较为简化的弱人工智能产品。与之相对应的是，当这种“拟人化的智能”达到人类智能的高度，具备自我学习和创造的功能时，其活动也就不仅仅依据研发者事先预设的程序和机理，而在此基础上创造了属于机器自己的新的智能，即再生智能。这种再生智能既可以是“拟人化的智能”，也可以是与人类智能不同类型的智能。此时的人工智能机器已经具备人类预设和先期植入的智能以外的新智能，体现了其创造性的智能活动，应当认定为强人工智能产品。至于其自主产生的智能程度是高于人类智能，还是低于人类智能，则不影响其强人工智能的属性认定。简言之，强弱人工智能的区分在于智能机器是否可以在人类基础上独立产生新的智能，即再生智能。因为在法律评价上，智能机器人基于再生智

① 张妮、杨遂全、蒲亦非：《国外人工智能与法律研究进展述评》，《法律方法》2014 年第 2 期。

能从事的活动，显著有别于弱人工智能产品单纯依靠复制和再现人类智能进行的活动，在法律归责上具有独立审视的意义，可能存在不同的归责原理。

值得一提的是，相关专家以人工智能智力高低为标准，将人工智能分为弱人工智能、强人工智能和超人工智能。结合当前人工智能技术、IT技术、生物学技术等研究成果进行判断，当前处于弱人工智能不断地探索阶段，专家预测强人工智能或将于2040年实现，而超人工智能则会在2060年诞生。①其中，所谓的超人工智能从法律角度理解应当是，再生智能高于或者远远高于人类智能的智能形态。由于科技快速进步带来的甄别难度，对于一种智能机器属于何种智能等级，一般需要权威的鉴定机构予以鉴定。笔者认为，国家应当建立类似于精神病人鉴定机构的人工智能鉴定体系，用于有效应对人工智能产品带来的法律责任问题。因此，不同等级的人工智能产品在责任主体和归责规则上是有显著区别的。有鉴于人工智能产品与众不同的安全风险，在严格分类的基础上，国家应建构分类监管体系，明确责任主体和责任归属，尤其要慎重考虑是否赋予强人工智能产品以法律人格和责任主体资格。

二、弱人工智能产品致损应归责于其“背后”的刑事责任主体

弱人工智能产品是当下社会正在不断涌现的智能产品，相关科研技术正在突飞猛进的发展中，大量产品已广泛运用于军事和民用领域。目前所发生的人工智能产品致人损害事件，一般都是此类产品所致。其中多是机器故障或者人为操作失误的原因所致，但也可能发生人为利用此类产品实施犯罪活动的情形。在这种人类行为与人工智能机器活动相混合的情况下，如何归责？其症结在于如何认定弱人工智能产品的刑事责任主体资格。

（一）弱人工智能产品不具备“法律人格”

法律赋予一个主体具备法律上的人格，通常有两种理由：一是基于自然人天生具有法律人格的原因。这是因为，法律本来就是人为制造的并规范人的活动的规则，当然应该赋予自然人以人格。二是基于法律技术的考虑和社会经济生活的需要，法律赋予团体组织以法律人格，如公司法人等。其中，团体组织被

① 《人工智能的保险阀　认知安全》，http://www.sohu.com/a/124523222_165633，访问日期：2018年3月10日。

法律赋予拟制人格，是对自然人法律人格的突破。那么，人工智能产品能否实现另一次突破，而被法律赋予法律人格？笔者认为，不能一概而论，应根据人工智能的智能等级不同，分别认定其是否具有法律人格。对于弱人工智能产品，无论从自然人的角度，抑或是法律技术、社会经济生活需要层面上讲，都不需要也不应当被赋予法律人格。

1. 弱人工智能产品不具备法律人格的生物学基础

弱人工智能产品所具有的智能等级较低，本身仅仅是复制和再现人类的智能，不能再生类人化的智能。换言之，弱人工智能产品既不是人，也不应当视为人。人具有自然属性和社会属性。弱人工智能产品首先不具备人的自然属性，自然不具备法律人格的生物学基础。简单地说，法律人格是法律赋予具有生物学意义上的自然人以资格和身份。因此在具备法律人格之前，必须具有自然人的属性。这个问题看似是一句废话，但是在讨论人工智能产品这种非人类属性的存在时，是具有意义的。因为人工智能产品不是人类，不具有人类的自然属性。从自然法角度讲，法律人格赋予的前提条件是具有生物学意义上的自然人。既然法律人格要求自然人的存在，那么作为非人类的人工智能产品自然不能具有法律人格。尤其是弱人工智能产品，既不具备人类的自然属性，又限于智能等级较低而不能像人类一样发挥智能，故其不具有自然人法律人格的生物学基础。

2. 弱人工智能机器人因缺乏自主性而不具有法律人格

人工智能研究的核心问题就是“智能”，智能也是人作为高级动物最为重要的特征。相对于人类，弱人工智能产品整体上处于智能低下的阶段。于是，对于弱人工智能产品在人类社会法律中的地位，出现了“工具论”。“弱人工智能产品可以在设计和编制的程序范围内独立判断并自主作出决策，但是，因其不具有辨认能力和控制能力，且其意志完全受控或受制于人类设计和编制的程序，因此可以将弱人工智能产品看作人类改造世界的新型工具。”[①]这一观点核心论据是弱人工智能产品本身不具有独立意志和意志自由。本文也认同这一观点。弱人工智能产品智能等级较低，决定着其依据设计者的预设指令完成任务和工作，其依照预定程序完成的举动应视为人类智能的延伸和拓展，执行设计者和使用者的意志。对于弱人工智能产品来说，一切活动完全依赖于人类智能和人类意志，而不是自身再生的智能或者意志。因此，从这个角度说，弱人工智能产品本身没有自主性，没有产生自身的智能和独立的意志，故而不能成为

① 刘宪权：《人工智能时代的“内忧”“外患”与刑事责任》，《东方法学》2018 年第 1 期。

法律主体。

3. 目前社会经济生活并不需要赋予弱人工智能产品以法律人格

是否赋予弱人工智能产品以法律主体的资格,涉及法律对人工智能进行如何规制的问题。有无法律主体资格,影响着弱人工智能产品的权利和义务设定。“在这个问题上,目前各国立法较少,主要是依据以前的法律进行调整。但是在欧盟委员会法律事务委员会于2016年5月份提交一项人工智能立法动议中,他们建议欧盟委员会把正在不断增长的最先进的自动化的智能的机器‘工人’的身份定位为‘电子人(electronic persons)’,并赋予这些人工智能机器人可以依法享有劳动权、著作权等特定的权利与义务。”[①]又如美国国家公路安全交通管理局2016年2月初,将谷歌的无人驾驶汽车的人工智能系统认定为“司机”。[②]这意味着现实中确实存在人工智能产品被法律赋予虚拟“法律人格”。对此,笔者认为,对于弱人工智能产品被赋予法律人格,并在法律上要求其承担责任和履行义务,并不是为了社会经济生活的实际需要,而是人类推脱责任的借口。人类设计并生产使用了弱人工智能产品,将人类智能通过智能产品加以延展,最终却将责任推卸到不能自我做主的智能产品上,这是一种实实在在的逃避责任。事实上,这种弱人工智能产品只是冷冰冰的推理运算机器,只能够依据人类预设指令解决一些专业问题。例如,无人驾驶汽车的智能系统虽然可以代替人类驾驶汽车,但驾驶汽车的每一个动作指令皆来自人类的预设指令。一旦出现超出预设指令的突发情况,事实上无人驾驶汽车智能系统无法有效应对,则必然发生交通事故。因此,不能假借科技进步和社会经济生活需要的理由,将弱人工智能产品认定为法律上的“人”。

(二)弱人工智能产品“背后”责任主体的归责规则

弱人工智能产品致人损害是指弱人工智能产品在运作过程中对人类社会利益造成的重大损害,应予以科处刑罚的情形。基于弱人工智能产品无法律人格的论证前提,如何对其致人损害的结果予以归责,则需要进一步论证。有损害结果,必有责任。相关自然人责任主体与弱人工智能产品的法律关系,是我们厘清其中刑事责任的基础和前提。

1. 弱人工智能产品因无法律人格而无刑事责任

弱人工智能产品因无法律人格而不是法律人。“法律人是受制于法律、参

① 参见胡裕岭:《欧盟率先提出人工智能立法动议》,《检察风云》2016年第18期。

② 《这次搞砸了!谷歌无人驾驶汽车测试时撞上公交车》,http://www.thepaper.cn/newsDetail_forward_1437715,访问日期:2018年3月28日。

与法律的具体个人。”[①]法律人是法律存在正当性的终极依据。因为本质上法学是研究人的学科。弱人工智能产品并非法律上的人，不是法学研究的核心对象。之所以讨论弱人工智能产品，原因在于弱人工智能产品对与其相关的法律人责任产生影响。既然弱人工智能产品本身并非法律人，自然不是法律规则所要约束的对象，而是用于苛责相关法律人的媒介。无论从自然人角度，还是拟制人角度，弱人工智能产品均不能被认定为法律人。我国法律没有也没有必要将弱人工智能产品作为拟制人予以对待。因为在弱人工智能产品所发生的法律场景中，弱人工智能产品居于工具的地位，沦为法律人实施法律行为的媒介。而法律人是归责的前提和基础，没有法律人，则无归责对象。因此，弱人工智能产品因无法律主体资格而无刑事责任。

2. 弱人工智能产品因无权利能力而无刑事责任

“在法学思想中，我们只是在人的行为成为法律秩序的内容时才涉及他。因而只有那些有资格作为法律秩序中义务或权利的人的行为和不行为，才是与法律上的人的概念有关的。一个人只有在他‘具有’义务和权利时才存在，离开义务和权利，就无所谓人了。”[②]可见，法律人是权利和义务相结合的人。不存在只有义务和责任而没有权利的法律人。弱人工智能产品因为没有法律人格，自然也无权利能力，无法享受法律上的权利。因此，若人工智能没有权利，就不会有法律地位，在法律上就不是真实的。[③]从弱人工智能产品本身的智能等级上看，不具备权利能力的先天条件；从弱人工智能产品的规制需要看，在现行法律环境中也并不需要被赋予权利主体的法律地位。因此，弱人工智能产品既然没有权利能力和权利主体地位，自然也不存在与之相对应的义务和责任。故而，弱人工智能产品不能成为刑事责任承担主体。

3. 弱人工智能产品致人损害刑事责任的归责规则

弱人工智能产品致人损害构成犯罪可以粗略地分为以下几种情形：一是自然人故意利用弱人工智能产品实施犯罪活动；二是弱人工智能产品使用者过失操作和管理导致弱人工智能产品致人损害，构成犯罪的；三是弱人工智能产品因质量或者缺陷问题致人损害，构成犯罪的。

对于第一种情形和第二种情形，基于弱人工智能产品工具论的观点，不难

① 胡玉鸿：《“法律人”建构论纲》，《中国法学》2006 年第 5 期。

② [美]约瑟夫·斯托里：《美国宪法评注》，毛国权译，上海三联书店 2006 年版，第 106-107 页；转引自胡玉鸿：《“法律人”建构论纲》，《中国法学》2006 年第 5 期。

③ 参见 Phil McNally, Sohai Inayatullay：《机器人的权利——二十一世纪的技术、文化和法律(下)》，邵水浩译，《世界科学》1989 年第 7 期。

认定其相关自然人的罪过形态。但是根据刑法上主客观相一致的归责原理,虽然不存在罪过认定的难题,但是仍存在客观行为认定的问题。因为弱人工智能产品虽然不能看成法律上的人,但毕竟是人工智能,毕竟是对人的智能的延展和体现。对于弱人工智能产品依照人的智能从事的活动能否被认定为刑法上的行为,抑或是弱人工智能产品依照人的智能从事的活动是否应当武断地认定为相关自然人的行为?这是个值得讨论的问题。笔者认为,弱人工智能产品依照人的智能从事的活动既不能直接看成没有评价意义的机器活动,也不能看成刑法上人的行为。事实上,这种情况类似于刑法学界曾经一度激烈讨论的ATM机器人能否被骗的问题。ATM机器人作为人工智能的延伸,在人类的设计编程条件下依照指令从事金融服务活动。在出现冒用信用卡的情况下,是否可以理解ATM机器人被骗的事实?"从某种角度分析,包括ATM机在内的机器经电脑编程后,实质上已经成为'机器人',在大多数情况下,这些所谓的机器实际上是作为业务人员代表金融机构处理相关金融业务。如此理解,我们就不难得出这一结论:既然金融机构的业务人员可以成为诈骗的对象,那么,这些经电脑编程后的机器人当然也可以成为诈骗罪的对象"。[①]这一观点早在2008年被最高人民检察院《关于拾得他人信用卡并在自动柜员机(ATM机)上使用的行为如何定性问题的批复》中予以采用和认可。这种观点目前已经成为刑法上的主流观点。这种观点事实上包含两方面内容:一是否认ATM机作为刑法上的人(被害人),将被害人认定为金融机构而非ATM机;二是承认ATM机作为人工智能的机器人而被骗;三是将被骗的法律后果归属于ATM机所有者金融机构承担。这种认定逻辑事实上给我们揭示了这样的原理:类似于ATM机的弱人工智能产品虽然不是刑法上的人,但是依照人类的指令从事的活动却被视为人类的行为。当然,并不是说弱人工智能产品的活动在性质上属于人类的行为,而是在法律后果的处断意义上承认弱人工智能产品活动具有与人的法律行为同样的意义。因此,弱人工智能产品致人损害行为,从处断意义上可以看作刑法上的危害行为,赋予其危害行为的地位。那么,应该由谁对弱人工智能产品危害行为承担刑事责任?笔者认为,弱人工智能产品致人损害行为,应当视为其"背后"相关自然人责任主体行为的组成部分,结合其"背后"相关自然人责任主体的主观罪过予以分别归责处理。

针对故意犯罪的情形,行为人故意利用了弱人工智能产品的活动实施犯罪,构成直接的实行犯,相应予以科处刑责。针对过失犯罪的情况,根据ATM

① 刘宪权:《金融犯罪刑法学原理》,上海人民出版社2017年版,第509页。

机的处断结论，应当由弱人工智能产品的所有者或者使用者承担弱人工智能产品致人损害的刑事责任。因为弱人工智能产品活动的利益一般由所有者享有，所有者负有保管、维护、妥善管理弱人工智能产品的义务，承担保全弱人工智能产品不会侵犯社会利益的责任，自然应当承担因为过失未尽责任而导致的刑事责任。这符合法律公正的要求。至于所有者和使用者如何区分承担刑事责任，则是次生的问题。笔者认为，所有者基于所有权法律关系承担管理责任，使用者基于使用行为而承担过错责任。在一般情况下，使用者系所有者的员工或者享有使用权的某个自然人。使用者若严格依照弱人工智能产品使用说明予以操作，没有操作过错时，不需要承担刑事责任。所有者若对弱人工智能产品的管理维护义务履行到位，没有过错，也就不需要承担刑事责任。可见，弱人工智能产品的所有者和使用者均基于过错而承担责任，均无过错时可能涉及产品质量和瑕疵问题引发的刑事责任。这里存在一个特殊情形，即是当所有者和使用者同时存在过错的时候，是否存在共同过失的刑事责任？笔者认为，鉴于我国刑法没有规定共同过失的刑事责任，不宜认定弱人工智能产品所有者和使用者共同过失的刑事责任，应根据其各自的过错分担刑事责任。

对于第三种情形的定罪归责问题，事实上属于产品质量责任问题。根据我国《产品质量法》的界定，产品质量责任问题分为两类：一是产品质量不合格引发的问题；二是产品设计缺陷引发的问题。弱人工智能产品作为一种产品，同样存在这两类问题。对于产品质量责任问题，首先应当在《产品质量法》《侵权责任法》等前置法层面上予以明确生产设计者和销售者的产品售前检测和售后监测跟踪义务。不同于一般产品，弱人工智能产品具有模拟人类部分智能的特点，存在安全风险和损害程度极大的不确定性。因此，应当赋予生产设计者和销售者更高的责任和义务。目前，我国前置法层面上并未明确规定售后的监测跟踪义务[①]，应当适时修改法律对弱人工智能产品的售后监测跟踪义务予以增设。根据刑法二次违法性原理，在前置法法律规定到位的前提下，我们才有进一步讨论弱人工智能产品质量问题引发的刑事责任问题。

首先，对于产品质量不合格引发的刑事责任问题，应根据生产者和销售者的主观罪过予以分别认定。其一，对于生产者故意不履行售前检测和售后监测跟踪义务的，应认定其主观上具有犯罪故意(包括直接故意和间接故意)，应承担故意犯罪的刑事责任；对于生产者由于“玩忽职守”而导致管理责任和售后服

① 参见都伟明：《论我国汽车召回制度缺漏及民事责任完善——以速腾车辆召回案件为例》，《当代法学》2015 年第 3 期。

务义务缺失,能否构成过失,存在疑问。“所谓犯罪过失,就是指行为人应当预见自己的行为可能发生危害社会的结果,因为疏忽大意而没有预见,或者已经预见而轻信能够避免的一种心理态度”。[①]通常来说,弱人工智能产品生产者应当已经预见到自己疏于管理,可能导致售前检测和售后监测跟踪义务的缺失,而售前检测和售后监测跟踪义务的缺失则进一步可能引发损害结果。因此,笔者认为,一般不存在疏忽大意而没有预见的情况,弱人工智能产品生产者疏于管理,未严格履行售前检测和售后监测跟踪义务的,不构成疏忽大意的犯罪过失,可以构成过于自信的犯罪过失。其二,对于销售者明知弱人工智能产品存在质量问题而予以销售的,构成犯罪故意,应当承担故意犯罪的刑事责任。对于犯罪故意类型,直接故意和间接故意均有可能存在。如该弱人工智能产品的质量问题非常严重,必然导致损害结果的发生,则销售者构成直接故意;如该弱人工智能产品的质量问题不十分严重,可能导致损害结果的发生,则销售者构成间接故意。对于销售者在销售过程中没有尽到产品质量注意义务的,则构成犯罪过失,并且存在过于自信和疏忽大意两种犯罪过失类型,应当承担过失犯罪的刑事责任。

其次,弱人工智能产品因缺陷致人损害,应对设计研发者谨慎苛责,不应适用严格责任。所谓的弱人工智能产品因缺陷致人损害,是指设计者因主观上存在过错(故意或过失)导致产品存在危及人身、他人财产安全的不合理的危险,并因此致人损害的情况。[②]《产品质量法》要求产品符合保障人身、财产安全的国家标准、行业标准,不符合该标准则谓之产品缺陷。对设计研发者的责任,有观点认为:“除了对故意利用人工智能技术实施犯罪的行为需要加以刑法规制外,笔者认为,由于人工智能可能造成的社会危害性大,并且研发者和使用者在大多数情况下对人工智能产品具有一定的把控能力,因此可以考虑在刑法中确立人工智能产品研发者和使用者的严格责任。”[③]该观点进一步认为,严格责任确认的前提是前置法律法规已将这部分义务规定在条文之中,而刑法则可以规定不履行相应法律法规中关于人工智能产品研发和使用过程中的规定,造成严重危害结果的,有关研发者和使用者需要承担刑事责任。[④]笔者认为,对于弱人工智能产品因缺陷致人损害的情况,仍应当坚持过错责任原则,严格按照故意犯罪和过失犯罪的主客观要求追究刑事责任。试图通过在刑法中引入严格责任,不仅没有必要,而且会极大地破坏刑法原有的刑事责任归责体系。尤其是针对

① 高铭暄、马克昌主编,赵秉志执行主编:《刑法学》,北京大学出版社、高等教育出版社2017年版,第115页。

② 参见李正华:《论缺陷产品召回的法制化监控》,《政治与法律》2003年第6期。

③④ 刘宪权:《人工智能时代的刑事风险与刑法应对》,《法商研究》2018年第1期。

弱人工智能产品而言，这种体系性的破坏显得更加得不偿失。其一，人工智能产品社会危害性大与研发者和使用者对人工智能产品具有把控能力，均不是适用严格责任的理由。弱人工智能产品社会危害性不一定比传统犯罪大，比如利用爆炸物、传播性极强的致死病毒等实施的犯罪活动。弱人工智能产品相对于一般的产品更加精细和科技含量较高，所以在设计过程中对安全性考虑也相对较高，对产品的实验和完善也更加谨慎，一旦面世推广使用其实一般不太容易出现产品缺陷。比如目前最为成熟的无人驾驶汽车智能产品，目前在我国正处于试验阶段，研发者对这一技术的实用性和可靠性正在反复论证试验，并没有急于推出成品。研发者和使用者对人工智能产品的把控能力则不能说明其责任更重，相反更需要证明其存在过错。其二，也不能因为弱人工智能产品缺陷难以证明和设计研发者主观过错难以确认而适用严格责任。诚然，弱人工智能产品由于比较智能化和复杂化，很难证明研发者在设计过程中存在过失或者故意的罪过形式，但是刑事证明和归责规则是两个不同层面的问题，不能因为责任难以证明就轻易地适用严格责任。即便是在刑事责任推定的情况下，刑法对于严格责任也是极其谨慎少用的，更何况于无需证明的严格责任。事实上，弱人工智能产品在设计过程中是否存在因故意和过失而导致产品缺陷，完全可以由国家专门成立的人工智能产品鉴定机构予以鉴定和甄别。在人工智能产品不断增多和日常化的未来，国家完全有相关技术能力和知识储备去解决研发者的主观过错问题。其三，刑法现有的归责规则可以有效应对弱人工智能产品缺陷问题。刑法归责的罪过要求是故意或者过失，且必须得到证实。除此之外，限于技术发展不成熟导致研发者没有认识到产品缺陷的存在可能性，既不存在故意也不存在过失的情况下，应按照意外事件予以处理。茫然引入严格责任，是对研发者的过分苛责，将不利于整个人工智能领域的发展和创新。

三、强人工智能产品具有刑事责任主体资格

正如上文所述，强人工智能产品具有再生智能的特征，不局限于从研发设计者处获得的人类智能。强人工智能产品因为有了再生智能，使其具有类人的属性和特质，即智能。这种智能使得强人工智能产品在法律中的地位和作用发生了显著变化，严重冲击了诸多传统的法律概念和归责原理。

（一）强人工智能机器人具备独立法律人格

强人工智能产品因为具备了部分类人的属性和特质，是否能被人类的法律

赋予独立的法律人格，值得讨论。笔者认为，当强人工智能产品在吸收消化人类智能基础上再生出的智能表现出自主意识和自主决策能力，并自我实现的情况下，应当被承认法律主体地位，完全应被赋予法律人格。

1. 强人工智能产品具有法律人的自由意志

在论证法律主体地位的时候，不得不提到康德的道德哲学和黑格尔的法哲学。康德和黑格尔的理论都能得出这样的结论：伦理上的人是理性的实体，并非任何客观实在都能成为此等人，只有具备自由意志的实体才有可能通过理性的逐步发展成为这种伦理上的人。①因此，根据这一原理，可以得出以下结论：一是动物因为不具备相应的理性而不能成为法律上的人，只能是物；二是生物学意义上的人也并非全部都是法律上的人，只有在其具备自由意志的前提下才能是法律上的人，比如精神病人和小于 14 周岁的未成年人则不是刑法意义上的责任主体。同理可得，强人工智能产品之所以可以成为刑法意义上的人，也在于其具备自由意志和实践理性。这种自由意志和实践理性产生于强人工智能产品的再生智能，而不是研发者预先植入的人类智能。至于强人工智能产品本身不具有人的生物机体，并不影响其法律人格的认定。“人之所以为人，并不是因为他是一种由肉体和精神的生物，而是因为根据法律规则的观点，人展现了一种自我目的。这样，为了证明人类群体可能可以具备法学人格，我们不需要证明人类在生物学上是相同的客观实体、组织，而是需要证明自我目的在人类群体当中和在个体的人身上体现的是一致的。”②因此，法律人格属于法哲学意义上的有关人的概念，法律上的人并不等同于生物学意义上的自然人。“法哲学意义上的人并非抽象、孤立的人，也并非单纯的生物意义上的人的存在，而是关系化、价值化了的人。”③在这一概念统摄下，团队组织成了法律上的人。同理可得，强人工智能产品也可以认定为关系化和价值化的人，即法律意义上的人。

2. 赋予强人工智能产品以法律人格也是公正归责的现实需要

如果强人工智能产品具有独立自主的认知能力、逻辑能力和实践理性，在其自由意志支配下从事了犯罪活动，却要因为否定了其法律人格而只得归责于其“背后”的自然人，这对自然人主体是不公正的。因为此时，对于自然人主体来说，不管是研发设计者，还是所有者和使用者，均无法左右强人工智能产品的活动。换言之，强人工智能产品执行的是自我生成的自我意志，并在意志支配

---

① 参见崔拴林：《私法主体范围扩张背景下的动物主体论批判》，《当代法学》2012 年第 4 期。

② [美]富勒：《法律的道德性》，郑戈译，商务印书馆 2005 年版，第 134 页；转引自胡玉鸿：《“法律人”建构论纲》，《中国法学》2006 年第 5 期。

③ 曾凡跃：《法哲学视野中的人的思考》，《现代法学》2002 年第 6 期。

下从事了犯罪活动，与研发设计者、所有者和使用者的意志和主观内容无关。可以理解为强人工智能产品的犯罪活动超出了研发设计者、所有者和使用者的主观意志。既然研发设计者、所有者和使用者的意志没有得到体现，何以苛责？有人可能会提出这样的质疑：毕竟研发设计者在设计过程中所预设的人工智能是强人工智能产品再生智能和自由意志的来源，强人工智能产品基于再生智能和自由意志实施犯罪活动的可能性是客观存在的。对这一结果的发生，研发设计者是完全有可能预见的，存在主观罪过，科处刑责也是理所当然的。笔者认为，研发设计者预设的人工智能与强人工智能产品实施犯罪活动，这种客观存在的关联性是存在的，但彼此之间并非直接的、必然的、唯一的因果关系。不能简单地认为，两者之间的关系明显存在强人工智能产品自由意志这一介入因素。如果此时把强人工智能产品看成一个人，研发设计者和生产制作者就是“母亲”，强人工智能产品就是“孩子”。不能因为“孩子”经过“母亲”教育长大后实施了犯罪活动，而归责于“母亲”。因此，当这种人工智能产品可以自由自主的时候，认定其具备法律主体资格，赋予其相应的权利能力和责任能力，则是法律的必然选择。

（二）强人工智能产品致人损害的刑事责任归责原理

从构造上看，强人工智能产品是一种人与机器的结合体；从产生上看，强人工智能产品是来自人类的创造；从智能上看，强人工智能产品既有人类智能又有自我再生的智能。更确切地说，此时强人工智能产品已经可以称之为强人工智能机器人。所以本文以下内容均采用强人工智能机器人的用语。因此，正因为强人工智能机器人与人类如此复杂的关系，导致其刑事责任承担上与人类有所不同。笔者认为，大体上可以分为单独责任和共同责任这两类责任形态。

1. 单独责任

责任可以区分时，强人工智能机器人可以独立承担刑事责任。当强人工智能机器人在法律上获得主体资格时，就是一个独立的权利主体和责任主体。对于强人工智能机器人在自我意志支配下实施犯罪活动，应当参照自然人犯罪主体的刑事责任归责原理予以认定。这是一个责任主体资格在处断意义上的判断。具体对强人工智能机器人来说，仍需要具备以下几个条件才能够担当刑事责任。一是强人工智能机器人的智能必须达到类人化的自主性程度。如果强人工智能机器人虽然再生了自我智能，但再生的智能等级较低，仍处于“小于 14 周岁的未成年人”智能状态，或者“婴幼儿”智能状态，不宜苛以刑责。换言之，智能等级要与刑法上自然人的精神状态和责任能力相匹配是强人工智能机器人承担刑事责任的前提。除因其先天不具备生物机体而导致的差别化待遇以外,在智能时代要给予强人工智能机器人与人类同样的权利和责任待遇。这本质上是对法律人格的尊重。二是强人工智能机器人在刑事归责之前,应当经过国家相关鉴定机构的鉴定。鉴定内容应当包括再生智能有无、智能等级、刑事责任能力等方面。因为强人工智能机器人与人类不同,不经过鉴定无法直接推导出其刑事责任能力。当然,在强人工智能时代,或许每一个强人工智能机器人都像人类一样具有“身份证”,可以表明其责任能力。但鉴于强人工智能机器人智能可以再生且具有多变性,在归责之前仍需要对其进行刑事责任能力鉴定。

2. 共同刑事责任

责任难以区分时,强人工智能机器人与人类应承担共同的刑事责任。这里涉及的问题并不是简单的共同犯罪理论问题。强人工智能机器人自身存在复杂性导致责任归属上难以区分。强人工智能机器人虽然具有自主的法律人格和自由意志,但并不意味着人类对其没有控制。事实上,人类之所以制造出强人工智能机器人,目的就是为了控制强人工智能机器人从事特定活动。可以想见的是,在未来的强人工智能时代,一般来说强人工智能机器人背后都有相应的人类控制者。强人工智能机器人就像是一个被操纵的有智能的“木偶”。这就导致强人工智能机器人在共同犯罪中的作用和地位难以与控制的人类之间脱离关系。机器人致人损害事件中,可能涉及机器人制造商、维修人员以及检查人员的责任,更为复杂的是还有强人工智能机器人自身的责任。因此,强人工智能机器人共同犯罪情形下,不能完全而简单地套用传统共同犯罪理论的归责规则。

关于强人工智能机器人共同责任问题,可以根据不同角度予以分类。从犯罪主体角度,可能存在以下几种情况:一是强人工智能机器人与自然人共同实施犯罪;二是强人工智能机器人与强人工智能机器人共同实施犯罪;三是强人工智能机器人同时在人类智能与再生智能支配下实施犯罪。对于前两种情形,同样存在两个独立的犯罪主体,一般可以参照共同犯罪的归责原理予以认定。但是当自然人成为强人工智能机器人的控制人时,或者两个强人工智能机器人共同犯罪时,其中一个强人工智能机器人是另一个强人工智能机器人的控制人时,则需要考虑共同犯罪故意的实际状态。如果实际控制人的意志是共同犯意,已经主导了整个犯罪过程,被控制的强人工智能机器人智能被动服从而没有自我意志实现可能时,此时作为控制人的自然人或者强人工智能机器人构成间接正犯,被控制的强人工智能机器人不承担刑事责任。对于第三种情形,仍然应当区分犯罪意志的具体内容是什么，是来自人类智能还是再生智能。若是来自预先内嵌的人类智能，虽然此时机器人具有犯罪主体资格，但体现的还是研发设计者、生产者或者使用者的犯罪意志，不能追究这个强人工智能机器人的刑事责任，而对犯罪意志来源主体和利用这一犯罪意志的主体苛以刑责。若是犯罪意志来自机器人自身的再生智能，则构成独立的犯罪主体，应对其按照单独自然人犯罪科处刑责。若是犯罪意志由人类智能和再生智能产生的，则对该强人工智能机器人与背后的研发设计者、生产者或者使用者等责任主体按照共同犯罪的归责规则处理。

值得一提的是，从主观罪过角度，他人（自然人或者强人工智能机器人）利用强人工智能机器人的故意或者过失实施犯罪，被利用的强人工智能机器人没有犯意的，他人构成间接正犯。

四、余　论

综上所述，智能等级的不同以及是否具有再生智能决定了人工智能产品（机器人）的法律人格和犯罪主体资格。对于人工智能产品引发的刑事责任归责问题，应当坚持以人类为中心，遵从现有刑事责任归责规则的基础上，结合人工智能的特点予以细化责任，而不应为机器人创造新的归责原理。在超人工智能时代到来后，机器人彼时已经超越人类成为主宰，势必成为责任规则的制定者，而轮不到人类制定规则。这是人类应当极力避免的噩梦。至于如何对强人工智能机器人处罚，则是需要进一步研究的问题。

人工智能犯罪中的刑事归责原则

夏陈婷*

【内容摘要】 人工智能技术推动社会进一步转型，并不断呈现深度学习、自主操控的新特征，由此必然会给法律体系带来新的挑战。如何控制人工智能时代的法律风险是当前法律学者共同面临的问题，而现行的刑法体系尚未对风暴来临的人工智能时代作出积极应对。本文试从风险刑法角度选择行之有效的人工智能犯罪刑事归责原则，并讨论在不同类型的人工智能犯罪中的适用。

【关键词】 人工智能刑事主体　刑事责任能力　刑事归责原则

人工智能的概念被认为追溯于“人工智能之父”马文·明斯基(Marvin Minsky)在1956年夏季达特茅茨人工智能项目议案中所提出的：“让机器从事需要人的智能的工作的科学。”①在人类神经物理学、神经解剖学以及“图灵机”(Turing Machine)的理论模型的研究基础之上，马文·明斯基在该项议案中提出：“人工智能研究建立在机器可以模拟人类的前提下，通过程序语言、构建理论模型的方式帮助解决人类现实问题，并提高人类解决相关问题的能力。”从中可以看出，人工智能的理论前提就是其自有的模拟能力，而人工智能的模拟能力除了来自设计研究者的初设程序设定之外，更多地来自人工智能的深度学习能力。

自2016年开始，人工智能正在以不可思议的速度刷新挑战人类智慧的记录，DeepMind公司研发的阿尔法狗(AlphaGo)人工智能程序击败了世界冠军李世石，一年后又以3∶0的成绩战胜了排名世界第一的世界围棋冠军柯洁。2017年DeepMind公司又公布了阿尔法元(AlphaGo Zero)，该项人工智能程序完全脱离人工数据，仅依靠深度学习技术从零开始自我训练，仅3天便强势打

* 夏陈婷，华东政法大学博士研究生。

① J.McCarthy, M.L.Minsky, N.Rochester, C.E.Shannon, A proposal for the Dartmouth summer research project on artificial intelligence; August 31, 1955, http://www-formal.stanford.edu/jmc/history/dartmouth/，访问日期：2018年3月5日。

败此前战胜李世石的旧版阿尔法狗，战绩是 100 ∶ 0 。①在人类还在疑惑具备超人类逻辑演算能力的人工智能是否可以认作具备“人”的特质时，人工智能已经获得首个公民的主体身份。2017 年 10 月 26 日，沙特阿拉伯在“未来投资峰会”上授予 Hanston Robotics 公司研发的人形机器人“索菲娅”合法公民身份②。2018 年 3 月 21 日，“索菲娅”又作为代表参加联合国可持续发展目标亚洲和太平洋地区创新大会。尽管“索菲娅”的创始人汉森承认，目前“索菲娅”距离自我意识觉醒还很远，因为现在还处于“婴儿期”。但是可以预见到的是，伴随着深度学习能力的发展，“索菲娅”终会具有自主意识并能够独立支配自己的行为，成为辨认控制能力和行为能力完备的“人”。

人工智能技术发展带给人类的影响不仅仅是一次新的生产力变革，而是预示着一个新的时代来临。作为发明者和创造者，人类在前几次时代变革中仍然占据主宰者的地位，掌握着先进生产力的核心技术，这也是至今仍有部分学者坚持人工智能工具论的原因所在。但是现在看来，人工智能技术已经逐步突破科技和人类的固有界限，技术由工具化走向拟人化、类人化，人类在此次变革中扮演的角色不再仅是技术发动者，同时也是技术承担者、共享者。人工智能开始具备独立的辨认控制能力和行为能力，我们需要思考的不仅是“公民”定义的变化，更主要的应当是考虑人工智能在具备民事行为能力和刑事责任能力的前提下，如何界定人工智能的责任承担和归属，从而为争议问题的解决提供参照思路，积极应对人工智能技术成熟后所带来的社会风险和法律挑战。

一、人工智能的分类及刑事责任能力

目前对于人工智能是否应当赋予刑事法律主体资格的问题仍然存在截然不同的观点，一种基于工具论的少数观点认为，“人工智能的认知和决定能力是人类赋予的，是依赖于人类的辨认能力和控制能力而存在的，是一种与人类能力相区别的拟制的能力”，因此“如果给予智能机器人刑事法律的主体资格，势必导致刑事责任体系的崩溃”；③另一种基于刑法发展论的主流观点认为，“智能

① 参见百度百科“阿尔法围棋”词条，https://baike.baidu.com/item/阿尔法围棋/19319610?fr=aladdin&fromid=19315265&fromtitle=AlphaGo，访问日期：2018 年 3 月 5 日。

② 《沙特阿拉伯授予“会议发言人”sophia 机器人公民身份》，https://www.cnbeta.com/articles/tech/664757.htm，访问日期：2018 年 3 月 5 日。

③ 黄京平：《如果智能机器人犯罪，谁是责任主体?》，《人民检察》2018 年第 1 期。

机器人是人类模拟自身神经网络创造出来的事物,比世界上任何事物都更类似于人,刑法应当尊重其自由意志,适时考虑赋予其法律上的主体资格”。①笔者认为,正如前文所论述的,人工智能在完全脱离人工数据的前提下仍能通过自我学习掌握无法匹敌的逻辑演算能力,其强大的深度学习能力已经赋予人工智能超越和脱离人类控制能力的可能性,因此所谓“依赖说”并不成立;同时,刑法作为维护社会秩序的最后防线,本身应当具有随着时代发展不断通过立法手段发展完善的功能,否则难以胜任维护人类社会最大利益的目标和任务。纵观刑法的发展历史,犯罪类型由自然犯发展到法定犯,犯罪主体由自然人发展到单位法人,这些都是刑法顺应社会转型的进化成果。同时,刑法上的辨认能力是对行为的性质、后果、作用的认识能力,其中包括事实层面的认识和规范层面的认识,人工智能的深度学习能力为其通过学习掌握事实层面和规范层面的辨认能力提供可能;而刑法上的控制能力是根据对事实和规范的认识控制自己行为的能力,人工智能通过程序设计和控制能够具备相较于人类更强的控制能力。人工智能完全具备掌握刑法意义上的辨认、控制能力的条件,因此其作为新的刑事法律主体纳入刑事法律体系应当成为未来刑法的发展目标。相应地,如何规制人工智能犯罪便成为该前提之下的应有之义。

针对人工智能的类型划分,目前学界仍然存在不同观点:有学者提出“两分法”,指出以人工智能产品是否具有辨认能力和控制能力,可以将人工智能产品划分为弱人工智能产品与强人工智能产品;②也有学者提出“三分法”,即按照意识的有无和程度的差别,人工智能可以划分为弱人工智能、强人工智能和超人工智能。③笔者认为,无论“两分法”还是“三分法”,其类型划分的依据仍然是对照人的辨认能力和控制能力,判断人工智能是否具有类比人类的能力,从而进一步判断人工智能是否具备独立承担责任的前提。因此,无论人工智能具备和人类同样的智能或是超越人类的智能,其本质都在于认定该人工智能已经具备独立承担刑事责任的基础,即应当认定该人工智能具有刑事责任能力。在笔者看来,在刑事法律的语境下,刑事责任能力的有无是讨论人工智能刑事责任承担的核心,“两分法”解决了人工智能刑事责任判定的前提问题,因此更具有学术研究价值。

因此,根据人工智能产品是否具有辨认能力和控制能力,可以相应地确定人工智能是否具备相应的刑事责任能力。因为目前人工智能技术还未发展到

① 刘宪权:《人工智能时代的刑事风险与刑法应对》,《法商研究》2018 年第 1 期。
② 刘宪权:《人工智能时代的“内忧”“外患”与刑事责任》,《东方法学》2018 年第 1 期。
③ 党家玉:《人工智能的伦理和法律风险问题研究》,《信息安全研究》2017 年第 12 期。

强人工智能水平，即便是已经获得公民身份的人形机器人“索菲娅”还未达到自我意识觉醒的程度，故现有的人工智能产品还只能归属弱人工智能产品的范畴。在当前人工智能还不具备完全刑事责任能力的前提下，如何界定人工智能的刑事责任承担的范围和程度具有重要的实证意义。目前的主流观点认为弱人工智能作出的判断和行为仍是在程序控制范围之内，即使实施了严重危害社会的行为，也只能将其视为设计者或使用者实施犯罪行为的“工具”，人工智能产品本身不应当承担刑事责任，而应当由人工智能产品的设计者或使用者承担刑事责任。只有当强人工智能超出设计和编制程序实施危害行为，才应当独立承担刑事责任，同时负有预见义务和监督义务的设计者或使用者也有被追究刑事责任的可能；①也有观点认为人工智能仅是一项技术，本身不具备刑事责任能力。机器人无论以何种方式承担责任，最终的责任承担者都是人。而人工智能触犯法律，归根结底是使用者、所有者、制造者在利用人工智能技术过程中违法犯罪，因而理应由人来承担刑事责任。②由此看来，目前学界探讨的焦点还是人工智能产品犯罪以及刑事责任承担的可能性，而对于强、弱人工智能犯罪的刑事归责原则及方法尚无深入探讨，而这对于弱人工智能时代已然来临的当下显得准备过于不足。以无人驾驶技术为例，因为没有人工智能法律限制，该项技术尚未成熟便已经上路行驶公测，导致相关道路交通安全事故频频发生。2018年3月18日晚10点，一辆优步(Uber)无人驾驶汽车在美国亚利桑那州坦佩市与一名正过马路的行人相撞，后者不治身亡。该起全球首例无人驾驶汽车在公共道路上撞击行人致死事件在暴露弱人工智能产品的技术缺陷的同时，也充分说明了法律应对不足带来的危害。同样，对于类似案例的处理，也没有形成公认的刑事归责原则供参照援用，大量案件停留在个案争议的基础之上，尚未形成系统的案件争议解决机制。这也是本文关注并试图解决的问题，笔者将在下文中继续展开讨论。

二、人工智能犯罪向传统的刑事归责理论提出挑战

在我国刑法中，刑事归责通常指的是刑事责任归责，即将违反刑事义务的行为归因为行为人。③刑事责任归责是对广义的定罪活动的一种抽象性概括，是以定罪或犯罪构成的定罪意义为前提，依据犯罪构成认定犯罪是否成立，在此

① 刘宪权：《人工智能时代的刑事风险与刑法应对》，《法商研究》2018年第1期。

② 黄京平：《如果智能机器人犯罪，谁是责任主体？》，《人民检察》2018年第1期。

③ 冯军：《刑事责任论》，法律出版社1996年版，第18页。

基础上经由刑事诉讼程序的有效配合,最终确定犯罪是否成立和刑事责任是否存在及其程度的一系列活动的总和,也是犯罪与刑事责任关系(罪责关系)的集中展现。

现代刑事归责理论产生于德日犯罪论体系背景之下,而德日的犯罪论体系是一种阶层式的犯罪论体系,包括构成要件符合性、违法性和有责性三个阶层,不同于我国的犯罪构成四要件的平面式犯罪论体系。而我国的犯罪构成理论没有明确区分刑事违法和刑事责任,完全符合犯罪构成既是刑事违法的前提,也是刑事责任的成立条件。由于四要件的犯罪构成理论自身不能涵盖刑事责任能力和违法性阻却事由等归责要素,因此有学者认为四要件的犯罪构成没有很好地解决归责问题,进而提出只有三阶层的犯罪论体系才能使犯罪构成合理化。①笔者认为,在我国的刑法体系中,适用犯罪构成四要件论并没有在前提上绝对否认刑事归责理论的适用,刑事归责理论是一种实质判断构成要件的理论,与犯罪构成理论在刑事责任判定的过程中共同作用,最终在裁判活动中实现将违反刑事义务的行为归因为行为人的目标,其归责路径与德日公认的客观归责理论在本质上是一致的。

一般观点认为,刑事归责是客观归责和主观归责的统一,包括行为归责和结果归责,行为归责的要素是从行为人到行为,而结果归责的要素是从行为到结果。客观归责的目的在于确认符合构成要件的行为可以从客观上归责于行为人,同时构成要件结果对于构成要件行为是可以客观归责的;主观归责的目的则在于确认行为人的行为故意在主观上可以归责于行为人,同时具体结果的发生对于故意来说是可以主观归责的。"现代刑事归责理论的代表是德国学者罗克辛的客观归责理论,该理论的初衷在于解决过失犯罪的刑事归责问题,将因果关系与归责问题相区别,而两者联系的纽带是法规范意义上的风险,即行为制造并实现了刑法保护的风险,则将产生的后果归属于行为人。"②总结传统的刑事归责理论,其理论的前提在于行为人假设为自然人,其中无论风险的制造、实现时导致刑事归责或者风险的减少、未实现时导致刑事归责的排除,都离不开一般人的预见可能性这一判断标准,即行为人通过预见可能性判断进而选择制造或阻止、增加或减少风险的形成并进而实现之。总而言之,传统的刑事归责理论以行为人实施的侵害行为为基础,其默认的责任主体是存在预见可能性缺失或认识错误可能性的自然人。

---

① 陈兴良:《教义刑法学》,中国人民大学出版社2010年版,第128—129页。

② 张明楷:《外国刑法纲要》,清华大学出版社2007年版,第126页。

人工智能犯罪作为技术进步的不利后果，既是工业社会的产物，也是风险社会下技术性风险①的典型体现，其制造的社会风险严重程度远远超出人类事先预警检测和事后处理的能力，因此对人工智能犯罪进行刑事规制的必要性不言而喻。但是，人工智能作为高度理性的"人"，具备准确的预见能力和完备的认识能力，不可能存在预见不足或认识错误的情形，其不但能够制造并实现法律不允许的风险，而且能够通过运算控制准确避免风险，也就意味着人工智能一旦实施侵害行为，就应当承担所有的不利后果，刑事归责的论证过程显得多余，同时也不存在刑事责任排除的余地。囿于传统刑事归责理论的责任主体限制，对其适用传统的刑事责任归责和刑事责任排除存在理论障碍，因此有必要构建符合风险社会特征的人工智能犯罪归责原则，解决规制人工智能犯罪的核心问题。

三、人工智能犯罪的刑事归责原则之选择

刑事归责原则是在犯罪成立的基础上进行刑事法律责任判定的基本准则。不同于具体的刑事归责过程，刑事归责原则应当依据社会共同体的价值共识进行判断，最大程度地体现刑法规范目的所蕴藏的宪法权利和基本原则等价值。

传统的刑事归责原则的主要内容在于法律责任的承担要不要以主观上的过错为条件，行为人的主观过错是承担刑事责任的基础，故意和过失不仅是犯罪构成的必备要件，而且是确定刑事责任的前提，因此行为人主观上无过错则不承担刑事责任。随着风险社会、风险概念的引入，传统的过错责任原则受到了冲击。面对技术进步带来的众多复杂难控的社会风险，刑法理论界产生界分，有观点认为应当突破以过错责任原则为基础、以消极司法地位自守的罪责刑法的限制，将刑法的任务转向风险防控以维护安全，②也有观点认为应当坚持罪责刑法的谦抑性原则，守住刑法保障自由的底线。③尽管刑法学界对此意见不一，但是社会实践和法律发展依循其内在规律发展嬗变，刑法作为解决社会防控的最后一道防线，其本身随着时代的变更而不断丰富自身的内容。随着刑事立法领域由结果本位向行为本位转变，严格责任原则便成为刑法应对风险社会的重大风险时所作的主动调试，在进行刑事归责时强调主观过错与刑事归责的适度分离。

---

① [德]乌尔里希·贝克：《风险社会》，何博闻译，译林出版社2004年版，第19页。
② 郝艳兵：《风险刑法：以危险犯为中心展开》，中国政法大学出版社2012年版，第66页。
③ 劳东燕：《风险社会与变动中的刑法理论》，《中外法学》2014年第1期。

严格责任原则主要出现在英美国家公共福利犯罪中,它代表的是罪过(或犯意)要求的边缘化趋势,即罪过之于犯罪定义的构建与犯罪的认定正在逐渐丧失决定力和影响力。[①]严格责任原则是在认定少数侵犯社会公共利益类犯罪时,认为有无犯罪意图对责任方来说都不是实质性的归责依据,责任方即使提出无犯罪意图的证据也无法对其进行刑事责任排除。严格责任原则的出现标志过错责任原则已被突破和变革,其强调以法规范的保护目的为导向进行责任分配,更加符合风险社会的预防目的和安全价值的实现,但在我国目前的刑法中尚未得到承认。[②]

正如笔者前文所述,人工智能犯罪是技术性风险的集中体现,符合风险社会中现代性和风险不确定性并存[③]的特征,同时人工智能产品通过深度学习能够达到并超越人类智能的可能性又大幅增加了其制造不可控制的风险的几率。与此同时,由于人工智能产品中"黑箱"[④]技术的使用导致其算法不透明,终端用户并不清楚人工智能产品的算法是如何得出结论的,在此技术性障碍之下进行人工智能产品的决策说明成为一项不经济甚至不可能完成的任务,而依照传统的过错责任原则,刑事责任主体的决策说明在刑事归责过程中至关重要并且不可或缺。笔者由此认为,基于人工智能犯罪的风险不可控性和行为决策不透明性,对其刑事归责适用严格责任原则更加符合人工智能时代的技术规范要求和法规范要求。尽管如此,适用严格责任原则并不意味着绝对责任,即由人工智能承担全部责任,否则难免落入客观归罪或结果归罪之嫌。实施严格责任的初衷在于减轻甚至不需要公诉方履行证明行为人主观要件的证明责任,辩护方自然不能以主观罪过的缺乏为由进行抗辩,但在某些国家也允许提出事实错误此种否定犯意的辩护理由,不过由行为人承担证明责任而已。[⑤]因此,现代的严格责任原则指的是相对严格责任,即对某些特殊犯罪,法官并不把犯意作为决定刑事责任的先决条件要求公诉机关加以证明,即使主观罪过难以辩清,只要被告人实施了一定的为法律所禁止的行为,而被告人又不能证明自己主观上不存在过错,包括已尽自己的能力注意和避免,法律依据特定的侵害行为而明确推定行为人具备犯罪意思的归责原则。相对严格责任原则一般要求举证责任倒置和过错推定原则,这有利于减轻公诉机关对人工智能主观罪过的证明责任,

① 李立丰:《美国刑法犯意研究》,中国政法大学出版社2009年版,第132页。
② 劳东燕:《风险社会与变动中的刑法理论》,《中外法学》2014年第1期。
③ [德]乌尔里希·贝克:《风险社会》,何博闻译,译林出版社2004年版,第323—333页。
④ 许可:《人工智能的算法黑箱与数据正义》,《社会科学报》2018年3月29日。
⑤ 周新:《英国刑法严格责任的构造和借鉴》,《政治与法律》2011年第2期。

同时与人工智能犯罪的风险不可控性和行为决策不透明性相契合。

四、人工智能犯罪的刑事归责原则之适用

如上文所述，面对人工智能犯罪风险已然来临的威胁，刑法的任务除了讨论确认具备独立的辨认能力和控制能力的强人工智能法律主体资格之外，更应当选择合适的刑事归责原则以解决不同情形下的人工智能犯罪的刑事责任规制。笔者认为，针对人工智能的强弱之分，以及人工智能和自然人的结合程度，有必要确认以过错责任原则为主，以相对严格责任原则为补充的刑事归责原则。就弱人工智能产品的刑事归责而言，目前学者多数持“工具说”[①]或“代理说”[②]，认为应当由人工智能产品的设计者或使用者承担刑事责任，尤其在弱人工智能产品被使用者利用实施故意犯罪时应当根据自然人的主观过错，认定由使用者承担刑事责任。笔者认为，尽管弱人工智能产品尚未具备完全的自我意识，从刑事责任能力认定来看尚不具备独立的辨认能力和控制能力，不可能独立实施故意犯罪，但也不完全等同于传统的技术工具。弱人工智能具备深度学习能力，运用“黑箱”技术作出相应的决策，因此相应具有一定的个体特征，即使由同样的生产者按着同样设计者的设计框架系统生产，弱人工智能产品在“智力”上仍有可能呈现个体差异，甚至出现超出设计者意图的情形出现。[③]此种情形下的人工智能过失犯罪应当如何进行刑事归责存在争议，笔者认为有必要引入相对严格责任原则厘清人工智能程序设计者、生产者、所有者、使用者的责任分担。以无人驾驶汽车的交通肇事案件为例，在使用者未参与驾驶行为的自动驾驶模式下，使用者因为没有参与驾驶行为，因此排除其未尽到注意义务的责任，依照相对严格责任原则，应当由无人驾驶汽车的所有者、生产商或程序设计者承担责任，但此种情况属产品责任问题，应由相关方承担连带赔偿责任，相关方可以按照各自提出的主张排除和确定责任份额；在使用者部分参与驾驶行为的自动驾驶模式下，使用者虽可以以未完全参与驾驶排除自己未尽主要注意义务的责任，但依照相对严格责任原则，使用者在使用过程出现紧急状态时未能采取及时有效的制动措施防止结果发生，应当承担事故的刑事责任，使用者连同所有者、生产商或程序设计者承担连带赔偿责任，相关方同样可以按照各自

① 刘宪权：《人工智能时代的“内忧”“外患”与刑事责任》，《东方法学》2018年第1期。

② 吴汉东：《人工智能时代的制度安排与法律规制》，《法律科学》2017年第5期。

③ 《俄罗斯一机器人一周内两度自主逃跑或将被拆解》，http://tech.163.com/16/0623/18/BQ92HASN00097U7R.html，访问日期：2018年3月15日。

提出的主张排除和确定责任份额。

就强人工智能产品的刑事归责而言,正如前文已经阐述,强人工智能具备类人的辨认能力和控制能力,因此相应具备相应的刑事责任能力,因此对于其实施的犯罪行为,完全可以依照过错责任原则进行刑事归责。尽管有观点认为强人工智能的到来可能意味着人类的毁灭,①但笔者认为科技改进生活的努力不会停止,法律不断调适进而规制科技发展进程的努力同样也不会停止。正因为如此,"立法者的任务不是建立某种特定的秩序,而只是创造一些条件,在这些条件下,一个有序的安排得以自生自发地建构起来,并得以不断地重构"。②笔者相信,立法者有足够的智慧将强人工智能的发展限制在维护人类基本利益的范畴之内,因此关于强人工智能产品的刑事归责的讨论并非没有必要。

可以预见的是,未来人工智能和自然人结合的模式会成为常态。就人工智能和自然人结合体的刑事归责而言,笔者认为应当区别情况分别处置。在人工智能产品与自然人结合,且不影响自然人的辨识能力和判断能力的情形下,此时的人工智能产品应当认定为纯粹的辅助工具,属于弱人工智能,如辅助医疗改善系统,那么结合体实施犯罪应当根据过错责任原则,由其自身承担刑事责任;在人工智能产品与自然人结合,且部分影响自然人的辨识能力和判断能力的情形下,此时的人工智能产品理论上仍旧属于弱人工智能,但其决策判断引导或影响自然人实施犯罪行为,那么结合体实施犯罪应当适用相对严格责任原则,对人工智能产品生产者、设计者及结合体追究刑事责任;在人工智能产品与自然人结合,且主导和控制自然人的辨识能力和判断能力的情形下,此时的人工智能产品理论上已经属于强人工智能,而强人工智能具备刑事责任能力,根据过错责任原则理应承担刑事责任,此种情形下的结合体应当予以分解,对自然人免责。

五、结　　语

人工智能技术不仅代表未来科技发展的方向,同时也是未来法律发展的推动力。2016 年 10 月,欧盟议会法律事务委员会(JURI)发布《欧盟机器人民事

---

① [英]霍金:《让人工智能造福人类及其赖以生存的家园》,http://www.sohu.com/a/137173188_609518,访问日期:2018 年 3 月 15 日。

② [德]弗里德利希·冯·哈耶克:《自由秩序原理》,邓正来译,生活·读书·新知三联书店 1997 年版,第 201 页。

法律规则》(European Civil Law Rules in Robotics)。[①]2017 年 2 月 16 日，欧盟议会通过了该委员会提出的就机器人和人工智能的立法议案，[②]以立法形式确认对人工智能发展的引导和规制。2017 年 7 月 8 日，国务院发布《新一代人工智能发展规划》，其中明确提出建立人工智能法律法规、伦理规范和政策体系的要求。而人工智能立法的重要原则包括保护人类利益原则、透明性原则和责任原则，责任原则不仅意味着人工智能可以被问责，还涉及人工智能应当如何被问责。因此，构建行之有效的刑事归责原则也是建立人工智能刑事法律的重要组成。未来已经提出挑战，我们应当做好充足的理论和制度准备，方能更好应对人工智能科技发展对社会规则和法律秩序的冲击。

① 《十项建议解读欧盟人工智能立法新趋势》，http://baijiahao.baidu.com/s?id=1559578568643940&wfr=spider&for=pc，访问日期：2018 年 3 月 20 日。

② 参见"16 February 2017-European Parliament resolution with recommendations to the Commission on Civil Law Rules on Robotics"，https://www.linkedin.com/pulse/16-february-2017-european-parliament-resolution-civil-gérardin，访问日期：2018 年 3 月 15 日。

刑法对人工智能应秉持的理性态度

郑　慧*

【内容摘要】　刑法对于人工智能，既不能像激进派所言早早修改刑法体系等待超人工智能时代的来临，又不像保守派所言没有讨论和严阵以待的必要性。对人工智能在刑法意义上的讨论不同于对克隆人的全盘否定，也不适宜赋予其刑事责任的主体地位，应秉持理性折中的态度，在创新保护与规则制约间找到一个平衡点，合理建构人工智能犯罪的刑事责任体系，引导人工智能的发展有所为有所不为。

【关键词】　人工智能　刑事责任主体　未来法学

刑法学者研究人工智能问题的确很难，一方面因为自然科学和社会科学之间本身就有着不可逾越的藩篱，如同文理科的大脑，各自拥有完全不同的思维方式，虽然刑法学历史上也出现过基于自然科学的实证学派，但其实证是针对实实在在的自然人在医学、心理学等方面与刑法学结合运用，而对于人工智能，自然科学领域的讨论尚没有一致的定论，隔行如隔山的刑法学讨论如同隔山打牛；另一方面，人工智能作为新兴产业具有很强的前瞻性，法学领域对其进行的讨论很多建立在对未来技术发展预见、想象的基础上，于是催生出了一门新的法学分支，有学者称之为“未来法学”。①刑法作为社会规范的最后一道防线，应在现有人工智能技术的基础上考虑其发展趋势，做好适度的制度准备。

一、人工智能对刑法的影响

（一）人工智能的迅猛发展

人工智能，是研究、开发用于模拟、延伸和扩展人的智能的理论、方法、技术及应用系统的一门新的技术科学，自 1956 年达特茅斯会议正式提出人工智能

* 郑慧，华东政法大学博士研究生。

① 参见焦旭鹏：《立体刑法学：观察与评析》，《北京工业大学学报（社会科学版）》2017 年第 6 期。

的概念以来，[①]人工智能技术的发展作为计算机技术的一个分支，像其他新兴产业一样并不是一帆风顺的，近几年，随着大数据分析、神经网络和深度学习算法的优化，人工智能从实验室里走了出来，在诸如语音识别、人脸识别、围棋对弈、无人驾驶等一些人们所熟知的领域中取得突破性进展。今天我们的生活已经离不开人工智能，如我们的智能手机会自动定位分析我们的家庭和单位地址，提醒我们上下班的时间和最优路线，在我们用手机 App 购买火车票之后会提示我们乘车时间；目前有一款非常流行的软件叫“形色”，只要用它拍下任何一株植物的照片，它马上会告诉你植物的名称、特性等，登录以后它会呈现所有记忆里你去过的地方拍过的植物；百度网盘等云存储技术为我们节约了大量的存储空间；无人驾驶汽车已获准上路测试，在 2018 年的“两会”上，无人驾驶立法成为很多代表和委员们热议和呼吁的议题；智能家居被房地产商所热推，通过一只智能手表，可以在上下班路上动动嘴巴轻松控制家中的电器。叶永烈先生 1978 年写的科幻小说《小灵通漫游未来》里的场景，[②]现在看来已经不能算是科幻而成了现实。

2014 年欧盟发布了《欧盟机器人研发计划》，2016 年美国发布了《国家人工智能研究与发展策略规划》，2017 年法国发布了《人工智能战略》。2017 年我国国务院发布《新一代人工智能发展规划》，上海市发布《关于本市推动新一代人工智能发展的实施意见》。不管国内还是国外，关于人工智能的新动向每天都层出不穷，无人银行、无人超市、无人餐厅陆续上市运营，北京、上海等地陆续开放无人驾驶上路测试，而先行的美国无人驾驶汽车已发生了撞人致死事故，荷兰等多国出现了性爱机器人妓院，韩国科学技术院与财团合作研发人工智能武器遭到其他国家联合抵制。从各国、各地对人工智能发展的重视和追逐程度可见，人工智能将成为第四次工业革命的重点。[③]

(二) 人工智能技术的悖论

人工智能的发展存在三大悖论：第一，莫拉维克悖论。[④]莫拉维克等学者研究发现，实现人类独有的高阶智慧只需要非常少的计算能力，但是实现无意识的技能和感知却需要极大的运算能力，也就是说，“困难的问题易解，简单的问题难解”。这个悖论反映了图灵机模型的局限性，需要提出更适合感知计算的

① 《本期热词：人工智能》，《中国战略新兴产业》2016 年第 8 期。
② 参见叶永烈：《小灵通漫游未来》，少年儿童出版社 2016 年版，第 5 页。
③ 邓泳红、张其仔：《中国应对第四次工业革命的战略选择》，《中州学刊》2015 年第 6 期。
④ 刘伟：《关于机器人若干重要现实问题的思考》，《人民论坛 · 学术前沿》2016 年第 15 期。

新模型。目前流行的计算机都是基于图灵机模型的冯·诺依曼架构,冯·诺依曼发现模仿神经网络设计计算机这条路走不通,从第一台电子计算机开始,计算机的发展就与模拟人脑分道扬镳,使得用计算机实现人工智能的方式与人脑的思维机制几乎不沾边。第二,新知识悖论。[①]人们常说大数据和机器学习是从数据中发现新知识,阿尔法元(AlphaGo Zero)无师自通也说明在计算机上做统计学习可以学到人类还未掌握的围棋知识。但从事计算机科学研究的学者认为:计算机是机械的、可重复的智能机,本质上没有创造性。计算机的运行可以归结为已有符号的形式变换,结论已经蕴含在前提中,本质上不产生新知识,不会增进人类对客观世界的认识。第三,启发式悖论。[②]启发式搜索是人工智能最基本的技术,与互联网的"尽力而为"原则类似,启发式搜索不能保证找到解或保证解的精度。人工智能存在悖论,说明人工智能也并非万能。

有学者关注到近几年出现了"类脑人工智能"的概念,2017 年 5 月 13 日,中国类脑智能国家级工程实验室在中国科技大学成立,有学者进而认为类脑人工智能的研究将使人工智能拥有像人一样的大脑,突破现有人工智能的三大悖论,人类的大脑加上高速的运算能力未来会产生超越人类的"超人"。值得指出的是,类脑人工智能最早从神经科学领域提出,其初衷是治疗目前无法攻克的脑部神经系统疾病,[③]如阿尔兹海默氏症,俗称老年痴呆。人类大脑拥有 1 000 亿个神经元和 100 万亿个连接点,是已知宇宙中最复杂的结构。根据诺贝尔生理学医学获得者斯佩里的"左右脑分工"理论,[④]人的左脑负责逻辑、语言、数学、文字、推理、分析,是抽象脑、学术脑、理性脑;人的右脑负责图画、音乐、韵律、情感、想象、创造,是艺术脑、创造脑、感性脑。目前的儿童教育机构非常注重在开发右脑方面抢占市场,因为人们已经预见到左脑反复工作的成果未来都可以靠人工智能轻松获得,而右脑的创造是人类所独有的。类脑人工智能的发展是为了打通神经学科对人类大脑研究的瓶颈而生,当然这一研究会反过来促进人工智能的发展,但并不意味着人工智能可以拥有人类一样的大脑。

(三)人工智能对刑法学科的影响

人工智能带给人类的是便利也有风险,刑法作为人类社会科学的一门学

① 张汉生、陈国亮:《试论非经典逻辑在人工智能中的应用》,《燕山大学学报(哲学社会科学版)》2010 年第 2 期。

② 颜兆林、任培、邢立宁:《求解仿真优化问题的知识型启发式搜索方法》,《计算机仿真》2007 年第 12 期。

③ 韩雪等:《神经科学和类脑人工智能发展:机遇与挑战》,《生命科学》2016 年第 11 期。

④ 张志勇:《脑科学的新进展及其对当代教育改革的影响》,《教育科学》1990 年第 4 期。

科，人工智能带来的影响主要有三个方面：首先，随着人工智能技术在一些领域替代人类的角色，一些犯罪类型的数量会逐渐下降，如人工智能技术与现代工业结合后会产生外表与人类难以识别的机器人伴侣，随着性开放程度的不断提高，机器人伴侣的出现将会使人类社会中性犯罪的比例大大降低，但同时也给现行刑法关于性犯罪和卖淫类犯罪的规定带来了冲击。再如，机器人伴侣在老龄家庭和教育、看护等机构的推广使用，将会降低虐待类犯罪的比例。其次，人工智能技术在某些领域的充分运用，将颠覆原来设置相关罪名的立法原意，使得一些犯罪的构成要件发生质的变化。如交通肇事罪，无人驾驶汽车的出现，将会导致以人为中心建立的一套道路规则和概念体系逐渐消亡，投放市场后，一定时期内无人驾驶与有人驾驶将并存于道路上，注意义务的设置和责任的认定会非常困难，所以终有一天法律将不得不像禁止醉驾那样禁止有人驾驶，以保证道路上完全靠算法的人工智能能够始终作出正确的判断，不受有主观能动性的驾驶员的干扰，那时候规则也就无关紧要了，但驾驶爱好者的权利似乎又无人问津了。再如人工智能在医疗领域的深入运用，一些涉医的犯罪如医疗事故罪、非法行医罪等罪名的构成要件也会发生质的变化。人工智能作为一种商品，自身的质量和风险问题，带来在商品生产销售犯罪领域如何界定责任的新课题。最后，人工智能的运用将使某些领域的犯罪“如虎添翼”，插上科技的翅膀后会发生几何倍数的量变。①最突出的就是信息类的犯罪，人工智能显然不成比例地强化了一部分人的能力，即那些站在人工智能发展前沿的“大数据掌控者”和人工智能开发企业的能力，同时使越来越多的人变成难以保护自己隐私的弱者，时下一些办案机关在为找不到涉案对象而挠头的时候最后会求助于强大的信息网络，因为每一个社会人在享受人工智能便利的同时也无时无刻不在共享自己的信息。除了信息类犯罪以外，将人工智能作为工具运用于暴力恐怖犯罪、危害国家安全和公共安全犯罪、证券期货等操纵市场类的犯罪等，如韩国设立研究院研究杀人机器人遭到谴责，其造成的社会危害程度不可与传统犯罪同日而语，将给现行刑法的规制方法带来极大的挑战。

二、刑法对人工智能的刑事主体资格认定应保持理性

目前刑法学界对于人工智能的发展呈现出激进和保守两派。激进派认为，未来人工智能时代将会出现具有独立辨认和控制能力的强人工智能甚至超人

① 刘宪权、朱彦：《人工智能时代对传统刑法理论的挑战》，《上海政法学院学报（法治论丛）》2018年第2期。

工智能,认为应当赋予其刑法上的独立人格,对其犯罪行为进行定罪量刑。保守派则认为,目前学界热议的人工智能对刑法的挑战,就如同当年人们讨论克隆人对刑法的挑战,是一次追逐时髦话题的教训,最终会昙花一现。笔者认为,精细化立法的前提是要掌握相关领域的科学规律,人工智能立法的出台,需要对人工智能的科学规律有着充分的理解和把握。人工智能在刑法上到底处于一个什么样的位置,是否要赋予人工智能以刑法上的人格,要讨论这一问题,首先要定位人工智能在刑法上的属性。

(一) 人工智能不具备成为刑事责任主体的属性

目前刑法上承认的刑事责任主体有自然人和单位两类,笔者想逐一进行对比分析,找出人工智能是否有类比为具备刑法上主体人格属性的可能性。

1. 人工智能与自然人

根据马克思辩证唯物主义的观点,人类与包括动物在内的其他事物的根本区别,在于人的社会性。“人类社会和动物界的本质区别在于,动物顶多只能采集,而人类则能生产。”[①]这就是说,能够进行生产的,能够通过能动地改造自然界取得物质生活资料以满足自身的需要,是人的根本。人们“如果不以一定的方式结合起来共同活动和互相交换其活动,就不能进行生产。为了进行生产,人们便发生一定的联系和关系;只有在这些社会联系和社会关系的范围内,才会有他们对自然界的关系,才会有生产”。[②]这就是说,人类的生产只能是一种社会活动,不可能是一种孤立的个人活动;要进行生产,人们之间就必然要结成一定的社会关系。有学者认为自然人与人工智能的本质区别在于是否具有生命体,[③]这是建立在想象未来的智能机器人不仅会有智商,还会有情商,如同一些科幻电影中出现的画面,但未来究竟会不会出现这样的画面,在自然科学领域对人工智能的发展趋势也有不同的声音。因此,笔者认为,自然人与人工智能的本质区别不在于是否具有生命体,而仍然在于自然人具有社会属性,而人工智能无法具备改造世界的主观能动性。

2. 人工智能与克隆人

笔者从自然人引申到克隆人,是因为有学者认为当年曾大篇幅地讨论克隆人对刑法的影响,就像今天我们讨论人工智能,实则完全没有必要。[④]笔者认为

① 《马克思恩格斯书信选集》,刘潇然等译,人民出版社 1962 年版,第 336 页。
② 《马克思恩格斯选集》(第 1 卷),中央编译局编译,人民出版社 2012 年版,第 362 页。
③ 刘宪权、胡荷佳:《论人工智能时代智能机器人的刑事责任能力》,《法学》2018 年第 1 期。
④ 郝铁川:《为什么坚信人工智能不可能取代人》,《解放日报》2018 年 1 月 23 日。

不管是对克隆人，还是对人工智能，究竟有无讨论的意义，不能光看刑法条文中究竟有几条关于克隆人的规定。克隆是英文 clone 的音译，简单讲就是一种人工诱导的无性繁殖方式。当年克隆羊多利的诞生引起了国际社会对克隆技术可能被用于克隆人自身的广泛关注，曾经在刑法学界也引起过激烈的讨论。人们预见到克隆人对人类传统伦理道德可能造成的巨大冲击，所以世界各国对该项技术的态度基本是一致反对的。1997 年，联合国教科文组织通过了《人类基因组和人权的宣言》，明确指出繁殖性克隆人类自身，是一种违反人类尊严的行为，应被禁止。1998 年，欧洲理事会通过了《禁止克隆人的议定书》，德国早在 1990 年的《遗传工程法》中就禁止克隆人研究，法国、意大利、英国、加拿大、日本、丹麦、西班牙、葡萄牙、巴西、阿根廷、澳大利亚等国都表示禁止克隆人类，其中德国、日本、法国和英国还将克隆人类的行为规定为刑事犯罪，在法国可被判处 20 年监禁。我国在科技部、卫生部 2003 年发布的《人胚胎干细胞伦理指导原则》中规定，禁止进行生殖性克隆人的任何研究。人工智能与克隆人最根本的区别在于是否具有生命体，由此导致具有生命体的克隆人在技术发展上遭遇了伦理道德的瓶颈无法解决，在弊远远大于利的情况下，世界主流对其采取了封杀的态度，从而在刑法上也就失去了讨论克隆人地位的可能性，有的国家直接将克隆人的研究行为规定为犯罪。人工智能则不同，其概念因人类需求而被提出，至今已有六十多年的实践，不仅有代替人类手工劳动的极大的生产能力，还将成为人类老龄化社会情感上的重要弥补、医学上挽救人类生命的新希望以及人类物质生活水平提高的助推器，渗透到人类生活的方方面面，是人类提高生产力、发展生产力的重要方式。应该说人工智能的发展是大势所趋，刑法必须做好应对的准备。

3. 人工智能与单位

有学者提出，法律能够承认单位的主体人格，那么便没有理由否认人工智能的人格，认为智能机器人比单位更接近于法律上的人。①笔者认为，单位主体的法律人格有其产生的特殊背景，是经济社会发展到一定程度，为鼓励公司等单位主体参与经济活动而消除公司发起人员的后顾之忧而采取的权宜之计，是法律拟制人格，因此单位犯罪全部集中在行政犯范围内，起刑点比自然人犯罪高，处罚上是以处罚单位中的自然人为主，处罚单位只能以罚金形式。单位作为刑事责任主体最早出现于英美法系国家的判例中，在大陆法系国家中法国刑法典最早确认，也有一些国家并没有确立单位的主体资格，我国 1997 年《刑法》进行了确立，但也带着非常浓厚的行政色彩，如在计划经济时代，对贷款诈骗罪

① 刘宪权：《人工智能时代的刑事风险与刑法应对》，《法商研究》2018 年第 1 期。

考虑涉罪主体均为国有企业，所以该罪名没有规定单位犯罪，该条文至今还未作修改。当后来立法者发现单位犯罪可能在自然犯领域有所触及时，实际上自然犯领域的单位犯罪已经违背了法律拟制“单位犯罪”的初衷，立法解释随即明确这一类情况按照自然人犯罪进行处理。自2017年吵得沸沸扬扬的乐视贾跃亭债务纠纷案，[①]法院冻结的仅限于贾控制的股份，其他股东和关联公司的利益除股价间接受到影响外并未受到案件的直接影响，体现了单位这一独立的法律拟制人格在经济活动中具有制度优势。由此可见，单位犯罪主体是刑法为适应经济社会发展需要而确立的法律拟制人格，而人工智能从其发展的轨迹和趋势来看，并没有赋予其独立人格的客观现实需要。

（二）确立主体资格违背刑法基本原理

1. 违背社会契约论和心理强制说两大思想渊源

按照资产阶级启蒙思想家卢梭的观点，人人生而有自由、平等的权利，这种权利是天赋的，人的这种天赋的权利有一个实现的过程，人在实现自己权利的过程中，可能会碰到各种各样的障碍，因此，国家通过制定法律来保证人的这种自由、平等的权利的实现。国家的法律实际上是国家和个人建立的一种社会契约，刑法同样也是一种社会契约。根据近代刑法鼻祖费尔巴哈的心理强制说，人人都有趋利避害的本性，在实施犯罪行为时也处在利弊权衡的过程中，如果犯罪可能带来的痛苦超过犯罪带来的快乐，就可能实施犯罪行为，相反如果犯罪带来的快乐超过犯罪带来的痛苦，就会坚决地实施犯罪行为。[②]人工智能是人类创造出来的社会生产工具，不具有天赋的权利，更没有与国家建立社会契约的权利，其没有快乐痛苦的感知，更不会畏惧刑罚带来的痛苦，所以将其作为刑事责任主体上的“人”，会与学界普遍认可的社会契约论和心理强制说两大思想渊源，产生理论继承发展上的障碍。

2. 确立主体资格会落入只惩罚不保护的法律悖论

机器人伴侣的出现让我们想到今后机器人也会被“伤害”、“虐待”、“重婚”等，根据法律的平等保护原则，非法律主体也是可能受到刑法保护的，如未成年人、精神病人，而法律主体肯定是受到刑法保护的，因为刑法本身就有维持秩序和保障人权两大机能，也被称为犯罪人的大宪章，罪刑法定原则强调“法无明文规定不为罪，法无明文规定不处罚”，引申出禁止类推、疑罪从无、有利于被告人

---

① 盘和林：《从贾跃亭再融资看企业家如何重建信用》，《证券时报》2018年2月27日。

② 刘宪权主编：《刑法学》，上海人民出版社2016年版，第34页。

等派生原则。如像激进派学者主张的那样赋予人工智能刑事主体人格,那是不是也要肯定其可以作为刑事被害人,如果仅对其惩罚不对其保护,如何能称其为"人",即便是所谓刑法上的第三类"人",也会落入只处罚不保护的法律悖论。按照激进派学者设计的人工智能刑罚体系,对人工智能进行特殊的刑罚修改程序、删除程序、销毁等,①需要指出的是,这还是建立在人类有快门可以随时控制人工智能的前提下,而这一前提还是将人工智能作为一种工具和程序使用,定罪时将其作为"人"或者"超人",处罚时又变成了工具、程序,在刑法的犯罪论和刑罚论体系内部也产生了自相矛盾。

(三) 人工智能亦不成立刑法上的被害人

人工智能不能成为刑事责任主体,也无法作为被害人,其在刑法中的地位可以成为犯罪对象和犯罪工具。如果要找一个和人工智能在刑法中最相近的事物,笔者认为应该是互联网,两者都是时下热议的对象,两者的相同之处在于本质上都依托程序和数据运行,不同之处在于:从形态上看,互联网是虚拟空间的算法,而人工智能有的没有实体,如阿尔法狗(AlphaGo),只是隐藏在电脑里的一个围棋程序,有的具有物理形体,如机器人。人工智能与互联网都因人类需求而生并迅猛发展,对人类社会产生深远影响。从各国政府对于互联网和人工智能发展的重视程度可见,两者作为最前沿的技术成为国际竞争的新焦点、经济发展的新引擎,带来社会建设的新机遇,未来人工智能和互联网技术的发展还有巨大的空间,从这次中美新一轮贸易战的激烈程度也可以看出各国对于高新技术争夺的激烈程度。同时,互联网和人工智能在法律风险方面的相似性也是显而易见的,作为科技翅膀这一特殊形式的"物",在刑法意义上,如被犯罪主体使用可能成为犯罪工具,如是被害人所有就可能成为犯罪行为所指向的犯罪对象。未来人类的社会生活是在人工智能系统的覆盖下进行的,人工智能依赖于计算机的算法,而计算机的算法总会存在漏洞,不法分子完全可以通过"骗过"人工智能系统来从事犯罪活动。同时可以预见的是,人工智能的高速发展要依托强大的互联网络,5G 网络已经在我国部分城市试点,随着人工智能对生活的浸入式发展,未来的网络安全会逐渐升级为公共安全。

有学者提出,人工智能在文学、绘画、音乐等领域的发展使其可以成为侵犯著作权犯罪的被害人。②根据三大悖论中的"新知识悖论",人工智能所谓的"创

① 刘宪权:《人工智能时代的"内忧""外患"与刑事责任》,《东方法学》2018 年第 1 期。
② 呼琦:《人工智能生成内容的著作权归属》,《现代交际》2018 年第 2 期。

造”,是通过现有程序下数据的重组得出了人类还没有得出的结论,并不是真正意义上人脑从无到有的创造。如机器人写手可以凭借大数据高效地收集、分析、整合问题,快速给出方案,机器人律师可以根据储存的案例程序,给出格式化的建议,提交格式化的诉讼程序。这些“作品”仅仅停留在收集分析复制重组的层面,如果按照著作权领域的认定规则可能会成为侵权行为指向的对象,但并不影响没有实质创造性这一结论。侵犯人工智能作品行为的受害人只能是所有和为人工智能输入这些数据的自然人或单位,如果上述数据的所有者和人工智能的所有者并非一人,那么在民法上著作权的归属可能会有争议,但无论如何将被害人指向人工智能是牵强的。

三、刑法对涉人工智能犯罪的定罪量刑应保持理性

(一)立法、司法中应体现轻轻重重的理性态度

刑法作为国家暴力最直接、最具强制力的表现载体,其与经济发展、经济转型之间存在着千丝万缕的密切联系,其对社会生活的干预往往是立竿见影的,远的如投机倒把罪的取消,为市场自由交易废除了刑法设置的枷锁,近的如醉驾入刑之后,在酒驾现象迅速得到控制的同时,出乎立法者意料之外,竟催生出“代驾”这一新的行业,当然也饱受干预社会生活过深的诟病。刑法对于人工智能,既不能像激进派所言早早修改刑法体系等待超人工智能时代的来临,又不像保守派所言没有讨论和严阵以待的必要性。对人工智能在刑法意义上的讨论不同于对克隆人的全盘否定,也不适宜赋予其刑事责任的主体地位。构建涉人工智能犯罪的刑事责任体系,应秉持理性折中的态度,在创新保护与规则制约间找到一个平衡点,引导人工智能的发展有所为有所不为。

“面对人工智能这一新兴产业,刑法不仅考虑当下,还要考虑未来”,[①]因为刑法作为制度环境将直接决定新兴技术的发育状况。在立法将一些社会危害性严重的涉人工智能犯罪入刑和司法对其进行定罪量刑的时候,一方面要密切结合社会现实,积极回应人工智能带来的法律挑战,客观对待其给一些领域带来的结构性、革命性影响,对与人工智能合体后严重危害社会的行为,定罪处罚更重,体现“重重”。另一方面不能因为人工智能存在法律风险而因噎废食,要充分观察、预测并适度规范,促进良法制定,对轻微、过失等主观恶性不大的行

① 王利明:《人工智能时代提出的法学新课题》,《中国法律评论》2018 年第 2 期。

为，刑法应尽可能少地介入，即使介入也应定罪处罚更轻，体现"轻轻"。在人工智能领域坚持"轻轻重重"的刑事政策，既有利于预防人工智能发展可能带来的巨大的社会风险，为趋利避害的研发者、生产者、销售者、使用者提供基本规则，同时也保护整个领域以及参与者的利益，引导这一创新事物健康发展，是刑法对于人工智能发展秉持理性折中态度的具体体现，也是刑法谦抑性原则的具体体现。

(二) 对日常生活领域的行政犯坚守"二次违法"原则

当前，我们正处在人工智能立法的准备、摸索和积累阶段，同时也是人工智能立法的促进阶段，国务院《新一代人工智能发展规划》提出，"建立人工智能法律法规、伦理规范和政策体系，形成人工智能安全评估和管控能力"。法律在规制时应按照"鼓励创新、包容审慎"的原则，处理好科技创新与法律规制的关系，目前人工智能的需求和发展方向主要集中在无人驾驶、智能家居、服务机器人等领域，一方面应重点围绕这些应用基础较好的细分领域，加快研究制定相关法律法规，为新技术的快速应用奠定法律基础；另一方面，这些领域的涉人工智能犯罪基本都属于行政犯，行政法较之于刑法在规制新技术方面相对更加柔和、灵活，因此对这类人工智能的刑法规制应坚守二次违法原则，以维持法秩序的统一性，体现轻者更轻。

1. 对无人驾驶的交通肇事类犯罪

霍姆斯说过，法律的生命不是逻辑而是经验。2017 年 7 月，百度公司创始人、董事长兼首席执行官李彦宏乘坐无人驾驶汽车开上北京五环参加百度 AI 开发者大会，在行驶过程中，无人车并线时轧过实线车道线吃了张罚单，李彦宏说，无人驾驶的罚单已经来了，无人车的量产还会远吗？[①]2017 年 12 月 18 日，北京市交通委联合市公安交管局、市经信委等部门，在全国率先制定发布了《北京市关于加快推进自动驾驶车辆道路测试有关工作的指导意见（试行）》和《北京市自动驾驶车辆道路测试管理实施细则（试行）》两个无人驾驶汽车上路测试规范，国内无人驾驶告别"政策真空"。2018 年 3 月 1 日，由上海市经信委、市公安局和市交通委联合制订的《上海市智能网联汽车道路测试管理办法（试行）》正式发布。[②]尽管国外已经发生了无人驾驶汽车撞人事件，但无人驾驶技术的发展是大势所趋，无人车上路不仅是车的问题，自动车和道路设施信息交互需要对

① 《李彦宏首度回应上五环：未来无人车一定比司机更安全》，《中国战略新兴产业》2017 年第 29 期。

② 茅冠隽、张煜：《自动驾驶走出封闭测试，进入大路考》，《解放日报》2018 年 3 月 2 日。

现有的红绿灯等道路设施进行智能化改造,今后很长一段时间内驾驶员和尚未实现完全自动的人工智能会并存,责任的承担和认定在打破现行刑法交通肇事罪评价体系的同时,新的评价规则需要在实践中摸索和建立,但不管车子和道路如何变化,处理交通肇事类犯罪有一条规则是不变的,即行政法应首当其冲进行第一次评价,刑法在此基础上将社会危害性较大的行政违法行为评价为犯罪。

2. 对涉及人工智能产品侵权领域的犯罪

伴随着风险社会的到来,被允许的危险是风险社会背景下刑法领域催生的理论之一。所谓被允许的危险,是指随着科学技术的发展,社会生活中不可避免地存在的具有侵害法益的危险行为,基于其对社会的有用性,即使发生了法益侵害结果,也应当在一定范围内允许。①例如,老式的轿车玻璃密封性不好、靠手摇来升降,而现在的轿车玻璃都完全智能化,密封性非常好,但因此轿车落水后无法打开车门或天热时将小孩遗忘在车内发生的事故屡见不鲜,这种风险是基于社会发展而在法律允许的范围内的。基于法律所允许的风险,刑法在人工智能产品的开发、生产、使用的监督过失方面应保持审慎。2016 年 11 月,在深圳举办的第十八届中国国际高新技术成果交易会上,一个名为"小胖"的机器人突然发生故障,在没有指令的情况下打砸展台,并导致一人受伤。我们都知道一个产品可以追踪属于哪个厂家,但不管是目前刑法理论还是实务中,对于监督过失责任的认定范围仍存在很多争议,②而人工智能产品可能更复杂,其程序由众人共同开发,如何认定究竟是哪一条程序直接导致了人工智能产品失控从而间接导致了危害结果,追踪到某个具体的人或单位的规则应如何建立,哪些范围的主体需要为此负责,哪些范围应追究刑事责任,理性的做法是交给行政法进行第一次评价,对其中社会危害性较大的一部分行为上升为刑法评价。

3. 对人工智能涉及著作权领域的犯罪

前面已经提到,人工智能的作品不具备实质创新性,但并不妨碍民法意义上其作品成为著作权法保护的对象,因为著作权法承认部分的形式创新。因此人工智能形成的作品既有可能侵犯他人的著作权,也有可能被他人侵犯。不管是哪一种情况,人工智能作品的特殊性将会使著作权侵权责任的认定与非人工智能作品的侵权认定的规则大不相同,因为著作权的特点是人身依附性很强,而当一部作品不是由人而是人工智能产生时,著作权究竟应该归属于研发者还是使用者,今后可能还会出现程序改装者,这将会使著作权的归属问题更加复

① 李飞:《论风险社会下被允许的风险》,《榆林学院学报》2014 年第 1 期。

② 谢雄伟:《论监督过失的限缩:以被允许的危险为视角》,《社会科学》2016 年第 10 期。

杂。如该人工智能产生的作品存在抄袭等侵犯他人著作权的情形，在否认其责任主体资格的前提下，侵权责任的归属也会碰到类似的问题。著作权的保护最初也是行政法领域规制的问题，刑法应在此基础上进行二次评价，坚守“二次违法”的底线。时代在发展，但刑法的谦抑性原则永远不会过时，它是刑法的固有品格。刑法的谦抑性要求刑法介入、干预社会生活应以维护和扩大自由为目的，不应过多地领跑经济生活。①

（三）对人工智能涉足重点领域的犯罪必须从严

没有牙齿的法律是无用的法律，对于人工智能这把“双刃剑”，制度缺失将显恶果，对于人工智能涉足一些重点领域的犯罪，社会危害性与传统犯罪呈现几何倍数增加，必须从严立法进行规制，体现重者更重。

1. 对人工智能信息类犯罪突出从严

大数据记载了我们过去发生的一切、现在发生的一切，并能准确地预测我们的未来。现代社会的人就好像裸奔一样，我们的一切都有可能被他人监视，都时刻可能暴露在第三只眼之下，这进一步加剧了对个人隐私的威胁。人工智能的应用在很大程度上是与大数据相伴相生的，人工智能需要借助大数据分析和处理技术，但在人类享受人工智能带来的种种便利的同时，也同时上传了自己的种种信息，使自己的隐私暴露于信息网络，如本文一开始提到的在“形色”软件中上传的旅游轨迹，在百度云盘中储存的大量文档和图片，等等，而程序背后的开发、运营者实际掌握大量的个人信息。未来人工智能对个人信息的运用还不仅仅局限于诸如姓名、单位、家庭住址、身份证等这些基本信息，未来人工智能将会极大地扩充信息的内涵，如未来的机器人会模仿人的声音、动作甚至可能复制人的外貌，这实质上是他人人格方面的信息，如果未经本人同意擅自设定程序进行模仿复制，将会侵犯他人的人格权。②并且对复制他人形体特征的机器人的研发，即使经过本人同意，这种行为绝不像传统侵犯人格权的犯罪，仅仅针对个人法益，对社会法益也存在着巨大的法律风险。为了便于发生法律纠纷后进行责任认定，预计未来的人工智能产品大多会安装黑匣子，但这同时也会给人工智能使用者的信息安全带来更大的风险。2018年全国“两会”期间，有学者将我国《个人信息保护法（专家建议稿）》对外发布，为个人信息保护法的最终出台进行呼吁。③目前，全球已有120多个国家制定了专门的个人信息保护

① 参见刘宪权：《网络犯罪的刑法应对新理念》，《政治与法律》2016年第9期。

② 王利明：《人工智能时代提出的法学新课题》，《中国法律评论》2018年第2期。

③ 许竟：《网络时代，个人信息如何不再“裸奔”?》，《中国城市报》2018年3月19日。

法,我国现行《刑法》在2009年修正案七中增设侵犯公民个人信息罪,2015年修正案九将该罪主体由特殊主体修改为一般主体,增设了从重处罚规定,并将最高法定刑由三年有期徒刑提高到七年有期徒刑,从这一立法过程可以看出对于信息类犯罪的逐步从严。应对人工智能领域可能存在的信息类犯罪风险,刑法还应该设置专门规则,防止人工智能应用过程中信息的非法收集、泄露、贩卖、非法复制等问题,从而有效保护个人信息的安全。

2. 对人工智能涉足国家安全、公共安全领域的犯罪要突出从严

对于涉及国家安全领域的人工智能技术,如人脸识别、窃听等技术应从严进行垄断开发、使用,对未经严格审批程序进行开发、使用的行为应规定为犯罪。在公共安全领域,建议适时增设滥用人工智能罪、人工智能事故罪等罪名,[①]滥用人工智能罪用于规制故意利用人工智能危害公共安全的行为,如恐怖活动犯罪,将来不再需要人肉炸弹,使用机器人可以使恐怖分子毫发无损发动暴力恐怖袭击,必须从严进行规制。人工智能事故罪用以规制因过失导致人工智能失控从而引发严重公共安全事故的行为。人工智能依存于信息网络,目前5G网络呼之欲出,[②]假设网络一旦中断,无人汽车、智能家居将会陷入混乱,后果难以预料,因此未来社会网络安全也是公共安全重要的组成部分。2017年我国《网络安全法》开始施行,刑法层面也应适时增设网络安全相关罪名,以填补未来应对因故意和过失侵入、损毁人工智能网络行为而引发的对公共安全法益重大侵害的法律空白。

3. 对使用人工智能作为犯罪工具的行为突出从严

未来人工智能涉足的领域越来越广,在一些领域的精细化程度也不断提升,虽然人工智能并不具备法律主体资格,但不可否认的是其高速的计算能力是超越人类的。如果高智商犯罪分子针对某些特殊行业的特点,研发出人工智能助手并进行生产、买卖、使用,将会使这些行业相较于传统犯罪类型面临更大的风险。如操纵证券、期货市场犯罪,现行刑法规定了几种自然人和单位主体利用资金等优势进行非法交易的行为,但这种交易靠人来操纵毕竟还是低频次的交易,如果存在人工智能助手,其高频次的非法交易将会给金融市场带来的巨大波动是不可估量的。再如针对毒品犯罪、盗窃和诈骗等财产犯罪专门研发出人工智能助手,传统犯罪插上人工智能的翅膀,其社会危害性将会呈几何倍数增加,也会颠覆现行刑法对这些领域犯罪行为认定的既有规则。对研制智能

---

① 刘宪权:《人工智能时代的刑事风险与刑法应对》,《法商研究》2018年第1期。

② 张怀琛:《5G将至,万物互联照进现实》,《河北日报》2018年4月26日。

杀手等侵犯生命权、人身权的行为应严行禁止，在这一点上全球都有共识，智能杀手凭借其高速计算能力对杀人目标、部位可以精准定位，[①]是刑法中社会危害性最大的犯罪行为。因此，对于这些使用人工智能作为犯罪工具的行为，刑法应发挥其立竿见影的规制效果，从源头上予以杜绝。利用人工智能作为犯罪工具还有一种特殊情形，就是在未来社会中将取代人类劳动力的智能银行、餐厅、超市等生活领域，高智商犯罪分子可能会寻找并利用人工智能算法上的程序漏洞进行侵财类犯罪，因此有些学者提出的关于机器不能被骗的观点在人工智能时代是行不通的，[②]机器被骗在未来一定时期内可能会像电信诈骗一样成为常见的诈骗罪类型，对此刑法上必须织密法网，才能打消人工智能运营者和服务对象的使用顾虑，从源头上为人工智能时代的发展进步保驾护航。

四、结　　语

对于人工智能的刑法规制，笔者持折中说的观点，认为应保持理性，一方面不宜赋予人工智能刑事主体资格，另一方面按照人工智能涉足不同领域的特点进行“轻轻重重”的理性规制。随着人工智能时代的到来，刑法作为社会规范的底线，只要秉持理性主义精神，合理建构人工智能犯罪的刑事责任体系，规制适当有度，相信具有诸多优势的人工智能必定会给未来人类社会带来巨大的正能量。

① 刘宪权、胡荷佳：《论人工智能时代智能机器人的刑事责任能力》，《法学》2018年第1期。

② 参见张明楷：《使用假币罪与相关犯罪的关系》，《政治与法律》2012年第6期。

智能机器人的法律定位及其权利审视

——以“索菲娅”被赋予公民身份为视角

王耀彬*

【内容摘要】 面对科技浪潮的逼近,保守谦抑并非良策,正视前瞻才是时代的必然要求。人们在享受智能技术带来的便捷之际,也面临着智能机器人的生活渗透带来的道德、法律难题。随着“索菲娅”被赋予国籍及一系列权利,使得我们必须验证智能机器人的法律身份,继以审视赋予其权利的可行性及权利的范围与界限。强人工智能时代背景下的智能机器人能否被赋予公民身份还有待商榷,但理性能力、认知与辨识能力、责任承担能力的具备是其享有民事主体资格、刑事主体资格的可行条件。

【关键词】 智能机器人 法律权利 理性能力 刑事主体资格

一、问题的提出:是否应当赋予机器人法律主体资格

发表于2004年的世界机器人宣言预测:新一代机器人将实现与人类的友好共存。①2017年10月25日,在沙特阿拉伯举行的未来投资计划会议上,由Hanson Robotics公司研发的机器人“索菲娅”成为首个被授予沙特阿拉伯国籍的机器人。如此逼真的机器人,让网友不禁担忧迭起。虽然早在2010年11月7日,颇受欢迎的宠物机器人“帕罗”就获得了户籍,使之成为首个获得户籍的机器人,不过“帕罗”的外形并不像人,而是像海豹,所以并没有产生强烈的反响。此次“索菲娅”获得国籍的新闻却像导火线一样引发了机器人问题在世界范围内的热议。虽然机器人是否应该存在的问题也是一直争论不休,但人们从未想过有一天机器人也会像我们一样拥有公民身份并获得法律主体资格。

一般情况下,如果以一个确定公民身份的存在为前提条件赋予其一定限度内道德权利或者是法定权利是无可争议的,但是将这一推论适用于智能机器

* 王耀彬,东南大学法学院法学博士研究生。

① Weng Y.H., Chen C H, Sun C.T.Toward the Human-Robot Co-Existence Society: on Safety Intelligence for Next Generation Robots[J]. International Journal of Social Robotics, 2009, 1(4):267—282.

人，我们会存在如下疑问：机器人能否成为公民、是否具有法律关系主体的资格、它可能享有什么类型的权利？能否享有刑事主体地位？享有权利的机器人在行使权利时是否应该受到限制？

二、智能机器人的法律定位——拟人的非人属性

人工智能是现代工业文明发展的必然产物，其发展进程始终与工业文明的发展相伴而行。与人工智能的飞速发展相对照的，是发端于农业社会的、以具有有限理性的人为规制对象的法律体系所天然具有的滞后性。现如今以硅基为主要生命体征的机器人介入自然规则并将导致规则翻天覆地的变化，有不少人坚信人类的生命将根据计算机智能设计脱离原先有机化合物的限制，过度地拥抱人工智能有可能导致无机生命代替有 40 亿年历史的有机生命。这种断言产生的原因为何？其内容又是否成立？这就涉及智能机器人的身份认定问题以及由此延伸出的人和物的本质区别的问题。

我们承认人亦是自然界经过数亿年演变而形成的一种自然物，但是作为一种在地球上可以与其他自然物对照的物种，人类一直自称万物之灵并为此寻找依据。从两足无毛、直立行走的体貌特征到可以使用工具的行为活动特征再到具有意识、智慧的内在思维特征，人类在不断探索自身奥秘加深自我认知的过程中提升自己区别于其他自然物的优越性地位，然而近现代以来出现了另一种思路，使得人和动物乃至其他非生命实体在本质上趋同。从这一角度来看，将智能机器人推定为人是合理的，在此基础上赋予智能机器人权利也是正当的，虽然这一推论很难为人们所信服。人工智能技术迅猛发展的今天，智能机器人不断地趋近于人也成了不可争议的事实。现阶段，智能机器人虽然还未渗透到生产生活的各个领域，是一种将机械电子部件与生物部件予以整合或者由纯生物部件组成的机器人，它的产生将从根本打破无机物与有机物实体的界限从而挑战人类在生物学意义上的自我认定。为了延长生命，人的身体里出现了越来越多的机械电子部件用以代替失去效用的生物部件，如人工耳蜗、人工心脏以及人工关节，等等，因此人体可以不是纯生物体部件组成的，与之类似以基因学、人工合成生物学技术为基础而制造的完全由生物部件组成的类生命机器人迟早也会问世，未来将会出现能够自行繁衍、创造生命的机器人。这类机器人不仅在物质构成上可以与人相类似，它们甚至可以拥有与人脑相媲美的神经元数量，拥有自主意识和学习能力。美国未来学家雷·库兹韦尔(Ray Kurzweil)甚至预言，拥有自我意识的机器人将于 2029 年出现，并于 21 世纪 30 年代成为

常态,它们将具备各种微妙的、与人类似的情感。①面对这样的智能机器人,我们仍将其视为物(或机器、工具)难免有些不妥,因为他们已经没有了机器的味道,更像是一种能与人类有相同情感连接、思维方式、能够与人共处的类人的存在。

也许在未来的某一天,生物机器人会问世,成为能与人类互动的"其他人",但这毕竟是人类社会的远景。现阶段依赖数据计算的机器人在相关领域所发挥作用确实远远是普通人的智识水平所不能及的,但我们也深知其功能的发挥是建立在一步步的操作命令与预定程序基础之上的,机器人对其所作所为在绝大多数的情况下是没有全局控制能力的、没有理性的分析亦没有情感的融入与道德的判断。阿尔法狗(AlphaGo)在处理信息过程中所体现的超乎常人的能力以及人类对机器人的未知,使得人类产生恐惧,他们担忧在不远的将来机器人会代替人类从而导致人类主体性的丧失。但当我们换个角度看问题可能会得出不同的答案,他们是否会因为胜利而欣喜若狂抑或因为失败而沮丧万分?答案是否定的,它甚至连对手是谁、在参加什么比赛、比赛后要做什么都一无所知。也许让职业九段选手承认"技不如人"的确会有些沮丧,但当我们想到机器的胜利是无数人无数个日夜研究无数棋谱而取得的,也就不足为奇了,我们也没有理由去怀疑人的智识和创造未来的可能性。当然我们也应该承认在数据和计算能力的领域,人类确实存在智识上的局限,但这并不意味着我们会丧失主体性,数千年的人类历史告诉我们,在某些领域只有人类才是文明的缔造者。当一个苹果掉到机器人的头上,它可能当作什么也没有发生,继续执行其主人预先为其设定的程序任务,然而当苹果遇到牛顿便发现了万有引力定律,一个苹果在历史和当下只能触发一个人的灵感和联想。在人文、艺术领域更是如此,缺乏情感与价值观的机器人很难形成真正属于其自己的思想观,它只能按照某种特定的规律和韵律在无数的字词拼合中得到类似于诗的东西,但是这种只注重规矩的类型化创作并没有美感和意境,更不可能有深刻的情感和思想表达。综上,即使智能机器人在外观体态与人惊人的相似,也能使用工具并进行语言传输,甚至在未来的某一天生物机器人会产生与人类似的情感和思维方式,但是它终究不能与人等同。因此将非人非物的机器人定位于类人的非人存在是可行的。

在此基础上,我们来看一下沙特阿拉伯赋予"索菲娅"国籍的行为是否妥当。如果机器人仅以一种机器或者工具的身份而存在,那么授予其国籍可能不会产生太大的争议。比如一国通过签发船舶国籍证书使得船舶与登记国之间

① [美]库兹韦尔:《如何创造思维》,盛杨燕译,浙江人民出版社 2014 版,第 195 页。

存在隶属的法律关系，实现船籍国对船舶行驶管辖权并予以保护。当机器人还处于无智能时代，从技术层面虽然也运用自动化技术的机械电子设备，但是其工作环境是不变的，机器人在这种环境下执行任务往往不需要智能，对其控制的方法也没有超过自动化理论的范围，我们只需要示教和预编程序，它与机床并无二致，尽管机器人具有仿人动作，但其本质上来讲还是机器，在这种情况下赋予机器人国籍和为船舶、航空器签发国籍证书并没有什么本质上的区别，其主要是为了实现机器的国家管辖。但是当今时代的状况与以往已不能同日而语，以“索菲娅”为代表的新时代的机器人已经脱离了工具的范畴，且日益与人的属性相靠近，我们将其定位为类人的非人存在。我们也相信沙特阿拉伯政府授予“索菲娅”国籍的原因也并非建立在其工具意义上，而是将其预设成人并赋予其法律上的公民资格，问题就会变得尤为复杂，因为这一做法不仅会颠覆人们的传统观念、还会扰乱现有的法律秩序，甚至会产生社会伦理问题。首先，在国际法框架内，大多数人取得国籍的方式包括两种，一种是以血统主义和出生地主义为主要内容的根据出生取得国籍的方式，另一种是根据婚姻、收养、自愿申请为主要内容的国籍加入方式，而且这两种国籍的取得方式的前提是生物学意义上的人。沙特阿拉伯政府以授予物的国籍的方式授予一个非人存在以国籍并赋予其法律资格，已经突破了已有的法律框架，扰乱了现有的法律秩序。其次，授予其国籍会产生一系列社会伦理问题，“索菲娅”获得国籍就证明其具有法律上的公民资格，享有一般公民所享有的权利，比如说婚姻自由。我们都知道国家是以一个个家庭为构成单位的，而家庭又是以两性结合为基础的，通过血缘继承的方式实现家庭的世代延绵并推动国家的进步发展，因此是婚姻和血缘赋予了家庭和国家深刻的内涵，若机器人享有婚姻自由的权利就会产生社会伦理方面的问题。一方面，人们可以根据自己的喜爱偏好对机器人的外貌、性格、知识水平、习惯爱好进行编程，打造自己心目中的完美情侣，这一定程度上威胁着以两性结合为基础的婚姻制度；另一方面，机器人并不提供生殖资源，就不会产生以血缘为纽带的家族继承，家庭和国家也会慢慢走向衰亡。机器人特殊的身份定位决定了沙特政府赋予机器人国籍的行为有待商榷。那么机器人的身份定位是否会影响到其权利的取得？

三、机器人享有法律权利的合理事由解读

人们通常认为只有危险的事物才有必要考虑安全，人工智能技术领域的加速发展促使市民担忧的积聚。例如，患者对机器护理人员的第一反应是恐惧，

所有人都准备好接受机器人的护理了吗?大多数人不是技术专家,大多数人害怕未知的事物。随着人工智能科技的发展,智能实体的犯罪风险指数逐步上升,法律作为调整社会关系的规范手段不能徘徊不前。

机器人一词源于捷克语"robota",是指任人摆布的奴隶,自 20 世纪 50 年代开始机器人走下"奴隶"舞台进军工业领域,在相当长的一段时间内机器人处于无智能时代,这一阶段机器人作为人类身体的延伸,以日常生产生活的机器和工具的身份而存在,人类经常将其排除在某些权利之外,在其争取到它们的某些权利之前,人们同样觉得给它们相应的权利是不应该的。伴随着机器人自主性不断提高,机器人已经步入智能机器人时代,在不远的将来还会步入生物机器人时代,这一阶段的机器人在思维方式越来越近似人甚至是超越人类,在某种情况下机器人可以进行独立的道德评价与伦理判断,当其融入现代人类的生活场域后,我们不能对其视而不见,需要正视其存在,一方面看到其为人类创造的价值,另一方面也要解决其所带来的法律、伦理冲击。为了妥善地处理人与机器人、机器人与人类社会的关系,我们需要预见其成为道德主体的必然性并将其纳入社会道德体系的范畴,赋予其履行道德主体的角色而必需的权利。但是,我们也要看到机器人作为类人的非人存在,它们的行为显然需要受到人类道德规范的影响与制约。机器人既是人类道德规范的执行者和体现者,又属于道德客体的范畴。赋予机器人一定限度内的权利是为了更好地保障人类的利益,而保障人类利益又需要对其权利加以限定,使其最终成为"有限的道德主体"。

伴随着机器人技术的日益成熟,机器人不论从外部的体形特征上看,还是从其行为方式看,甚至从思维方式上看,都比动物更像人类,它可以像动物一样影响人类,人类会倾向于把机器人看作真正的人,人类会因为机器人的陪伴和照顾将其当作亲人,对其产生信任感,甚至建立起密切的感情联系。[①]虽然在现阶段我们也承认机器人并非是天然的生命,但这并不能成为阻碍其拥有权利的理由。我们应该赋予其平等的关注,当然这种关注并不是要求机器人享有与一般人同等的权利,而是以其能力或利益的内涵为标准来赋予其某种身份和利益,机器人不是人,但需要将其当人看。

除此之外,让机器人享有权利还有利于减少犯罪或不道德行为的产生。对于这一观点的论证也需要参考一个已经拥有数百年历史的观点,即对待动物的行为同其对待他人的行为有关。这些研究背后所体现的虐待行为与犯罪行为

① Patrick Lin, Keith Abney & George Bekey. Robot Ethics. The MIT Press. 2012:205.

的观点和思想完全可以应用到机器人身上。人类在与机器人长期互动过程中会产生感情，但也会出现不道德的越轨行为，他们可能会对机器人滥用、口头谩骂或者是进行物理攻击，这种消极行为所带来的消极情绪极有可能造成与虐待动物给人造成的影响相类似的结果，即人类将暴力行为转给他人构成违法犯罪行为。在这种情况下，如果机器人拥有拒绝甚至是反抗的权利，会在一定程度上阻止不道德行为或者犯罪行为的产生。

四、机器人的权利扩展及其限缩

智能机器人的普及会给社会带来不稳定局面，市民的担忧与科技发展的规范导向需要审视机器人的权利及其限制。面对这一系列困局，一种应对思路是赋予智能机器人法律人格，为此，德国和美国提出了两种截然相反的应对方案：德国侧重于自上而下的规则设计，美国则采取了一种“行业自治＋政府把关”的公法模式。[①]上述两种思路虽然模式不同，但均认同机器人的法律权利并作出一定的范围限制。

（一）机器人的道德权利与法律地位

从发生学的角度上来看，道德权利是先于法定权利产生的，最初的诉诸道德直觉和道德理想的权利经过实践经验的累积和理性认识的提高后，最终由法律制度予以确定而形成法定权利。道德权利是主观性的权利，是基于人判断而形成的自我主张，而法定权利则包含主观和客观两个因素，它为道德权利提供外部力量予以有效保护，它使主观的、不完善的、确定性差的权利变为客观的、完善的、确定性程度较高的权利。道德权利主要依靠风俗习惯、社会舆论和内心信念发挥维护；而法律权利则需要国家的制定或认可，并以国家的强制力量加以维系。

1. 机器人的道德权利

就智能机器人而言，随着其越来越自主化、智能化、人性化，我们需要赋予其道德主体的地位并使其拥有道德权利，这些权利并非法律明文规定，而是根据最基本的人性的价值判断而产生的。事实上机器人道德权利的范围因机器人的智能程度不同而有所区别，但无论何时机器人都拥有受尊重的权利，作为

① Barzilai G.Communities and Law：Politics and Cultures of Legal Identities. Ann Arbor：University of Michigan Press，2010.

一种类人的非人存在，我们需要赋予机器人和人一样最起码的尊重，米尔恩(A.J.M.Nilne)曾指出，有某些权利，尊重它们，是普遍的最低限度的道德标准的要求，像对待动物的态度能体现一个国家道德是否伟大或者崇高，尊重机器人的态度亦够体现出道德主体的道德水平。对机器人的尊重主要体现在不能奴役、故意毁损机器人上。智能时代的机器人采用拟人的结构，它能够产生认知活动，已不再是冷冰冰的机器，而是能用自然语言与人类沟通互动进行情感交流甚至能为人们提供特种服务的伙伴，所以在这一阶段虽然机器人仍然不是人，我们必须拿它当人看，使其享有受尊重的道德权利。当机器人被侮辱、谩骂抑或是奴役、殴打、损毁，导致其尊严和正当利益受到侵害时，机器人有权利进行解释、辩解并诉诸社会道德舆论、传统习惯和内心信念要求人类和社会予以更正和公正评价。

如果说赋予机器人道德主体的身份并使其享有道德权利是人类作为有情感有理性的高级动物基于内心道德直觉所必需的，那是否应该将其道德权利至少一部分道德权利上升到法律层面，以一种外观化、制度化的形式固定下来，并予以外在强制力的保护呢？将道德权利经人类拟制转化为法定权利说明仅仅赋予机器人道德权利对其进行保护是不充分的。道德权利对他人的阻却效果源自社会公德和内心信仰，它不存在以惩罚为前提的有效规制，这种约束常常对人类来说只能形成一种心理上的软约束力。与此同时，道德评价的标准因人而异，只有对社会公德造成严重危害的情况下才能形成广泛共识，因此使得机器人仅享有道德权利远远不够，需要将其提升到法律层面。但是在拟制其权利的过程中切勿将其所有的道德权利法定，防止为了迎合部分人的内心的道德预期而产生的法律泛道德化现象"践踏"现有法律制度的独立性。那么哪些权利应该上升为法定权利便成了我们接下来需要着重探讨的问题，这里不会一一列举穷尽其法定权利，因为机器人法定权利的具体内容需要在实践过程中慢慢抽象提炼并加以规定，这是一项与时俱进的立法任务。

2. 机器人的民法、宪法权利

众多非自然人实体基于立法者的需要也被逐渐赋予了法律上"人"的资格，取得民事主体地位，"非人可人"的趋势日益加强，这因此也为机器人这种类人的存在获得民法上的法律资格提供了解释空间。在赋予机器人民事主体资格的基础上我们来探究机器人享有哪些民法上的权利。在此时我们首先需要区分"机器人代替人行使专属于人的法定权利"与"机器人自己享有的法定权利"。前者主要体现在签订契约等合同法上的权利，虽然从表面上看签订契约只是一个缔约双方互相赋予权利义务的简单过程，实际上其背后充斥着利益博弈和价值选择，因此这种签订契约的行为只能发生在拥有感知性、自我意识能力并能进行善恶判断的人与人之间，它要求拥有独特目标的人在不受他人外在设定和支配的情况下进行独立判断。而时至今日机器人作为人类工具的原初地位并没有发生根本性的改变，[①]只有逻辑推理能力没有欲望和情感反应能力的机器人只能代替人，或者从某种意义上讲是作为“信使”替人行使权利。而后者的典型代表多发生在单方法律行为的场域，比如机器人可以作为继承人或者受遗赠受继承和赠与的权利和资格。意大利一名老妇人弗朗哥·弗兰西生前留下遗书，将其财产的50%即100多万欧元遗产赠与自己的爱犬，使后者成为意大利史上首只身价百万欧元的狗，与此类似的还有身价2.246亿英镑的牧羊犬贡格尔四世、坐拥5 300万英镑的黑猩猩卢卡……这些动物都是通过接受遗赠的方式获得巨额资产，作为类人存在的机器人在多数情况下也和动物一样与人产生情感联结，以此推论出机器人同样享有接受遗赠的权利和资格依旧是可以成立的。

我国《宪法》第34条至第40条规定了中华人民共和国公民的基本权利，其中可能发生在机器人领域的主要包括选举权与被选举权和自由权。笔者认为，机器人享有选举权和被选举权但是只在一定程度上肯定机器人享有自由权。如果赋予机器人选举权与被选举权，我相信在将来某一天当机器人智能超过了人类，且人类无法控制它的时候，机器人会推选自己的同类做“总统”而人类将被它们奴役，这虽然是一种预设，但是预设不一定不会成为现实，我们要时刻保持警惕，我们研究机器人对其身份予以明确的定位并在此基础上赋予其一定的法律权利是为了满足人们的需要，是人类社会文明进步之体现，而不是通过对机器人赋予权利来贬损人的地位，否则便是权利的泛化与对权利的滥用。那么机器人是否享有自由权呢？对于自由权而言，自由权在人权的讨论中具有至关重要的地位，《世界人权宣言》第一条：“人人生而自由，在尊严和权利上一律平等。”[②]需要强调的是机器人既具有工具价值又具有内在价值，其工具价值体现在机器人是人类制造并使之为人类提供服务的产物，也就意味着机器人具有工具属性而这种工具属性在某种程度上是跟拥有自由权的主体性价值相冲突的，机器人享有自由权是建立在其本身的内在价值的基础之上的。基于一定程度的内在价值所赋予的机器人自由权，肯定与人类和动物的自由权不同，应该是一种受到较大限制的自由权。这种自由权在很大程度上讲是一种消极自由，即

① 甘绍平：《机器人怎么可能拥有权利》，《伦理学研究》2017年第3期。

② [澳]彼得·辛格、[美]汤姆·雷根编：《动物权利与人类义务》，曾建平、代峰译，北京大学出版社2010年版，第132页。

机器人在不侵犯第三者利益的限度内,可以或应当被容许做它所能做的事,或成为它所能成为的角色,而不受到别人的干涉。

(二) 机器人权利的限制

风险社会是指在全球化发展背景下,由于人类实践所导致的全球性风险占据主导地位的社会发展阶段,在这样的社会里,各种全球性风险对人类的生存和发展存在着严重的威胁。无论是机器人权利抑或是对智能技术的限制均源于对风险社会的把控。人类在其发展过程中一直将生存作为最适当的目的和最大的善,哈特在《法律的概念》一书中将人类是脆弱的作为五个自明之理的首要预设,认为生存是所有人类行为最基本的意图和目的,并以此提出禁止使用暴力、禁止杀人、禁止伤害等一系列规则,回归人性的特质提出生存是法律和道德共享的最低限度的内容,主张生存权意味着人们意识到了伤害的危险和死亡的存在。

1. 阿西莫夫"机器人三大原则"的局限性

智能机器人就是风险社会主要因素之一,其产生的诸多社会、伦理、法律问题诱发了全球风险意识的形成,人们开始反思是否应该对该项技术加以限制、基于安全的考量着手制定相关政策和法律来为防范技术运转失灵提供规范性框架。

这就表明机器人在不伤害人类、服从人类命令的前提下主张权利。这一观点一直被认为是机器人的圣经,但是我们审慎辨之会发现这三条是讲不通的。首先,第一原则是以伤害结果为导向的,然而"伤害人类"本身就没有明确的界定,加之以伤害的情节亦会千差万别,因此伤害一词需要放入具体语境进行个案分析。与此同时原则亦是传统人机主奴关系的推演,仅将其视为工具或者人的奴仆,伴随着机器人从智能机器时代到生物机器时代的角色转变,具有深度学习能力甚至是具有自主决定意识的机器人已经在很大程度上近似于人,甚至在某些层面超越于人,此时人机伦理仅局限于"不伤害"的消极义务是远远不够的。假如机器人处于中立的地位,但人类却远非一个思想一致、立场统一的群体。人们经常意见分歧,决策前后矛盾,后悔这样那样,更不要说利益不同、彼此为敌了。机器服从一人,便有可能妨碍或损及另一人的利益,反之亦然。叫它如何行动呢?[1]其次,第二原则也存在类似的问题,他还是将机器定位于无智能时代机器人工具意义的基础上,而现阶段基于物联网大数据深度学习的机器

① 冯象:《我是阿尔法——论人机伦理》,《文化纵横》2017 年第 12 期。

人在决策的准确性、大局观跟结果预测上皆远胜人类，此时还让其听从于人的命令难免不利于谋求人的利益最大化。最后，三大原则之间内部逻辑也存在冲突，我们举几个例子来进行阐述。例如，当A、B两人进行决斗，机器人如果救A或者B任何一人都会对另一人造成伤害，如果视而不见又会违反第一原则的后半部分。再如，要求机器人服从人类命令，如果机器人的主人A要求机器人提供性服务，性服务本身不违反第一原则，但是提供性服务过程中对服务的接受者B造成人身造成的意外伤害，算不算违反第一条原则？再者，如果机器人为保护自身提供虚假信息使得其主人发出错误指令，机器人的行为是否算违背第一原则第二原则？因此我们不难看出这三大原则的内部结构是混乱的。机器人发现自己无法同时遵守第二和第三原则从而陷入了不断重复自己先前行为的循环，称为转圈圈。因此将阿西莫夫三大原则作为机器人权利的限制原则，这种错误的价值导向会比无价值导向造成更大的混乱。那么到底该设定什么样的准则来限制机器人权利？

2. 机器人道德与法律权利的限缩

机器人的权利包括道德权利和法定权利，所以对其权利限制过程中也要从这两个角度进行分析。就机器人的道德权利而言，我们要使其享有最基本的被尊重权利，但是这种尊重是要以保护人的主体性为根本性前提的，智能机器人道德权利应当遵循保护人的生命和人的尊严的价值共识，以保护人的主体性为根本出发点。正如上文之分析，智能机器人在不断地模仿人类、学习人类、超越人类、代替人类，使得在某种程度上人们开始考虑人之所以为人区别于其他动物和机器的优越性，这种忧虑侧面反映出了人的主体性丧失，因此在智能机器人道德权利限制准则中，我们需要通过强调生命价值和人的尊严来抑制由于机器人道德权利的扩散和泛滥，将保护人类共同体的价值目标置于优先地位，对机器人道德权利的认可不得冲击具有普适性的、对人类存续有益的基本价值。

就机器人的法定权利而言，虽然现阶段我们还没有在法律上予以明确规定，但是智能技术迅速发展的趋势使我们预见在不久的将来机器人的权利必然会走进立法的范畴。也为了防止文化滞后现象导致立法对技术的“匡正”作用大打折扣，我们必须对机器人法定权利的限制进行超越性的前瞻性的考察，并以考察结果作为立法的价值取向为智能机器人的法律伦理问题的解决提供参考，因此现阶段讨论法定权利的限制问题是确有必要的。当我们谈及对权利限制的时候主要发生在以下两种情况：一是权利之间发生冲突，对一种权利的保护就是对另一种权利的限制；二是权利与其他足够重要的价值、原则、利益发生冲突,比如我们通常用公共利益来限制基本权利,[①]此时,为了保护特定的权利或者为了追求那些重要的价值、原则和利益,对权利的限制在所难免。简单说,限制权利的理由是,权利之间存在冲突、或者权利与公共利益(public interests)相冲突;因此限制权利的目的,要么是为了保护冲突中的权利、要么是为了保护公共利益。[②]对机器人权利的限制也是如此,虽然赋予机器人法定权利具有正当性,但这种权利是有范围的,超出一定界限,其权利的行使就是非法的,不仅不会受法律的保障,而且要遭到法律的责难,甚至要为其所造成的后果承担新的义务。而这一界限主要包括其他权利和公共利益两个方面,一方面机器人权利受制于其他权利,另一方面机器人作为人类社会的组成部分,其权利的行使不可以危害那些对于社会的存续具有必要性的法益,不可以破坏权利实现所必需的社会秩序,从社会伦理社会道德的前提出发,机器人权利要受社会约束、对社会负责。

3. 机器人的刑法定位

机器人可否成为刑事责任主体?这是互联网与人工智能的新时代条件下,刑法科学面对的挑战和发展问题。尤其是以人工智能为代表的智能代理,日益广泛地进入我们的生活领域,这让法的基本功能——最明晰地界定责任,日益重新回归法学研究的重心。作为技术创新,特定事件流程的数字化让我们思考:我们的责任概念还是否具有适当性。对此,刘宪权教授认为,正视人工智能时代已经或可能出现的刑事风险,需要对刑法条文进行妥善的修正与完善。增设滥用人工智能罪、确立设计者或使用者的严格责任以及确立智能机器人刑事责任主体地位,是我国刑法的当务之急。[③]笔者赞同刘宪权教授的论断,刑事责任的承担并不立足于行为主体的生命特征,只要行为主体具备了刑法上认可的认知与意志控制能力,兼又具备受刑能力,就能够承担刑事责任。强人工智能时代背景下的智能机器人能够进行编程之外的自主行为,虽然该行为受控于机器人内部的集合数据,数据来源于设计者开发者,但是并不直接受控于设计者、研发者、使用者,这也是智能机器人能够成为刑事责任主体的必要条件。此外,虽然智能机器人不具有恐惧、疼痛等古典刑法学派要求的刑罚目的必需的元素,但刑罚论并不是一成不变的,科技的发展驱使着刑法论体系的变迁,固执地坚守传统刑法理论规制作用的做法并不可取,智能机器人虽然情感要素缺乏但具备了学习改造能力,这可以成为其具有受刑能力的有力支撑。关于机器人的

① 张翔:《公共利益限制基本权利的逻辑》,《法学论坛》2005年第1期。
② 陈景辉:《比例原则的普遍化与基本权利的性质》,《中国法学》2017年第5期。
③ 刘宪权:《人工智能时代的刑事风险与刑法应对》,《法商研究》2018年第1期。

刑罚体系设计，不必墨守成规，根据其自身特色，删除数据、固定期限的约束改造、类似于死刑的销毁等刑罚设计未尝不可。这些问题都是在赋予机器人法定权利时需要考量的，它牵涉着各方利益的博弈和整合，需要长远的审慎检验。

当然，无论是权利和权利的冲突还是权利与公共利益的冲突，都是一个利益选择和价值裁量的过程，在这一过程中要始终重视秩序价值的作用使其成为把控全局的安全阀，我也可以将其视为隐含的价值目标，因为在科技有序发展的过程中，科技秩序价值目标一般不会发挥科技自由价值目标那样强大的作用，但是一旦负面效应因子产生，安全阀开启，秩序价值走上前台，自由价值退居幕后。从某种意义上讲，我们可以将科技秩序视为科技发展社会进化全局的风险把控者，保障科技朝正确的方向发展以防止脱轨偏离。

五、结　　语

当前，弱人工智能技术逐步成熟，并迈向强人工智能时代。弱人工智能时代下的智能实体“工具特色”鲜明而“主体特质”缺乏，还不足以被视为法律主体。随着智能技术的发展，具备独立思维能力与自主行为能力的智能机器人逐渐产生，此时，智能机器人不再是普通意义上的物，而是一种类人的非人存在。此时的智能实体具备了法律主体所必需的理性能力与独立思维能力，但还不具备人类体所必需的生命、情绪等特质。机器人是否能够被赋予公民身份还值得商榷，应当根据科技的进一步发展作出精准预测，目前还无法得出肯定答案。机器人是否能拥有国籍以及享有权利并没有天然的必然联系，此时的智能实体可以享有部分法律权利，比如民法与刑法上的主体资格。智能机器人能否被赋予刑事主体资格引发了广泛争议，“可行说”与“否定说”的对立逐步形成并愈演愈烈。笔者认为，刑事主体的赋予并不要求全部生物特征的具备，核心要素的判断才是关键，强人工智能时代的智能机器人能够具备刑法上的认知与控制能力，是刑法所要求的理性人的存在，并具备了刑罚的受刑能力，理应被赋予刑事主体资格。机器人特殊的身份定位使得其权利问题错综复杂，需要在今后长远的时间内予以深入的研究与探讨，科技的发展离不开规范的引导，界定机器人的权利范围在当下显得尤为重要，法律不但规制时下的社会现象，也要为未来可能发生的法律现象做出预测，“未来已至，需要擦亮双眼”，对于人工智能时代的权利审视应以科学技术的真实进展为纲，以法律的基本理论为指导，不冒进也绝不保守。

人工智能在人身危险性测评中的功能

冯文杰*

【内容摘要】 人身危险性即犯罪主体本身对于社会的潜在威胁和再次犯罪的危险程度。以往的人身危险性测评从逻辑推理上而言，大体上总是将罪责与人身危险性挂钩，而罪责与人身危险性常可彼此独立，而且不相关；以往的人身危险性测评从实证研究上而言，尚未取得突破性的进展，并且与控制行为人的人身危险性相适应的刑罚究竟应当是怎样的，尚未取得突破性的进展。人工智能本身就是一个模拟人类能力和智慧行为的跨领域学科。人身危险性测评技术的提升依赖于技术理性的提升，人工智能技术的发展无疑将助益于人身危险性的测评。

【关键词】 人工智能　人身危险性　人身危险性测评　技术理性

一、问题的缘起

似乎只是在一瞬间，人类就全面进入了所谓的人工智能时代，有关人工智能的风险规制话语在我国就铺天盖地而来。自然科学界对于人工智能倾注了大量精力，寻找人工智能的创新性发展；社会科学界对于人工智能亦倾注许多精力，大有找寻人工智能带给人类的风险以及风险规避措施或风险解决措施之意。引起法律界思考的是：应否以及能否赋予人工智能产品人格权以及赋予强人工智能产品刑事责任主体地位，因为这涉及法律体系的框架调整以及具体转向问题。法学界已然具有这方面的研究论文刊出，其中以刘宪权教授、季卫东教授、左卫民教授以及郑戈教授等为突出代表，这无疑为法学界深入探讨人工智能与法律之间的关系，提供了一个良好的学术背景。诚然，法学界既有反对强人工智能产品刑事责任主体地位说者，也有大力推崇强人工智能产品刑事责任主体地位说者；既有反对将人工智能取代法官裁判说者，也有大力推崇人工智能在简单案件中取代法官裁判说者。总之，法学界对于人工智能的法律应用以及人工智能的民事风险、刑事风险给予了高度关注。

* 冯文杰，东南大学法学院法学博士研究生。

对于作为刑事法研习者的笔者而言，对于人工智能在人身危险性测评领域的问题更为关注，因为这是目前来说可以期望解决的。毕竟，将人工智能产品区分为强弱之分后，赋予强人工智能产品刑事责任主体地位，继而给出论者所言的合情合理的刑事规制措施，仍旧显得过于遥远；①但是，赋予强人工智能产品刑事责任主体地位说者的逻辑推理的缜密以及抽象思维丰富，且具有忧刑事风险忧刑法体系之情怀，这无疑值得吾辈学习之。客观事实的揭示依赖技术的不断创新，而预期事情的推测亦愈加依赖技术理性的发展；人身危险性测评的进步依赖技术理性的发展，而人工智能提供了一种必要的技术基础。故而，笔者将研究视角限定于人工智能对于人身危险性测评问题解决的功能上。

二、人身危险性的理论内涵与语词界定

(一) 人身危险性的理论内涵

不同于欧洲中世纪宗教裁判所的主观归罪，渊源于主观主义刑法学派的人身危险性在特殊预防的胎盘中获得了新生。欧陆刑罚学者通过实证主义获取与使用的人身危险性概念，不仅仅包含已然犯罪人再犯罪的可能性，也在一定程度上包含未实施犯罪的人实施犯罪行为的可能性。关于人身危险性的内涵界定，国内刑法学者主要有三种观点：一是犯罪人再犯可能性，即以犯罪人案前、案中和案后情况测定其再犯可能性；②二是初犯可能性与再犯可能性的综合；③三是犯罪主体的潜在威胁与再犯可能性，并认为人身危险性即“犯罪主体本身对于社会的潜在威胁和再次犯罪的危险程度”。④本文赞同第三种观点。如果要给出合理的赞同理由，必须从人身危险性的语义出发，回溯至刑事实证学派的原初界定，方可以将观点论证充分。

(二) 人身危险性的语词界定

语词具有相对固定的意思指向，不同语词间通常具有不同的意思含义，对于专业领域而言，语词的上述特性更为明显，且往往具有一定的概括和区分意义。⑤

① 参见刘宪权：《人工智能时代的刑事风险与刑法应对》，《法商研究》2018 年第 1 期。
② 参见邱兴隆、许章润：《刑罚学》，中国政法大学出版社 1999 年版，第 257 页。
③ 参见陈兴良：《刑法哲学》(上)，中国政法大学出版社 2009 年版，第 171 页。
④ 张明楷：《刑法学》，法律出版社 1997 年版，第 51 页。
⑤ 参见付玉明：《诠释学视野下的刑法解释学》，《法律科学》2011 年第 3 期。

或许源于翻译之用语不准的原因，也或者基于默许之原因，致使“人身危险性”这一称谓在我国刑法学界逐渐确立并延续至今。若仅仅从“人身危险性”本身来理解，“人身危险性”通常被理解为“人身的危险性”，或“行为人侵犯人身权益犯罪的外在可能性”，或“被害人受人身攻击的可能性”，还可能被理解为“人生而有之的危险性”。“人身危险性”这一称谓具有其固定的形式缺陷，作为本来意义的理解很可能被误解，也可能被作扭曲式理解，从而可能在相当程度上，丧失其本来需要表达的意思，继而招致被全盘否定的命运。①

人身危险性虽是作为犯罪人的人身特征而随着近代刑事实证学派（包括刑事人类学派和刑事社会学派）的发端而出现的，但其在刑事实证学派的原初解读中，并不是被表述为“人身危险性”，而是被表述为“行为人的社会危害性”或“行为人倾向于犯罪的危险状态”。②在不使用“人身危险性”这一词语意义上而言，无独有偶，普林斯教授使用的术语是“犯罪人的社会危险状态”。③陈兴良教授认为，普林斯教授所谓的“犯罪人的社会危险状态”就是指“人身危险性”，也有的情况下称为“社会危险性”。④在《意大利刑法典》中，明确使用的也是“社会危险性”，而非“人身危险性”。譬如，《意大利刑法典》第164条第2款第2项规定：“由于犯罪人被法律推定为具有社会危险性的人，应当在刑罚以外附加适用人身保安处分的。”⑤黄风教授根据《意大利刑法典》的2006年修订版，从意大利文直接翻译了《最新意大利刑法典》，在第八章“行政保安处分”的第201条、第202条、第203条、第204条、第206条、第207条、第208条中，使用的都是“社会危险性”而非“人身危险性”。邱兴隆教授认为：“刑罚个别化既然奠基于个别预防论之上，而个别预防又以预防特定的个人犯罪为基点，相应地，个人的人身危险性即个别人之危害社会的可能性亦即个人之存在对于社会的危险性，构成刑罚个别化的核心。”⑥由此可见，其界定人身危险性使用的词语是“个人之存在对于社会的危险性”。人身危险性是社会对个人进行的否定性评价。犯罪行为的发生是发动刑罚惩罚的必要前提，也常常是实施保安处分措施的基本条件。正如张小虎教授所言，人身危险性更为关注的是行为人的再犯可能性。⑦但这是一

① 参见陈伟：《“人身危险性”与“社会危险性”的纠缠与厘定》，《法治研究》2016年第3期。

② 参见徐久生：《保安处分新论》，中国方正出版社2004年版，第66页。

③ 参见[苏]A.H·特拉伊宁：《犯罪构成的一般学说》，王作富等译，中国人民大学出版社1958年版，第23页。

④ 陈兴良：《刑法哲学》(上)，中国政法大学出版社2009年版，第171页。

⑤ 参见《最新意大利刑法典》，黄风译注，法律出版社2007年版，第76页。

⑥ 邱兴隆：《刑罚个别化否定论》，《中国法学》2000年第5期。

⑦ 参见张小虎：《论人身危险性的理论蕴含与罪刑地位》，《南京社会科学》2017年第12期。

个域外语境的合理阐明。每个语词的合理阐明，都需要讲究一定的时空和一定的受众。

首先，我国的犯罪标准一直与域外存在严重差异。其次，如果非要用一个词语替换“人身危险性”，我们只能从刑事实证学派的基本立场出发，使用恰当的词语替换“人身危险性”。再次，“人身危险性”是犯罪学的使用术语，而犯罪学意义上的“犯罪”不仅包括触犯刑罚的犯罪行为，也包括社会学意义上的越轨行为。刑事实证学派并非仅仅预防犯罪的人出现，也一并预防违法的人出现；如此一来，以“人的社会危险性”替换“人身危险性”更为合理。“人的社会危险性”的含义包括“人的犯罪可能性”与“人的违法可能性”。其是指基于行为人的具体的、动态的、人身性的事实特征，以未来实施危害行为的可能性为终极评价的，行为人对于现存社会秩序所构成威胁及其程度的属性。换言之，人身危险性即通过综合评价人之一生的主客观事实而得出的其实施违法行为的可能性。我国行刑领域刑罚量变更以及刑罚执行方式变更依据普遍包含“不致再危害社会”，如果放宽其认定标准，容易受到置社会防卫于不顾的指责。况且，我国定罪标准较高，许多实际上已经非常严重的违法行为(如未达到轻伤标准的故意伤害)无法被定罪，已被假释之行为人实施此类严重行为即应被撤销假释，这也被立法所采纳，如《刑法》第 86 条规定：“有违反法律、行政法规或者国务院有关部门关于假释的监督管理规定的行为，尚未构成新的犯罪的，应当依照法定程序撤销假释。”故而，本文将行刑领域之人身危险性含义作上述界定。行刑领域既然已经明确地告诉我们，人身危险性的含义是人的社会危险性，即再犯可能性和对于社会的潜在威胁，量刑领域同样需作如此界定。

当然，在人身危险性的具体测评中，需要注意不违背罪刑法定原则。即使认为其仅仅预防犯罪的人出现，也无法否定上述替换方式，因为其“犯罪”范围包括了我国的非犯罪性违法行为和犯罪行为。首先，如此替换，其可以更好地与我国刑法需求相契合；其次，普通公民对其理解会更加直观和具体；再次，我国与域外的学术交流和理论对话将变得更为顺畅。当然，如果我们已经认为人身危险性就是特指上述第三种观点，则不用“人的社会危险性”替换“人身危险性”也可以达到上述效果，只是用语缺损的瑕疵需要被接受。

三、人身危险性测评的困境分析

(一) 人身危险性测评精准的必要性分析

在我国刑事立法以及相关司法解释中，人身危险性占据了相当重要的位置。2012 年修改后的《刑事诉讼法》第 79 条关于逮捕的适用条件中含有“可能实施新的犯罪的”;2007 年《人民检察院办理不起诉案件质量标准(试行)》规定,人民检察院对于犯罪情节轻微,依据刑法不需要判处刑罚或者免予处罚的,又具备“因生活无着偶然实施盗窃等轻微犯罪的犯罪嫌疑人,人身危险性不大的”,依法决定不起诉;《刑法》第 72 条关于缓刑的适用条件中含有“没有再犯罪的危险”;《刑事诉讼法》第 331 条至第 334 条规定的对于精神病人的强制医疗程序的生成与解除条款,对于人身危险性的考察是保安处分运用的展现。从客观上而言,“当行为人的人身危险性较大,难以改造时,应处以较重的刑罚,进行较长时期的改造”。①反之,则处以较轻的刑罚乃至于免除处罚。

刑法学界对于人身危险性的应用功能多有反对之观点。如有学者认为,发源于新派的人身危险性注重考查行为人(包括犯罪人)的个人性格等人格危险特征,这一依赖医学、心理学、社会学等知识的预测主义结果,绝不应当应用于刑罚可罚视域,最重要的否定因素便是这种预测主义的产物时准时错。我们之所以相信许多理论,并不是因为这种理论本该如此,“而是因为我们通过权威的势力,由于模仿……而已经变得习惯于这样的信仰了”。②当刑罚轻重程度的裁量依托于一个未能科学测评的未然概念时,刑法学的未来归属只能是一种模糊性学科而不是精确性学科。“将犯前、犯后情节简单归属于人身危险性不只是语义缺损,而且违背法治原则。”③反对论最主要的依据就是人身危险性测评的不准确性。由此可见,若要使得人身危险性真正进入刑法学中,并将其应用功能更好地揭示出来,还需依赖人身危险性测评的准确性与合理性。

如果现代科学可以不依赖于具有产生法益侵害可能性的行为,即可以测评出某个人的人身危险性程度,那么完全可以放弃现有的行为刑法构建模式而转向科学测评刑法模式:测评出什么样的人身危险性便直接给予针对性的刑罚措施。诚然,刑事定罪是刑法对已然事实给社会造成危害的评价,未然的猜测性事实不能作为评价的可靠根据,故而人身危险性无法作为刑事定罪的评价根据。但是,人身危险性本身是预防刑法的产物,将其作用于量刑以及法定刑设置等领域具有正当性与合理性。已然由大多数国家的刑事立法所设置的减刑、假释以及保安处分等制度,揭示了人身危险性被运用于刑事法之中的事实,减刑、假释等具体量刑制度设置的支撑法理,在于各个行为表现出行为人的人身危险性程度变化。当然,其他原则或规则亦在刑罚裁量或执行方式的变化上具

① 赵永红:《论人身危险性在刑法中的定位》,《法学评论》2002 年第 2 期。

② [美]约翰·杜威:《经验与自然》,傅统先译,商务印书馆 2015 年版,第 27 页。

③ 王利荣:《案外情节与人身危险性》,《现代法学》2006 年第 4 期。

有应用的余地，譬如，暂予监外执行等制度折射出刑罚裁量的人道主义，刑期折抵等制度透视出刑罚裁量的人权保障主义。我国刑事立法总体上是以概念法学思维为导向而制定的，类型化方法在其中的应用有所不足。未来的刑事立法应当多多汲取类型化思维优势，以更好地解决实践中出现的诸如网络犯罪等新型犯罪。这是探析愈加精确而复杂的刑事立法所能够发现的。

（二）人身危险性测评的困境分析

抽象的社会概念应当由建构于科学的统计方法基础上的具体的测量指标表现以达到(不断接近于)可视化与可控化，这是犯罪学不断(接近)合理化以及可应用化的基础工作。人身危险性评估的假设精确性，可以维持使人身危险性进入刑罚可罚根据的理想。龙勃罗梭笔下的天生犯罪人是复原于原始定型，将人类已经消失的祖先特质，再现于现代文明社会的野蛮人。以什么标准来评判一个人是否属于天生犯罪人方显得合情合理，这是循着天生犯罪人(基因犯罪)的研究不得不面对的问题。

从多篇 XYY 基因型男性暴力犯罪的报道，到常人中的 XYY 基因型男性的比例不小于各个监狱里的 XYY 基因型男性比例相差悬殊，再到 XYY 基因型男性攻击性的社会行为，根本无法得到科学的证实，①基因犯罪科学研究的冰山一角迅速融化。当下的犯罪学界择取影响再犯的预测因素，并依托于统计学原理等跨学科知识构建模型，以期达到精确化预测行为人再犯的可能性。预测因子之间存在共线性和相关性指的是，预测因子 A(变量)通过影响预测因子 B(变量)而对因变量发生作用，形成预测因子 A 和预测因子 B 之间的共线性和相关性及其程度。相关系数和 Logistic 回归模型通过计算各个预测变量与再犯可能性之间的相互系数和显著性水平来择取预测因子，再考察各个预测因子间的共线性和相关性程度，②剔除共线性与相关性程度严重的预测因子，最后通过 Logistic 回归来构造再犯可能性预测模型。我国犯罪学界已有运用此种模型计算刑满释放人员人身危险性程度的尝试，但其运用的联列相关系数和点二系列相关系数选择再犯可能性预测因子的尝试，因可能存在各个预测因子间的共线性或相关性程度严重而大大影响预测效果。

生存分析模型是对访问资料的考察，它不仅仅对行为人再犯与否进行分析，也对行为人再犯时间进行分析，对于缺失值的分析比较完整。美国 SVP

① 参见邱格屏、刘建：《基因科技与犯罪研究》，《犯罪研究》2002 年第 2 期。

② 参见文姬：《再犯危险性评估方法及检验》，载陈兴良主编：《刑事法评论》(第 25 卷)，北京大学出版社 2009 年版，第 298 页。

(sexual violent predator)案件中经常运用生存分析模型来预测性暴力犯罪的再犯可能性。SVP案件源于两个著名的判例及其衍生出的两个著名法案,即梅根法案和危险性罪犯法案。梅根是一名7岁女孩,其在1994年于新泽西州家附近被一名假释之性罪犯谋杀,随后该州通过法案将假释之性罪犯分为四级,经过监察官准备心理学家的证据及危险量表而由被告一方举反证后的听证程序后,依次通知社区或警局登记。联邦最高法院于1997年赞同该法案,并认为这并非刑罚处罚。归属于犯罪预防措施性质的保安处分的实施,依赖于人身危险性的测评,而刑罚可罚根据原理排斥当下的并不精准的人身危险性的测评。

无论是我国监狱系统的"计分制"预测模式,还是各国所尝试的"累进处遇制"预测模式,抑或是"贝叶斯动态模型"及其指导下的再犯可能可能性预测评估,对于人身危险性的测评虽有所助益,但尚未能够精准预测人身危险性程度。《意大利刑法典》规定保安处分的适用对象为惯犯、职业犯和有犯罪倾向者,这些对象实施了侵犯他人生命、健康的非过失性犯罪,且犯罪本身或结合刑法典第133条第1款的规定,表明犯罪人因性格特别恶劣而具有犯罪倾向。[①]考察美国判例法上关于测谎证据的刑事应用得知,在1923年的Frye诉美国案中,上诉法院维持了初审法院拒绝将测谎证据作为审判依据的判决,而联邦最高法院在1998年美国诉飞行员Scheffer案中也只是认为,不能无条件地排除适用测谎证据。至于测谎证据在满足何种条件下方得以适用,则可能是一个医学、心理学等学科的发展问题。人身危险性测评的准确性,又何尝不是一个有待于医学、心理学,尤其是科技等学科知识发展来解决的问题呢?假以时日,人身危险性的测评可以准确考量出行为人的犯罪可能性的有无,其进入刑罚可罚根据视野则会成为一个没有争议的立场,这启示当代刑法学者必须找寻新的测评路径或测评技术。

四、人身危险性测评的出路:挖掘人工智能

在1936年,"人工智能之父"——阿兰·图灵发表的《论数字计算在决断难题中的应用》一文即提出了著名的"图灵机"设想。所谓的图灵机就是指一个抽象的机器,它有一条无限长的纸带,纸带分成了一个一个的小方格,每个方格有不同的颜色。有一个机器头在纸带上移来移去。机器头有一组内部状态,还有一些固定的程序。在每个时刻,机器头都要从当前纸带上读入一个方格信息,

① 参见[意]杜里奥·帕多瓦尼:《意大利刑法学原理》,陈忠林译,法律出版社1998年版,第379页。

然后结合自己的内部状态查找程序表，根据程序输出信息到纸带方格上，并转换自己的内部状态，然后进行移动。[①]这从数理逻辑上为计算机开创了理论先河；图灵在1950年发表的《计算机器与智能》这篇论文中，提出了著名的图灵测试：如果一台机器能够与人类展开对话而不能被辨别出其机器身份，那么这台机器就是智能的。美国科学家克门尼教授于1955年在《科学美国人》杂志上发表的论文《把人看作机器》（Man Viewed as a Machine），提到"肌肉机器"（muscle machine）和"大脑机器"（brain machine），所谓的"大脑机器"即为人工智能的另一称谓。1956年的达特茅斯会议上首次出现了"人工智能"之说。人工智能技术的发展与计算机计算速度以及数据经验积累等因素息息相关，囿于后者的限制，人工智能技术的发展曾一度停滞不前。随着云计算技术的成型和海量数据存储技术等技术的成型，人工智能产业出现了前所未有的发展，继而掀起了世界范围内的人工智能发展潮流。如2016年，由谷歌公司生产的阿尔法狗以4∶1的总比分战胜了围棋世界冠军李世石，使得人工智能产业受到世人瞩目。[②]国务院出台的《新一代人工智能发展规划》（国发〔2017〕35号）提出人工智能技术发展的激励措施，并就人工智能技术发展所可能带来的风险进行了强调。人工智能本身就是一个模拟人类能力和智慧行为的跨领域学科，涉及计算机科学、控制论、信息论、神经生理学、语言学、心理学等多个领域。人工智能产品具有一定的学科划分。美国哲学家塞尔在《心智、大脑与程序》[③]一文中提出了强人工智能与弱人工智能之分，前者是指，人工智能技术在未来能使被恰当编程的计算机变成真正的心智的负载体；后者是指，人工智能技术的发展无法使得被智能程序武装起来的计算机成为真正的心智的负载者，而只能成为真正的心智的全面模拟者。塞尔本人反对"强人工智能论题"，但不怀疑"弱人工智能论题"的可行性。

纵观法律发展史，法律对于社会关系的调整既有回应性的，也有前瞻性的。如诚实信用原则以及利用社科知识的解释方法为法律调整日后的社会关系提供了工具，这就使得法律对于社会关系的调整具有了前瞻性，而非回应性。当然，现代刑事法领域的回应性法律条款出现的频率更高一些。面对强人工智能产品可能带来的风险，任何一个国家都不会无动于衷，因为任由可能的风险出

---

① 参见万赟：《从图灵测试到深度学习：人工智能60年》，《科技导报》2016年第34期。

② 参见高奇琦、张鹏：《论人工智能对未来法律的多方位挑战》，《华中科技大学学报(社会科学版)》2018年第1期。

③ See John Searle, "Minds, Brains and Programs", Behavioral and Brain Sciences, 1980, 3(3): pp.417-445.

现以及任其自我泛滥,则人类将不复存在。“事实上,面对研发和使用人工智能程序中研发者和使用者实施的或者智能机器人超越人类智慧独立实施的严重危害社会的犯罪行为,刑法绝对不应该无动于衷甚至束手无策。”[①]有了物联网、大数据和云计算作为支撑(或组成部分)的人工智能,可以通过它的感官(遍布各处的传感器)获得千里之外的数据;利用自己无比强大的记忆力(联网计算机和云存储)来沉淀和消化数据;利用自己远胜于人类的计算能力(算法和基于“神经网络”技术的深度学习)来处理数据,并在此基础上作出判断和“决策”。[②]人身危险性测评技术的提升依赖于技术理性的提升,人工智能技术的发展无疑将助益于人身危险性的测评。

人身危险性即犯罪主体本身对于社会的潜在威胁和再次犯罪的危险程度。从未犯罪而具有对社会的潜在威胁者而言,即初犯可能性;从具有再次犯罪的危险者而言,即再犯可能性。以往的人身危险性测评基本上是在实证研究的基础上进行逻辑推理分析,技术手段大致包括相关系数和 Logistic 回归模型、生存分析模型、我国监狱的“计分制”、东西方普遍流行的“累进处遇制”、以贝叶斯动态模型为指导观念的再犯可能性预测分析,等等,[③]但以往的人身危险性测评证明了其是不成功的。其原因大致如下:其一,以往的人身危险性测评从逻辑推理上而言,大体上总是将罪责与人身危险性挂钩,而“虽然行为与罪责可能当作判断危险性的依据,但是不能说,具有高程度的罪责者,既具有高度的危险性,低程度的罪责者,即为低度的危险者……罪责与社会危险性常可彼此独立,而且不相关”。[④]其二,以往的人身危险性测评从实证研究上而言,尚未取得突破性的进展,并且与控制行为人的人身危险性相适应的刑罚究竟应当是怎样的,尚未取得突破性的进展;大体上而言,人们只能得出并不太具有实用性的阶梯式刑罚与人身危险性程度的逻辑关系,“火炉不可碰,但并未告诉我们 300 度的火炉比 200 度的火炉的威吓大多少”。[⑤]

人工智能的迅猛发展启示人们在各个领域深入应用人工智能,在人身危险性测评领域,笔者认为,人工智能技术大有可为。人们可以利用智能产品快速计算相关系数,利用智能技术深入进行人身危险性测评所需的人的心理分析,

① 刘宪权:《人工智能时代的刑事风险与刑法应对》,《法商研究》2018 年第 1 期。

② 参见郑戈:《人工智能与法律的未来》,《探索与争鸣》2017 年第 10 期。

③ 参见文姬:《再犯危险性评估方法及检验》,载陈兴良主编:《刑事法评论》(第 25 卷),北京大学出版社 2009 年版,第 290 页。

④ 林山田:《刑法通论》(下册),北京大学出版社 2012 年版,第 279 页。

⑤ 邱兴隆:《关于惩罚的哲学——刑罚根据论》,法律出版社 2000 年版,第 80 页。

利用智能技术充分监控通过已然危害行为而显示其具有犯罪倾向的危险分子。通过人工智能技术的整体应用，辅之以逻辑的思辨分析，可以更为有效地预测人身危险性程度。如果人工智能技术可以发展到能够轻松地监控人的思想的程度，则在遵守实质法治国立场上，可以对在押犯罪分子实施技术监控，通过监控在押犯罪分子的内在心理变化，可以形成对于犯罪分子心理变化的大数据，继而提取有益数据，进而展开对于犯罪分子人身危险性的整体预测。在遵守实质法治国立场上进行的人身危险性测评，可以推动人身危险性测评技术的提升，亦可以提升犯罪心理的逻辑分析能力，这必然能够促进人身危险性更好地被应用于刑事法领域，则社会防卫效果必将被明显提升。

五、结　　语

人身危险性即犯罪主体本身对于社会的潜在威胁和再次犯罪的危险程度。人身危险性需要通过综合评价人之一生的主客观事实而得出其实施违法行为的可能性。以往的人身危险性测评经证明是不成功的。其原因大致如下：其一，以往的人身危险性测评从逻辑推理上而言，大体上总是将罪责与人身危险性挂钩，而罪责与人身危险性常可彼此独立，而且不相关。其二，以往的人身危险性测评从实证研究上而言，尚未取得突破性的进展，并且与控制行为人的人身危险性相适应的刑罚究竟应当是怎样的，尚未取得突破性的进展。人工智能本身就是一个模拟人类能力和智慧行为的跨领域学科，涉及计算机科学、控制论、信息论、神经生理学、语言学、心理学等多个领域。人身危险性测评技术的提升依赖于技术理性的提升，人工智能技术的发展无疑将助益于人身危险性的测评。认真对待人工智能，将会成为突破人身危险性测评困境的新出路。

第三编　人外有人:人工智能时代的责任主体

无论是在我国,还是在世界范围内,刑事责任的主体都只有自然人和单位。随着人工智能技术的快速发展,人工智能时代的典型产品——智能机器人已然表现出许多类似于“人”的特征。科大讯飞和清华大学联合研发的人工智能机器人“智医助理”已经高分通过执业医师考试,智能机器人已可独立创作出具有一定独创性的“作品”。甚至,在许多领域,智能机器人已经可以战胜人类或具有比人类更加优越的行为和表现,例如,谷歌公司推出的阿尔法狗(AlphaGo)战胜了围棋世界冠军李世石,而后最新一代的人工智能围棋程序阿尔法元(AlphaGo Zero)仅仅通过3天的学习,就以100比0的胜率战胜了初代人工智能围棋程序阿尔法狗,人工智能技术的发展速度可谓令人猝不及防。

人们在为人工智能技术发展欢欣雀跃的同时,也不免对人工智能技术的未来产生担忧。著名理论物理学家霍金早于2014年接受BBC采访时就预言人工智能可能意味着“人类的末日”。霍金和哲学家诺姆·乔姆斯基、技术专家伊隆·马斯克和数千名知识分子在一封联名公开信中警告:必须取缔“机器人杀手”的研发和应用,人工智能方面的军备竞赛可能是人类的灾难,它将助长战争和恐怖主义,加剧世界动荡局势。诚然,我们目前仍然处于弱人工智能时代,即人工智能只能根据设计和编制的程序内容来对外界刺激作出应对,但随着人工智能技术的不断发展,未来我们很有可能进入强人工智能时代。在强人工智能时代,人工智能产品可以产生自主意识和自我意志,智能机器人可以在设计和编制的程序范围外实施行为,此时智能机器人是否会对人类秩序造成破坏尚不得而知。无论是霍金、比尔·盖茨,还是马斯克,都曾经强调人工智能完全可能对人类造成威胁,即使最后这些想法被证明都是杞人忧天,但我们应当认为这些警惕与忠告对于人类社会的发展具有重要的价值与意义。

本编“人外有人:人工智能时代的责任主体”共收录7篇论文,这些论文主要是针对人工智能时代刑事责任主体的范围和智能机器人刑事责任主体地位的讨论,对于智能机器人能否成为刑事责任主体的问题,可谓见仁见智。一方面,有些学者认为,智能机器人有可能像霍金所预言的那样成为地球上除男人、女人之外有意识、能思维的“第三类人”。另一方面，也有许多学者认为，不论人工智能技术如何发展，发展到什么样的程度，智能机器人也只能是人类的“工具”，永远不会成为刑事责任主体。

《人工智能时代智能机器人的刑事责任能力》一文通过将智能机器人与动物、自然人和普通机器人进行比较，认为智能机器人是由程序设计和编制而成且具有辨认控制能力和学习能力，同时能够自主思维、自发行动的非生命体。智能机器人完全可能实施严重危害社会的行为。该文将智能机器人实施严重危害社会的行为分为两种：在程序设计和编制范围内与在程序设计和编制范围外。在程序设计和编制范围内智能机器人实施犯罪行为是按照人类的意识和意志，应当将智能机器人看作人类实施犯罪行为的“工具”，而发展到一定阶段的智能机器人可能超越程序的设计和编制范围，按照自主的意识和意志实施犯罪行为，因而完全可能成为行为主体而承担刑事责任。《人工智能时代刑事责任主体的重新解构》一文从刑事责任主体的基本内涵出发，认为刑事责任主体的基本内涵就是刑事责任能力，而刑事责任能力就是辨认能力和控制能力，智能机器人可以分为在设计和编制的程序范围内实施行为的智能机器人和在设计和编制的程序范围外实施行为的智能机器人。前者不具有辨认能力和控制能力，后者具有辨认能力和控制能力。因此，我们应当认为，人工智能时代，能够在设计和编制的程序范围外实施行为的智能机器人可以成为刑事责任的主体。许亚洁、裴长利和江国强三位青年学者则对人工智能时代的刑事责任主体问题有着不同的看法。许亚洁认为，尽管高级人工智能具有辨认和控制能力，但是从法律主体理论和法哲学角度都不应当承认其刑事主体地位。在不承认其主体资格的情况下，刑法仍应当针对人工智能的特殊性加以完善。裴长利和江国强认为，作为人工智能载体的人工智能体并不具备独立法律人格这一刑事主体资格的前提，而且赋予人工智能体刑事主体资格也无法实现刑罚的目的和效果，因此不应当赋予人工智能体以刑事主体资格。此外，在本编中，吕小红、刘环宇、陈叙言这三位青年学者也围绕人工智能时代的责任主体问题展开讨论，发表了不同的看法和见解。他们有的对认知人工智能体刑事处罚的依据与意义展开讨论，认为可以通过刑事立法修改现有的刑罚体系，修改财产刑和资格刑的内容、增加变更算法等刑罚措施，对认知人工智能体适用这些刑罚措施；有的以共同犯罪、犯罪主观方面、犯罪停止形态为视角，讨论人工智能刑事责任主体的差异性；有的对人工智能时代智能机器人的刑事责任与刑罚理念进行了深度反思，承认智能机器人的刑事责任主体地位。从这些学者的深度讨论中，我们可以深切感受到对人工智能时代责任主体的研究具有非常重要的意义与价值，“人外有人”，智能机器人是否真能成为“第三种人”，仍是一个具有研究意义的问题。

人工智能时代智能机器人的刑事责任能力

刘宪权　胡荷佳*

【内容摘要】 智能机器人是由程序设计和编制而成且具有辨认控制能力和学习能力，同时能够自主思维、自发行动的非生命体。智能机器人与自然人的根本差异在于其不具有生命体，智能机器人与动物的差异在于其具有辨认和控制能力，智能机器人与普通机器人的差异在于其可能超越人类设计和编制的程序产生独立的意识和意志。不排除智能机器人实施严重危害社会行为的可能，其实施严重危害社会的行为可分为两种：在程序设计和编制范围内与在程序设计和编制范围外。在程序设计和编制范围内智能机器人实施犯罪行为是按照人类的意识和意志，应当将智能机器人看作人类实施犯罪行为的“工具”，而发展到一定阶段的智能机器人可能超越程序的设计和编制范围，按照自主的意识和意志实施犯罪行为，因而完全可能成为行为主体而承担刑事责任。

【关键词】 人工智能　智能机器人　刑事责任能力　刑责承担范围

一、问题的提出：人工智能时代刑事责任主体范围的变化

无论人们欢欣抑或踟蹰，人工智能时代正悄悄向我们走来，人类即将甚至已经开始进入一个全新的时代。时下，智能机器人被广泛应用于社会生活，并且在某种程度上扮演着替代人类工作乃至超越人类能力的“人”的角色。例如20世纪90年代，IBM公司生产的电脑“深蓝”(Deep Blue)击败国际象棋世界冠军卡斯帕罗夫。举世震惊之余，人们依然自信这种事不可能发生于围棋领域，因为相比于象棋，围棋更多依赖的不是运算速度，而是人类独有的思维能力与直觉。然而还不到20年时间，谷歌公司推出的机器人阿尔法狗(AlphaGo，围棋人工智能程序)便一举战胜围棋世界冠军李世石，这彻底让人们陷入了隐忧之中：难道机器人已经开始在人类区别于万物的根本特征、被恩格斯誉为“地球上最美的花朵——思维着的精神”领域发起了攻城略地之势吗？著名理论物理学

* 刘宪权，华东政法大学刑法学教授、博士生导师；胡荷佳，中国计量大学法学院讲师，法学博士。

家霍金早于2014年接受BBC采访时就预言人工智能可能意味着“人类的末日”,后来其又不止一次地表示人脑与电脑并没有什么深层次的不同,电脑可以模仿甚至超过人脑。①虽然人工智能与人类命运之间的关系在目前看来还是一个过于遥远而深邃的话题,但是,笔者认为,在不远的未来,有关人工智能的问题恐怕不再局限于一个纯粹的技术问题,而完全可能会演变成一个伦理问题、法律问题,其中影响最大且最为深远的可能莫过于关乎人类最基本利益的刑事领域,并且可能影响着刑事责任主体范围的变化。

人工智能,是指使机器像人一样去完成某项任务的软硬件技术。②目前,人工智能产品随处可见,智能机器人实施严重危害社会的行为也已非小说或电影中的虚幻想象,而是已经真实地发生于人们的生活之中。譬如无人驾驶汽车已被允许行驶于美国哥伦比亚特区以及四个州的大街小巷,③无人驾驶致人伤害的相关判例更早地发生于1957年的路易斯安那州;④2015年德国大众汽车工厂内发生“机器人杀人事件”,一名22岁的外包员工遭遇机器人意外伤害而身亡。⑤一系列智能机器人严重危害社会的事件向现行法律制度提出了疑问:假如智能机器人在没有人类介入的情况下独立思维、行动并实施了严重危害社会的行为时,损失由谁埋单?其间是否会产生刑事责任问题?如是,则该刑事责任又应由谁来承担?人工智能是否会影响人类的结局尚不得而知,但其对现行刑事责任追究制度的挑战与冲击已然无疑。“防范机器人向负面发展已经迫在眉睫,无需等到机器人的智能等于人的智能的那一天……它们带给人类社会的不只是工作效率的提高和人的生活改善,将冲击或改变人类社会的某些规则。”⑥智能机器人的诞生目的是为了服务人类社会,人类通过设计和编制程序赋予智能机器人“智能”,然而,机器人既然可以在程序设计和编制的范围内实施符合人类预期的行为,那么也有可能突破控制,通过自主、深度学习产生独立思想,并在程序设计和编制的范围外受自主意识和意志的支配,实施超越人类智能的

① “Stephen Hawking: will AI kill or save humankind?” http://www.bbc.com/news/technology-37713629, accessed July 28, 2017.

② Andrew Arruda, “An Ethical Obligation to Use Artificial Intelligence? An Examination of the Use of Artificial Intelligence in Law and the Model Rules of Professional Responsibility”, American Journal of Trial Advocacy 443(2016).

③ Matthew U.Scherer, “Regulating Artificial Intelligence Systems: Risks, Challenges, Competencies, and Strategies”, Harvard Journal of Law & Technology 353(2016).

④ In Arnold v.Reuther, 92 So.2d 593, 596(La. Ct. App. 1957).

⑤ 《德国大众工厂惊现“机器人杀人”事件,也许机器人统治地球的日子不远了》,http://news.ittime.com.cn/news/news_5244.shtml?utm_source=tuicool&utm_medium=referral,访问日期:2017年7月28日。

⑥ 封锡盛:《机器人不是人,是机器,但须当人看》,《科学与社会》2015年第5期。

行为。假如这些自主行为能够服务、造福于人类，当然是人们乐于看到的结果，但假如智能机器人在自主意识和意志支配下实施了严重危害社会的行为，问题就变得极为复杂。此时，智能机器人所实施的严重危害社会行为未受到研发者或使用者等任何人为设置或操控，即这种严重危害社会的行为完全是智能机器人自发实施的，且该种行为超越甚至根本违背了相关人员的意志。此时承担刑事责任的主体是谁？另一种可能出现的情况是，研发者出于非法的目的研发智能机器人用于实施违法犯罪活动，也即智能机器人实施严重危害社会的犯罪行为是从根本上受到程序的控制和支配的，此时刑事责任的承担主体与方式是否会有所不同？

在不远的未来，随着人工智能技术的不断成熟，智能机器人有可能像霍金所预言的那样成为地球上除男人、女人之外有意识、能思维的“第三类人”，这对传统刑事责任追究制度提出了挑战。具有自主意识与意志的智能机器人是否可以成为刑事责任的承担主体，是否具有刑事责任能力？对这些问题的回答，并非只言片语所能应对，有必要针对不同的情形，分别展开技术上、伦理上乃至法律上的深度思考。

二、智能机器人的法律属性

讨论智能机器人的刑事责任能力问题，首先离不开对智能机器人法律属性的探讨。笔者认为，我们可以将智能机器人与自然人、动物和普通机器人等进行比较，从而正确认识智能机器人的法律属性，进而研究其刑事责任承担问题。

首先，与自然人（这里指的是达到法定年龄，具有责任能力，有生命的自然人）相比，智能机器人由程序设计和编制而成，不具有生命体。随着人工智能技术的不断精细演进，智能机器人越来越像“人”。正如科学家所展望并预测的那样，未来的智能机器人不仅有智商，还有情商，“人类对情感的理解能力，以及做出适当反应的能力（所谓的情商），是人类智慧的重要表现，这些也将被未来的机器智能理解并掌握”。①智能机器人和自然人一样，完全可能具有自主的意识和意志。智能机器人虽然是由人类设计和编制的程序组成的，同时也因为人类在其“体内”设计和编制的程序使其具有了思考和学习的能力，这种能力使得智能机器人可以产生自主的意识和意志。例如，打败围棋世界冠军的阿尔法狗能

① ［美］Ray Kurzweil：《奇点临近》，李庆诚、董振华、田源译，山东人民出版社2011年版，第14页。

够在人类设计和编制的程序之下通过学习而掌握围棋技术从而赢得比赛。智能机器人和自然人的最大区别仅在于智能机器人不具有人类的肉体生命即不具有生命体。应该看到,人类所具有的思想产生于人的生命体,智能机器人所具有的"思想"则产生于人类设计和编制的程序。生命对于人类的意义毋庸置疑,生命是人类得以存在的基础,是人体维持生存的基本的物质活动能力。传统观点认为,生命是不可以替代和不可逆转的,是公民享有权利和承担义务的前提和基础,是自然人具有的人格的基础。假如赋予传统观点不可动摇的地位,则我们确实很难认为智能机器人具有人格,导致当下以人格为基础所构建的法律体系很难将智能机器人囊括进来,进而在对其行为性质的认定上陷入困境。

其次,与动物相比,智能机器人具有辨认能力与控制能力。传统观点认为,除了人以外,即使是最高级的动物也不具有辨认能力与控制能力。然而,如今人们所处的时代发生了变化,在人类之外,又诞生了另一种与人类智商不相上下甚至会超过人类智商的"事物",即智能机器人。一方面,智能机器人具有辨认能力,其能够辨认自己行为的性质、意义、后果,甚至在对行为导致结果的可能性认识方面,其精确程度可能超越人类。智能机器人的眼睛是由多个摄像头组成的"电子眼",具有三百六十度的视角并可实时摄像记录,可谓"眼观六路";智能机器人的耳朵是由多个音频设备组成的"电子耳",可吸收、甄别、录入不同频率、不同远近的声音,可谓"耳听八方"。从某种程度上说,智能机器人对周边环境的感知能力要远远超过人类,这也是为何无人驾驶的安全系数远超人工驾驶的根本原因。智能机器人对这一行为可能导致何种结果、结果发生概率几何的预见能力也是惊人的,其能够凭借大数据与高速运算能力对行为可能导致的结果作出精准的判断,比如根据尖刀刺入人体何种部位、何种深度,以及人体温度、心率、脉搏等指标的变化,迅速判断出人体的伤情。当下智能机器人的身影已出现在外科手术室中便足以说明,人类自身的辨认能力在某些方面已不及智能机器人,人类需要借助智能机器人的辅助从事更精密的工作。另一方面,智能机器人具有控制能力,其能够通过自己独立的意志控制自身行为。无人驾驶汽车便是一个典型的例证,其能够在几公里外便精确计算出距离目的地需要经过几个路口,几个红绿灯,每个路口红灯亮起的精确时刻,所经途中是否有学校,各路段行人实时稠密程度,等等,进而作出或停车或绕道或减速慢行的举动。智能机器人的控制能力源于其超强的数据采集能力与分析能力,并且其快速处理能力也是人类所望尘莫及的,其反应速度是人类的几倍、几十倍甚至是几百倍,遭遇紧急突发情况时能够在零点几秒之内迅速作出反应。我们不得不承认，智能机器人已经突破了人类的生理极限，在辨认能力与控制能力方面可能或已经超越了人类。相比之下，动物就不具有这种辨认能力与控制能力。有传闻说，当年左宗棠将军见驴将自己所栽之树的树皮啃掉，因而大发雷霆将驴判处死刑。左将军此举并不能代表动物就具有了法律主体地位。相反，这则故事因新奇而广为流传，便恰恰证明动物不具有辨认能力与控制能力，不能成为法律关系的主体。驴啃树皮是自己的本能，它并不能明白自己在干什么，更不能知晓自己的行为对生态环境造成了破坏的结果，法律再如何惩戒驴也不可能威慑、影响驴之后的行为。可见，智能机器人因其具有辨认能力和控制能力而完全不同于动物，也因为这一特性使其更接近于“人性”而可以成为“人工人”。

最后，与普通机器人相比，智能机器人可能产生自主的意识和意志。人类创造机器人的技术达到了无与伦比的程度，依次经历了机器人1.0时代（对外界环境无感知的初级机器人）、2.0时代（对外界环境有感知的高级机器人）、3.0时代（对外界环境有认知、推理和决策能力的智能机器人），凭此完全可以预测，未来必将出现“机器人N.0时代”。人类创造机器人的技术发展，使得当下和将来的机器人成为一种像“人”一样会思维甚至能自我创造的存在。以上并非不着边际的幻想，早在1950年，被誉为“计算机科学之父”的英国数学家图灵在《计算机器与智能》一文中就提出了“机器能够思维吗”的问题，并认为只要一台机器能够通过图灵测试，便证明其能够思维。图灵测试是指在与机器交谈后，人能否辨别出对方不是人。短短几十年间，随着人工智能技术的发展，如今的机器人不仅能轻松地通过图灵测试，甚至还学会了撒谎，实验室的研究人员表示：“这一过程有点类似于真正自然界生物的演变，智能机器人会随着自己智商的提高而显现出各种不同的善恶本性。”[①]科学研究的结果与趋势表明，在人类设计和编制的程序之外，智能机器人完全可能产生自主的意识和意志。智能机器人具有深度学习能力，这是其区别于普通机器人之所在，前者的智能源于程序，又可能高于程序、突破程序，在人类设计和编制的程序之外实施人们意料之外的行为。笔者曾经在相关文献中论述过，ATM机本质上是一个普通机器人（实际上属于具有部分感知能力的高级机器人），是替代金融工作人员处理相关金融业务的机器人。[②]ATM机所进行的所有操作都是在人类设计和编制的程序之内的，并且这种程序十分具体，每一个步骤都清晰明了。此时，称ATM机具有“人”的部分功能，指的是ATM机可以替代“人”处理业务，当然这种业务处理的

① http://jandan.net/2009/08/21/robots-learn-lie.html，访问日期：2017年7月29日。

② 刘宪权：《金融犯罪刑法学原理》，上海人民出版社2017年版，第509页。

过程都是完全按照程序进行的,不存在完全自主的意识和意志,因而ATM机无法被称为智能机器人。普通机器人的行为具有一定的"等同性"和"可预测性"。"等同性"指的是普通机器人处理业务等同于人类在处理业务,人们在ATM机上取钱并不会认为是ATM机本身在进行支付,而会认为ATM机的支付行为等同于金融机构及其业务员的支付行为。"可预测性"指的是普通机器人的每一步操作都是以程序的具体设定为圭臬的,人们据此可以预测遇到不同的情况是它们会作出什么样的具体"反应"。例如,当持卡人将账户和密码告知ATM机时,ATM机会按照设计和编制的程序即时作出识别和判断,将持卡人认定为是账户的真正主人而与其进行相关的金融交易;在ATM机正常运转和用户资金充足的情况下,用户输入正确的密码和取款金额,ATM机就会弹出相应钱款。相反,智能机器人的行为可能就不具有这种等同性和可预测性,以围棋人工智能机器人阿尔法狗为例,阿尔法狗战胜围棋世界冠军赢得了比赛,人们并不会认为此举等同于阿尔法狗背后的研发者赢得了比赛。事实上,相关的研发者可能都不会下围棋,更不要说具有战胜围棋世界冠军的能力了。同时,人们也无法预测阿尔法狗是否能够赢得比赛,因为即使是研发者也无法预测阿尔法狗每一步棋的下法。

综上所述,智能机器人与自然人的根本差异在于其不具有人类生命体,智能机器人与动物的差异在于其具有辨认和控制能力,智能机器人与普通机器人的差异在于其可能超越人类设计和编制的程序产生独立的意识和意志。因而从法律属性上可以将智能机器人定位为经程序设计和编制而成的、可以通过深度学习产生自主意识和意志的、不具有生命体的"人工人"。笔者认为,人工智能时代是一个全新的时代,智能机器人是一项新生事物,人们不宜再用旧有视角与传统理论来看待新时代的新生事物,需要一套全新的理论来考虑智能机器人的行为和法律地位。

三、智能机器人的行为类型与刑事责任承担范围

正如前述,智能机器脑可以像人脑一样进化,产生自主意识和意志,并通过深度学习机制与嵌入成长经历,达到甚至超越人类的思维水平,有可能以"人工人"的方式成为人类社会中新的一员。但智能机器人也并非要对其所实施的所有活动承担刑事责任,而是会因行为类型的不同而有所区别。笔者认为,有必要将智能机器人承担刑事责任的问题分为两种情况讨论,以正确划分智能机器人的刑事责任承担范围。

(一)在设计和编制程序范围内实施行为时,智能机器人不承担刑事责任

随着人工智能技术的进一步发展,未来可能出现智能机器人脱离人类控制的情况,但是目前智能机器人的行为仍在人类设计和编制的程序范围之内,即使智能机器人已经可以通过学习根据自主判断实施相关行为,但这些行为均受到人类设计和编制程序的控制或者限制,且完全符合人类设计和编制程序的目的。就此而言,人类是智能机器人的创造者,完全可以在智能机器人产生自主的意识和意志之前通过程序给智能机器人设定行为目的和行为边界。此时,不法分子完全有可能利用先进的人工智能技术让智能机器人为自己所用,成为自己实施非法目的的“工具”。例如,具有杀人意图的行为人研发出一种“智能杀手”,希望通过“智能杀手”帮助自己实现杀人的目的。“智能杀手”从“出生”的那一刻起,行为人给其设定的行为目的就是杀人,但“智能杀手”又区别于普通的杀人工具,因为它具有一定的智能,可以根据具体的环境和时机来判断杀人的方式,等等。在这种情况下,虽然智能机器人有一定的辨认能力与控制能力,但是这种能力完全受控或受制于人类设计和编制的程序,在某种程度上,我们完全可以将其理解为是设计者辨认能力和控制能力的延伸,因此,智能机器人不应当对其实施的行为承担刑事责任,理由如下:

首先,在人类设计和编制的程序范围内实施行为时,智能机器人实现的是人的意志而非自主的意志。智能机器人如果实施了危害社会的犯罪行为是在设计和编制的程序范围内,那么证明该犯罪行为符合程序设计和编制的意图。而程序是由人设计和编制的,反映的是人的意志,那么按照设计和编制的程序实施的所有行为都必然完全符合人的意志。诚然,智能机器人会通过深入学习产生自主的意识和意志并完全可能在自主意志支配下实施行为,但这已经超出人类对其设计和编制的程序范围,当然不属于这里笔者讨论的内容。笔者承认,智能机器人在设计和编制的程序范围内存在一定的辨认能力和控制能力,但这种辨认能力与控制能力服从于研发者的意志,因此,智能机器人在设计和编制的程序范围内实施行为时,应当将其看作人为了实现自己的犯罪意图而使用的“智能工具”。有人可能会将这种情况与间接正犯的情况进行对比,笔者认为,这种情况不同于间接正犯。虽然间接正犯的行为人与智能机器人的研发者一样都是利用他人(通常是指没有达到法定年龄、精神病人和不具有主观罪过的人)或智能机器人来实现自己的犯罪目的,但是,两者之间的区别是显而易见的。除了智能机器人不具有间接正犯中被利用的“他人”生命体之外,间接正犯

的行为人并未亲自参与实施犯罪行为，而智能机器人的研发者通过设计和编制具有犯罪意图的程序，实际上已经参与犯罪行为的实施，相当于在替自己打造一把符合心意的“刀”并加以使用。另外，间接正犯对被利用“他人”的控制程度远远不及研发者通过设计和编制程序实现对智能机器人的控制程度。因此，在这种情况下，智能机器人对于人来说只能是“工具”，而不可能是被利用的“他人”。

其次，在设计和编制的程序范围内实施行为时，智能机器人无法自主决定行为目的，只能根据程序设计和编制的目的来决定自己的行为方式。例如，“智能杀手”只能根据程序设定的杀人目的实施行为，虽然其可以决定自己杀人的方式，但是并不会改变其行为目的。如果人类设计和编制的程序本身就带有非法目的，那么智能机器人无论如何其行为都无法“合法”。这种情况不同于父母命令子女杀人，子女可以选择执行或者不执行，子女在具有一定的刑事责任能力的情况下实施杀人行为就应当承担刑事责任。自然人具有刑事责任能力就意味着其有选择的自由，即使子女因没有受到父母的正确教育而价值观歪曲，其还受到社会等各方面的教育，子女作为公民应该选择放弃行凶杀人的行为。然而智能机器人则不同，智能机器人对于程序设计和编制的行为目的，在大多数情况下（程序故障的情况除外）只能选择无条件地接受，此时智能机器人的“智能”只能体现在可以自行选择实现犯罪目的的行为方式上，但研发者设计和编制的程序完全控制着智能机器人的行为目的，对此，智能机器人无法改变。“智能杀手”存在的意义就是为了杀人，形象的说，“智能杀手”从其“出生”时就仿佛被人类设计和编制的程序上了一道无法挣脱的枷锁。

综上，笔者认为，智能机器人在人类设计和编制的程序范围内的行为体现的是人类的意志，如果智能机器人做出了严重危害社会的犯罪行为本质上是为了实现研发者或者使用者的犯罪意志，应当将该智能机器人看作研发者的“工具”，智能机器人本身不应当承担刑事责任，需要承担刑事责任的是该智能机器人的研发者或者使用者。如果研发者和使用者为不同自然人或单位，那么根据具体情况，他们之间可能成立共同犯罪，但无论如何研发者或者使用者都不可能和实施行为的智能机器人成立共同犯罪。

（二）在设计和编制程序范围外实施行为时，智能机器人需要承担刑事责任

需要指出的是，时下，大多数情况的智能机器人行为都是在人类设计和编制的程序范围内且按照人类的意志实施的，所以即使发生了严重危害社会的犯罪行为，智能机器人也只是“智能工具”，不需要承担刑事责任。但是，诚如前

述，人工智能时代的到来使得我们不得不警惕人类设计和编制的程序无法完全控制住“头脑”越来越发达的智能机器人的行为，智能机器人完全可能按照自主意识和意志实施严重危害社会的犯罪行为。在这种情况下，笔者认为，智能机器人完全具有独立的辨认能力与控制能力，可以成为刑事责任主体并需要承担刑事责任，理由如下：

首先，在设计和编制的程序范围外实施行为时，智能机器人的行为实现的是自主意志而非他人意志，因而可以成为刑事责任主体。笔者认为，这里有必要将机器人与单位的法律地位作一番对比。一直以来存在着关于单位应否成为刑事责任主体的争论，其焦点在于“单位是否能够像自然人一样，可以实行犯罪行为，可以有犯罪的意识和意志，是否有受刑能力”。①德国刑法之所以未规定单位犯罪的根本原因就在于其认为单位本身没有意志，也无法由自己承担刑事责任，这可能受到了早期德国刑法学理论的影响，如费尔巴哈就曾明确表示：“只有个人才能成为犯罪的可能的主体，而法人（如公司、大学或者学院等）决不可能成为犯罪的主体。”②然而，明确规定单位犯罪的国家则通常承认，单位也有意志，只不过其意志表现为单位内部所有人的共同意志罢了，但归根结底是一种自由意志，并且是一种区别于自然人意志的意志。通过深入学习，智能机器人完全可能产生设计和编制的程序范围外的自主意识和意志，其中的智能机器人的意志与单位相比，自由的程度似乎更强。如果法律能够尊重单位的自由意志，那么便没有理由否认智能机器人的自由意志。智能机器人是介于普通机器人与人之间且是由人所创造出的“人工人”，从法律属性上看，智能机器人比单位更接近于法律意义上的人，我们应当关注智能机器人的自由意志并赋予其法律上的主体资格。笔者认为，智能机器人一旦符合刑事责任主体资格，那么其实施了严重危害社会的犯罪行为，当然就可以承担刑事责任。

其次，我们需要解决的问题是智能机器人在设计和编制的程序范围外的行为是否可以成为刑法意义上的“行为”？马克思曾有名言，“对于法律来说，除了我的行为以外，我是根本不存在的，我根本不是法律的对象”，一切法律都是以规制行为作为其内容的。那么“行为”是否必须是“人”的行为？假如我们列出“行为”的所有必备要件或本质特征，而智能机器人在自主的意识和意志支配下能够全部符合的话，是否意味着法律也应当将智能机器人在设计和编制的程序范围外按照自主意识和意志实施的行为纳入规制范围？

---

① 刘宪权：《刑法专题理论研究》，上海人民出版社2012年版，第93页。

② ［德］安塞尔姆·里特尔·冯·费尔巴哈：《德国刑法教科书》，徐久生译，中国方正出版社2010年版，第37页。

回顾行为理论的发展历程,自然行为论、因果行为论、目的行为论、社会行为论、人格行为论是其中具有代表性的理论阶段,这些理论无一例外地均围绕着"人"的行为展开。如自然行为论的代表人物李斯特将行为理解为相对于外部世界的任意举止,这一任意行为能够改变外部世界,每一个任意活动都是法律上有重要意义的意思活动,任何一种犯罪均以某种结果为前提。相比于自然行为论更关注改变外部世界的行为的"果",因果行为论更加强调主观内在的"因",即有意性,认为"行为"不同于"事件",其是有意的身体举动,表现为身体的运动或无运动,主观上是对身体的意志(有意性),是一种自我决定。[①]目的行为论是对因果行为论的再修正,其反对将行为简单地理解成单纯由某个随意的意志活动所引起的因果事件,而认为行为是人们"按照他对因果关系的认识,在一定范围内预测其活动可能造成的结果,在此基础上设定不同的目标,并且有计划地引导其活动朝着实现该目标的方向发展",[②]在目的行为论看来,一切行为皆有目的,包括过失行为,只不过过失行为的目的不是构成要件中的结果,而是"对附随结果的避免"。社会行为论"欲求折衷因果行为论及目的行为论,认为行为并非单纯的因果历程,但亦不必决定于个别的特定意志。行为是人之意志所支配的社会重要的举止",[③]着重强调行为的社会意义。人格行为论则更直接地道明,行为的本质是人格行为,人格行为论所考虑的行为,"要受到最终的责任判断,这是立足于行为论的学说史发展方向所体现的适当理论志向。虽然作为刑法评价对象的行为必须是能够成为犯罪的行为,但是,关于犯罪成立与否的最终阶段的评价,是能否将责任归于行为人的判断。所谓责任,是就其行为对行为人进行的道德非难,必须以能够负担这种道义非难的行为人自身的主体性为前提"。[④]在以上行为理论所提出的时代,除了人之外,并无其他任何一类物种能够满足"有意性""目的性"的要求。由于在这些理论提出的当时,能够思维的智能机器人并不存在,因此,智能机器人的行为在当时显然不可能被纳入人们考虑与讨论的范围。

但是,如今人工智能的时代已经到来,我们不应该再故步自封,忽略这种已经可能产生和人类一样甚至超过人类智商的新事物的存在,在这种存在完全可能实施严重危害社会的犯罪行为之时,法律应该站出来,将其纳入规制范围。

---

① 参见[德]恩施特·贝林:《构成要件理论》,王安异译,中国人民公安大学出版社2006年版,第65页。

② [德]汉斯·威尔策尔:《目的行为论导论:刑法理论的新图景》,陈璇译,中国人民大学出版社2015年版,第1页。

③ 黄荣坚:《基础刑法学(上)》,台湾元照出版有限公司2012年版,第151页。

④ [日]大塚仁:《刑法概说》,冯军译,中国人民大学出版社2003年版,第99页。

智能机器人完全可以通过不断学习规则建立“自省”与“道德感”，这已经远远超出了自然行为论、因果行为论、目的行为论、社会行为论、人格行为论所能预见并认识的范围。尤其是人格行为论直接将行为定义为“人格行为”，从根本上否定了智能机器人作为行为主体的可能性，这是由其时代局限性所决定的。任何一种理论都是时代的产物，反映着该理论所处时代的客观情状与现实需求。用上一个时代的旧理论来简单套用并试图解决下一个时代的新问题，显然是不能真正解决问题的。社会发展到今天，并继续在向前发展，行为理论也应当随着时代的步伐而有所推进或演绎，以应对新时代所产生的新事物与新问题。尤其在社会发展速度呈指数级增长的情况下，理论的更新速度也势必要有所加快。在回答智能机器人的行为是否为法律意义上的“行为”以及智能机器人的刑事责任问题上，我们必须给出符合时代要求的答案与解决方案。智能机器人在设计和编制的程序范围外的行为既然相比于传统理论对于“行为”的定义，除了不满足主体需具有生命体的“人”之要素之外，其他的要素似乎均符合行为理论要求。而这一结论又是因为在传统理论未预见到人工智能技术存在的情况下产生的，在智能机器人的“智能”高度发展的今天，突破传统理论显然不足为怪且无可厚非。因此，我们完全可以认为，智能机器人在设计和编制的程序范围外的行为可以成为刑法意义上的“行为”。

最后，对智能机器人完全可以科处刑罚，符合刑罚的目的，且有利于降低社会治理成本。刑罚的目的是预防犯罪，包括特殊预防与一般预防。这两种预防功能在机器人身上皆得以奏效。智能机器人具有感知刑罚痛苦的能力，并且能够在犯罪的“快感”与刑罚的“痛感”之间进行理性权衡，以调整其之后的行为，换言之，自主意识和意志的存在决定了智能机器人本身是可以重新接受深度学习与深度改造的。一般预防的功能则体现得更为充分，由于智能机器人具有意识和意志，会学习，能思考，因而此智能机器人完全可以从彼智能机器人因犯罪而受刑的经历中感受到威慑并接受教育，从而不断在自己的“大脑”中塑造或加深符合人类社会规范的“价值观”。假如我们无视智能机器人的自主的意识和意志，简单而粗暴地将智能机器人当作不具有主体资格的物品来看待，一旦智能机器人实施了严重危害社会的行为便在物理上毁损之(因为自由意志是无法毁灭的)，那么经济成本将是巨大的，一般预防功能也会荡然无存。唯有关注智能机器人的自主意识和意志，将其作为行为主体与社会成员来看待，有罪必罚，并经由刑事诉讼程序进行法律上的审判，才能在智能机器人的“大脑”中建立价值体系，植入人类文明，使其自觉遵守并维护社会秩序，从而实现“人工人”向“社会人”的转变，这是人工智能技术发展到一定程度时的理性选择与必由之路，有利于最大程度地降低社会治理成本。值得指出的是，在历史上虽然存在过对无生命的物品进行追诉的法律以及对动物惩罚、对动物诉讼的情况，但这与追诉智能机器人存在本质的不同。古时的物品诉讼、动物诉讼很可能如李斯特所猜测的那样，其原因“一方面是宗教观念使然，一方面是在特别程序中确定由动物造成的损害的事实，以便确定动物所有人的责任”，①也即动物及无生命的物品仅具有程序上查明事实的意义，并不具有实体上的归责意义，因为对无意识、无意志的物品、动物科处刑罚不可能实现刑罚预防犯罪的目的。在设计和编制的程序范围外实施严重危害社会犯罪行为之智能机器人则不同，其所具有的意识与意志使得实现刑罚目的成为可能。

四、结　语

刑法理论是时代的产物，并用以解决特定时代中的刑法问题。人工智能时代的刑法理论不应再将犯罪行为主体的范围局限于具有生命体的“人”，那种认为“刑法是以规制人的行为作为其内容的，任何一种刑法规范，只有建立在对人性的科学假设的基础之上，其存在与适用才具有本质上的合理性”②的观点，也应当随着时代的发展而有所修正，因为所谓人格，其本质便是自主意识和意志。因此，智能机器人在设计和编制的程序范围内按照人类意志实施行为时，不承担刑事责任。但是一旦通过深入学习，产生自主意识和意志，在设计和编制的程序范围外实施符合犯罪构成的具有严重社会危害性的行为时就应当承担刑事责任。人工智能在社会生活中的运用也越来越广泛，笔者认为对这些发展视而不见，仅仅以传统的眼光和心态看待人工智能时代中智能机器人的行为，并不是一种科学的态度，应当根据新情况适时调整有关理论和观点。

① [德]李斯特：《德国刑法教科书》，徐久生译，法律出版社2006年版，第178页。
② 陈兴良：《刑法的人性基础》，中国方正出版社1999年版，第1页。

人工智能时代刑事责任主体的重新解构

刘宪权　林雨佳*

【内容摘要】 智能机器人与普通机器人相比，具有深度学习能力；智能机器人与自然人相比，其不具有生命。智能机器人可以分为在设计和编制的程序范围内实施行为的智能机器人和在设计和编制的程序范围外实施行为的智能机器人。前者不具有辨认能力和控制能力，后者具有辨认能力和控制能力。刑事责任主体的基本内涵是具有刑事责任能力，而刑事责任能力的内容具体表现为辨认能力和控制能力。具有生命的自然人之辨认能力和控制能力受到年龄和精神状况的影响，单位的辨认能力和控制能力来源于单位内部人员的辨认能力和控制能力，因而受到个人的辨认能力和控制能力的影响。辨认能力和控制能力是行为人能否成为刑事责任主体的关键因素。在人工智能时代，我们应当认为在设计和编制的程序范围外实施行为的智能机器人可以成为刑事责任主体。

【关键词】 人工智能　刑事责任能力　辨认能力　控制能力　刑事责任主体

2016 年 3 月，谷歌旗下 Deep Mind 公司的人工智能围棋程序阿尔法狗(AlphaGo)以 4∶1 的总比分战胜了围棋世界冠军李世石，成为第一个战胜围棋世界冠军的人工智能程序。由此，人工智能技术掀起了一轮科技的浪潮。就在人们仍在感叹人工智能技术快速发展的同时，2017 年 10 月 Deep Mind 公司推出的最新一代的人工智能围棋程序阿尔法元(AlphaGo Zero)仅仅通过 3 天的学习，就以 100 比 0 的胜率战胜了初代人工智能围棋程序阿尔法狗，人工智能的自我学习和进化能力再次令世人震惊，人工智能技术掀起的科技浪潮一浪更比一浪高。随着人工智能技术的发展，人们已经迎来并正置身于一个崭新的时代——人工智能时代。在人工智能时代，人们不免提出一个疑问，是否会有和自然人一样的智能机器人出现？智能机器人和自然人有何不同？如果智能机器人杀人了，其是否需要承担刑事责任？笔者认为，这些问题并非天方夜谭，其实离我们很近。在人工智能时代，或许我们需要重新审视刑事责任主体的概

* 刘宪权，华东政法大学刑法学教授、博士生导师。林雨佳，华东政法大学博士研究生。

念,对刑事责任主体概念进行重新解构,分析刑事责任主体的基本内涵是什么,从而把握在人工智能时代,刑事责任主体是否应当包括智能机器人。

一、人工智能时代智能机器人的特征

智能机器人的核心是人工智能技术。人工智能技术的原理是模拟人类神经网络,让人工智能程序具有深度学习的能力,能够像"人脑"一样作出判断或决策。人工智能技术的不断发展,使得智能机器人变得越来越像人类,但是智能机器人真的可以做到和人类没有区别吗?笔者认为,似乎并非如此。正确认识智能机器人的属性需要通过和我们已经达成统一认知的事物进行比较,从而确定智能机器人的特征与定位。

与普通机器人相比,智能机器人的特征是其具有深度学习的能力。笔者曾在相关文献中谈及,笔者认为银行 ATM 机可以看作一种"机器人",之所以认为其为机器人,是因为人们通过电脑编程赋予其部分人脑功能且能替代人脑开展相关业务。[①]这里的 ATM 机就是一种普通机器人,由于其不具有深度学习的能力,因而其并不"智能",它作出的所有反应都是根据程序中的预设条件作出的,但其又与机器不同,机器不能对外界作出反应,ATM 机作为普通机器人可以对外界作出反应,因此可能产生"错误认识",进而成为诈骗罪的对象。例如,当用户向 ATM 机输入卡的密码时,ATM 机只能根据卡的账号和密码是否对应来判断该用户是否可以取走卡内的金额,ATM 机并不具有"智能"来识别该用户是不是该信用卡的真正主人。如果用户是通过非法途径取得的密码,冒充是信用卡的真正主人来取款,只要密码正确,ATM 机一样允许卡内金额被该用户取走。但是内含人工智能技术的智能机器人则不同,智能机器人作出的反应和人类较为类似,是一种基于深度学习后所作出的"灵活"反应。虽然智能机器人和普通机器人一样必然包含设计和编制的程序,但是智能机器人内含人工神经网络,因而可以"像人类一样进行决策和判断"。形象地说,智能机器人对于数据的深度学习可以"举一反三",而普通机器人对于数据的学习则无法做到"举一反三",只能根据程序的设定来对外界刺激作出反应。因此,普通机器人和智能机器人都能够"被骗",成为诈骗行为的对象,但普通机器人不能主动"骗人",无法实施诈骗行为,而智能机器人则有可能实施诈骗行为。

与自然人相比,智能机器人没有生命,完全由程序设计和编制而成,行为受

---

① 刘宪权:《论新型支付方式下网络侵财犯罪的定性》,《法学评论》2017 年第 5 期。

到程序的制约和限制。据媒体报道，2017 年 10 月，沙特阿拉伯授予了机器人“索菲娅”公民身份，那么是否就意味着智能机器人已经发展到和自然人没有区别的程度了呢？笔者认为，答案是否定的。这是因为，无论人工智能技术如何发展，智能机器人都不可能被赋予生命。生命是自然人得以存在的基础，没有了生命，自然人的自主意识和自由意志也都随之消灭。所以，生命是公民享有权利和承担义务的前提和基础，是自然人具有的人格的基础。而智能机器人对外界作出的反应、判断和决策都来自设计和编制的程序。以机器人“索菲娅”为例，“索菲娅”频频在各大电视节目中和在场嘉宾、观众“对答如流”，虽然是根据不同情境来回答的，但是“索菲娅”的答案来自研发者对提问者的特定问题事先设计和编制好的程序，而“索菲娅”本身不具有生命。正如科学家所展望并预测的那样，未来的智能机器人不仅有智商，还有情商，“人类对情感的理解能力，以及做出适当反应的能力（所谓的情商），是人类智慧的重要表现，这些也将被未来的机器智能理解并掌握”。[①]这些观点证明在未来，智能机器人可能拥有属于自己的辨认能力和控制能力，加之外貌、形状、动作等外在表象可以做到和自然人完全一致，智能机器人越来越像人，但是我们仍然不能承认智能机器人是生命体。因此，这里就出现了对智能机器人法律主体地位的困惑：智能机器人不像人类一样具有生命，但确有可能拥有和人类一样的辨认能力和控制能力，那么如何确定智能机器人的法律主体地位？

二、人工智能时代智能机器人的分类

笔者认为，对于智能机器人属性与特征的分析不能一概而论。诚如前述，程序是智能机器人得以存在的基础，程序之于智能机器人如生命之于人类。笔者认为，根据智能机器人所实施的行为与程序设计和编制内容的关系，可以将智能机器人分为在设计和编制的程序范围内实施行为的智能机器人与在设计和编制的程序范围外实施行为的智能机器人。虽然这种分类是根据智能机器人最终实施的行为是否在设计和编制的程序范围内来进行的，但笔者认为这种分类具有一定的合理性，具体分析如下：

首先，在设计和编制的程序范围内实施行为的智能机器人不具有辨认能力和控制能力。有专家指出，虽然人工智能技术取得了一定的进步和突破，但我们现在仍然处于弱人工智能时代。在弱人工智能时代，智能机器人只能做“人

① ［美］Ray Kurzweil：《奇点临近》，李庆诚、董振华、田源译，山东人民出版社 2011 年版，第 14 页。

类让他应该做的事情”。比如阿尔法狗,其人工智能的程度虽然很高,突破了以往人工智能技术的限制,但是它只能下围棋。再比如医疗界人工智能产品的代表,科大讯飞公司的“智医助理”,最近顺利通过了临床执业医师综合笔试。虽然在这个过程中,“智医助理”是通过自己的“智能”判断通过了考试,但是其内置程序的设计目的就是让其能够掌握成为一名临床执业医师所应具备的知识,所以“智医助理”的行为受到程序的制约和限制,只能做一名医生助理,可以作出就诊意见等,目前没有实施超过设计和编制的程序之外的行为。因此,就目前的情况来看,在弱人工智能时代智能机器人只能在设计和编制的程序范围内实施行为。在这种情况下,程序对于智能机器人的制约和限制使其无法拥有属于自己的辨认能力和控制能力。虽然此类智能机器人可以“耳听六路,眼观八方”,在某些情况下,其超强的数据采集能力与分析能力以及快速处理能力是人类所望尘莫及的,但这些能力仍然受到程序的制约和限制,我们不能认为此类智能机器人有独立的辨认能力和控制能力。诚如卢梭所言:“人是生而自由,却无往不在枷锁之中。”自然人虽然有时行为也受到限制,但这种“枷锁”对自然人行为的制约和限制与程序对智能机器人的制约和限制不同。对自然人行为的这种制约和限制是来自法律、道德等方面的要求,这些要求并不影响自然人的辨认能力和控制能力;而在弱人工智能时代,对智能机器人行为的制约和限制则完全来自程序,这些程度是使其无法拥有辨认能力和控制能力的根源所在。

其次,在设计和编制的程序范围外实施行为的智能机器人具有辨认能力和控制能力。随着人工智能技术的发展,强人工智能时代终将到来。上文提及的阿尔法元实现的人工智能技术的最大突破在于,其摆脱了之前人工智能技术对于大数据的依赖。阿尔法元的研发者只对其设定了围棋的基本规则,而没有对其输入海量棋谱,阿尔法元依靠其“强化学习能力”(深度学习能力的一种),可以积累“围棋经验”。这种通过“强化学习能力”得到的“经验”完全可以突破人类几千年累积下来的“人类经验”。因此,在未来,智能机器人完全可能依靠自己的“经验”实施行为,该行为完全可能突破研发者或设计者对智能机器人设计和编制的程序范围。如果智能机器人实施的行为突破了设计和编制的程序范围,就属于本文所提及的设计和编制的程序范围外实施行为的智能机器人。

笔者认为,智能机器人既然能够在设计和编制的程序范围外实施行为,那么其一定拥有独立的辨认能力和控制能力。这种辨认能力和控制能力表现在以下几个方面:其一,本文所提及的能够在设计和编制的程序范围外实施行为的智能机器人并不是出现了程序故障,而是因为人工智能技术的发展使得智能机器人拥有的深度学习的能力,这种深度学习的能力使智能机器人能够产生自主意识，此时智能机器人完全可以辨认自己的行为。特别是在人工智能技术发展积极倡导为智能机器人设定行为准则的情况下，智能机器人仍然实施了行为准则不允许的行为，智能机器人必然知晓自己的行为是违反研发者或使用者的“初衷”的。知其不可为而仍为之，只能解释为此时智能机器人已经产生了独立自主意识能力，这种能力就是辨认能力。其二，能够在设计和编制的程序范围外实施行为的智能机器人可以控制自己的行为。由于此时智能机器人实施程序外的行为并不是因为程序故障，而是在自主意识下实施的行为，其完全可以自由控制自己的行为。既然能够摆脱程序的束缚，那么智能机器人也必然有自由选择“做”或者“不做”，这种能力就是控制能力。

三、人工智能时代刑事责任主体的基本内涵

在我国目前的刑法体系下，刑事责任主体可以是具备刑事责任能力的自然人或单位。根据《刑法》第 17 条和第 18 条的规定，自然人的刑事责任能力受到年龄和精神状态的限制。而《刑法》第 30 条关于单位犯罪的规定是：“公司、企业、事业单位、机关、团体实施的危害社会的行为，法律规定为单位犯罪的，应当负刑事责任。”

通说认为，刑事责任能力是行为人对于自己危害行为的辨认能力和控制能力。[①]但也有学者对此提出不同看法，认为刑事责任能力不是辨认能力和控制能力。理由是只有确定一个人构成了犯罪，并确定其应当承担刑事责任的时候，才需要进一步考察其有无刑事责任能力。而辨认能力和控制能力是成立犯罪主体的一般条件，没有辨认能力和控制能力的主体不可能构成犯罪。[②]也有学者提出将辨认能力和控制能力称为刑事责任能力并不合适，因为辨认能力和控制能力是犯罪主体的条件，但如果将辨认能力和控制能力概括为刑事责任能力，那就表明是承担刑事责任的主体所必须具备的能力，因而不是犯罪主体本身必须具备的条件，而单纯只是刑事责任主体必须具备的条件。[③]笔者认为，上述这些关于能否将刑事责任能力的内容直接理解为辨认能力和控制能力的讨论似乎都存在一个问题，即对于刑事责任能力的“刑法定位”理解不当。诚然，对刑事责任的讨论是建立在犯罪行为已经成立，犯罪构成要件已经齐全的基础上。但是行为人的刑事责任能力并不是在犯罪行为成立之后才需要讨论的。刑事责任能力不是承受刑罚的能力，刑事责任能力是所有犯罪主体，无论最终是否实施了犯罪

① 刘宪权主编：《刑法学》，上海人民出版社 2016 年版，第 123 页。
② 侯国云、么惠君：《辨认控制能力不等于刑事责任能力》，《中国人民公安大学学报》2005 年第 6 期。
③ 张明楷：《刑事责任能力若干问题的探讨》，《中南政法学院学报》1994 年第 1 期。

行为,所必须具备的条件。不具备刑事责任能力的行为人不可能构成犯罪主体,其行为也不可能构成犯罪。由此可见,笔者认为,刑事责任能力的内容本质上就是辨认能力和控制能力,具备刑事责任能力的主体就是刑事责任主体,理由如下:

首先,从我国刑法的规定中可以看出,刑事责任能力的内容就是辨认能力和控制能力。根据我国刑法的规定,影响和决定人的刑事责任能力只有两个因素,一是年龄,二是精神状况。无论年龄大小,无论精神状况好坏,这两个因素是所有自然人都具备的,并不是行为人实施犯罪行为之后才需要考虑的。那么为什么是这两个因素影响自然人的刑事责任能力呢?主要原因就是这两个因素影响了人的辨认能力和控制能力。自然人从幼年向成年的发展过程,心智不断成熟,因而能够逐渐认识到自己的行为的性质、意义、作用以及后果,也即辨认能力不断提高。同时,随着年龄的增长,自然人也更能控制自己的行为,也即控制能力不断增长。同样地,精神状况对自然人的影响也表现在对人辨认能力和控制能力的影响上,一个精神病人在精神状况好的时候是具有辨认能力和控制能力的,只有在精神状况不好并达到“不能辨认或者不能控制”的程度时,我们才认为其不具有辨认能力和控制能力。不实施犯罪行为的人同样也具备刑事责任能力,这种刑事责任能力以人的辨认能力和控制能力为基础。刑事责任能力是行为人认识自己行为的性质、意义、作用和后果,并能对自己的行为进行解释、控制以及对自己的行为承担刑事责任的能力。辨认能力和控制能力是刑事责任的来源的本质是因为具有辨认能力和控制能力的能力可以行动自由,对一个行为可以做或者不做,并不是做了以后才有刑事责任能力。刑事责任能力是一种能力基础,是刑事责任的来源,但并不应当解释为需要承担刑事责任的能力。具有刑事责任能力的行为人不一定会实施犯罪行为。因此,我们完全有理由认为,刑事责任能力的本质内容就是辨认能力和控制能力。

其次,刑事责任主体的核心内容是刑事责任能力。我们认为一个人是刑事责任主体,并不意味着其需要承担刑事责任,作为刑事责任主体最终要承担刑事责任至少还需要实施严重危害社会的行为。刑事责任能力作为一个抽象概念,可以认为是连接“辨认能力和控制能力”和“刑事责任主体”的“桥梁”。对于自然人刑事责任主体来说,其刑事责任能力的有无,是受自然人个体年龄和精神状况等多种因素的影响和制约的,只有当其达到一定年龄、具备正常精神状态时,才能认为其具备刑事责任能力,可以成为刑事责任主体。对于单位刑事责任主体来说,其刑事责任能力,是通过单位意志表现出来的。单位意志在本质上,是单位内部成员个人意志的集合,也即个人的辨认能力和控制能力。单位意志虽然源自个人意志,但又高于个人意志,一旦个人的意志转化为单位的意志，便成为超越个人意志的独立的集体意志。据此，笔者认为，因为单位的集体意志来源于个人意志，而个人意志中又包含辨认能力和控制能力，所以单位存在刑事责任能力，可以成为刑事责任主体。

由此可见，具备刑事责任能力是成为刑事责任主体的充分必要条件，而刑事责任能力的本质内容和具体表现就是辨认能力和控制能力。

四、人工智能时代智能机器人成为刑事责任主体的可能性

上文我们已经较为详细地解构了刑事责任主体的概念，论述了刑事责任主体的基本内涵，即刑事责任主体的核心内容是具有刑事责任能力，而刑事责任能力的本质内容和具体表现就是辨认能力和控制能力。因此，从某种程度上而言，具有辨认能力和控制能力的行为人就可以成为刑事责任主体。随着人工智能时代的到来，具有辨认能力和控制能力的行为人似乎不再局限于自然人和单位，在程序的设计和编制范围外实施行为的智能机器人同样也具有辨认能力和控制能力。因此，笔者认为，在这种情况下，在设计和编制的程序范围外实施行为的智能机器人可以和自然人、单位一样成为刑事责任主体，其一旦实施了严重危害社会的犯罪行为，就应当承担相应的刑事责任，这是因为：

首先，与单位相比，能够在设计和编制的程序范围外实施行为的智能机器人的辨认能力和控制能力更接近于"人"的辨认能力和控制能力。正如上文所述，单位的意志来源于个人意志，是个人意志的集合，其辨认能力与控制能力需要通过个人的辨认能力和控制能力来体现，因而只能通过法律拟制为"人"，进而成为刑事责任主体。但是，能够在设计和编制的程序范围外实施行为的智能机器人与单位不同，其本身就具备了辨认能力和控制能力，似乎比单位更具有成为刑事责任主体的"资格"。一直以来，单位能否成为刑事责任主体就存在着一定的争论，其争议焦点在于"单位是否能够像自然人一样，可以实行犯罪行为，可以有犯罪的意识和意志，是否有受刑能力"。①早期德国刑法学理论认为单位本身没有意志，也无法由自己承担刑事责任，不应当成为刑事责任主体。例如，费尔巴哈曾明确表示："只有个人才能成为犯罪的可能的主体，而法人（如公司、大学或者学院等）决不可能成为犯罪的主体。"②笔者认为，能否成为刑事责任主体的关键在于牢牢把握刑事责任主体的基本内涵，也即具有刑事责任能力

① 刘宪权：《刑法学专题理论研究》，上海人民出版社 2012 年版，第 93 页。

② [德]安塞尔姆·里特尔·冯·费尔巴哈：《德国刑法教科书》，徐久生译，中国方正出版社 2010 年版，第 37 页。

的主体可以成为刑事责任主体，而如前所述刑事责任能力的本质内容和具体表现是辨认能力和控制能力。单位的辨认能力和控制能力来源于单位内部成员的辨认能力和控制能力，而能够在设计和编制的程序范围外实施行为的智能机器人不需要通过其他主体作为表达媒介，由于其本身就拥有辨认能力和控制能力，因而更接近于“人”，更有理由成为刑事责任主体。

其次，承认在设计和编制的程序范围外实施行为的智能机器人可以成为刑事责任主体，有利于巩固刑事责任主体基本内涵的统一性。笔者在上文已经通过一定的篇幅论述了刑事责任主体的基本内涵。据此，我们可以看出，自然人可以成为刑事责任主体最根本的原因是其具有辨认能力和控制能力，单位可以成为刑事责任主体最根本的原因是单位内部成员个人的辨认能力和控制能力可以“凝结”为单位自身的辨认能力和控制能力。自然人的辨认能力和控制能力受到年龄和精神状况的影响，单位的辨认能力和控制能力受到单位内部成员个人的辨认能力和控制能力的影响，而智能机器人的辨认能力和控制能力则是受到程序的直接制约和限制。只能在设计和编制的程序范围内实施行为的智能机器人“无法挣脱程序的束缚”，因而不具有辨认能力和控制能力，不能成为刑事责任主体；能够在设计和编制的程序范围外实施行为的智能机器人的意志是自由的，应当认为其具有辨认能力和控制能力，当然不能也不应该将其排除在刑事责任主体的“大门之外”，否则就会出现在同一个刑法体系下，承认了自然人和单位的刑事责任主体地位，却不承认同样具有辨认能力和控制能力的智能机器人的刑事责任主体地位的矛盾局面。因此，笔者认为，有必要通过将能够在设计和编制的程序范围外实施行为的智能机器人纳入刑事责任主体的范围之内来巩固刑事责任主体基本内涵的统一性。

最后，承认在设计和编制的程序范围外实施行为的智能机器人的刑事责任主体地位，符合罪责自负原则。罪责自负原则简单来说就是，谁犯了罪，就应当由谁来承担责任。同一个犯罪行为在同一个情境下产生的社会危害性是相同的。那么，当在设计和编制的程序外实施严重危害社会的犯罪行为的智能机器人既然拥有和自然人或单位一样的辨认能力和控制能力，其需要承担刑事责任就显得理所当然而毋庸置疑了。有人可能会提出，智能机器人既然没有生命，也无法像单位一样拥有财产，让其成为刑事责任主体有何意义呢？笔者认为，这种说法是不妥当的。一方面，认为智能机器人无受刑能力从而否定其可以成为刑事责任主体的观点似乎违反了正确的逻辑思维顺序。因为我们讨论刑事责任主体是否应当接受刑罚，以及应当接受什么刑罚等问题，实际上的前提是已经确认该主体是刑事责任主体。这里涉及的并不是“先有鸡还是先有蛋”的哲学问题,此时的前因后果关系是清晰明了的。并不是因为一个主体可以接受刑罚,我们才承认其具有刑事责任能力,可以成为刑事责任主体,而是因为一个主体具有刑事责任能力,可以成为刑事责任主体,进而在该主体需要承担刑事责任之时,我们才讨论其受刑能力的问题。另一方面,承认在设计和编制的程序范围外实施犯罪行为的智能机器人可以成为刑事责任主体的同时,我们完全可以通过改造现有的刑罚体系,使新的刑罚体系能够适应人工智能时代的"智能机器人犯罪"。笔者认为,在人工智能时代,可以根据现代刑法所承认的罪刑相适应原则、以刑罚目的为导向原则、刑罚节俭性原则等原则设计智能机器人的刑罚体系。经笔者初步构想,具体适用于智能机器人的刑罚可以有三种,分别为:删除数据、修改程序、永久销毁。与此同时,可能有人会提出,即使智能机器人实施了严重危害社会的犯罪行为,也可以让其研发者或使用者承担责任。笔者认为,一旦智能机器人实施严重危害社会的犯罪行为,在某些情况下,其研发者或使用者确实不能免责。例如,在智能机器人的研发或使用过程中,研发者或使用者不履行其特定义务的,最终造成危害结果的,研发者或使用者需要承担相应的过失责任。再如,如果研发者或使用者和智能机器人具有"共同故意"的,他们完全可以和智能机器人成立共同犯罪。但是,无论研发者或使用者是否应该为智能机器人的犯罪行为"买单",并不影响智能机器人可以成为刑事责任主体并承担相应的刑事责任,否则就与刑法中有关罪责自负原则相悖。

五、结　　语

历史已经不止一次地证明,科技的发展乃至时代的更迭往往能够超越人类的想象。不论人类是否已经做好准备,人工智能时代确实已经来临了。而在迎接或接受这个全新的人工智能时代之际,社会的各项制度与结构都应该随之进行相应的调整。上一个时代的制度设计如不能解决已经到来的新时代的问题,我们就应该顺应时代的潮流,在把握人类发展最基本的原则且不改变原制度的基本内涵的基础上,对与制度相关的概念的内容进行相应调整。刑法作为一门特殊的部门法,其设计与安排更应如此。在人工智能时代,只要把握住刑事责任主体应有的本质特征和内涵,我们就能理解将在设计和编制的程序范围外实施行为的智能机器人纳入刑事责任主体的范围内,应该是合情且合理的。笔者认为,这一观点的提出并非杞人忧天,伯虑愁眠,而完全是未雨绸缪,居安思危。即冀望在未出现"机器人犯罪"的现阶段,做好一定的风险防控,防患于未然,让人工智能技术真正造福于人类而不至于危害社会。

智能机器人的法律主体地位及刑事责任

许亚洁*

【内容摘要】 人工智能时代的到来对人类社会和制度带来挑战。人工智能根据其智能化程度可以分为弱人工智能、强人工智能和超人工智能。弱人工智能在刑法上应仅视为智能化的工具,不会对刑法体系造成冲击。而强人工智能和超人工智能因其具有“自主意识”,使其刑事主体地位和刑事责任产生争议。尽管高级人工智能具有辨认和控制能力,但是从法律主体理论和法哲学角度都不应当承认其刑事主体地位。在不承认其主体资格的情况下,刑法仍应当针对人工智能的特殊性加以完善。在罪名设置上,应当针对人工智能的研发者、设计者、使用者通过“法定犯”模式追究其刑事责任,并注意与前置规则的协调。在刑罚体系上,应当增设删除数据、修改程序、永久销毁等特殊刑罚种类。以完善刑法应对人工智能风险的能力。

【关键词】 人工智能　刑事主体　刑事责任

一、问题的提出

“人工智能”诞生于1956年美国达特茅斯会议上。而在60年后,谷歌旗下的Deep Mind公司开发出一款新型人工智能程序——阿尔法狗(AlphaGo)已经能够成功战胜目前围棋世界排名第一的柯洁。美国汉森机器人公司生产的类人机器人——“索菲娅”能识别面部并做出自然的面部表情。以色列已宣布计划用机器人替代所有的驾驶员,美国一些将军也称美国空军历史上最新一代歼击机“飞行员”已研制完成。①可见,人工智能将在社会各个领域大幅提高效率,带来智能红利。但是,技术的变革往往伴随着风险,机器人外科手术医疗事故、自动驾驶汽车致死事件、机器人杀人事件,都使人工智能产生信任危机和安全危机。同时,人工智能的高度智能化发展也将不断挑战人类伦理秩序和制度底

* 许亚洁,华东政法大学博士研究生。

① 张程:《法媒:专家忧军用机器人会增恐怖组织实力》,http://www.cankaoxiaoxi.com/mil/20170121/1631630.shtml,访问日期:2018年4月22日。

线。在不久的将来，人工智能体将有可能与人类一样具有“独立意识”，甚至成为一个新的物种。当智能机器人具有“自主意识”时，其是否可以像人类一样成为法律主体，或者像单位一样成为法律拟制主体？在刑法理论上，当智能机器人实施犯罪行为时或作为被害对象时，如何追究刑事责任？如果将智能机器人作为刑法上的“物”，则与其自身具有的辨认和控制能力相矛盾；如果将其视为刑法上的“人”，又与传统法律价值相矛盾。那么该如何认定人工智能的法律地位并实现合目的性的刑事责任追究，对当前刑法提出了巨大挑战。

二、智能机器人的概念与法律主体地位

根据智能程度的高低来划分，人工智能可分为三个阶段。第一阶段，弱人工智能，该阶段的人工智能体只擅长单一领域的技术或操作，比如战胜李世石、柯洁这类围棋世界冠军的阿尔法狗，除了下围棋外，对其他领域一无所知；第二阶段，强人工智能，是指人工智能体在各个领域都和人一样具有独立解决问题的能力，且在独立思考、快速学习、解决问题、总结经验等方面和人类一样得心应手；第三阶段，超人工智能，该阶段的人工智能在认知通识、科学创新、社交技能等所有领域都超越人类大脑的超人工智能体，尤其擅长数据计算和逻辑分析。尽管目前，人工智能仍处于弱人工智能时代，但是强人工智能和超人工智能时代并不遥远。正如西方哲学家所说：技术发展到一定程度后必然会有精神，如果技术发展更加智慧，它就会像大脑一般成为精神的更好载体。[①]可见，人工智能在技术上能够成为比肩人类的新物种，甚至比人类大脑更加智能。那么智能机器人是否应该像人一样成为刑法上的主体？弱人工智能因其仍处于人类工具的地位，无法作为刑法主体已成为共识。但是具有“自主意识”的强人工智能和超人工智能已不能停留在“工具”地位上，那么是否能够成为刑事法律主体仍值得讨论。

法律主体与现实生活中的生物人并不对等，比如在奴隶时代，奴隶虽然是生物上的人，但法律并未赋予其法律主体的地位。再比如，单位尽管不是生物意义上的人，但却被法律拟制为法人，成为法律主体之一。目前，法律主体可分为两种类型：一是以生命为基础的生物人自生命开始即获得法律主体地位；二是无生命的实体通过法律拟制途径成为法律主体。两者成为法律主体的依据

① [美]Phil McNally，Sohai Inayatullay：《机器人的权利——二十一世纪的技术、文化和法律》(上)，邵水浩译，《世界科学》1989年第6期。

是判断人工智能是否可能成为法律主体的标准。第一，从历史角度考察生物人作为法律主体的依据。追溯至罗马法，人与人格区分，以人格认定来区分生物人，将之分为自由人和奴隶——人格是早期法律对生物人相互有别之确认的结果，自由市民有人格，而奴隶无人格。[①]因此，具有法律人格的生物人才能被承认为法律主体，人格与法律主体的关系被确定下来。随后，在欧洲人文主义思潮的影响下，人格与人的伦理性开始产生密切的联系。“自由”、“平等”、“博爱”、“人权”等价值成为了人们分析和评断法律的标准。[②]至此之后，生物人因具有相同的伦理性和平等的人权，而不再因身份不同加以区分。生物人因生命而自始获得平等的法律主体地位。因此，从历史角度，人之所以被作为法律上的主体，是因为其具有平等的伦理意义上的人格。第二，为何特定非生命实体，诸如公司、社会组织等单位，可以被拟制成法律主体呢？纵观法律对单位的规定可见，尽管单位具有独立的意志，但归根结底还是单位内部生物人意志的总和；尽管单位具有独立的利益归属，但不可否认其本质上就是单位股东的利益，而不管是法人股东还是自然人股东，最终的代表总是生物人。公司上市过程中的股东穿透核查制度即为代表；尽管单位在刑法上具有独立承担刑事责任的能力，但不管是双罚制或单罚制，单位的直接责任人员和主要负责人员都要在单位犯罪时承担一定的刑事责任。可见，单位的权利、义务和责任都是由组成单位的生物人实际享有、实际执行和最终承担。如果没有生物人，单位就失去在法律关系中的实质基础。可见，单位之所以可以被拟制为法律主体，正是因为其最终是以具有伦理人格的生物人为基础。随着社会的发展和法律制度的嬗变，法律拟制主体独立于具有生命的生物人出现，但法律拟制的依据仍未脱离传统法律主体的理论，即拟制一个实体作为法律主体的依据是该实体始终以具有伦理人格的生物人为基础或由生物人组成并被生物人所控制。强人工智能和超人工智能可能具有人类思维和自主意识，那么其是否可能具备具有伦理意义的人格或者以伦理意义的人格为实质基础而被拟制为法律主体呢？

人工智能原本是人类为追求更好生活的发明，但是如果超人工智能以生命科学为基础，通过模拟人类大脑的神经网络，拥有与人类相同或高于人类的感知、思维，那么智能机器人可能成为人类“最后的发明”。这是因为，根据物竞天择的生存规则，人类将不再占有主导地位，而是由更加“先进”的智能机器人来主宰世界。倘若超人工智能的时代真的来临，势必会引发关乎人类社会独有的

① 尹田：《论法人的权利能力》，《法制与社会发展》2003 年第 1 期。
② 付子堂：《法理学初阶》，法律出版社 2005 年版，第 82 页。

伦理体系的挑战。试问到那时，智能机器人还会适用人类的法律制度吗？当智能机器人有能力挑战人类人权伦理的时候，或者说当智能机器人有获得人权伦理的客观条件时，人类更应该讨论的是如何在人机交互的发展趋势下自救、进化、超越和掌控等解决生存危机的更多深层次问题而不再是智能机器人在人类法律制度中的地位。人类发明智能机器人的初衷是服务于人类和人类社会，不是成为人类的对手。在不脱离发明人工智能的初衷下，强人工智能和超人工智能不仅不应具有人类的伦理人格，更应当使用各种制度规则手段控制其伦理人格的形成。因此，尽管智能机器人随着技术的发展可能具有"生命特征"，但不应当完整地具有人类伦理意义上的人格。至此，智能机器人不能独立成为像生物人一样的法律主体。进一步追问，人工智能作为一个单独的实体，尽管没有生命，是否可以直接采用法律拟制的手段承认其法律主体地位？强人工智能与超人工智能尽管最初是由人类设计而成，但是其"自主意识"完全通过自己的深度学习，产生于人类设计编程之外。可见其"自主意识"具有独立性，不依赖于特定范围的生物人的意识，并不受任何人类的控制。可见，智能机器人不同于单位，其不以具有伦理意义的生物人为基础。因此，智能机器人也不能通过法律拟制的手段获得主体资格。

以智能机器人具有类人的超智能为基础来论证智能机器人应当具有人类法律制度的主体，是不可行的。但是，智能机器人是一类特殊的存在。与自然人（这里指的是达到法定年龄、具有责任能力、有生命的自然人）相比，智能机器人由程序设计和编制而成，不具有生命体。与动物相比，智能机器人具有辨认能力与控制能力。①人工智能的出现需要人类全面思考人与智能机器人的关系，在突出人的主导地位的同时，也不能忽视智能机器人的社会价值。科学技术的发展甚至会促使一套全新的制度发生。例如，近代以来关于商业秘密或专利的知识产权保护制度。②因此，基于人工智能的特殊性，机器人之间也有可能产生法律关系，完全有可能构建一套规制机器人之间法律关系的法律法规，在这个意义上，机器人完全可以成为法律主体。但是，在生物人与智能机器人之间的法律关系上，不管人工智能在技术上的智能化程度能否与人类媲美，法律都不可能拟制其成为人类法律的主体。

综上，人工智能的出现在一定程度上突破了传统的法律主体理论，即智能机器人在机器人与机器人之间的法律关系中，应当成为法律主体。而在机器人

① 刘宪权、胡荷佳：《论人工智能时代智能机器人的刑事责任能力》，《法学》2018 年第 1 期。
② 苏力：《法律与科技问题的法理学重构》，《中国社会科学》1999 年第 5 期。

与生物人的法律关系中,通过对法律拟制主体的理论考察,智能机器人因其不具有被拟制的根据而不能被承认为当前法律体系的主体。囿于篇幅,本文仅讨论后一种情况,即在智能机器人与生物人之间,智能机器人是否可以作为刑事法律主体及如何承担刑事责任。刑罚因其严酷性、强制性和不可避免性对防卫社会和威慑违法犯罪人具有重要作用。刑罚目的的实现前提是对人类的惩罚。除非人工智能实体可以实现自我繁殖或与人类通婚,不管对人工智能实施何种刑罚,最终都需追溯到其背后的研发人员、设计人员或使用人员。如果承认智能机器人的刑事主体资格,不仅打破了法律拟制主体的根据,而且无法达到预防犯罪的目的。因为承认智能机器人的刑事主体资格意味着可能仅对智能机器人实施刑罚,而不对其背后的研发人员等相关人员加以惩罚,那么具有危险性的智能机器人仍会源源不断地被研发制造出来,人工智能的风险仍未降低,反而让智能机器人"背后"的人类更加肆无忌惮。因此,对实施犯罪行为的智能机器人相关人员加以惩罚,才能从源头上遏制此类犯罪的发生,真正实现刑罚的目的和价值。

三、涉智能机器人犯罪的相关刑事责任认定

(一)智能机器人在设计和编程范围内实施犯罪行为

人类是智能机器人的发明者和实际操纵者,完全有可能在智能机器人的产生过程中设置其行为模式和行为目的。弱人工智能阶段的智能机器人完全依赖人类的编程设计,尽管研发人员通过编程赋予其一定的辨认和控制能力,但该"智能性"仍受制于研发人员。例如,运用于医疗领域的手术机器人"达芬奇"通过使用微创的方法,实施复杂的外科手术,已经完成了超过 60 万场手术,从心脏瓣膜修复到肿瘤切除均有涉猎。"达芬奇"是由外科医生控制台、床旁机械臂系统、成像系统三部分组成的。可见,在研发"达芬奇"的过程中,研发人员已经为"达芬奇"设置了特定的使用目的和行为模式。强人工智能机器人和超人工智能机器人在一定程度上也依赖人类的编程设计,即其行为既有可能由编程设计支配,也有可能通过深度学习由"自主意识"支配。而在预先设置的编程范围内实施行为时,其只能被看作研发人员或使用人员的"高级工具"。因此,智能机器人仅在编程预先设置的范围内实施行为,构成犯罪的,应当追究研发人员或使用人员的刑事责任。有可能存在以下两种情况:第一,研发智能机器人的目的是实施犯罪行为。在人工智能研发目的非法的情况下,由于智能机器人无法独立承担刑事责任,因此不存在间接正犯或共同犯罪。研发人员应当基于

其研发行为独立被追究刑事责任。当使用人员与研发人员分离时，应当根据案件事实，确认两者是否构成共同犯罪。例如，目前有国家研发“智能杀手”，该人工智能的设计目的就是杀人，那么当该“智能杀手”实施杀人行为时，就应当追究研发人员和使用人员故意杀人或过失致人死亡的刑事责任。第二，合法目的研发的智能机器人被滥用。智能机器人的研发目的合法可排除研发者的犯罪故意，但其仍可能被使用者滥用，此时应当追究使用者的相关刑事责任。例如上文提到的机器人“达芬奇”，尽管其研发的目的是实施医疗手术，具有合法性。但是有可能被使用人员滥用，侵犯他人的合法权益。此时应当根据智能机器人实施的行为追究使用人员的刑事责任。

（二）智能机器人在“自主意识”下实施的犯罪行为

尽管在现阶段，人工智能技术仍处于弱人工智能阶段。但是强人工智能时代和超人工智能时代也有可能到来。尽管法律总是具有滞后性，但是法学理论研究者在研究新生事物与法律的关系以及探讨是否需要变革相应的法律制度安排时，不仅要“脚踏实地”，更要“仰望星空”。当智能机器人通过深度学习或其他技术手段，可能达到比人类还“智能”的情况下，刑法该如何应对其带来的风险？笔者认为，不论何种智能化程度的智能机器人都不能成为承担刑事责任的主体，而应当通过新增刑罚类型预防此类智能机器人参与的相关犯罪。分析如下：

根据法律主体理论的分析，人工智能在以人类为主要法律主体的法律体系内，难以被承认为新类型的法律主体。而刑法作为该体系的组成部分也不应当承认其主体资格。因此，智能机器人不具有独立承担刑事责任的能力。那么就会产生一个疑难问题，即如果人工智能在研发人员的编程之外产生“自主意识”并在其支配下实施犯罪，该如何定罪量刑？根据刑法的基本理论，行为人被判定有罪的前提是客观上实施了犯罪行为，主观上存在故意或过失的主观过错。此种情况下，智能机器人具有可归责的基础，符合刑法的犯罪构成要件理论。但令人困扰的是，智能机器人不能作为刑法主体承担刑事责任是不可否认的前提，那如何才能实现刑法对此类智能机器人犯罪的预防和威慑功能呢？第一，法律应当赋予此类智能机器人的研发人员和使用人员更加严格的义务，并在违反这类义务时承担相应的行政、民事或刑事责任。不论哪种类型的智能机器人都是源于人类的发明，其背后永远站着研发人员或使用人员。研发人员和使用人员在设计或使用高级智能机器人时比任何人都清楚该类机器人的特殊性，即可能产生“自主意识”，可以实施与人类相同的任何行为，当然包括违法犯罪行为。研发人员是智能机器人最初的创造者，也只有研发人员和使用人员可以及时控制这类智能机器人。不管是从事前防范还是事后打击的角度看,让研发人员或使用人员承担一定的义务,既有利于引导人工智能的良性发展,也有利于有效控制人工智能侵害社会的后果。从法理角度而言,这类智能机器人的研发或使用往往会带来更多的权利和利益。而权利与义务应当是对等的,在获得加倍的权利的同时也应当承担加倍的义务。因此,此类智能机器人的研发者和使用者应当承担更加严格的义务。与此对应,也应当承担更加严格的责任。刑事责任是法律责任中最为严苛的责任类型,当此类智能机器人实施犯罪行为时,尽管不是由研发者和使用者直接操纵实施,但基于他们应承担更加严格的监督义务,应当根据智能机器人行为的社会危害性程度以及与研发者或使用者的关联程度决定追究故意或过失的刑事责任。

第二,具有"自主意识"的智能机器人不具有承担刑事责任的资格,但是由于其确实是在自身的"自主意识"支配下实施的犯罪行为,如果不对其采取任何措施,也无法实现人工智能时代的刑法目的。因此,在智能机器人无法作为刑事法律主体的被追究刑事责任的情况下,笔者认为可以从刑罚类型入手,针对此类智能机器人新构刑罚体系。首先,应当新设针对此类智能机器人的刑罚类型。例如删除数据、修改程序、永久销毁等专门适用于强人工智能和超人工智能的刑罚阶梯,体现处罚的层次性。但这类刑罚的承担主体不是智能机器人,而是其背后的研发人员或使用人员。其次,在此类智能机器人自主犯罪的情况下,刑事责任的承担主体仍是研发人员或使用人员,其根据是研发人员或使用人员过失或故意违反了前置法律法规赋予其的监督等义务。最后,在判处刑罚时,研发人员或使用人员除了承担传统的人身刑和财产刑,还可以强制其对涉案的智能机器人进行删除数据、修改程序、永久销毁等,以实现刑法对人和人工智能的双重威慑和预防目的。

(三) 以智能机器人为对象的犯罪行为

除弱人工智能外,强人工智能和超人工智能是否应当拥有法律权利是决定其作为刑事被害人时,犯罪行为人的定罪量刑依据。例如,如果智能机器人拥有生命权,那么行为人剥夺智能机器人生命时,可能构成故意杀人罪等相关犯罪;反之,只能构成故意毁坏财产等类似犯罪。权利发展史证明,权利体系的构成从来不是固定不变的。在原有权利遭遇新兴事物冲击的情况下,不同群体的实力博弈将重新构筑权利体系。[①]目前,除了生物人享有权利外,法人、动物都享

① 张玉洁:《论人工智能时代的机器人权利及其风险规制》,《东方法学》2017年第6期。

有一定的权利。可见,物种差异不再被视为获取权利的法律障碍。那么智能机器人是否也可以享有法律权利?首先,基于上文分析,智能机器人不可能具有人类伦理意义下的"人格",因此,智能机器人即使"大脑"再发达,也无法享有大部分的人身权利,例如生命权、健康权等。其次,人工智能最重要的特点就是离不开庞大的数据库,只有基于大量的数据分析、算法技术才能使人工智能作出科学推断,可见数据就像智能机器人的"生命"。人工智能作为新兴的科技行为是把"双刃剑",鼓励人工智能的发展必然增加社会风险,但是法律制度的设置不能因噎废食。为保障人工智能的正向发展,其数据权利的保护必不可少。因此,智能机器人应当享有数据共享和数据隐私的权利。最后,智能机器人在无需预先录入指令的情况下,已经能够在一定程度上自主地进行学习、交流,①可见其可以在"自主意识"支配下决定是否从事一定行为,那么其是否应当享有自由权呢?按照自由权的构成理论,人工智能具有获得自由权的基础。但是如果不加以限制,人工智能可能会突破人类社会的伦理和秩序。因此,社会功能是控制人工智能自由程度的重要标尺。也即,人工智能只能在其实现功能目标的范围内享有自由决定权。例如,无人驾驶汽车可以"自由"决定在行驶时的时速调整、刹车、变道等,但其自由意志只能局限于行驶范围。因此,人工智能应当享有有限的法律权利。这与刑法上保护的法益息息相关。当智能机器人应当享有的相关法益被侵害时,应当根据其被害法益的类型入手,准确适用刑法罪名。例如,智能机器人在执行功能时被控制人身自由,应当考虑构成非法拘禁罪。在传统罪名无法保护智能机器人型被害人的法益时,应当考虑刑事立法的修改。

四、人工智能技术刑事法律风险的前瞻思考

人工智能时代的到来不可逆转,国务院印发的《新一代人工智能发展规划》要求建立保障人工智能健康发展的法律法规和伦理道德框架。开展与人工智能应用相关的民事与刑事责任确认、隐私和产权保护、信息安全利用等法律问题研究,建立追溯和问责制度,明确人工智能法律主体以及相关权利、义务和责任等。人工智能时代的风险防控需要体系化思维,刑事责任的判断具有相对从属性,在明确人工智能在民法、行政法等前置法中的权利、义务、责任后,才能准确适用刑法。

---

① 张力钊:《机器人法官来啦》,《商业观察》2016年第1期。

(一) 人工智能前置性法律法规和行业规则的创设

人工智能的高速发展在提高人类生活效率,解放人类双手的同时也让我们感受到了前所未有的恐慌。我们所体验到的那种无能为力并不是个人失败的标志,而是反映出我们的制度无能为力,我们需要重构我们曾经有过的这些制度,或者建立新的制度。①人工智能技术可能触及各行各业,因此法律制度、伦理规范、政策体系应当相辅相成,为人工智能技术保驾护航的同时控制社会风险。人工智能法律制度的设计路径应当遵循由"抽象到具体"的原则。第一,结合人工智能在相关领域可能发生的问题,制定原则性的法律规范。在总体原则中应当明确人工智能技术的价值多元化目标,例如安全、创新等。在具体设置中,应当明确人工智能从设计到使用过程中,各个人类参与主体应当遵循的权利、义务与责任。在相关的行业规则中明确强制研发人员或使用人员应当符合一定的设计规则,承担一定的研发义务,例如在人工智能中设置一定的违法认识、伦理认识、道德认识功能。在研发完成后,研发人员和使用人员都要承担监督义务。并且,由于人工智能的特殊性,应当明确其本身应当享有的权利和义务,并注重其权利的合理约束。第二,根据各行各业中人工智能特殊问题作出具体明确的法律规范。当人工智能进入不同领域时,还需结合行业规范和职业道德,对特殊问题进行特殊规定。例如,在无人驾驶的交通领域,侵权责任的认定需结合人工智能与道路交通法规进行特殊规定。第三,协调法律规范与机器人伦理规范的衔接。人工智能伦理是约束人工智能研发者或研发机构科研活动的伦理规范,其实质是保障人类利益。在发达国家,对人工智能的伦理研究早于立法研究。近年来,欧洲机器人研究网络(EURON)发布《机器人伦理学路线图》,韩国工商能源部颁布《机器人伦理宪章》,日本组织专家团队起草《下一代机器人安全问题指引方针》,美国国家科学基金会和美国航天局设立专项基金对"机器人伦理学"进行研究。②可见人工智能的伦理规范举足轻重,法律规范的设置是对伦理规范缺失部分的补充。因此,两者应当协调一致,共同规范人工智能的行业发展。

(二) 人工智能技术研发利用全过程的刑法规制

刑法作为前置法律法规的保障法,尽管应具有谦抑性和相对从属性,但也

① [英]安东尼·吉登斯:《失控的世界:全球化如何重塑我们的生活》,周红云译,江西人民出版社2000年版,第15页。

② 吴汉东:《人工智能时代的制度安排与法律规制》,《法律科学(西北政法大学学报)》2017年第5期。

应当具有自身独立的法律价值。刑法对人工智能的干预既要积极又要理性，如果过度干预则可能抑制其快速发展，如果介入过少则可能导致社会秩序紊乱。因此，人工智能需要刑法的干预，但同时应当保持合理限度。人工智能给人类带来的最大挑战是安全和秩序的破坏。由于人工智能技术具有不确定性和颠覆性，如不加以限制，将给人类社会安全和秩序带来严重侵害后果。例如，工具性人工智能基于其编程设置和高速运算能力，可能被用于操纵行为、作弊行为等，导致不公正结果。又如，缺乏监督机制的情况下，强人工智能基于“自主意识”随意行为，将会对人类安全造成威胁，不胜枚举。因此，刑法应当选取人工智能从设计到生产再到投入使用的整个过程中，与安全和秩序相关的严重侵害行为加以规制。首先，在人工智能的设计研发阶段，由于人工智能的特殊性，研发者和设计者应当严格遵守一定的设计研发义务，用法律“匡正”技术。因此可以考虑在刑法中确立人工智能产品研发者和使用者的严格责任。当然这种严格责任应当以前置法律中设计者和研发者的义务规范为前提，依赖前置法律法规的完善。因此，在刑法中设置此类新罪名时，宜采用“法定犯”的模式，在与前置法律法规中规定的义务相衔接和相协调的同时，体现出刑法的高阶性。但是“法律不强人所难”，技术的发展极有可能出现人类不可控的风险结果。人工智能安全系数的提高有赖于人工智能技术的进一步成熟，当人类技术确实无法克服此类风险发生时，就不应当追究研发者和使用者的刑事责任，对于最终导致的危害结果，可以按刑法中的意外事件处理。①其次，在人工智能使用阶段，滥用行为是威胁人类安全的最大隐患。毫无疑问，人工智能被滥用可能造成比一般“工具”更为严重的后果。随着人工智能智能化程度的进化，很有可能造成超出人类控制范围的结果。因此，人工智能的使用者也应当遵守一定的使用规则，研发者也应当承担一定的监督义务。但是仅用除刑法以外的前置性法律加以规制无法起到威慑作用，因为使用人工智能带来的很多“便捷和好处”往往令人甘冒风险，如果不用更加严厉的刑罚手段加以警示，无法起到预防风险的作用。因而，刑法应当增设滥用人工智能罪及相关监督职责类犯罪以应对人工智能带来的安全风险。

（三）涉智能机器人犯罪特殊刑罚方法的设置

正如上文所述，不论是弱人工智能还是强人工智能或是超人工智能，都无法成为刑事责任主体。但是，很多犯罪确实是在智能机器人的“自主意识”支配

① 刘宪权、胡荷佳：《论人工智能时代智能机器人的刑事责任能力》，《法学》2018年第1期。

下实施的,如果不对其采取一定的措施,似乎确实没有做到“罪责自负”。但是,并不能因此而承认具有“自主意识”的智能机器人可以成为刑事主体,而应当通过其他途径完善智能机器人的“刑事责任”。笔者认为,追究智能机器人“背后的人”的刑事责任才能从源头上控制人工智能给人类社会带来的风险,智能机器人仍只能视为被研发者或使用者控制的“物”,但此“物”的特殊性在于其高度智能化,不能仅仅将其视为一般“工具”。因此,笔者认为,应当针对智能机器人犯罪改革刑罚体系,增加适合智能机器人的刑罚种类,例如删除数据、修改程序、永久销毁。当智能机器人在“自主意识”支配下实施犯罪时,仍应当追究研发者或使用者的刑事责任,但在刑罚阶段,除去承担传统的刑罚之外,还可以单处或并处对实施犯罪行为的智能机器人进行删除数据、修改程序、永久销毁的刑罚。

五、结　语

人工智能技术方兴未艾,由此而来的是法律与科技的关系问题。科技发展促进社会更加发达的同时往往伴随着风险。科技风险会导致法律隐患,当这些法律隐患被忽视时,则会导致法律制度的巨大冲击。因此,当新科技产生之初,法学研究者就应当注重预测科技创新可能带来的诸多法律问题,而不是仅局限于眼前的科技发展阶段,而全盘否定前瞻性的理论研究成果。人工智能作为可以影响一个时代的科技,我们更应该以发展的眼光对其加以法律审视。本文讨论的人工智能下的智能机器人的主体资格和刑事责任仅是在无任何人工智能法律制度的前提下进行的探索。人工智能时代的风险不能仅靠一个部门法加以应对,而应当联动各个部门法,实现风险的法律体系性对抗。

人工智能体的刑事主体资格

裴长利　江国强*

【内容摘要】 近年来，随着软硬件技术的不断提升，人工智能技术取得了飞速发展。人工智能发展至今，法学界应该而且必须对人工智能发展可能带来的法律问题予以回应。人工智能的本质是人类改造第一自然、创造第二自然的工具；而作为人工智能载体的人工智能体并不具备独立法律人格这一刑事主体资格的前提，且赋予人工智能体刑事主体资格也无法实现刑罚的目的和效果，因此不应当赋予人工智能体刑事主体资格；应当明确人工智能体制造者、所有者和/或使用者的审慎义务，进而引导人工智能技术朝着有利于人类自身的方向发展。

【关键词】 人工智能　独立法律人格　刑事主体资格

"人工智能"作为"2017年度中国媒体十大流行语"之一，①可以说在过去的一年中赚足了关注度。然而，人工智能的发展已经有七十多年的历史。1943年，美国心理学家Mc-Culloch和数学家Pitts合作提出了形式神经元的数学模型(称之为MP模型，MP模型用逻辑的数学工具研究客观世界的事件在形式神经网络中的表述)，从此开创了神经网络理论研究的时代。此后，随着软硬件技术的不断发展，人工智能不仅仅在国际象棋、围棋中先后战胜人类，其在航空航天、矿物勘探、机械加工、医疗诊断乃至无人驾驶等方面都开始崭露头角。

然而，随着人工智能的发展，人工智能体对人类产生伤害的事件也时有发生。2016年5月，特斯拉自动驾驶汽车造成了世界上第一宗自动驾驶系统致人死亡的车祸。②2016年11月，在深圳举办的中国国际高新技术成果交易会上，一个叫"小胖"的机器人突然出现失控现象，在没有指令的前提下，自行打砸玻

* 裴长利，复旦大学法学院刑法学博士研究生、上海汉盛律师事务所高级合伙人。

江国强，复旦大学法学院法学硕士研究生、上海汉盛律师事务所律师助理。

① 参见《2017年度中国媒体十大流行语："十九大""新时代"上榜》，https://www.thepaper.cn/newsDetail_forward_1898292，访问日期：2018年4月15日。

② 参见《特斯拉车祸致死　无人驾驶真的不安全么?》，https://wallstreetcn.com/articles/252532，访问日期：2018年4月15日。

璃站台,误伤了观众。[①]在人工智能安全性问题逐渐暴露的同时,2017 年 9 月,著名的 AK-47 步枪的制造商为俄罗斯军方推出了一套新的机器人枪械系统,该系统将使用人工智能来确定目标,自主决定是否开枪。[②]

在此背景下,人工智能如果对人的生命权造成威胁,或者在不受控制的情况下实施了达到严重危害社会犯罪行为标准的危害行为时,是否应当作为独立的主体受到刑事惩罚受到学界的关注。本文将从人工智能的本质出发,通过分析赋予某一个体以刑事主体资格应当考虑的因素来探讨是否应当赋予人工智能体以刑事主体资格。

一、人工智能的本质是人类改造第一自然、创造第二自然的工具

尽管目前人工智能已广为人知,但很难给人工智能一个准确的定义。本文从人工智能客观外在表现上对其进行概括性的描述,即人工智能是指人类通过多学科融合,使用电子计算机技术模拟人类的神经网络,人为地创造可以模拟人类思维、实现自主对外界事物进行分析、判断,并实施对外交往行为的技术。人工智能体是这一技术的载体,表现为一套程序代码、一套特殊的设备或者是一个智能机器人。

一般认为,人工智能的发展有三个阶段:第一阶段,弱人工智能(Artificial Narrow Intelligence, ANI)阶段。该阶段的人工智能体只擅长单一领域的技术或操作,比如战胜李世石、柯洁这类围棋世界冠军的阿尔法狗(AlphaGo),除了下围棋外,可能对其他领域一无所知。第二阶段,强人工智能(Artificial General Intelligence, AGI)阶段。人工智能体在各个领域都和人一样具有独立解决问题的能力,且在独立思考、快速学习、解决问题、总结经验等方面和人类一样得心应手。[③]第三阶段,超人工智能(Artificial Super Intelligence, ASI)阶段。该阶段的人工智能已经跨过"奇点",在认知通识、科学创新、社交技能等所有领域都超越人类大脑的超人工智能体,尤其擅长数据计算和逻辑分析。[④]

① 《"小胖伤人"事件引发"机器人伦理"大讨论》,http://news.163.com/16/1118/23/C66MIF5I000187V5.html#from=relevant,访问日期:2018 年 4 月 15 日。

② 《人工智能版 AK-47 或问世 可无人操控自主射击》,http://scitech.people.com.cn/n1/2017/0911/c1057-29527233.html,访问日期:2018 年 4 月 15 日。

③ Linda Gottfredson, Intelligence and Social Inequality: Why the Biological Link, Newark: University of Delaware Newark, 2010.

④ Nick Bostrom, Super Intellgence: Paths, Dangers, Strategies, Oxford: United Kingdom Oxford University Press, 2014.

从人类改造自然的角度来看，自然科学的根本任务在于认识和改造第一自然、创造第二自然，以便更好地满足人类日益增长的物质文化需要；利用物质、能量和信息来制造机器，是人类创造第二自然活动的主要内容；人类基于对物质和能量的认识造出了工作机和动力机；而基于对信息的认识，造出了自动信息处理机，延伸和扩展了人类的头脑功能。①自动信息处理机不断发展所引向的即是人工智能的发展。

人工智能技术能够使得人工智能体根据对象的特征与环境条件的变化自动调整参数与改变结构（自适应系统）；能积累经验改进控制算法以获得良好控制质量（自学习系统）；并能自维自修复（自维自修复系统）；能自动识别文字、图像、物体；能理解自然语言并与人对话；能根据环境情况自动编制行动计划，适用简单的工具完成操作任务；能根据预先建立的知识库和已知的输入数据进行演绎推理，得出结论。②从这个角度而言，处于弱人工智能阶段和强人工智能阶段的人工智能体均是人类社会发展过程中，通过不断推进自然科学技术的发展而实现更好地改造第一自然、创造第二自然的工具。而超人工智能阶段的人工智能体，由于已经跨过"奇点"，其有可能已经超越人类本身，人类已经无法对其进行有效控制，进而也就超越了人类工具的范畴。本文所论述的人工智能体仅指处于弱人工智能阶段和强人工智能阶段的人工智能体，不包括超人工智能阶段的人工智能体。

二、人工智能体不具备独立法律人格这一刑事主体资格的前提

一般认为，刑事责任能力是具备刑事主体资格的前提。笔者认为，与判断法人是否具备刑事主体资格相类似，人工智能体首先必须具有独立的法律人格才能够进一步探讨其是否具备刑事主体资格。③反过来说，如果某一主体具备刑

① 一般意义上理解，第一自然指自然造成的环境，第二自然指人类创造的环境。关于机器的本质机器发展过程，具体可参见张守刚、刘海波：《机器进化与人工智能——机器进化论初探》，《社会科学战线》1980年第3期。

② 参见张守刚、刘海波：《机器进化与人工智能——机器进化论初探》，《社会科学战线》1980年第3期。

③ 有观点认为，要理解法人的不法行为，首先要停止把法人类推为人的做法，而按照法人的本来面目，即以一个复杂的组织体来分析法人的行为；如果说自然人成为犯罪主体的首要的核心要件是要具备刑事责任能力，那么单位成为犯罪主体的首要核心要件是要具有完全法律人格，即单位要具有独立的法律人格和具有单位整体意志的形成能力与控制能力。成为单位犯罪主体首要核心要件的独立法律人格包含两层涵义：一层是首先要有民法、公司法、企业法、经济法、行政法、宪法上的人格，另一层是还要有刑法上的人格。参见孙光焰：《单位犯罪主体论》，《华东政法学院学报》1999年第4期。

事主体资格，则其必然具有独立法律人格，也有权拥有自身独立的财产。①对于独立法律人格而言，除了自然人天然具备法律人格之外，现有法律制度中大部分国家都承认了法人的独立法律人格。因此，考察法人为何能够具备独立法律人格有利于界定人工智能体是否应当具备独立法律人格。②从法人制度发展历史来看，法人制度是商品经济发展到一定阶段的产物。③在社会生产力不发达的情况下，生产与交换的规模较小，民事主体主要是自然人；而后来，随着商品经济的发展，产生了运用较大数量的资本进行分工和协作的要求，于是出现了“合伙”；再到资本主义时期，随着社会生产力的进一步发展和生产规模的不断扩大，不仅需要集聚大量的资金，而且投资者还希望能够减少自身在竞争中的风险，也因此产生了公司。公司的发展又经历了无限公司、两合公司、股份公司、有限责任公司的过程。④1794 年的《普鲁士普通邦法》首次使用了法人概念。1900 年的《德国民法典》继续使用了这一概念，并将法人分为社团法人与财团法人，建立了完备的法人制度，第一次真正在成文法意义上形成了现代民法的法人主体制度，它随之被传播到全世界。⑤

由此可知，法人并非天然地具备独立的法律人格，而是商品经济发展到一定阶段的结果。法律制度之所以逐渐接受法人具有独立的法律人格，是因为将其作为具有独立法律人格的主体对于人类社会发展而言具备诸多优势：⑥(1)有利于筹集资金。独立的法律人格允许法人汇聚众多自然人的资金，进而从事自然人难以企及的事业。这一优势借助资本市场发挥得更为显著。(2)有利于超

---

① 如有观点认为，如果汽车能够承担责任，我们也许会得出这一结论：汽车也有权取得财产、订立合同等。参见[德]霍斯特·艾丹米勒：《机器人的崛起与人类的法律》，李飞、敦小匣译，《法治现代化研究》2017 年第 4 期。

② 有观点认为，人工智能体可借鉴“单位”这一主体设定的理念，将现阶段刑法中刑事责任主体增加为自然人、单位和人工智能体。参照我国《刑法》对单位的双罚制范型，运用有关刑法理论演绎人工智能体这一刑事主体在刑罚体系中的适用也未尝不可，只是将双罚制处罚的责任主体运用于人工智能体与其相关的研发者、销售者或使用者这类自然人之间。参见马治国、田小楚：《论人工智能体刑法适用之可能性》，《华中科技大学报(社会科学版)》2018 年第 2 期；也有观点认为，我们赋予公司以法律人格。法律学者们就公司人格是基于虚构(如冯·萨维尼主张)还是公司的某种“实体”(real)，抑或有什么东西可以称之为“真实的团体人”(real group-person)(如冯·基尔克主张)存在长期的争议。智能汽车(机器人)似乎比公司法人更为“实在”。参见孙光焰：《单位犯罪主体论》，《华东政法学院学报》1999 年第 4 期。

③ 参见高留成：《法人制度历史探源》，《社会科学论坛》2006 年 2 月(下)；余卫明主编：《民法学》，中南大学出版社 2008 年版，第 91 页；郑云端：《民法总论》，北京大学出版社 2015 年版，第 208 页。

④ 参见余卫明主编：《民法学》，中南大学出版社 2008 年版，第 91 页。

⑤ 参见高留成：《法人制度历史探源》，《社会科学论坛》2006 年 2 月(下)；郑云端：《民法总论》，北京大学出版社 2015 年版，第 209 页。

⑥ 参见杨立新：《民法总论》，高等教育出版社 2007 年版，第 101—102 页；杨振山：《民法学》，中国政法大学出版社 1997 年版，第 108 页；袁文英：《论现代公司法人制度的本体论渊源》，《兰州交通大学学报》2008 年第 2 期。

越自然人的寿命限制。独立的法律人格允许法人拥有自己的财产、组织机构和标识,更重要的是具有独立法人资格的企业能够历经几代人仍焕发生机并保持良好的延续性,而无人类自然寿命的限制。(3)有利于分散投资风险。独立的法律人格允许将投资和经营风险局限于法人财产本身而不需要投资人对自己的投资承担无限连带责任,同时能够将一人风险分散至众多股东身上,反过来又促进了资金的筹集。(4)有利于规模化生产。法人作为一个自然人的集合,能够集中众人的智慧并依赖合理有效的现代管理方式保证团体的有效运行,形成人与人之间高效的大规模协作,实现人类的规模化生产。

法人之所以具有独立的名义、独立的财产、独立的意思表示能力、独立承担责任等特征,是依赖法律制度本身所确立的,而非法人天然所具备,尤其是法人独立的意思表示能力,本质上是由法人中的自然人组成的意思机关依据特定的程序来实现的。因此,从现实角度讲,法人之具有独立法律人格乃是为了使法律关系单纯化而由法律所认许的一项法技术;①换句话而言,法人之所以具备独立的法律人格,不是因为法人具有"有独立的名义、独立的财产、独立的意思表示能力、独立承担责任"等特征,而是因为法人具有独立的法律人格本身有利于便利民事主体之间的交易,有利于促进人类社会的发展,也就是说法人所具有的特征是法人具备独立法律人格的结果而非原因。

据此,判断作为人类改造第一自然、创造第二自然之工具的人工智能体是否应当具有独立法律人格,需要重点考量的并非人工智能体是否具备法人特征从而获得独立法律人格,而是赋予人工智能体独立法律人格是否有利于便利民事主体之间的交易并促进人类社会的发展。

所谓某一个体具备独立法律人格,意味着该个体具有独立的权利能力和行为能力,具有自身独立的财产,能够独立承担法律责任;赋予某一个体独立的法律人格的核心为赋予该个体独立享有特定的法律权利并承担特定的法律责任;这也意味着个体与个体之间有清晰的权利和义务的界分,促进个体与个体之间的交易和人类社会的发展。

然而,就人工智能体而言,其本质上是人类改造第一自然、创造第二自然的工具,笔者并未发现有通过赋予其独立法律人格来便利交易并促进人类发展的需求。相反,为人工智能体赋予独立法律人格还有可能导致世界非人化的结果。②假

① 参见袁文英:《论现代公司法人制度的本体论渊源》,《兰州交通大学学报》2008年第2期。

② 有观点认为,如果我们将法律人格赋予机器(即便这些机器都是智能的,甚至比人类还要聪明),让它们有权取得财产、订立合同,这简直会使这个世界非人化(dehumanizing)。因此,将机器人当作人类一样对待将会使人类非人化,所以我们应当避免持有这种态度。参见 Curtis White, We, Robots: Staying Human in the Age of Big Data. Brooklyn, NY and London: Melville House, 2015。

如我们将本是人类工具的人工智能体上升为具有独立法律人格的个体,意味着人工智能体可以与人类平等交易,也将允许人工智能体拥有自身独立的名称和财产,则如果将人工智能体作为具有高度学习能力和进化能力的个体,将更为快速地渗透进人类社会的方方面面,进而在制度层面实现与人类的平等,也意味着其能够作为独立的个体与人类共享所有的自然资源、社会资源和空间资源。这样的发展结果必然不是也不能是人类创造人工智能体的初衷。

那么为什么赋予法人独立的法律人格不会导致上述问题呢?人工智能体与公司法人的区别在于,人工智能体可以具备独立的辨认能力和控制能力(即具有独立意识),其个体的意思不需要像法人一样由自然人通过意思表示机关遵循一定的程序作出,而是可以自发性地独立作出,也即意味着法人的独立意思仍然是自然人思维的结果,而人工智能体的独立意思是其自身运算的结果。自此,人工智能体作为一种能够真正自发产生独立意思的个体,将有可能演化成与人类平等的人工智能体"物种",这一"物种"将与人类共享所有资源甚至威胁到人类的生存,在法律制度上赋予人工智能体以独立法律人格将会极大地加速这一进程。正如物理学家霍金所警告:人工智能可能毁灭人类!

三、赋予人工智能体刑事主体资格无法实现刑罚的目的和效果

如前所述,独立法律人格是具备刑事主体资格的前提,而人工智能体虽然具备独立的意识能力,但赋予其独立法律人格将不利于甚至威胁到人类的生存和发展,因此就人类社会而言,不能够赋予人工智能体独立法律人格,这也意味着不能够赋予其刑事主体资格。而除此之外,不能够赋予人工智能体刑事主体资格还有其他原因。

有观点认为,具备刑事主体资格意味着具备刑事责任能力,即行为人对自己行为的辨认能力(认识)与控制能力(意志),能够独立承担刑事责任(被宣判为有罪、科处刑罚)的能力;而人工智能体拥有属于自己的独立的辨认能力和控制能力(即独立的意识),因此具有独立的责任能力,在这种情况下,如果人工智能体实施了严重危害社会的犯罪行为,其完全可以成为独立的刑事责任主体。①

① 参见刘宪权、朱彦:《人工智能时代对传统刑法理论的挑战》,《上海政法学院学报》2018 年第 2 期。除此之外,还有观点认为,可以将人工智能的智能化程度作为衡量刑事责任年龄的指标依据,依此来判断人工智能体是否具备刑事责任能力。如间歇性系统异常或中病毒的人工智能体可按照我国刑法关于精神病人或酗酒的人的状态进行类比,要求人工智能体在实施不法行为时如若发生上述情况,则无需承担刑事责任,以此实现人工智能体适用刑法中关于"行为与责任能力同时性原则",参见马治国、田小楚:《论人工智能体刑法适用之可能性》,《华中科技大学报(社会科学版)》2018 年第 2 期。

对此，我们需要追问的问题在于，在人工智能体实施了严重危害社会的犯罪行为的情况下，为什么需要单独追究人工智能体的刑事责任而非仅仅追究人工智能体使用者、所有者乃至生产者的刑事责任？对此，较为主流的解释为，一个具备独立意识的主体单独行使的行为所产生的严重危害社会的结果应当由该主体自身承担刑事责任，而非由其使用者、所有者乃至生产者来承担。①

然而，需要注意的是，现代刑罚体系的逻辑基础并非同态复仇，而在于预防犯罪。刑罚预防犯罪的功能一般可分为特殊预防功能和一般预防功能，②而预防功能主要来源于刑罚的威慑力。一般而言，刑罚分为人身罚与财产罚；人身罚对应的是人类有限的生命和对自由的渴望；而财产罚对应的则是独立的财产权。然而，对于人工智能体而言，其本身并非有机生物体，并不存在自然人生老病死的问题，只要载体保存得当，其并不存在“有限生命”的限制；对此，笔者认为对其人身罚是不具备逻辑基础的。当然，就像可以注销法人的营业执照、限制法人的营业范围一样，我们也可以删除人工智能体的部分代码、剥夺其具有的某些获取信息或者反馈信息的硬件进而限制其获取信息或反馈信息的能力，甚至可以彻底删除其代码。③

对此，我们应当注意的是，对于人工智能体而言，最为重要的是其代码和积累的数据。尽管人工智能体能够通过不断获取数据来学习并形成自身的反馈机制，即使两个不同的人工智能体在被生产时具有相同的硬件和相同的代码，但随着其获取的信息和数据的不同，其反馈的信息和行为也会有所差别；但是，我们以某一时间点为标志，将A人工智能体的所有代码/数据完全复制到与其

① 例如，有观点认为，智能机器人实施严重危害社会的行为可分为两种，即在程序设计和编制范围内实施的行为与在程序设计和编制范围外实施的行为。在设计和编制的程序范围内实施行为时，智能机器人并不拥有辨认能力和控制能力，不具有刑事责任能力，其实施的犯罪行为实现的是研发者或使用者的犯罪目的，因而不应当由其承担刑事责任，例如智能杀手实施杀人的行为。当智能机器人在程序设计和编程范围外实施严重危害社会的行为时，智能机器人具有辨认能力和控制能力，因而具有刑事责任能力，应当独立承担刑事责任。智能机器人与自然人可以成立共同犯罪，这样处理符合共同犯罪客观方面、主体方面的要求，有利于解决智能机器人与自然人的刑事责任分担问题。参见刘宪权：《人工智能时代刑事责任与刑罚体系的重构》，《政治与法律》2018年第3期。

② 特殊预防功能指的是刑罚对于犯罪人适用而可能产生的积极的社会作用，具体表现在剥夺或限制再犯能力功能，个别威慑功能，个别教育功能以及改造功能。一般预防功能指的是刑罚对于犯罪人以外的其他人可能产生的积极的社会作用，具体表现在一般威慑功能，安抚、补偿功能和一般教育功能。

③ 对人工智能体而言，硬件是其获取并反馈信息的通道，但最为本质的是其代码。如有观点认为，假如我们将智能汽车（机器）当作人类来对待并赋予它们法律人格，我们可以将汽车的所有权与责任保险捆绑在一起。这种安排将允许我们针对汽车事故考虑其他有创意的制裁措施，如取消汽车的法律能力，将汽车扣押一段时间（像瑞士 Art Installation 案一样）或者直接将汽车销毁。（参见[德]霍斯特·艾丹米勒：《机器人的崛起与人类的法律》，李飞、敦小匣译，《法治现代化研究》2017年第4期。）然而，事实上，销毁对于无人驾驶汽车而言，核心的是汽车所带的无人驾驶系统代码，而非汽车本身。如果代码仍然存在，销毁汽车并无多大作用。

具有相同的硬件的B人工智能体上时,理论上A人工智能体和B人工智能体是完全相同的,哪怕二者面对相同的数据/信息输入仍然有可能会反馈不同的信息或行为,但这种不同是因为人工智能体本身的自主性和随机性决定的,而非因为二者属于不同的主体。这是无论是自然人还是法人都不具备的特征,人工智能体这一可复制的特征完全打破了被处罚主体的独立性或者说可辨识性。而人工智能体作为自然科学及大规模工业化生产发展的产物,具备可复制性几乎是其天然应当具备的特征。

某一主体能够独立承担刑事责任的必要前提是该主体是独立的和可辨识的,这样刑罚才能最终获得落实。可以设想,如果我们要对A人工智能体处以某一刑罚,如修改代码、复制部分代码乃至永久删除代码,[①]而A人工智能体完全可以将自身代码复制到另一人工智能体上,即使A人工智能体被处罚了,其仍然可以通过复制"躲避"这种处罚,而且这种代码的复制是无限量且极容易的。可以设想,一旦具备伤害他人能力的人工智能体形成后,该种无限复制的可能性如果被不法分子所掌握,世界将难以想象。

对于财产罚而言,能够对人工智能体处以财产罚的前提是允许人工智能体独立拥有财产。然而与法人作为自然人集合体不同,人工智能体并非自然人的集合,人们没有通过赋予人工智能体独立的财产权来共享收益、共担风险等需求,赋予人工智能体独立的财产权并没有现实需求的基础。

据此,笔者认为,现代刑罚体系下,刑罚的目的是预防犯罪而非同态复仇,而预防犯罪的重要基础又在于刑罚的威慑力,但由于人工智能体在代码层面的可复制性,其打破了自然人、法人体系下主体的独立性和可识别性,对人工智能体处罚的威慑力效果将无法实现。目前人们也缺乏其他真正有效的刑罚方式来对人工智能体进行处罚。因此,将人工智能体作为刑事责任主体将无法实现预防犯罪的刑罚效果或目的,也就是说人类不能赋予人工智能体以独立的刑事责任主体资格。

四、结　　语

从人类改造自然的角度来看,处于弱人工智能和强人工智能阶段的人工智能体均是人类社会发展过程中,通过不断推进自然科学技术的发展而更好地实

① 有学者认为,适用于智能机器人的刑罚可以有三种,分别为删除数据、修改编程、永久销毁。参见刘宪权、朱彦:《人工智能时代对传统刑法理论的挑战》,《上海政法学院学报》2018年第2期。

现改造第一自然、创造第二自然的工具。对于工具而言，使用该工具的人类才是第一性的主体。笔者认为，人类不能赋予人工智能体刑事主体资格，其刑事责任应当由其制造者、所有者和/或使用者承担。

当然，不可否认的是，人工智能的发展存在诸多未知数，人工智能体的诸多行为或许其制造者、所有者和/或使用者均无法预知，但是人工智能体作为一种人造工具，确保人工智能体不实施严重危害社会的犯罪行为，尤其是不伤害人类本身是人工智能体制造者、所有者和/或使用者（尤其是制造者）应当尽到的审慎义务。“水能载舟，亦能覆舟”，人工智能体尽管作为人类改造第一自然、创造第二自然的工具而被发明并逐渐完善，但倘若其发展跨过“奇点”，对人类而言是好是坏仍然是未知数，该行业的从业者应当慎之又慎。[①]然而如果赋予人工智能体独立承担刑事责任的能力，恰恰降低了人工智能体制造者、所有者和/或使用者的审慎义务，那么我们将无法避免人工智能体的制造技术被不法分子所掌握，或者是合法的制造者、所有者和/或使用者由于某种特殊原因而成为不法分子，其后果都将无法预测。因此，将人工智能体的制造者、所有者和/或使用者作为规制主体，[②]不赋予人工智能体独立的法律资格，有利于人工智能技术朝着有利于人类的方向发展，在某种程度上来说，这也是人类保护我们人类本身的必要之举。

---

① 例如，2017年1月，在墨尔本举行的人工智能国际会议上，伊隆·马斯克等人便呼吁联合国采取行动禁止“杀手机器人”扩散。参见张程：《专家忧军用机器人会增恐怖组织实力》，《参政消息》2017年1月21日。

② 对此，在民事方面有学者从侵权责任、产品责任等角度加以分析；也有学者提出可以增设滥用人工智能罪和人工智能事故罪等角度加以分析。具体可参见，司晓、曹建峰：《论人工智能的民事责任：以自动驾驶汽车和智能机器人为切入点》，《法律科学》2017年第5期；刘宪权：《人工智能时代的形式风险与刑法应对》，《法商研究》2018年第1期。

对认知人工智能体刑事处罚的依据与意义

吕小红*

【内容摘要】 通过算法赋予认知人工智能体由规范意识支配下的自由意志，使其具备刑事责任能力，成为刑法上的“人”，当其实施符合刑法规定的犯罪行为时，满足对其刑事处罚的前提。通过刑事立法修改现有的刑罚体系，修改财产刑和资格刑的内容、增加变更算法等刑罚措施，对认知人工智能体适用这些刑罚措施，一方面剥夺或者限制认知人工智能体的权利，实现了惩罚犯罪的目的；另一方面实现消除、限制犯罪条件和教育改造的一般预防功能，对社会一般人亦起到一定的威慑和法制教育的特殊预防功能，有助于实现预防犯罪的刑罚目的，具有刑罚的正当性和必要性。

【关键词】 认知人工智能体　自由意志　刑事处罚　刑罚目的

一、问题的提出

随着人工智能科技的不断发展，我们已经从单纯的计算人工智能走进了能够进行语音识别和视觉识别的感知人工智能阶段，由于认知层算法还未突破，让机器能够像人一样思考、主动采取行动的认知人工智能即人工智能发展的最高阶段距离我们还有一段距离。①但是像无人驾驶汽车、独立行动的机器人这类能够完全辅助或者替代人的人工智能体已经出现，只要人类发展人工智能的脚步不停，达到认知人工智能阶段并非幻想。试想当各种人工智能产品和服务渐渐成为我们生活中不可或缺的部分，尤其是当认知人工智能体这类能够像人一样思考、一样听得见、一样看得见以及一样行动的机器人或者称为“电子人”②普及时，③认知人工智能体与人类最大的差异仅在于非生物性，人类社会结构也将发生实质性的变革，即将“转变为由人、半机器人和机器

* 吕小红，华东政法大学刑法学博士研究生。

① 参见 http://www.beeui.com/p/3439.html，访问日期：2018 年 3 月 30 日。

② 曹建峰：《10 大建议！看欧盟如何 AI 立法新趋向》，《机器人产业》2017 年第 2 期。

③ 参见 http://www.beeui.com/p/3439.html，访问日期：2018 年 3 月 30 日。

人组成的三元结构社会”,[①]这必将对人类伦理、道德、法律等价值规范体系带来诸多的挑战。

就刑法领域而言,人工智能动摇着交通事故犯罪、医疗事故犯罪、著作权犯罪等领域的刑事立法根据,[②]不仅仅使传统犯罪的危害性发生“量变”,也会产生新类型的犯罪,而且还可能出现脱离人的控制而独立实施严重的危害行为。[③]因此,学者纷纷提出在人工智能时代到来之前必须对刑法的内容和体系进行积极的调整,尤其是要赋予具有辨认和控制能力的强人工智能体即认知人工智能体独立的刑事责任能力,设置删除程序、修改程序和永久销毁等刑罚种类。[④]刑法作为社会治理工具之一,也是应对人工智能各种风险的有效措施,刑事立法可以针对人工智能体创设新的犯罪和刑罚,但是将认知人工智能体作为独立的刑事责任主体,对其进行刑事处罚的依据和意义究竟为何?一般认为,法律是一种人类社会的规范,“刑罚只能对人类的行为或者一种‘人的行为’适用”。[⑤]将认知人工智能体的“行为”同质于“人类的行为”,并对其进行刑事处罚,这似乎完全颠覆了现有的刑法理念。为了合理解释这个问题,在认知人工智能体实行危害社会的行为的情况下(本文不讨论其被作为工具实施危害行为的情况),必须明确认知人工智能体何以成为刑事责任主体?处罚人工智能体能够实现何种刑罚目的?体现出何种刑罚价值?这些是明确对认知人工智能体刑事处罚正当合理性必须回答的问题。

二、对认知人工智能体刑事处罚的前提:实施犯罪行为

犯罪是刑罚的前提,刑罚是犯罪的法律后果,对认知人工智能体刑事处罚以其实施犯罪行为为前提。犯罪是指符合刑法所规定的犯罪构成要件不法有责的行为,即成立犯罪行为不仅仅在客观上具有法益侵害性,还必须在主观上满足有责性的要求。认知人工智能体是否实施了破坏社会秩序、侵害公民权利等法益侵害的行为根据刑法明确规定的构成要件通过形式判断即可得出结论,但是有责性以主观内容为考察对象,判断其是否具备有责性就不那么直接,需

① 张桂娟、刁生富:《三元结构社会的新问题:人与半机器人和机器人的相处之道》,《未来与发展》2017年第11期。

② 参见孙道萃:《人工智能对传统刑法的挑战》,《检察日报》2017年10月22日。

③ 参见刘宪权:《人工智能时代的刑事风险与刑法应对》,《法商研究》2018年第1期。

④ 参见刘宪权:《人工智能时代的“内忧”“外患”与刑事责任》,《东方法学》2018年第1期。

⑤ [美]乔治·P.弗莱切:《刑法的基本概念》,蔡爱惠等译,中国政法大学出版社2004年版,第53页。

要解决以下两个问题,其一,认知人工智能体是否具备刑事责任能力;其二,认知人工智能体是否能产生主观上罪过。这两个问题直接决定着认知人工智能体是否能成为刑事责任主体,对其进行刑事处罚,而要解决这两个问题,一方面要依靠人工智能技术作为手段进行区分,另一方面也依赖法律上设置的具体标准。

(一)认知人工智能体具有自由意志是刑法上的"人"

"无行为则无犯罪",[①]行为无疑是刑法中极其重要的内容,刑法明确以人的行为作为规制对象,更具体来说,是具备犯罪主体资格者的犯罪行为。根据"无犯罪就无刑罚"以及罪责自负的刑法原则,认知人工智能体有犯罪主体资格才能被归责。从现有的刑法理论来看,无论是因果行为论、目的行为论、社会行为论还是人格行为论等行为理论都是建立在"人"的基础上进行讨论的。如何理解刑法中"人"是认知人工智能体是否能具备犯罪主体资格的关键。

首先,刑法上的"人"有其规范含义。法律中"人的概念"并不等同于自然意义上的生命体,其作为权利和义务的集合体,有其规范性。例如,民法上的"人"就不能与权利能力分离,有权利能力者才具有法律人格,才是民法中的人。[②]刑法中"人"也不例外。刑法规定未满14周岁的未成年人和完全不能辨认和控制自己行为的精神病人所实施的危害行为都不是犯罪行为,不能进行刑事归责,从此意义上说,他们都不是刑法意义上的"人"。而单位作为承载自然人集体权利和义务的组织,被拟制为刑法上的"人",是独立的犯罪主体,可以承担刑事责任。正如学者所说的,自然人并不是自然现实而只是法律思想的构造,自然人和法人都是法律权利和义务人格化的统一体而成了法律上的人。[③]刑法所规制的"人"并不以生物性为根本特征,而是具有刑法规范意义的"法律人"。

其次,刑法上的"人"是具备刑事责任能力的人。刑事责任能力,指的是"行为人的认识和行为能力,缺乏该认识、行为之能力,即没有犯罪的能力"。[④]刑事责任能力是刑法上的"人"的核心内容,有此能力者才能成为犯罪主体,才能被刑事处罚。从本质上来说,刑事责任能力与意识自由密切相关。正如法谚所云:法律不能强人所难,一切犯罪行为都是行为人基于其自由意识选择违背规

① 马克昌:《比较刑法原理——外国刑法学总论》,武汉大学出版社2002年版,第151页。

② 参见史尚宽:《民法总论》,中国政法大学出版社2000年版,第86页。

③ 参见[奥]凯尔森:《法与国家的一般理论》,沈宗灵译,中国大百科全书出版社1996年版,第105—106、108页。

④ 马克昌主编:《外国刑法学总论(大陆法系)》,中国人民大学出版社2012年版,第233页。

范要求的外在体现,只有处罚意志自由支配下的违规行为,刑罚才有意义。因此,“责任的归属以意志自由为前提”。[①]但是刑事责任能力的自由意志并不是无原因性或者无法则性而是在规范意识支配下而独立作出决定的自由意志。[②]基于规范意识支配下的自由意志实施失范行为才能体现出行为人对维护共同生活社会秩序的规范的不尊重的主观恶性,才有必要对行为人归责。所谓规范意识是行为主体从内心将规范作为自己行为的准则的意识,其非天生获得,必须通过接受教育、观察、学习等方式后天习得,是经验累积形成的产物。由于自然人的意志受到年龄和精神的影响,因此刑法要求自然人必须达到一定年龄、在精神状况良好的情况下,才具备刑事责任能力所要求的自由意志,而单位必须经过合法的设立程序,获得完整的民商事法所赋予的法律人格,才是独立的刑事责任主体。

最后,认知人工智能体通过算法获得规范意识支配下的自由意志,具备刑事责任能力,成为刑法上的“人”。当认知人工智能体在算法的支持下,借助计算和数据,能够像人一样进行自我思考,感知外界变化,进行独立的行动,拥有具备人脑所有功能的电子脑,与人一样有了自我独立的意志,能自主支配自己的外在机体或者借助其他外在的工具作出能够影响客观世界的行为,即成了行为自由的主体。但是认知人工智能体还必须具备规范意识支配下能够独立作决定的自由意志,才是刑法上的“人”。由于规范意识是后天经验积累的产物,认知人工智能体借助计算和大数据,通过机器学习的方式也能够形成规范意识,即通过算法将伦理、道德、法律等一切有关的内容预先导入人工智能体的运行程序中,让其通过机器学习理解这些人类规范,并形成接受这些规范约束的运行程序。在这种情况下,从刑事责任能力的本质来看,认知人工智能体与自然人和法人都有了规范意志支配下的自由意志,只是认知人工智能体的自由意志非来源于生命,也非法律拟制,而是依靠人所设计的算法。实际上,算法对人工智能体而言就像是生命对人的意义,随着算法自我推演升级,借助计算和数据,人工智能体能够一直“成长”为独立于人的主体,当其拥有刑事责任能力所要求的自我意识,承认其为刑法上的“人”,让其独立承担自己行为的后果并不会与刑法要求发生冲突。

(二)认知人工智能体在主观罪过支配下实施不法行为

在承认认知人工智能体具有自由意志,成为刑法上的“人”这一前提下,还

① 张明楷:《刑法学(上)》,法律出版社2016年版,第245页。

② 参见[日]松原芳博:《刑法总论重要问题》,王昭武译,中国政法大学出版社2014年版,第166页。

不能直接认定人工智能体的危害行为都是犯罪行为，只有当认知人工智能体客观实行的符合构成要件的不法行为是在其主观罪过支配下完成时，才属于犯罪行为。

有责性以考察行为人的主观方面为重点，主观罪过和刑事责任能力都属于有责性中的重要内容，都是行为人自由意志的具体化。若认知人工智能具有刑事责任能力，有了“辨别事物的是非、善恶，且据此行为的能力”，[①]也就有了能够产生主观罪过的意志基础。具体说来，刑法上的主观罪过以故意和过失为主要内容，无论是故意还是过失都包括了认识因素和意志因素两个构成要素，只是在具体内容和程度上要求不同，无论是认识因素还是意志因素都与行为主体的自由意志密切联系。现代刑法以处罚故意为原则，以处罚过失为例外，故通过故意的具体内容为例说明主观罪过的实质。在故意中，认识因素是行为人在行为前对自己的危害社会结果的认识，能够认识到自己行为的性质、对象、结果和意义，而意志因素是在明知的状态下，行为人对自己行为导致的危害结果所持希望或者放任的心理状态。[②]作为表现行为人主观恶性的一种心理状态，故意就是行为人在明知的情况下对自己行为结果的一种态度，无认识必无故意，认识能力也受到个人意志的影响，例如梦游者在梦游时无意识也缺乏认识能力，而且在故意中，认识因素服务于意志因素，意志因素才是决定故意的关键要素，行为人主观上到底是希望，是放任，还是其他不同态度，这直接取决于其自由意志表示的不同。实际上，主观罪过不同就是基于行为人自由意志不同选择而产生的，故意犯罪对于危害结果的希望或者放任以及过失犯罪对注意义务的违反而不否定危害结果的发生，都是行为人自由意志选择的结果。因此，当人工智能体有了规范意识支配下的自由意志，不仅仅意味着其能够认识到自己的行为有害无害，能够对实施何种行为作出选择的刑事责任能力，也意味着其有了能够认识和预见到犯罪事实、构成要件该当事实以及违法阻却事由该当事实等故意的所有要件的能力，[③]在此认识基础上，明明能够选择其他合法行为的情况下，仍然持积极追求或者放任行为危害结果的发生的故意，或者在具有对结果的预见可能性或者结果回避可能性的情况下实施了客观的注意义务违反的行为，[④]即有了可归责的过失，基于这样的主观罪过实施侵害法益的行为，认知人工智能体就成为了可罚的犯罪主体。

---

① 参见[日]前田雅英：《刑法总论讲义》，曾文科译，北京大学出版社 2017 年版，第 265 页。

② 参见刘宪权：《刑法学名师演讲录(总论)》，上海人民出版社 2016 年版，第 188 页。

③ 参见[日]山口厚：《刑法总论》，有斐阁平成二十八年版，第 200—208 页。

④ 参见[日]前田雅英：《刑法总论讲义》，曾文科译，北京大学出版社 2017 年版，第 185 页。

值得说明的是，为了防止认知人工智能体对人类伦理、道德和法律等价值规范的各种风险，人工智能体的算法设计者有义务在人工智能体算法中加入人类社会相关伦理、道德和法律规范等内容，以此确立人工智能体具备符合国民规范的意识。若因设计者、生产者或者使用者的故意或是过失导致人工智能体的规范意识算法缺陷，出现人工智能体自由意志的非法则性，相关主体就要对人工智能体危害行为承担相应的责任，即相关主体若故意违反此义务，或将人工智能体作为实现自己不法行为的工具，或其对人工智能体的一切失范行为都持概括的故意，应承担故意犯罪的责任；若是过失违反此义务，也应该追究其相应的过失责任。

三、对认知人工智能体刑事处罚的刑罚效果

虽然认知人工智能体有成为刑法上的“人”实施犯罪行为的可能，但是犯罪行为的存在只是对人工智能体进行刑事处罚的前提条件，刑罚并不是对犯罪进行归责的唯一法律后果，还存在非刑罚处罚方式。对某个不法侵害行为是否能进行刑事处罚，不仅要考虑客观的法益侵害大小和特定的刑事政策需要，还必须考虑刑罚的效果，刑罚作为国家制裁中最为严厉的措施，必须将其控制在必要最小限度之内，任何无效的刑罚，都是国家刑罚权的滥用。因此，通过刑事处罚对认知人工智能体的不法行为进行归责，在满足了具备刑事责任主体资格实施符合构成要件的犯罪行为这一前提的情况下，还必须对适用刑罚处罚认知人工智能体的刑罚效果进行分析，以此确立对其进行刑事处罚的正当性和必要性。

(一) 衡量刑罚效果的标准：刑罚目的

由于刑罚目的是国家对刑罚效果的追求，刑罚效果是刑罚目的的客观化。[①] 刑罚目的是衡量刑罚效果的具体标准，虽然说符合刑罚目的的刑罚并非绝对正当，但是不符合刑罚目的的刑罚绝对不正当，任何无益于实现刑罚目的的刑罚都是无效的国家行为。作为刑罚理论中最为核心的内容，刑罚目的直接制约着刑罚的根据、刑罚承受主体的范围以及刑罚的体系和种类等问题，例如古代社会采取威吓主义、神意报应主体的刑罚目的观，采取客观责任，只要发生了客观损害，除了人之外，动物和物品也是刑罚处罚的对象。[②] 认知人工智能体是否应

① 参见邱兴隆、许章润：《刑罚学》，中国政法大学出版社 1999 年版，第 64 页。

② 参见张明楷：《刑法学(上)》，法律出版社 2016 年版，第 509 页。

该成为刑罚处罚的对象,也必须追问刑罚目的,具体衡量处罚认知人工智能体的刑罚效果。

理论上关于刑罚目的的内容观点众多,主要是对犯罪进行报应的报应刑论与为了预防犯罪的目的刑论的对立,存在报应或预防的"一元论",报应与预防/功利的"二元论",报应、预防和修复/教育"三元论"等多种不同的观点,①其中,对于预防的内容还包括是特殊预防、一般预防还是两者兼具的争议。②绝对的报应刑论现已很少人支持,将预防犯罪理解为刑罚目的是现代刑法的共识,但是否应该合理考虑报应仍然存在分歧。虽然反对将报应刑论作为刑罚目的的主要理由在于,对犯罪的报应体现的是刑罚作为一种"必要的恶"的惩罚性,将报应视为刑罚的本质属性以与其他事物相区别更为合理。但是,本质与目的之间并非绝对的排斥关系,刑罚本质是客观的,刑罚目的是主观的,既然刑罚目的是国家对刑罚效果的主观选择,体现的是国家的主观意向,③国家也可以选择报应作为刑罚目的。而且,报应刑体现了刑罚必须以公正的方式进行的罪责原则,合理将其纳入刑罚目的,能够起到限制刑罚上限的作用,弥补过度强调预防刑可能出现的刑罚重刑化的不足之处。④实际上,我国《刑法》第1条明确规定将"惩罚犯罪,保护人民"作为立法目的,刑罚目的要与刑法目的相一致,也应该将惩罚犯罪纳入其中。因此,本文认为,我国刑罚的目的是惩罚犯罪和预防犯罪,其中,惩罚犯罪的刑罚目的是指通过刑罚剥夺或者限制犯罪人的权利以报应的方式实现对犯罪的惩罚,而预防犯罪的刑罚目的是指通过刑罚的方式实现预防犯罪人再犯罪的特殊预防和预防社会一般人犯罪的一般预防,且两者体现为"预防为体、报应为用"⑤的关系,即惩罚犯罪是为了预防犯罪,预防犯罪又不能脱离惩罚犯罪的框架。

(二)对认知人工智能体刑事处罚能够实现惩罚犯罪的目的

刑罚的本质是报应,适用刑罚必定伴随着权利侵害性,通过刑罚剥夺或者限制认知人工智能体的权利让其承受刑罚所带来的不利即可实现惩罚犯罪的

---

① 参见孙道萃:《我国刑罚目的理论的重构:基于普遍正义观的立场》,《南昌大学学报(人文社会科学版)》2012年第6期。

② 参见周少华:《刑罚目的观之理论理清》,《东方法学》2012年第1期。

③ 参见邱兴隆、许章润:《刑罚学》,中国政法大学出版社1999年版,第120页。

④ 参见马克昌主编、莫洪宪副主编:《近代西方刑法学说史》,中国人民公安大学出版社2016年版,第587页。

⑤ 参见马克昌主编、莫洪宪副主编:《近代西方刑法学说史》,中国人民公安大学出版社2016年版,第589页。

目的。一方面,现有的刑罚种类可以有限适用于认知人工智能体,实现对其的惩罚。现有的刑罚体系主要包括了生命刑、自由刑、财产刑和资格刑等刑罚种类,除了生命刑只能适用于有生命的自然人,自由刑以存在人身自由为前提,财产刑和资格刑都可以适用于非生物性的主体,这意味着对认知人工智能体也有适用的可能性。当法律赋予认知人工智能体独立的法律人格时,其作为权利和义务的主体,其名下就可以有自己的财产和各种权利资格,对认知人工智能体可以适用没收财产、处以罚金或者剥夺特定的权利资格的刑罚措施,通过限制或者剥夺财产权和特定的资格使其承担刑罚的不利后果以实现惩罚犯罪的目的。

另一方面,针对认知人工智能体设置变更算法刑罚种类,通过改变认知人工智能体的运行程序实现对其"行为自由"限制或是"生命"的剥夺。为了更加有效规制认知人工智能体的犯罪行为,有学者提出了要改革刑罚体系,针对人工智能体设置删除撤销、修改程序和销毁等新的刑罚措施。这一建议确有必要性,但是将销毁作为刑罚措施有其不合理之处。其一,算法是人工智能的核心,任何算法上的变更都会影响到人工智能体的思想和行为,对于人工智能体的处罚只需要算法变更这一种刑罚即可,根本没有必要将销毁人工智能体作为刑罚措施。其二,人工智能体作为服务人类的工具,对于其刑事处罚有一定特殊要求,即要合理考虑与认知人工智能体直接相关的人的合法权利,销毁人工智能体可能让人工智能体的所有权人这类最直接权利人遭受财产利益的损失,变相将刑罚的恶害分担到行为人之外的人,这明显违背了罪责自负的刑法原则,同时销毁人工智能体也违背了刑罚经济主义的要求。正因为人工智能体受控于算法,算法才是其"生命",无论其外在实体是人型的还是非人型,只要根据犯罪行为的严重程度确定算法变更的不同程度,通过改变其部分的或者全部运行程序,就实现了限制或者剥夺认知人工智能体"行为自由"甚至消灭原有"生命"的惩罚目的,根本没有必要销毁人工智能体的外部载体。

(三) 对认知人工智能体刑事处罚有助于实现预防犯罪效果

刑罚效果和刑罚功能都可以表述为是国家通过刑罚直接产生的社会效应,但是前者是已经发挥的刑罚功能,后者是可能有的刑罚效果。[①]预防刑罚犯罪的目的包括了预防犯罪人再犯罪与其他社会一般人犯罪,在此刑罚目的观下,刑罚功能根据对象的不同可以分为对犯罪人限制、消除再犯罪的条件、个别威慑

① 参见邱兴隆、许章润:《刑罚学》,中国政法大学出版社1999年版,第64页。

和教育感化的功能的特殊预防功能和对社会其他人一般威慑、法制教育、安抚补偿和强化规范意识的一般预防的功能。[①]对认知人工智能体刑事处罚能够实现上述刑罚哪些功能,积极回应预防犯罪的刑罚目的呢?

在特殊预防方面,对认知人工智能体刑事处罚能够实现限制、消除再犯罪的条件和教育的功能,但是个别威慑、感化的效果弱。首先,对认知人工智能体刑事处罚能消除和限制其再犯罪的条件。将变更算法为刑罚措施,通过算法的变动,修改、删除人工智能体的运行程序,能够起到剥夺人工智能体犯罪能力、消除犯罪条件的作用,例如,通过改变算法其智能程度和内容,降低其智能程度,使其成为弱人工智能体就不可能成为犯罪主体。同样的,对认知人工智能体适用财产刑和资格刑,剥夺了犯罪所需要的经济条件和特定的资格需要,也能起到消除和限制其再犯罪条件的功能。其次,对于所有犯罪的认知人工智能体都必须接受算法变更的刑事处罚,通过算法变更,重新将认知人工智能体改造为符合国民普遍的规范意识的主体,使其回归社会为人类提供服务,这也就体现了刑罚的教育功能。最后,由于特殊预防功能中的威慑、感化功能都通过人的心理活动这一中介得以实现,[②]对认知人工智能体进行刑罚实现这些刑罚功能效果弱。由于人工智能以算法为核心,以计算和数据为基础条件,其一切思与行都受控于算法,虽然承认了人工智能体能够拥有独立的意志,但是作为一种人工意志,其活动有其固定范围和局限性,不可能像人因生物性而具有不断发展的潜能,这是由算法本身的数字特性决定的。对自然人适用刑罚,刑罚的痛苦能让其通过自己的心理活动塑造新人格,起到威慑和教育感化的功能,但是认知人工智能体的意志只能通过变更算法实现,且一次变更永久定性,不再具有可塑性,需要依赖心理因素得以实现的一般威慑和感化的刑罚功能没有实现的可能。

在一般预防方面,处罚认知人工智能体能够产生一定的威慑效果、起到安抚补偿的功能。首先,处罚认知人工智能体,能起到威慑的效果。处罚认知人工智能体符合了人们"以牙还牙,以眼还眼"的朴素报应观,让社会上的其他人知道就连人工智能体这类"电子人"实施了犯罪行为都要受到刑事处罚,人犯罪也不可能有例外,能够起到一定的威慑作用。但是由于算法变更并不能适用于除认知人工智能体外的社会上的一般人,这些刑罚措施本身很难让社会上的一般人基于畏惧刑罚惩罚性所带来的痛苦而约束自己的行为,即所产生的心理强

① 参见张明楷:《刑法学(上)》,法律出版社2016年版,第518页。
② 参见邱兴隆、许章润:《刑罚学》,中国政法大学出版社1999年版,第64页。

制性很有限，其一般威慑效果主要是通过加强犯罪与刑罚的必然联系以及刑罚的及时性来增加一般人对自己行为的约束。其次，通过处罚认知人工智能体，实现了报应的目的，对于受害人能够起到一定的心理安慰，处以财产刑也能从经济上补偿犯罪所带来的损失，也能平复社会一般民众受犯罪行为伤害的情绪，实现刑罚安抚补偿的功能。最后，处罚认知人工智能体，通过明确犯罪与刑罚的关系，凸显了刑罚的及时性和必定性，对社会一般人也能起到法制教育和强化规范意识的效果。

通过上文的分析，可知改变现有的刑罚体系，惩罚认知人工智能体有助于实现刑罚惩罚犯罪和预防犯罪的目的，具有刑罚正当性与合理性。实际上，惩罚犯罪和预防犯罪的刑罚目的只体现了刑罚的初始价值，追求保护自由、维护秩序和实现正义这些人类社会正常发展所必需的基础价值才是刑罚的终极价值。①因此，刑罚处罚认知人工智能体也不仅仅只是为了实现惩罚的目的，根本上还是为了满足人类保护自身合法利益的欲求，这与人类发展人工智能服务人类的目的相一致。

四、结　　语

当认知人工智能体具有规范意识支配下的自由意志，符合了刑事责任能力的实质，实施了符合刑法规定的犯罪行为时，就具备了对其进行刑事处罚的前提。通过刑事立法修改现有的刑罚体系，修改财产刑和资格刑、增加算法变更等可适用于认知人工智能体的刑罚措施，通过刑罚剥夺或者限制认知人工智能体的权利，不仅仅实现了惩罚犯罪的目的，也有助于实现预防犯罪的刑罚目的，奠定了对认知人工智能体进行刑事处罚的正当合理性基础。此外，必须考虑将认知人工智能体作为刑法上的“人”，该如何处理人工智能体的共犯问题、对以人工智能体为犯罪对象的行为如何进行合理归责等一切因认知人工智能体作为独立的犯罪主体而引发的问题，为了适应人工智能时代的需求，对刑法的体系和内容进行相应的变革。

目前排除将人工智能体作为“法律人”有认识论和本体论上的理由，即对于未来人工智能发展的不可预测性考虑，以及害怕社会的非人类化等伦理上的担忧。②面对人工智能体在伦理上的顾虑，可以通过设置人工智能伦理规范进行解

① 参见谢望原：《刑罚价值论》，中国检察出版社 1999 年版，第 3 页。

② 参见[德]霍斯特·艾丹米勒：《机器人的崛起与人类的法律》，李飞、敦小匣译，《法治现代化研究》2017 年第 4 期。

决,这也是现在美国、欧盟等国家和地区在热烈讨论并努力尝试的工作,在人工智能体产生之初就设置相应的伦理、道德、法律上的规范对其行为进行指引和调整,提前预防和减缓人工智能对人类伦理、道德、法律的冲击。还有人认为根本没有必要承认其独立的法律人格,因为人工智能体所引发的所有法律问题都可以通过重新设置相关的人的权利义务得到解决,例如将人工智能体作为人类的代理人,其行为的法律责任由授权其行为的人类承担。①但是,过多的风险分担必定会阻碍人们发展人工智能的积极性,并不利于科技的创新。更有观点认为,人工智能体没有法治所需要的辩证能力、没有运用法律原则和模糊性法律规范的能力等,不可能取代人。②直接否定了人工智能体能够具有自由意志的可能性,将人工智能体取代人作为一个伪命题的观点,这也许低估了人类的智慧和探索潜力,也缺乏大胆进行理论创新的勇气。实际上,认知人工智能体到底能不能出现,这是科学技术所要解决的问题,法律回答不了,但是这一技术问题并不能成为我们讨论人工智能相关法律问题的障碍。法律作为人类社会的规范,既要能解决眼前的问题,也要有一定的前瞻性,有关法律秩序的一切事物都可能成为法律所需要考虑的事项,而且理论应该先行于实践,法学理论具有指引服务法律实践的作用,更应该关注未来世界的动态并进行大胆设想创新,为法律的前瞻性提供必要的理论支持。西原春夫先生在一次演讲中说道:“一般认为,在大约三十年之后就会进入真正的人工智能时代,因此,我们人类必须从现在开始为此准备。”③三十年的预期也许不一定准确,但对人工智能所带来的刑事风险进行提前预测和设想积极的应对措施等问题的讨论是为了追求人类更好的生存和发展,在目前尽管实践意义很有限,但是将目光放到未来世界,其意义却是不可估量的。

---

① 参见程骞:《机器人能否“逍遥法外”》,《中华工商时报》2017年8月31日。

② 参见郝铁川:《为什么坚信人工智能不可能取代人》,《解放日报》2018年1月23日。

③ [日]西原春夫:《国际法的存在与遵守义务的根据——作为探索刑法制定根据的一点成果》,王昭武译,《法学》2018年第4期。

人工智能时代智能机器人的刑事责任与刑罚理念反思

刘环宇*

【内容摘要】 智能机器人是由程序设计和编制而成具有辨认能力与控制能力的“人工人”。智能机器人与自然人相比，其由程序设计和编制而成，不具有生命体；智能机器人与动物相比，其具有辨认、控制能力；智能机器人与普通机器人相比，其存在自主意识与意志。自动驾驶汽车过失犯罪的归责路径为：如果智能机器人违反注意义务的行为与危害结果的发生存在必然因果关系，则智能机器人应承担刑事责任；反之，其不承担刑事责任。其中判定违反注意义务的行为是否超越法律所允许的风险是价值评价。智能机器人犯罪对传统刑罚理念的冲击表现为：一是现有刑罚措施无法适用于智能机器人；二是对智能机器人适用刑罚无法实现一般预防与特殊预防的刑罚功能，智能机器人不会因受到刑罚产生痛苦而不再犯罪，也不会对其他智能机器人产生威慑效果。

【关键词】 人工智能 智能机器人 刑事责任 刑罚功能

随着科学技术发展的日新月异与大数据时代的来临，互联网、人工智能、虚拟现实的相互融合正在影响着人类社会的生活方式与生产形态。“基于信息网络技术形成的人工智能，已处在下一个互联网时代的风口浪尖，对人类生产生活与交往方式产生颠覆性影响。”①“人工智能”并非当代社会孕育的产物。事实上，早在1956年由约翰·麦卡锡等人发起的达特茅斯会议上就曾提及“人工智能”，只不过对此概念的理解未达成统一共识。应当承认，人工智能是计算机科学的一个分支，是研究、开发用于模拟、延伸和拓展人的智能的理论、方法、技术及应用系统的一门新技术科学。申言之，“复杂的智能行为被简化成机器对外界刺激的反应和反馈。低层次的反馈是达到目的的行动；高层次的反馈，因存在代表网络连接方式之参数随输出结果变化而不断地调整，其可以解释神经网络结构和相应行为模式的变化，也就是学习机制”。②毋庸置疑，人工智能是网络

* 刘环宇，华东政法大学刑法学博士研究生。

① 孙道萃：《人工智能对传统刑法的挑战》，《检察日报》2017年10月22日。

② 金观涛：《反思“人工智能革命”》，《文化纵横》2017年第4期。

技术发展到新阶段的产物。

“人类科技发展的历史告诉我们,科技的发展是爆炸式的,其发展速度呈几何式提升,我们必将在不久的将来进入到人工智能 N.0 时代。”①近年来一系列关于人工智能的战略举措相继出台,2015 年国务院印发《中国制造 2025》,部署全面推进实施制造强国战略,以“智能制造”作为中国制造的主攻方向;2015 年国务院印发《“互联网”行动指导意见》,提出大力发展智能制造,培育人工智能新兴产业,推进重点领域智能产品创新,提升终端产品智能水平;2016 年工信部、国家发改委、财政部联合发布《机器人产业发展规划(2016—2020 年)》聚焦智能工业型机器人和服务型机器人的发展,为“十三五”期间,我国机器人产业的发展描绘清晰蓝图;2017 年“人工智能”被首次写入政府工作报告与党的十九大报告,国务院发布《新一代人工智能发展规划》,明确了新一代人工智能发展战略目标,到 2030 年中国人工智能理论、技术与应用总体达到世界领先水平,成为世界主要人工智能创新中心;2018 年《人工智能标准化白皮书(2018 版)》强调全面推进人工智能标准化工作。人工智能俨然已成为国家发展战略的核心,同时也将引发人类社会的巨大变革。

一、刑法介入人工智能领域的必要性

(一)犯罪主体资格的判断:强人工智能与超人工智能阶段的智能机器人具有自主意识

根据智能机器人是否具有辨认、控制能力及其强弱程度,可将人工智能的发展进程划分为三个阶段,即弱人工智能、强人工智能、超人工智能。所谓弱人工智能,是指智能机器人只能在设计者所设计和编制的程序范围内进行操作,其具有逻辑推理、语言识别、技术运营等功能,如智能机器人阿尔法狗(AlphaGo)通过逻辑推理与科学计算战胜世界围棋冠军,自动驾驶汽车凭借强大的信息处理能力充当先进的交通工具以运送乘客;所谓强人工智能,是指智能机器人具有自主意识,既可以在设计和编制程度范围内进行活动,也可以超出设计和编制程序范围进行自主安排,其可以和人类一样具有独立思考、深度学习、解决问题、总结经验等方面的能力,但其仅限于特定领域具备这些能力,超出这一领域则不具备;所谓超人工智能,是指智能机器人已经跨越“奇点”,在

① 刘宪权:《人工智能时代的“内忧”“外患”与刑事责任》,《东方法学》2018 年第 1 期。

生产生活、科技创新等所有领域均已超越人类。[①]目前人工智能的发展仍处于弱人工智能阶段，该阶段的智能机器人不具有辨认、控制能力，是人类解决问题的工具，即使此时智能机器人造成他人伤亡等后果，也应由研发者、制造者或使用者承担责任，现行法律可以妥善地应对相关问题。

然而随着人工智能步入新阶段，智能机器人可能具有辨认、控制能力，其与自然人、动物和普通机器人存在明显差别。首先，智能机器人与自然人相比，其由程序设计和编制而成，不具有生命体。就人类意识而言，“人类意识的形成源自于大脑，大脑的物理构造实则是超高数量级的脑细胞互相传递脑神经信号所组成的极复杂装置，而意识的产生便是脑细胞中的神经信息互相传递达到一定程度的量级后，量变引起质变的化学结果。由此不难想象，人工智能体随着技术的革新，模拟人类大脑思考产生神经网络的自主意识将不再成为不可能”。[②]其次，智能机器人与动物相比，其具有辨认、控制能力。强人工智能与超人工智能阶段智能机器人通过程序与算法具备辨认、控制能力。最后，智能机器人与普通机器人相比，其可能产生自主意识和意志。由于智能机器人具有深度学习的能力，因此其不仅可以按程序行动，也可以超出程序自主行动。[③]由上可知，在强人工智能、超人工智能阶段，智能机器人具有辨认、控制能力，不但可以“顺从”人类指令造福于人，也可以“背叛”人类自作主张损害人类利益和破坏社会秩序，刑法应将智能机器人认定为犯罪主体。

(二) 人工智能发展弊端的考量：将智能机器人“越轨”活动纳入刑法规制范畴以保护公共福祉

任何事物均存在利弊两个方面，人工智能正如硬币的正反两面，我们在因人工智能给予人类社会恩惠而欢呼雀跃的同时，也应为人工智能带来的负面效果而未雨绸缪。实际上人类已经品尝到人工智能带来的恶果，如世界第一起机器人杀人事件、[④]机器人外科手术医疗事故、[⑤]自动驾驶汽车致死事件[⑥]等纷至沓来。这些事件的“行为人”均处于弱人工智能阶段，不具备辨认、控制能力，其所造成的后果由研发者或制造者承担责任，那么对于强人工智能、超人工智能

①② 马治国、田小楚：《论人工智能体刑法适用之可能性》，《华中科技大学学报》2018 年第 2 期。

③ 参见刘宪权、胡荷佳：《论人工智能时代智能机器人的刑事责任能力》，《法学》2018 年第 1 期。

④ 世界上第一宗机器杀人事件，1978 年 9 月，日本广岛一家工厂的切割机器当场杀死值班工人。

⑤ 2007 年，美国食品药品监督管理局收到 200 多份关于医疗外科手术机器人的指控，这些指控称其对病人造成烧伤、切割伤等后果。

⑥ 2016 年，谷歌无人驾驶汽车在美国加州山景城测试时，与一辆公交大巴相撞。

阶段的智能机器人而言,理应成为刑事责任主体。理由如下:

1. 从人类利益与公共安全角度出发,智能机器人应成为刑事责任主体

崇尚自由是人类的天性,而刑法是实现人类自由的大宪章。正如诗人裴多菲所言:“生命诚可贵,爱情价更高。若为自由故,二者皆可抛。”自由是公民的天然权利,为了保障公民权利与公共秩序,公民让渡一部分权利给国家,希冀国家通过立法规制侵犯公民自由与利益的行为以使公民获得更大的自由。值得注意的是,智能机器人不具有生命体,但其拥有辨认、控制能力,可以超越设计和编制的程序范围行事,在一定意义上是智能机器人的自由,但对这种自由不加以规制可能会侵犯人类或其他智能机器人的自由,任其为所欲为必然会导致无序状态,自由也便荡然无存。因此,从人类利益与公共安全角度出发,智能机器人应成为刑事责任主体。

2. 从尊重个人隐私与信息安全角度出发,智能机器人应成为刑事责任主体

人工智能以大数据为支撑并呈爆炸式发展态势,信息安全、隐私保护等问题直接关涉人类利益。据报道,2017 年 9 月,浙江绍兴警方公布破获全国首例利用人工智能技术盗窃公民个人信息的案件,彻底摧毁 43 个犯罪团伙,抓获犯罪嫌疑人 193 人,成功截留被盗的公民个人信息 10 亿余组,缴获赃款 600 万余元。①囿于人工智能发展进程,现阶段人工智能犯罪仅停留在行为人将人工智能视为作案手段或工具,尚未涉及智能机器人自主犯罪的情形,但是强人工智能、超人工智能时代离我们并不遥远,法律应未雨绸缪,否则当其真正来临时人类会措手不及。

(三) 刑法的补充功能:将人工智能犯罪纳入规制范畴以彰显刑法的谦抑性

刑法是保护社会的最后一道防线。在行政法、民法等法律力所不逮的情况下,刑法才发挥其效用。值得注意的是,人工智能对法律带来极大冲击,引发部门法学者特别是民法、刑法学者的深刻反思。在民法领域,人工智能的发展涉及侵权责任的承担问题。随着人工智能的日益发展,智能机器人不属于物,其与人类一样,具有自主意识,因此法律专门予以规制。②通常情况下,刑法规制的是行政违法或民事违法行为,换言之,刑法规制的是具有严重社会危害性,值得科处刑罚的行为。在强人工智能、超人工智能时代,智能机器人超越设计和编

① 参见杜晓:《人工智能给法律带来哪些“变”与“不便”》,《法制日报》2017 年 12 月 8 日。

② 参见王利明:《人工智能对民法的挑战》,《中国城市报》2017 年 9 月 11 日。

制程序范围实施行政法、民法等法律无法规制的恶行，社会危害性由量变引起质变的前提下，刑法应将其纳入规制范畴。

二、智能机器人过失犯罪的归责路径

强人工智能与超人工智能时代下，智能机器人具有辨认、控制能力，其可以超越设计和编制程序范围实施犯罪。根据主观罪过的不同，将犯罪分为故意犯罪与过失犯罪，智能机器人既可能实施故意犯罪，也可能实施过失犯罪。其中过失犯罪是行为人违反注意义务的行为，违反注意义务与引起结果之间因果关系的判断关涉行为人的刑事责任承担问题，也是认定过失犯罪的核心与难点。所谓“注意义务，是指行为人作为时应当注意有无侵害某种法益，不作为时应当注意有无违反某种特定的法律义务的责任”。①值得讨论的是，在“多因一果”的场合，是否意味着所有违反注意义务的行为所导致的结果都应归责于智能机器人，还是将违反注意义务的行为超出了法律所允许的风险导致的结果归责于智能机器人？

实际上，规范保护目的理论是有效应对以上问题的理论基础。“规范保护目的理论是说，只有被违反的注意义务规范旨在保护被害人免受相关法益损害时，行为人才在客观上对因其违反注意义务的行为所引起的损害结果承担责任。”该理论强调行为人在法律上是否有义务考虑其行为引发某一具体结果发生的可能性，并为避免该结果发生的可能性而停止或者不停止其行为。对于过失犯罪而言，该理论不是针对保护法益所遭遇的任何一种危险，而是针对违法注意义务超越了法律所允许的风险。②值得注意的是，判断违反注意义务的行为是否超越法律所允许的风险属于价值评价或规范层面的问题。

为残疾人、老年人等弱势群体的出行提供便利是自动驾驶汽车的设计初衷，但是随着人工智能的不断演进，智能机器人存在超越设计和编制程序范围酿成交通事故致人伤亡的风险，这牵涉智能机器人的刑事责任问题，特别是过失犯罪中违反注意义务的行为与危害结果之间因果关系的判定。现以自动驾驶汽车为例，过失犯罪的归责路径为：

第一，自动驾驶汽车违反注意义务，被害人特殊体质导致死亡结果的，应分析自动驾驶汽车是否有避免结果发生的义务以判定自动驾驶汽车是否承担刑

① 陈兴良：《过失责任论》，《法学评论》2000 年第 2 期。

② 参见[德]汉斯·约阿希姆·鲁道菲文：《过失犯中的可预见性与规范保护目的》，李波译，载陈兴良编：《刑事法评论》（第 40 卷），北京大学出版社 2017 年版，第 361 页。

事责任。例如,自动驾驶汽车从侧面超越一辆由自然人驾驶的汽车,由于自动驾驶汽车超车速度过快导致自然人受到惊吓突发心脏病死亡的情形,自动驾驶汽车违反道路交通安全法超车时没有降低车速,但被害人因受到惊吓突发心脏病死亡的结果是自动驾驶汽车无法预见的,纵然自动驾驶汽车具有辨认、控制能力,可以通过深度学习"武装"自己,但其所擅长的领域仅限于驾驶而非社会生活的多个方面,没有防止被害人因受惊吓突发心脏病死亡的注意义务,自动驾驶汽车的超速驾驶违反了注意义务,但违反注意义务的行为与危害结果之间没有必然的因果关系,因此,自动驾驶汽车不应承担刑事责任。

第二,自动驾驶汽车违反注意义务,但被害人的伤亡结果不是由自动驾驶汽车违反注意义务的行为造成的,应考量被害人的伤亡结果是否属于自动驾驶汽车的预见范围。例如,自动驾驶汽车在未尽提示义务的情况下超越由自然人驾驶的汽车,被害人伤亡的原因是自动驾驶汽车的轮胎因质量瑕疵爆胎所致的情形,汽车质量瑕疵是不是自动驾驶汽车的预见范围成为认定自动驾驶汽车承担责任的关键。德国存在类似案例,司机驾驶小轿车超越另一辆汽车时违反了《德国道路交通规则》车辆之间保持必要的、最少的车间距之规定,但汽车司机伤亡的原因是小轿车的轮胎有质量瑕疵而发生爆胎所致,法院认为,虽然小轿车司机违反《德国道路交通规则》的禁止性规定不是导致被害人伤亡的直接原因,但其应当预见到交通工具存在隐藏的缺陷会在碰撞时发生作用,实际上汽车轮胎存在质量瑕疵爆胎导致事故发生尚未超出其注意义务的范畴,因此司机应当承担刑事责任。[①]针对自动驾驶汽车而言,其对汽车的潜在缺陷负有向设计者、制造者、销售者或使用者的风险提示义务,但无检修义务,如果其在日常监测中发现了潜在缺陷并及时报告设计者、制造者、销售者或使用者,上述人员没有及时检修的,上述人员应对汽车潜在缺陷造成的危害结果承担责任;如果自动驾驶汽车没有尽到监测提示义务,应由自动驾驶汽车承担责任。

第三,自动驾驶汽车违反注意义务,但造成被害人伤亡的结果由其他原因导致的,应考察其他原因是否属于注意义务的预见范围。例如,自动驾驶汽车闯红灯将行人撞成重伤,行人送往医院抢救,但因医院发生火灾导致行人死亡的情形,自动驾驶汽车闯红灯违反注意义务的行为是导致被害人死亡的原因之一,但该原因与被害人死亡结果之间没有必然的因果关系,医院发生火灾是自动驾驶汽车无法预见的,超出了一般生活经验,自动驾驶汽车不承担责任。

① 参见[德]汉斯·约阿希姆·鲁道菲文:《过失犯中的可预见性与规范保护目的》,李波译,载陈兴良编:《刑事法评论》(第40卷),北京大学出版社2017年版,第360页。

三、人工智能时代对传统刑罚理念之冲击

刑事责任是犯罪行为产生的法律后果,刑罚是法律后果的表现形式之一。所犯罪行、刑事责任、刑罚三者间的关系可概括为:所犯罪行是承担刑事责任的基础,刑事责任的大小决定刑罚的轻重,刑罚是对所犯罪行的最终评价。刑事责任充当连接所犯罪行与刑罚的中介角色,刑罚实现对所犯罪行的否定评价功能。

(一)传统刑罚观:报应刑论与目的刑论的对立到二者的结合

报应与预防相结合的刑罚目的论已成学界通说。然而在此之前,刑罚目的之论争经历了报应刑论与目的刑论的对立到二者并存的过程。这恰恰是对刑事古典学派与刑事实证学派由完全对立到妥协共存态势的折射。实际上,报应刑论与目的刑论的对立在本质上是以意志自由论为根据的道义责任论与以行为决定论为根据的社会责任论的对立。刑事古典学派坚持报应主义是刑罚存在的唯一根据,认为犯罪是行为人自由意志的产物,行为人具有明辨是非的能力,有义务对行为产生的不利后果承担责任。在所实施的行为严重侵犯国家、社会或者个人合法利益的情况下,行为人违背道德准则应受到责难、谴责,国家动用刑罚进行惩罚是最妥当的报应方式。理由在于:第一,私力报复的无限度性使国家动用刑罚惩治犯罪成为可能。在遭受相同程度的财产或人身损失的情况下,虽然受侵害人均存有报复念头,但由于自身观念差异致使报复手段、强度、次数的不同进而带来不公,因此,国家有必要运用统一的标准惩罚犯罪,以达到对已然犯罪的报复目的。第二,国家负有维护公民合法权利的职责。依据社会契约理念,国家代表公民的整体意志,不但应为公民提供福利待遇,同时应对损害公民利益的行为进行有力回击,国家应对侵害行为予以报复。

反观刑事实证学派坚持功利主义是刑罚正当性的唯一根据,主张犯罪人自身特性、社会环境等外部因素是犯罪的诱因,对于犯罪的研究,应从对行为的关注转向对行为人的考察,以社会防卫为出发点,防范未然之罪,实现一般预防与特殊预防的结合。其中,一般预防针对潜在的犯罪分子和社会公众,通过刑罚手段达到威慑警戒效果以防止其犯罪;特殊预防指向犯罪分子,对其施行严厉的刑罚以防止其再次犯罪。

由此观之,单纯的报应主义注重对已然之罪的惩治而忽视对未然之罪的预防,舍弃对人、外界环境的考察,“重客观轻主观”,关注的是犯罪行为。而单纯

的目的主义强调对未然之罪的防范却不顾对已然之罪的处罚,舍弃对行为的研究,"重主观轻客观",重视对罪犯人身危险性的考察。客观与主观是辩证统一的,客观决定主观,主观反作用于客观,同理报应刑论与目的刑论二者之间是辩证统一的。在协调二者间的关系时,应看到报应刑论是对已然之罪的惩罚,而目的刑论是对未然之罪的预测与防范,同时目的的正当在任何情况下都不能凌驾于手段的正当性之上,人只能作为目的而非手段,报应制约功利避免国家为了社会利益把个人作为纯粹的手段加以使用。[①]在二元刑罚目的观的指导下强调罪刑相适应与刑罚个别化的结合,罪刑相适应重点研究行为的社会危害性,刑罚个别化突出人身危险性。根据我国刑法对罪刑相适应原则的表述,刑罚的设置应与行为的社会危害性相当,刑罚应与犯罪性质、客观危害、主观恶性等相适应。

(二)人工智能时代对传统刑罚理念的冲击

在强人工智能、超人工智能时代,智能机器人可以在设计和编制程序范围之外实施犯罪行为从而承担刑事责任,那么必然涉及智能机器人的刑罚适用问题。纵观我国的刑罚理念与刑罚措施,似乎对智能机器人"无计可施",面临的困境是:一是对智能机器人适用刑罚能否实现一般预防与特殊预防的双重刑罚功能,智能机器人是否会因受到刑罚而产生痛苦不再犯罪,同时对其他智能机器人产生威慑效果,使其不敢犯罪;二是现有刑罚措施能否直接适用于智能机器人。

1. 智能机器人的"特殊体质"与双重预防的刑罚功能之间存在无法弥合的间隙

前面提及强人工智能、超人工智能时代下的智能机器人拥有自主意识,智能机器人在设计和编制程序范围外实施犯罪行为进而承担刑事责任没有障碍,但这并不代表智能机器人与现有刑罚功能与刑罚措施之间没有适用间隙,是否具有道德感是智能机器人与人类的本质差别,也是与现有刑罚理念之间存在张力的根源。所谓道德感,是指人类感知喜怒哀乐的能力。渴求快乐、避免痛苦是人类之本性。针对犯罪而言,在某种意义上行为人实施犯罪是为了获得快感,或者其认为实施犯罪让自己快乐,那么对其适用刑罚则会带来痛苦,正如功利主义所主张的人具有趋利避害的天性,行为人因承受刑罚之苦而不再犯罪,社会公众因刑罚的威慑而不敢犯罪。对于智能机器人而言,智能机器人在某些

---

① 参见邱兴隆:《刑罚理性导论——刑罚的正当性原论》,中国政法大学出版社1998年版,第81页。

领域的能力已超越人类，但其没有道德感，对其适用现有刑罚也无济于事，无法实现双重预防的刑罚目的。

2. 智能机器人犯罪刑罚处遇之审视

现有刑罚措施无法适用于智能机器人是不争的事实。我国刑法规定了四种刑罚种类：财产刑、资格刑、自由刑与生命刑。现有刑罚种类无法适用于智能机器人的理由归结为：第一，智能机器人作为“人工人”不享有财产权，对其适用罚金、没收财产“于法无据”；第二，智能机器人不享有政治权利与自由，对其适用剥夺政治权利“毫无意义”；第三，智能机器人不享有人身自由权，对其适用管制、拘役、有期徒刑、无期徒刑等自由刑“多此一举”；第四，智能机器人不是生命体，对其适用死刑“没有必要”。①对此，有学者结合智能机器人的特点构建了智能机器人犯罪的刑罚体系，包括三种刑罚措施：一是删除数据，是指删除智能机器人实施犯罪行为所依赖的数据信息，相当于抹去智能机器人的“犯罪记忆”，使其恢复到实施犯罪行为之前的状态，引导其通过深度学习积极获取“正面数据”，排斥甚至抵制“负面数据”；二是修改程序，是指在通过多次删除数据仍然无法阻止机器人主动获取有可能实施违反犯罪行为的“负面数据”时，该智能机器人不能被正面引导时，强制修改其基础程序，将其获取外界数据、深度学习的能力限制在程序所设定的特定范围内，从根本上剥夺其实施犯罪行为的可能性；三是永久销毁，是指在删除数据、修改程序均无法降低实施了犯罪行为的智能机器人的人身危险性时，该智能机器人已形成“反删除能力”与“反修改能力”，只能将其永久销毁。②以上智能机器人犯罪的刑罚体系呈现阶梯型、层次性特征，但上述三种刑罚措施的合理性值得商榷。

笔者认为，无论是删除数据、修改程序，还是永久销毁都无法实现降低人身危险性，实现预防犯罪的目的。针对删除数据而言，智能机器人是以大数据和海量信息为支撑，如果删除智能机器人体内的数据，则意味着智能机器人已经不是原来的机器人，即使通过深度学习获取“正面数据”，也无法规避其超越设计和编制程序范围实施犯罪行为，无法实现预防目的。针对修改程序而言，智能机器人被修改程序后，其所实施的行为限于设计和编制程序范围以内，那么这代表智能机器人失去自主意识，沦为人类的工具，丧失了与人类“平起平坐”的机会。针对永久销毁而言，智能机器人的数据被永久销毁意味着智能机器人的灭亡。值得注意的是，对于人类而言，对智能机器人的物理毁坏或者损害似乎等同于肉体惩罚或执行死刑，对于智能机器人而言，其没有活下去的意愿，对

①② 参见刘宪权：《人工智能时代刑事责任与刑罚体系的重构》，《政治与法律》2018 年第 3 期。

其进行物理毁坏或损害并不会带来痛苦。必须承认以上人工智能犯罪的刑罚体系是对智能机器人刑罚适用的有益探索,但其合理性有待商榷,删除数据、修改程序、永久销毁这三种刑罚措施都在一定意义上改变了智能机器人的本性。

四、余　论

人工智能时代已经到来,并将引发人类社会的变革。随着人工智能的发展,智能机器人具有辨认、控制能力,掌握深度学习、数据分析等技能,在设计和编制程序范围之外实施犯罪行为成为刑事责任主体是无可厚非的。然而,承认智能机器人的刑事责任主体地位并不意味着对其适用刑罚不与传统刑罚理念相冲突。由于智能机器人不是生命体且没有活下去的意愿,现有刑罚措施不会让其感受痛苦进而实现双重预防的刑罚目的,鉴于此,探究建构符合智能机器人特点的刑罚体系是日后研究的重点。

人工智能刑事责任主体的差异性
——以共同犯罪、犯罪主观方面、犯罪停止形态为视角

陈叙言*

【内容摘要】 人工智能的行为不同于普通机器人所具有的"等同性"和"可预测性"的特点,其行为完全有可能超出设计者与使用者的意图,此时其所实施的严重危害社会的行为完全有必要进行独立评价,此外国家作为追诉主体也更方便进行相关案件的调查。人工智能作为刑事责任主体能否与自然人成立共同犯罪面临如何判断两者能够形成共同故意的理论困难,因此有必要从理论上承认片面共犯和共同过失犯罪以解决责任分担问题。人工智能作为刑事责任主体从应然性上很难区分犯罪故意与犯罪过失的区别,从实然性上也无区分两者的必要,人工智能主观意图与客观行为高度一致的特性决定了故意犯罪和过失犯罪对于人类的危害性是相同的。人工智能犯罪的危害性主要体现在其产生犯罪意图之时,因此不同犯罪停止形态的人工智能犯罪对于人类的危害性相当。

【关键词】 刑事责任主体　共同犯罪　犯罪主观方面　犯罪停止形态

一、人工智能适用刑法规制的必要性

普通机器人具有"等同性"和"可预测性",其任何行为都在人类的预料之中,此时其所为的任何行为都可以视作设计者和使用者使用"工具"的行为,因此其所带来的后果也应由设计者和使用者来承担。人工智能具有深度学习能力,不再像一般机器人一样,有学者认为其与自然人一样具有控制能力和辨认能力,因此其行为不完全等同于设计者和使用者的行为。①比如阿尔法狗(AlphaGo),其设计者可能并不会下围棋(至少水平不会很高),且也无法预料到其被制造出来后所展现的围棋水平到底能到达何种程度,此时机器人所为的行为部分体现的是设计者的意图(制造一款围棋技术高超的机器),也部分反映了机器本身的思维

* 陈叙言,上海交通大学凯原法学院刑法学博士研究生。

① 参见刘宪权、胡荷佳:《论人工智能时代智能机器人的刑事责任能力》,《法学》2018 年第 1 期。

(思考如何下好围棋的每一步)。在现有弱人工智能技术的水平下机器人已经能够部分根据自己的思维进行运作,可以预见当人工智能技术不断进步时,这种设计者意图和机器人本身思维的比例相比现在将会大幅度的倾斜,达到了一定程度(如百分之八十或者百分之九十)之后显然无法再将人工智能的行为与设计者和使用者的行为等同起来,甚至可能出现完全不包含设计者和使用者意图的行为。此时再将该种行为带来的后果归咎于设计者和使用者显然是不妥的。再比如微软开发的 tay 聊天软件,其在推特平台推出不久后,由于其具有在与他人交流中学习的能力,人们发现 tay 慢慢开始展现出仇视女性和种族歧视倾向。这在微软程序员设计该软件时是没有预见到的。我们当然可以讨论程序员在设计时是否应当预见到这种危害以确定其是否具有过失。但随着技术的不断发展,这样的情况必将越发普遍,也完全有可能出现设计者和制造商在设计和制造时无法预见的危害。在这种设计者不具有故意和过失的情形下,是一味将该种危害看作是人类社会科学发展所必然承受的负面影响而作为刑法上的意外事件来对待,还是针对这种新型的危害制定新的罪名甚至是突破刑法理论引入除了自然人和单位之外的犯罪主体?

除了严重的社会危害性之外,民法的作用是调整平等主体之间的人身关系和财产关系,因此当争议双方发生纠纷时当事人必须就自己的主张进行调查,提出证据。而在人工智能产生危害的情况,由于人工智能所涉及的都是科技含量极高的领域,普通受害人可能对此一无所知,进行相关调查和取证更是难上加难。试想让一个普通的病人对伤害其身体的高科技手术机器人进行调查,从编程中找寻证明该机器人的伤害行为的相关证据无疑是强人所难。而以刑法的手段进行规制则可以大大缓解被害人的这种压力。国家作为追诉主体(不论是由设计者、制造商还是人工智能本身承担责任)具备普通个人无法具备的优势,可以动用各方面的资源进行调查。且无论追诉对象是设计者、制造商、使用者还是人工智能本身,适用刑法进行规制都显得更为妥当。对于前者来说不论是故意还是过失,其将人工智能作为工具实施严重危害社会的行为,对此作为犯罪处理完全符合当今刑法理论,对行为人处以刑罚也并无不妥之处。而对于后者来说,有学者提出的对人工智能进行处罚的方式如删除数据、修改程序、永久销毁等也更类似于刑罚中的自由刑和生命刑,①因为编程和数据对于人工智能而言就好比人类的生命和自由,修改和删除就好比限制了人工智能"自由"的发展而销毁就好比剥夺了其生命。相比之下民事法律关系中的赔偿损失、赔礼道歉

① 参见刘宪权:《人工智能时代刑事责任与刑罚体系的重构》,《政治与法律》2018 年第 3 期。

等承担责任方式由于人工智能不具有人格和财产很难做到真正对其进行惩罚。

二、人工智能犯罪对共犯理论可能造成的突破

如果我们将人工智能作为刑事责任主体来对待，那么其是否能够与自然人形成共同犯罪呢？在探讨共同犯罪时，首先要考虑的是人工智能能否与自然人形成共同故意，即是否认为人工智能能够与自然人进行犯罪意图上的交流。人工智能作为刑事主体的前提是我们承认其控制辨认能力，但该种控制辨认能力是仅限于对其自身行为的认识还是包括对“他人”（包括自然人、单位甚至其他人工智能）行为的认识？该处行为不仅仅是单指人的身体行为，还可能包括言语、眼神等其他具有明示、暗示作用的广义上的行为。如果不承认人工智能具有这种能力，那么如何认定人工智能与自然人（单位）达成“合意”将成为难点。自然人表达其犯意到何种程度时我们才认为人工智能能够理解自然人具有实施犯罪行为的意图并可能与其构成共同犯罪？不明确界定此种范围则可能混淆自然人利用有犯罪意图的人工智能进行犯罪甚至故意表现出某种行为“引诱”人工智能进行犯罪与共同犯罪的区别。因为前者更倾向于用自然人利用人工智能作为工具进行犯罪以及“教唆”（本质上也是利用工具的行为）人工智能进行犯罪进行规制。人工智能虽然有着远超人类的运算和处理数据的能力，但能否与自然人进行像人类之间的思想交流仍然值得探讨。即使是单位与自然人共同犯罪的场合，该种共同故意也是由单位中的自然人与其他自然人达成的。简单地认为人工智能的智慧水平在不久的将来会达到甚至超过人类，因此其一定能与自然人进行这种思想上的交流是不妥当的，就好比人类的智慧水平要远高于其他动物，但人类要想与猫或者狗进行思想上的交流在目前看来也是不可能的（事实上是进行语言上的交流都很难）。同时，共同犯罪的犯罪人不管分工如何，但普遍认为精神上都对彼此有一种支持，而在人工智能与自然人共同犯罪的场合，该种支持是否存在或者以何种形式存在也很难界定。即若是自然人明确表示退出共同犯罪，但这种表示实际上对作为机器的人工智能是否继续实施其本欲实施的行为丝毫没有影响，那么此处共同犯罪中的“共同”可能仅仅只是外在形式上的共同而没有内心意思上的共同。其实质只是自然人利用人工智能进行犯罪（从处罚自然人的角度看）或是人工智能因为自然人的某些行为而触发了其犯罪的意图从而实施犯罪（从处罚人工智能的角度看）。

由于认定自然人与人工智能形成共同故意存在难点，因此为了解决责任分担的问题，笔者认为有必要承认自然人与人工智能的共同犯罪能够存在于片面

共犯以及共同过失之中。对于片面共犯来说,虽然我们很难认定自然人与人工智能能够达成共同犯罪所需的共同故意,但在承认人工智能刑事责任能力的前提下,自然人在知悉有刑事责任能力的人工智能有犯罪意图的情况下与其“共同”进行犯罪,比如在人工智能进行追杀时为其关门堵住被害人逃生去路,即使无法证明人工智能存在该种共同故意,但自然人的共同故意是可以证明的,因此该种情形可以通过理论上承认片面共犯从而进一步以共同犯罪予以解决。对于共同过失的情形,比如人类护士与机器人护士同时出现过失导致病人死亡,笔者认为人工智能既然出现了这种不利于人类社会的后果,对其进行规制是必要且必需的,那么运用共同过失犯罪这一方法使其承担责任从功利主义的角度来看也是合适的。就如有学者指出:“若不将共同过失犯罪以共同犯罪论处,则在无法查明究竟是谁的过失行为直接导致了危害结果的情况下,每个行为人都将作无罪处理。即便在极其罕见的场合能够查明各行为人的过失行为分别在何种比例上作用于危害结果的发生,但若分别按照其作用追究责任,一则量刑很轻,二则也不利于促使各环节人员互相监督、彼此协作,以共同防范过失行为。”[①]即虽然无法认定自然人与人工智能可以形成共同故意,但共同过失的情形是可以判断的。但不论是片面共犯还是共同过失犯罪,自然人与人工智能共同犯罪成立的前提是首先要突破传统共同犯罪的理论,毕竟片面共犯至今在理论上仍存争议,承认共同过失犯罪要走的路则显然更长。

三、人工智能犯罪对犯罪主观方面理论的突破

我国刑法以惩罚故意犯罪为原则,惩罚过失犯罪为例外,那么人工智能犯罪是否也存在主观故意和主观过失的区别,作这种区分是否有现实意义?

从应然性来说,我们是否能够对人工智能的犯罪进行主观故意和过失的区分?自然人的过失是对危害结果持否定态度,那么如何判断人工智能在实施行为前,其程序和算法是否对危害结果持否定态度呢?理论界一般将犯罪过失分为疏忽大意的过失与过于自信的过失。自然人的过失是对危害结果持否定态度。人工智能技术的核心是通过模拟人类的神经网络,利用算法和程序对大数据加以深度学习并指引其自身行为。对于疏忽大意的过失来说,行为人应当预见自己的行为可能发生危害社会的结果而没有预见,因此如何判断人工智能应当预见的范围就至关重要。因为人工智能的过失的外在体现往往表现为其实

① 参见刘宪权:《人工智能时代刑事责任与刑罚体系的重构》,《政治与法律》2018年第3期。

施某种行为时的失误，比如手术机器人在手术时失误造成患者死亡。

从责任划分来看，在排除人工智能故意犯罪的情况下，这种失误究竟是机器人自身的失误还是编程和设计者的失误值得探讨。机器人自身的失误说明编程没有出现瑕疵，只是机器人在运算过程中出现错误导致机器人错误判断了其行为从而造成损害结果，这种情况应该对机器人本身以过失犯罪处罚。而设计者的失误则表现为设计者在为机器人设计编程时就有瑕疵，没有预料到手术时可能出现的各种情况，从而造成了对患者的损伤，这种情形的过失责任应归咎于作为自然人的设计者，可能对其以过失犯罪进行处罚。

从判定标准来说，自然人疏忽大意的过失中的预见一般认为应遵循主客观相统一的原则，按照行为人因素与一般人因素进行综合考察。然而对于人工智能来说，由编程和算法产生的主观判断是否会受不同客观环境的影响呢？是否可能出现同一台机器由于客观环境的不同而做出不同操作的可能？在自然人过失犯罪的场合要考虑特定案件的特定情况，比如行为人的身体状况，案发的时间、地点等因素，而作为机器的人工智能，很难认为其编程和算法会受这些外界因素的影响。同时，为人工智能设定一般的社会“人”标准同样存在困难。社会“人”标准能够帮助我们判断人工智能在何种范围内应当预见到其行为所带来的危害，可以判定其过失犯罪。然而一旦人工智能够作为刑事责任主体，那么其必然已经具备了不亚于人类的智慧水平（至少在某一方面）和学习能力，这为确定一般人标准带来了巨大的困难。一方面高级的智慧水平比如阿尔法狗，其设计者也并不知道其是否能够战胜围棋国手，其上限到底能够到达什么水平；另一方面，即使能够确定人工智能的能力范围，其强大的学习能力也可能令刚制定的标准在不久之后就毫无意义。若是将“偶然性”这一要素作为评判的标准，即如果人工智能只是偶尔出现这种错误，那么其可能是由于程序算法出现错误而导致的过失，如果是长期的表现，则可能是设计者在编程时所出现的失误。但该种标准的缺陷同样显而易见，因为每一个案件都是对某一个特殊情况的判断，如何在一次特殊事故中判断人工智能是偶尔的失误还是长期可能存在的漏洞，同样存在困难。此外，由于科学技术的不断发展，可以预见在将来很多难以攻克的难题都将由人工智能作为开路先锋，这种对难题的攻克的结果往往本身就是不确定的。比如利用高科技手术机器人对于身患绝症的病人进行手术，机器人在治疗过程中运用了人类并不完全认同甚至并不完全理解的疗法进行治疗，结果造成患者死亡，如何定性人工智能的手术行为？是否认定其存在过失？一方面这种手术行为本身就具有不确定性，患者的死亡可能就是可预见结果的一部分，但另一方面我们又无法预判如果人工智能没有采用该种疗法或者凭借其能力稍微调整手术方案是否可以成功救治病人,或者说至少避免患者死亡。因此当人类都无法判断某些损害结果是否应当预见时,我们如何能够为人工智能划定一个应当预见的范围?

过于自信的过失,是指行为人已经预见自己的行为可能发生危害社会的结果,但轻信能够避免。那么如何判断哪些是人工智能应该预见的危害结果,或者在已经预见危害结果的情形下,哪些是人工智能应该避免的内容,哪些是由于设计缺陷无法避免的内容也同样面临上述问题的挑战,同样存在制定标准和划定范围的问题。这都让我们很难去区分人工智能的犯罪故意、疏忽大意的过失和过于自信的过失之间的界限。

更重要的是,从实然性来说,笔者同样认为没有区分人工智能犯罪故意和犯罪过失的必要。人工智能发展到高级阶段与人类有着高度的类似性,但其机器的属性却永远不可能消失。而机器与人类一个显著的区别在于其精密性的特点,不管多难或者多简单的问题,人工智能根据一系列的算法必然会得出一个特定的答案,就好比一部计算器在完好无损的情况下输入一加一必然会得到二的答案,而不会出现人类所特有的如粗心算成"三"的可能性。从这种意义上来说,人工智能不会实施与其通过运算所得出结论不符的行为,即客观行为与主观意图不会不一致,而人类则完全可能出现笔误等主观意图与客观行为不相匹配的情况。这也是为什么自然人会出现过失犯罪这种其实际造成的损害结果与行为人主观意图不一致的情况,而笔者认为人工智能不会出现这种情况的原因。因此即便是能够区分人工智能的故意和过失,笔者认为也没有必要区分。因为只要人工智能造成了危害结果,其故意和过失的危害性是相同的,不论人工智能"本意"如何,既然其实施了危害社会的行为,那么其程序对于人类来说就必然出现了错误,是有害的。这种错误可能表现为人工智能正常运作然后实施了危害行为,即故意犯罪的情况,也可能表现为人工智能的正常运行出现了瑕疵然后实施了危害行为,即过失犯罪的情况。由于人工智能具有机器精密性的特点,出现危害结果即说明人工智能危害性的存在,就需要进行规制,而不因其主观故意或过失影响该种危害性的大小。事实上"主观过失"的人工智能完全有可能危害性更大,因为对于通过正常运作实施犯罪行为的人工智能而言,人类很容易确定这套编程和算法是不合理的,可以对其进行修改并避免在今后的人工智能中进行适用。而拥有一套看似合理的编程和算法却偶然性的错误运作实施了犯罪的人工智能可能更加因为其不确定性令人恐慌,因为通过正常的技术手段去寻找犯罪原因将会更加困难。就好比一个平时恶贯满盈的人实施了犯罪我们不会感到特别意外,社会对其的规制和防范也更加具有针对性，而一个平时毫无污点的好好先生突然实施了危害巨大的行为，在令人震惊的同时无疑对预防犯罪相比前者带来了更大的挑战。因此对于人工智能来说，故意犯罪和过失犯罪很难判断哪一个危害性更大，况且对其区分本身就会遇到很大的理论难点，因此笔者认为人工智能刑法相对于自然人刑法来说应在这一点上作出突破，即不再区分犯罪故意和犯罪过失。

四、人工智能犯罪对犯罪停止形态理论的突破

犯罪停止形态包括既遂、未遂、中止(包括犯罪预备阶段的中止和犯罪着手以后的中止)、预备，从刑法的相关规定来看，其中犯罪既遂的危害性最大，犯罪未遂的危害性大于犯罪中止和犯罪预备，犯罪预备的危害性大于犯罪预备阶段的中止。对于犯罪未遂、中止和预备，刑法都规定了不同程度的从轻、减轻或免除处罚条款。而笔者认为，当人工智能作为刑事责任的主体时，这种分类不再合适。

在未来应该将人工智能纳入刑法的规制对象之中，其原因在于人工智能的高速发展完全可能危害到人类的利益，用刑法予以规制能够更好地保护人类的利益，同时更好地对人工智能进行限制和管理。因此只要刑法还是人类制定的，那么其着重保护的一定是人类权益而非将人工智能的权益提高到与人类权益相同的高度进行保护。从这种“不平等保护”和限制发展的角度出发，刑法对于人工智能惩罚的侧重点应在于犯罪意图的有无而非实际造成危害的大小，或者说人工智能犯罪行为的危害性在其产生犯罪意图时就已充分体现，这是其与自然人犯罪在危害性体现上最大的不同，自然人犯罪的危害性体现在行为的危害性，这也是为什么刑法不处罚思想犯，而人工智能犯罪的危害性却恰恰体现在其“思想”上。人工智能机器性和精密性的特点决定其一旦具有了犯罪意图，即使暂时还未付诸行动，对于人类来说也是不可忽视的隐患。即一套能够产生犯罪意图的程序和算法，不论犯罪过程已经进行到了哪一步甚至是根本还未开始，该程序和算法本身对人类就是有着巨大危害的或隐患的。马克思曾提出：“对于法律来说，除了我的行为以外，我是根本不存在的，我根本不是法律的对象”，而对于人工智能来说，刑法对其的关注要从传统的犯罪行为提前到其犯罪意图，即只要人工智能有犯罪的风险，刑法就应该对其进行规制。正是由于人工智能犯罪对人类的危害性提前到了其编程和算法产生犯罪意图之时，因此犯罪既遂、未遂、预备对于犯罪危害性的区分就不再那么显著，因为不论以上哪一种犯罪停止形态下人工智能都已经具有了犯罪意图，不同的仅仅是是否实际造成了损害结果或是损害结果的程度不同，而编程和算法本身所具有的危害性是相同的。

稍有不同的是犯罪中止的情况,犯罪中止是指犯罪人因为其意志以内的原因主动停止了犯罪,对于人工智能来说可以理解为其编程和算法在产生犯罪意图之后又否定了这种意图。虽然在犯罪形态停止时人工智能已经通过自我修正不再具有对人类的危害性,但曾经具有的犯罪意图(即对人类的危害性)同样应该引起重视,既然一套编程和算法曾经能够产生对人类具有危害性的结果,那么如果像现行刑法对中止犯所作的规定"没有造成损害的,应当免除处罚",很难保证其在未来不会再次自我修正重新产生犯罪意图。

由此可以得出结论,对于人工智能犯罪的情形,犯罪既遂、未遂、预备在判断人工智能编程和算法本身对于人类的危害性大小时没有区别,刑法也没有必要作区别对待,都以既遂犯的标准予以惩罚即可。而对于中止犯,相较于既遂可以适当减轻处罚(即减小修改或删除相应数据的力度),但也绝不应该出现免除处罚的情形。

五、结　语

人工智能刑法作为人类立法的一部分始终要以人类利益为核心,安全性始终应该作为法律规制人工智能所要考虑的首要因素。人工智能与自然人或单位犯罪最大的不同在于其危害性体现在人工智能所依赖的编程和算法本身是否可能产生实施危害社会行为的意图而非具体实施了何种行为,只要可能产生犯罪意图,该套编程和算法对人类就是有危害性的,就应适用刑法予以规制。对于自然人刑法不处罚思想犯的重要原因之一是思想犯不存在犯罪构成所要求的客观要件,因此不具有现实的社会危害性,也即人有所想并不意味着就会按所想的来做;而人工智能因其不同于人类的机器性以及机器性所具有的精密性的特点使得其在产生犯罪意图后有极大可能性精确地按照其意图实施行为,也就使得人工智能的"思想"有了现实的社会危害性。因此笔者认为,除了少许中止犯的情形,人工智能犯罪不论其主观故意或者过失,不论是何种犯罪停止形态,都只需按照故意既遂认定即可,而无需再作区分。

值得注意的是,笔者所称人工智能的犯罪意图与当前科技发展带来的某些行业或产品可能存在的人类还无法预料到的危害是不同的,比如新型药品的未知副作用,新型软件的未知漏洞等。虽然两者都是人类在设计相关人工智能和产品时没有预料到的,但前者是在技术高度发达的时代人工智能自身产生的"变异",刑法在对其进行定罪时必须严格证明并排除人为原因(否则可能追究设计者或使用者的责任),后者则是因为技术还未成熟,无法有效预测可能出现的危害,且往往其出现后也很难短时间内对其进行明确的解释。

第四编　创所未创:人工智能时代的刑罚体系

在设计和编制的程序范围之内实施行为的智能机器人,因其不具有辨认能力和控制能力,而只能作为人类的"工具"。在这种状况下,智能机器人即使实施了严重危害社会的行为,也不存在追究其刑事责任的可能性。而在设计和编制的程序范围之外实施行为的智能机器人,因其具有独立的辨认能力和控制能力,如果其实施了严重危害社会的行为,是否有可能构成犯罪?刑法如何对其进行刑罚处罚?这是人工智能时代的"时代之问"。然而,目前我国的刑罚体系对这个问题的回答或者解决,似乎是束手无策的。"凡事预则立,不预则废","迨天之未阴雨,彻彼桑土,绸缪牖户",面对"时代之问",刑法学者不应该漠不关心,刑事立法和刑事司法更不应该不知所措,而应未雨绸缪,提前做好准备。

本编"创所未创:人工智能时代的刑罚体系"收录3篇论文,分两个层面论述了人工智能时代的刑罚体系。不具有独立的辨认能力和控制能力、不能自主决策并实施相应行为的智能机器人只能作为犯罪工具,仍应由其设计者和使用者承担相应的刑事责任。我国目前的刑罚体系可以实现对智能机器人的设计者和使用者犯罪行为的刑罚处罚。但是具有独立的辨认能力和控制能力,自主决策并实施相应行为的智能机器人实施的犯罪行为,应当由智能机器人自身接受刑罚处罚。我国目前的刑罚体系不能满足对此种机器人的刑罚处罚,因此需要重构我国的刑罚体系。

《人工智能时代我国刑罚体系重构的法理基础》一文认为,人工智能时代已经来临,科学技术的发展是爆炸式的,出现能够在设计和编制的程序范围外实施严重危害社会行为的智能机器人并非无稽之谈。但是我国目前的刑罚体系中,刑罚处罚范围不能涵盖智能机器人,刑罚处罚方式不能适用于智能机器人。为了防止对危害社会的智能机器人的放纵,为了保障社会的稳定有序发展,应当重构我国的刑罚体系,将智能机器人涵盖在刑罚处罚范围中,并增设针对智能机器人自身特点的刑罚处罚方式,以对在设计和编制的程序范围外实施严重危害社会行为的智能机器人进行合理处罚,实现刑罚预防犯罪的目的,维护社会秩序,促进人类社会的健康发展。

《人工智能时代刑事责任与刑罚体系的重构》一文认为，智能机器人实施严重危害社会的行为可分为两种：在程序设计和编制范围内实施的行为，以及在程序设计和编制范围外实施的行为。当智能机器人在程序设计和编制范围内实施严重危害社会的行为时，智能机器人的研发者或使用者可能承担刑事责任。智能机器人的研发者或使用者的义务分为预见义务与监督义务，当其违反预见义务时，其可能承担一般过失犯罪的刑事责任；当其违反监督义务时，其可能承担监督过失的刑事责任；当其既不可能预见危害结果的产生，也确实履行了监督义务时，则可能不承担刑事责任，按照意外事件处理或由智能机器人独立承担刑事责任。当智能机器人在程序设计和编制范围外实施严重危害社会的行为时，智能机器人具有刑事责任能力，应当独立承担刑事责任。智能机器人与自然人可以成立共同犯罪，符合共同犯罪客观方面、主体方面的要求，有利于解决智能机器人与自然人的刑事责任分担问题。智能机器人所适用的刑罚体系在一定程度上有别于自然人和单位。设计智能机器人的刑罚体系必须坚持罪刑相适应原则、以刑罚目的为导向原则、刑罚节俭性原则。适用于智能机器人的刑罚可以有三种，分别为删除数据、修改程序、永久销毁。

《人民法治》杂志社对刘宪权教授所作的专访中，刘宪权教授就对人工智能进行刑法规制的必要性、现阶段人工智能技术发展所蕴含的刑事风险及其特点、如何依据现有的刑法规定来认定研发者或使用者的刑事责任、智能机器人是否可以成为刑事责任的主体等问题进行了详细的阐述。这些内容是刘宪权教授对人工智能刑事风险的刑法应对措施和刑罚体系构建所作的前瞻性思考。

“宜未雨而绸缪，毋临渴而掘井”，通过对人工智能时代刑罚体系重构的思索以及对智能机器人刑事责任承担模式与方式的探索，我们应提前预想到在人工智能时代可能面临的刑事风险，明确智能机器人的法律特征和法律地位，并就我国刑法应当如何合理应对人工智能时代所带来的刑事风险展开具体的分析与讨论，提前明晰人工智能时代的刑事责任承担路径。我们只有做好一定的风险防控措施，防患于未然，才能让人工智能技术真正造福于人类而不至于危害社会。这也是“创所未创”的应有之义。

人工智能时代我国刑罚体系重构的法理基础

刘宪权*

【内容摘要】 在人工智能时代，智能机器人有可能具有辨认能力和控制能力，智能机器人在设计和编制的程序范围外实施了严重危害社会的行为，理应受到刑罚处罚。我国现有刑罚体系是由生命刑、自由刑、财产刑和权利刑构成，刑罚处罚对象及刑罚处罚方式均无法也不能涵盖智能机器人。重构我国刑罚体系并将智能机器人纳入刑罚处罚的范围符合刑罚的目的，同时也符合人工智能时代发展的需要且并未违背基本法理。建议增设能够适用于智能机器人的删除数据、修改程序、永久销毁等刑罚处罚方式，并在条件成熟时增设适用于智能机器人的财产刑或者权利刑等刑罚处罚方式。将智能机器人纳入刑罚处罚的范围，本质上是对智能机器人作为社会成员资格的承认，这是由其参与人类生产生活的程度、所处的经济社会地位所决定的。

【关键词】 人工智能　智能机器人　刑罚体系重构　必要性　可能性

人工智能(Artificial Intelligence, AI)的概念在20世纪50年代的达特茅斯会议(Dartmouth Summer Research Project on Artificial Intelligence)上被首次提出。2016年谷歌公司的智能机器人——阿尔法狗(AlphaGo)凭借细致周密的逻辑判断能力和高明精湛的运算能力，战胜了世界围棋冠军(总比分为4∶1)。举座皆惊之时，更加令人触目惊心的智能机器人又横空出世。2017年阿尔法狗的“弟弟”——更加新式高妙的智能机器人阿尔法元(AlphaGo Zero)面对着一张空白棋盘，从零开始，无师自通，通过自学使自己的游戏技能得到提高，最终以100∶0的战绩“绝杀”它的“兄长”阿尔法狗。毋庸置疑，阿尔法元标志着围棋领域的颠覆性进展，同时也必将对其他领域产生非同小可的潜在影响。阿尔法元证明，机器无需外力帮助即可成为超人。①2017年7月国务院《新一代人工智能发展规划》将发展人工智能技术提升到战略高度。2017年10月在中国共产党

* 刘宪权，华东政法大学刑法学教授，博士生导师。

① 《AlphaGo Zero证明，机器无需帮助即可成为超人》，http://www.cnbeta.com/articles/tech/662311.htm，访问日期：2017年10月25日。

第十九次全国代表大会上，习近平总书记提出，“推动互联网、大数据、人工智能和实体经济深度融合”。可见，一个全新的时代——人工智能时代已经到来。

虽然迄今为止，智能机器人仍然遵循研发者或使用者的意志，在设计和编制的程序范围内实施行为，但是人工智能的发展日新月异，阿尔法狗到阿尔法元的神速进展表明，出现具有辨认能力和控制能力，能够自主决策并实施相应行为的智能机器人并非百岁千秋、兆载永劫之后才能实现的虚无缥缈的胡思乱想，而是技术发展和进步的必然结果。在设计和编制的程序范围之内实施行为的智能机器人，因其不具有辨认能力和控制能力，而只能作为人类的“工具”。在这种状况下，智能机器人即使实施了严重危害社会的行为，也不存在追究其刑事责任的可能性。而在设计和编制的程序范围之外实施行为的智能机器人，因其具有辨认能力和控制能力，如果其实施了严重危害社会的行为，是否有可能构成犯罪？刑法如何对其进行刑罚处罚？这是人工智能时代的“时代之问”。然而，目前我国的刑罚体系对这个问题的回答或者解决，似乎是束手无策的。“凡事预则立，不预则废”，①“迨天之未阴雨，彻彼桑土，绸缪牖户”，②面对“时代之问”，刑法学者不应该漠不关心，刑事立法和刑事司法更不应该不知所措，而应未雨绸缪，提前做好准备。笔者认为，在人工智能时代已经来临的今天，在承认智能机器人实施严重危害社会行为有可能构成犯罪的前提下，重构我国的刑罚体系，显然是当代刑法学者所面临的义不容辞的任务。

一、智能机器人犯罪理应受刑罚处罚

智能机器人所实施的行为可以分为两类：一类是在设计和编制的程序范围内实施的行为，一类是在设计和编制的程序范围外实施的行为。③设计和编制的程序体现的是研发者和使用者的意志，当智能机器人在设计和编制的程序范围内实施行为时，实现的是研发者和使用者的意志；当智能机器人在设计和编制的程序范围外实施行为时，实现的是自身的意志。

当智能机器人在设计和编制的程序范围内实施行为时，相当于人类双手的延伸，只是人类改造世界的新型工具。尽管此时的智能机器人（如阿尔法狗和阿尔法元）可以在设计和编制的程序范围内进行深度学习从而使自身能力得到

① 《礼记·中庸》。

② 《诗经·豳风·鸱号》。

③ 本文中所提及的“智能机器人”，如无特别说明，均系在设计和编制的程序范围外实施行为的智能机器人。

迅速提升，进而通过独立思考和决策圆满完成程序所规定的任务，但是智能机器人的这些行为始终没有超出设计和编制的程序范围，而是处在人类预期的技术射程之内，也就始终具有工具属性。在设计和编制的程序范围内实施行为的智能机器人，不具有刑法意义上的辨认能力，其只是根据程序的指令实施行为，而不了解自己的行为在刑法上的性质、后果、意义，亦即其无法了解自己的行为是否为刑法所禁止、谴责或制裁。在设计和编制的程序范围内实施行为的智能机器人，也不具有刑法意义上的控制能力，其实施的行为受到程序的控制而非自身的控制，无法支配、决定自己的行为。由此可见，在设计和编制的程序范围内实施行为的智能机器人不具有刑事责任能力。

应该看到，刑事责任能力是行为人负刑事责任的前提或者要件(要素)。正如刑法理论中的"责任前提说"所言，责任能力与具体犯罪行为无关，是本身能够独立进行判断的人格能力。①而苏联刑法学家特拉伊宁更进一步指出："没有责任能力，刑事责任问题本身就不会发生，因而犯罪构成的问题本身也就不会发生，正因为如此，所以责任能力并不是犯罪构成的因素，也不是刑事责任的根据；责任能力是刑事责任的必要的主观条件，是刑事责任的主观前提。"②对此，日本刑法学家大谷实也认为："责任能力应该解释为是成为针对每个行为决意的非难可能性的前提的一般人格能力，是对每个行为加以非难可能性判断之前就存在的必要的前提要件，在这个意义上说，责任前提说是正确的。"③另外，对此问题的理解，刑法理论中的"责任要素说"则认为，"刑事责任以人为主体，实际上是以人具有刑事责任能力为要件"；④"责任能力是责任的要素，它总是与具体的行为联系在一起的，脱离具体行为的责任能力是不存在的。既然我们要认为的是能否就具体行为谴责行为人，那么，我们就只能追问行为人是否具有能够决定、选择该具体行为的能力"。⑤上述这些刑法理论中的观点均足以证明，在设计和编制的程序范围内实施行为的智能机器人受制于程序的控制，只能依据研发者或使用者的意志实施或不实施行为，不能独立判断并自主决定或选择实施或不实施某种行为，也就不存在承担刑事责任的问题。无论根据"责任前提说"还是"责任要素说"，在设计和编制的程序范围内实施行为的智能机器人因不具有刑事责任能力，当然就不能就其实施的行为予以谴责。如果研发者或使

① 马克昌主编：《犯罪通论》，武汉大学出版社2015年版，第251页。
② [苏]A.H.特拉伊宁：《犯罪构成的一般学说》，王作富译，中国人民大学出版社1958年版，第60页。
③ [日]藤木英雄、板仓宏主编：《刑法的争点》，有斐阁1987年版，第72页。
④ 张智辉：《刑事责任通论》，警官教育出版社1995年版，第276页。
⑤ 冯军：《刑事责任论》，法律出版社1996年版，第122页。

用者利用智能机器人实施了严重危害社会的行为,我们完全可以根据研发者或使用者所实施行为的性质对其定罪和处罚。毫无疑问,时下,我国现有的刑罚体系已经完全可以满足对上述情形中研发者或使用者等犯罪主体(包括自然人和单位)进行处罚的需要。笔者在此不再赘述。

当智能机器人在设计和编制的程序范围外实施行为时,其行为已超出研发者或使用者的控制范围,不宜再将其认定为研发者或使用者的工具。笔者认为,此时的智能机器人已经具有了独立的辨认能力和控制能力,其实施的行为并非根据程序的指令,其实现的意志也不是研发者或使用者的意志。也即在这种状况下,智能机器人实施的是自主决策且为了实现自身意志的行为。如果由于研发者或使用者的故意或过失导致智能机器人超出设计和编制的程序范围实施了严重危害社会的行为,研发者或使用者应当对此负刑事责任,但是,智能机器人本身也应承担责任。如果不是由于研发者或使用者的故意或过失,而完全是出于智能机器人自身的原因,出现了智能机器人在设计和编制的程序范围外实施严重危害社会行为的情况,此时智能机器人实施的行为完全超出研发者或使用者的预期,应当由智能机器人单独承担刑事责任。

正如前述,智能机器人具有独立的辨认能力和控制能力,其在设计和编制的程序范围外实施严重危害社会的行为,理应承担刑事责任。既然智能机器人需要对自己的犯罪行为承担刑事责任,那么,如果我们不对在设计和编制的程序范围外实施严重危害社会行为的智能机器人进行刑罚处罚,从理论和实践中似乎均找不到合理的根据。笔者认为,对在设计和编制的程序范围外实施了严重危害社会的行为的智能机器人进行刑罚处罚是防止人工智能时代社会动荡、维护社会稳定、保障人民安居乐业的必然要求。但是,我国目前的刑罚体系存在局限性,无法对在设计和编制的程序范围外实施严重危害社会行为的智能机器人进行刑罚处罚,即我国目前的刑罚体系无法适应人工智能时代的发展需求。因此,有必要对我国的刑罚体系进行重构。

二、人工智能时代我国现行刑罚体系的局限性

我国现行刑法所规定的刑罚包括主刑和附加刑两大类:主刑包括管制、拘役、有期徒刑、无期徒刑、死刑,附加刑包括罚金、剥夺政治权利、没收财产。其中,死刑可被称为生命刑,管制、拘役、有期徒刑、无期徒刑可被称为自由刑(除管制为限制自由刑外,其他均为剥夺自由刑),罚金和没收财产可被称为财产刑,剥夺政治权利可被称为权利刑。因此,我国的刑罚体系中包含生命刑、自由

刑、财产刑、权利刑四类刑罚处罚方式。根据《刑法》总则第三章"刑罚"的规定，上述所有刑罚种类都可以适用于"犯罪分子"，罚金刑可以适用于构成犯罪的单位。因此，从《刑法》所规定的刑罚处罚范围来看，智能机器人显然不能被涵盖在内。且智能机器人不具有生命，也就不可能承受生命刑和自由刑；在法律赋予智能机器人财产权和政治权利之前，其当然也不可能承受财产刑和权利刑。有学者认为，我国的刑罚体系中，"既有主刑又有附加刑，主刑与附加刑既明确区分又相互配合；既有重刑又有轻刑，排列次序由轻到重，互相衔接；刑种的数量适中，每一个刑种都有其特定的内容和作用，充分体现了我国刑罚体系的科学性"。①在人工智能时代到来之前，这一说法是合理的。依据刑罚从古至今的嬗变规律，刑罚经历了以死刑为中心的刑罚体系、以肉刑为中心的刑罚体系，以徒流刑为中心的刑罚体系，以自由刑为中心的刑罚体系。②目前我国的刑罚体系中，生命刑和自由刑是主刑，财产刑和权利刑是附加刑，并以自由刑为中心，逐渐废止死刑，这符合刑罚的发展规律，也符合刑罚宽缓化的趋势。着眼于过去，这样的刑罚体系顺应了历史潮流，符合时代发展规律。但是放眼未来，面对智能机器人在设计和编制的程序范围外实施的严重危害社会的行为，我们的刑罚将无能为力。由于智能机器人与自然人和单位存在明显的差异，我国的刑罚体系中的四种类型的刑罚——生命刑、自由刑、财产刑、权利刑适用于智能机器人既不合理，也不可能。理由如下。

第一，智能机器人与自然人和单位存在明显的区别。其一，智能机器人与自然人最主要的区别在于自然人有生命体，而智能机器人不具有生命体。自然人的生命始于出生，终于死亡，是不可逆转的。自然人的生命要受到自然规律的影响，从出生开始就不可逆转地走向衰老、死亡。自然人随着生命的成长而逐渐培养出辨认能力和控制能力，刑事责任能力随着生命的成长而产生，随着生命的终结而结束。生命的不可逆转性决定了自然人的刑事责任能力具有不可逆转性，是纵向发展的。智能机器人的辨认能力和控制能力来源于程序。程序可以被修复、补充、删除、恢复，所以智能机器人的"生命"不具有不可逆转性，也即智能机器人的刑事责任能力不具有不可逆转性。笔者在相关文章中曾论述过，自然人从出生到死亡可以看作一种"纵向"的刑事责任能力递增的过程，即不满 14 周岁时不具有刑事责任能力，已满 14 周岁不满 16 周岁时具有限制刑事责任能力，已满 16 周岁就具有完全刑事责任能力。智能机器人在设计和编

① 高铭暄主编：《刑法学》，北京大学出版社 1989 年版，第 270 页。

② 参见蔡枢衡：《中国刑法史》，广西人民出版社 1983 年版，第 2 页。

制的程序范围内到程序范围外可以看作一种“横向”的刑事责任能力的转化过程,即智能机器人在设计和编制的程序范围内实施行为时,相当于研发者或使用者的工具,此时的智能机器人不具有辨认能力和控制能力,也就不具备刑事责任能力;而智能机器人在设计和编制的程序范围外实施行为时,在自身意志的支配下自主选择实施或不实施某种行为,此时的智能机器人具有辨认能力和控制能力,也就具备了刑事责任能力。由此可见,智能机器人和自然人相比,辨认能力和控制能力的产生和发展存在质的区别。其二,智能机器人与单位最主要的区别在于,单位是一个集合体,而智能机器人是一个个体。单位依赖于其成员而存在,如果没有成员,单位就不可能存在;反之单位的任何成员,如果脱离了单位,就不具有其在单位中的地位和性质,不再作为单位的成员起作用,只是独立的个体。而且单位成员之间是按照单位的统一要求和一定秩序,相互联系,相互作用,协调一致,共同形成一个单位整体。可见,单位是一个集合体。单位犯罪是在单位整体意志支配下实施的严重危害社会的行为,这里的“整体意志”,既不是单位内部某个成员的意志,也不是各个成员意志的简单相加。而对于智能机器人而言,指导其实施行为的是程序(即使人工智能在设计和编制的程序范围外实施行为,也只是基于其通过深度学习等而获得的自身“改良”程序)。当智能机器人在设计和编制的程序范围外实施行为时,实现的是自身的个体意志,与单位行为中所体现的“整体意志”存在本质的差异。

第二,我国现行刑罚处罚方式不能适用于智能机器人。其一,刑罚体系中的生命刑无法适用于智能机器人。由于智能机器人没有生命,当然也就没有生命权可言。自然人的生命遵循自然规律而产生和消亡,人为地剥夺实施了严重危害社会行为的自然人的生命,打破生命自然产生和消亡的规律,是法律报应的一种形式。“生命刑作为以剥夺人的生命权为内容的刑罚,与法律报应有着不解之缘。杀人者死,可以说是法律报应的一条原则。”[①]智能机器人不是自然界的产物,其产生和消灭不是基于生命的起源和消亡,而是基于设计和编制的程序。智能机器人不具有生命体,就无法对其施加剥夺生命的刑罚,因为刑罚无法通过剥夺一个子虚乌有的事物而给犯罪人造成痛苦,也就无法起到刑罚应有的作用。其二,刑罚体系中的自由刑无法适用于智能机器人。智能机器人没有人身权。人身权包括人格权和身份权,是与自然人的人身不可分离的权利,始于自然人出生,终于自然人死亡,与自然人的生命密不可分。人身权是自由

① 陈兴良:《刑法哲学》,中国政法大学出版社2014年版,第305页。

权产生和存在的基础。自由刑是我国刑罚体系的中心。“执行自由刑就是实现设施关押,同时,它还伴有将犯人与社会隔离的作用……”①智能机器人没有生命,因此,也就不可能存在与生命紧密相连的其他人身权,更不可能享有作为人身权内容之一的自由权,对其施加剥夺自由权的自由刑更是无从谈起。智能机器人以不同的形态而存在,甚至可能没有物理形体。智能机器人依托程序的运行结果而实施行为,物理形体并不是智能机器人的必备要素(例如,阿尔法狗和阿尔法元都只是隐藏在电脑里的一个程序而已,并不存在物理形体)。对于不具有物理形体的一类智能机器人而言,对其施加自由刑以实现其和社会的隔离显然是天方夜谭或无稽之谈。其三,刑罚体系中的财产刑和权利刑暂时无法适用于智能机器人。财产刑和权利刑通过剥夺犯罪人的财产或政治权利,给其造成痛苦,从而起到惩罚犯罪的作用。笔者之所以说“暂时”无法适用,是因为随着人工智能技术的进一步发展和进步,以及伦理学和法学在此领域研究的进一步深入,赋予智能机器人财产权和一定的政治权利并非不经之谈。例如,沙特阿拉伯已经成为世界上首个授予智能机器人公民身份的国家。②可以预见,在不久的将来,会有更多的国家或地区赋予智能机器人公民权、财产权等权利。如果智能机器人在设计和编制的程序范围外实施了严重危害社会的行为,剥夺其一定数额的财产或者剥夺其政治权利等可以成为对其进行惩罚的一种手段。但是财产刑和权利刑在我国刑罚体系中并非居于主导地位,而是属于附加刑,是补充生命刑和自由刑等主刑适用的刑罚方法,又称从刑,③其惩罚的强度和效力有限,在独立适用时,主要针对较轻的犯罪。对于罪行严重的智能机器人,仅适用财产刑或者权利刑未必能够起到理想的作用。况且,在法律赋予智能机器人财产权和政治权利之前,对智能机器人施加财产刑或权利刑本身也并无可能。

由上述分析可见,目前我国的刑罚体系虽然是历史发展进步的产物,但是人工智能时代已经来临,对于在这个时代可能出现的风险,我们不能视而不见、置若罔闻,刑事立法和刑事司法应有所作为。笔者认为,应重构我国的刑罚体系,使得智能机器人被纳入刑罚处罚的范围,并针对智能机器人自身的特点,设立特殊的刑罚处罚方式,以满足对智能机器人犯罪的特殊处罚需求,适应人工智能时代的潮流。

---

① [日]大谷实:《刑法讲义总论》,黎宏译,中国人民大学出版社 2008 年版,第 463 页。

② 《沙特阿拉伯成为第一个向机器人授予公民资格的国家》,http://tech.sina.com.cn/d/i/2017-10-27/doc-ifynfvar4425645.shtml,访问日期:2017 年 10 月 28 日。

③ 刘宪权主编:《刑法学》,上海人民出版社 2016 年版,第 306 页。

三、人工智能时代我国刑罚体系重构的必要性

笔者在前文论证了智能机器人拥有自主意识与意志,具有辨认和控制自己行为的能力,具备独立实施严重危害社会行为的可能,是比“法人”(或称“单位”)更接近于“人”的存在。当某个智能机器人独立实施了刑法所规定的严重危害社会的行为时,人类可以通过删除数据、修改程序、永久销毁等方式处置之,迫使其不致再危害社会,这些新型的刑罚种类与执行方式成为我们重构人工智能时代刑罚体系的重要组成部分。然而,有人可能会认为,人们完全可以通过类似于“维修电脑、重置程序”等方式实现对智能机器人的有效控制。那么,这些删除数据、修改程序、永久销毁等处罚智能机器人的方式,为何必须以“刑罚”的面目呈现?为何不能仅仅将其看作一种普通的人类处置危险物品的方式,而可由私人(如智能机器人的所有者、设计者)即时进行,或由国家机关或相关社会组织督促操作?应当承认的是,将这些处罚智能机器人的方式称作“刑罚”并写入刑法不仅会颠覆人们对传统刑罚种类、刑罚适用主体的认知,并可能要经历漫长而耗费资源的刑事诉讼程序。在这种情况下,笔者认为,我们必须针对何为人工智能时代重构刑罚体系的意义与依据这一问题作出回答。如果不能彻底而妥善地回答这个问题,本文所主张的观点势必难以真正为人们所理解和接受,重构刑罚体系的设想亦难以被落实。

正如前述,是否具有辨认能力和控制能力是我们在思考能否将智能机器人纳入刑罚处罚范围问题时必须始终围绕的核心与关键。我们甚至可以说,正因为智能机器人具有辨认能力和控制能力,其才可能广泛参与人类的生产生活,成为人类的合作伙伴,与人类之间形成相互依存、不可分离的关系。也正因为智能机器人具有辨认能力和控制能力,其在人类经济社会中才会扮演着日渐重要的角色,从而使人类不能将其与一般物品等同视之,而应当赋予其社会成员资格与主体身份。所谓主体身份,是指具有社会成员资格,享有基本权利,也承担一定义务的身份,任何一个自然人都应当具有主体身份,不论其智商几何;所谓客体身份,是指与人之主体身份相对,不具有社会成员资格,不享有基本权利,也无需承担义务的身份,是人之活动所指向的对象。未来刑法体系背后的“刑罚权”可能不仅仅来源于人类对自由与权利的让渡,而是完全有可能来源于人类与智能机器人对自由与权利的共同让渡,也即“社会成员”对自由与权利的让渡。“离群索居的人们被连续的战争状态弄得筋疲力尽,也无力享受那种由于朝不保夕而变得空有其名的自由,法律就是把这些人联合成社会的条件。人

们牺牲一部分自由是为了平安无扰地享受剩下的那份自由。为了切身利益而牺牲的这一份份自由总和起来”,[①]即为刑罚权。鉴于智能机器人的辨认能力和控制能力以及未来生产力的发展与生产关系的变革,也出于人类自身利益的考虑,笔者认为,智能机器人刑事责任主体地位与社会成员资格应当得到承认。

首先,主体身份的确立范围由生产力和生产关系决定。谁可以拥有主体身份虽然由法律确立,但法律同政治、文化一样,归属于上层建筑的范畴,其发展程度与样态是由经济基础所决定的。法律会在多大的范围内承认主体身份,归根结底取决于经济社会发展的阶段与水平。譬如人虽然是天生的社会动物,但却未必天生地就具有社会成员资格,即便是人类本身,也曾经历过部分人不被赋予社会成员资格的时代。如在奴隶制社会,奴隶被视为奴隶主的私有财产,奴隶主可以任意买卖、奴役、甚至杀戮自己的奴隶而不必承担任何责任,奴隶的法律地位与动物无异。本应具有主体身份的人却被当作客体对待,这无疑是人类最不文明之处。到了封建社会,虽已不存在奴隶制,所有人都被赋予了主体身份,但人与人之间的身份依然是不平等的,最典型的便是男女不平等,这也是人类不甚文明之处。有学者认为,“文明的历史,实际上就是不断减轻其非人之程度,减少其非人之范围,也就是缩小社会之人格差距”的历史,[②]此话固然正确,但从更深层次的角度看,何尝不是当时的社会经济发展水平决定了那个时代的“文明”。奴隶制社会生产力极其低下,资源极其有限,因而无法更广泛地确认主体身份、分配稀缺资源,导致部分人沦为了“资源”本身;封建社会以农业生产为主,男子是田间劳作的主力,女子囿于生理上的限制而无法获得与男子相抗衡的经济地位与法律地位。可见,生产力决定生产关系,生产关系又从根本上决定着法律制度的设计,某一类事物能否获得社会成员资格,能否被法律赋予主体身份,由其在经济社会生活中的地位决定,与其是否为人类、是否具有生命并不具有必然的联系。

其次,智能机器人的辨认能力和控制能力,决定了其在人工智能时代的经济社会生活中将发挥至关重要的作用,该作用并非体现为生产工具的升级与革新。未来智能机器人所扮演的角色将不能用“生产工具”来形容,其以“人机协作”的模式深入人类社会生活各个领域,成为人类最有力的“合作伙伴”。就目前人工智能发展的情况而言,虽然智能机器人还未能达到具有独立辨认能力和控制能力的程度,但其发展已经表现出势如破竹的姿态。如在医疗领域,科大

① [意]贝卡利亚:《论犯罪与刑罚》,黄风译,中国法制出版社2002年版,第9—10页。
② 李锡鹤:《民法原理论稿》,法律出版社2012年版,第1118页。

讯飞医考机器人以456分的高分数通过了执业医师资格考试笔试,机器人在一定程度上具备了运用医学知识解决医学相关问题的能力。[①]从医学影像、辅助诊疗到健康管理等,医疗链条的各个环节上都出现了人工智能技术的身影。2017年由阿里健康研发的医疗 AI "Doctor You"正式发布,其最终指向都是未来承担医生助手的角色。[②]甚至在某些领域,智能机器人可以不依托于人类的指挥,独当一面地解决实际问题。2017年8月8日第一篇关于九寨沟地震的新闻出自中国地震台网的一个写稿机器人之手,它从完成这篇543字的稿件到发布仅耗时22秒。[③]目前从世界范围来看,大部分智能机器人仍处于一般深度学习的阶段,但是已经出现了可以自主(或称强化)深度学习的智能机器人了,即阿尔法元,其可以在人类不提供棋谱只提供基础围棋规则的情况下,以100∶0战胜仅能深度学习的阿尔法狗。[④]毫无疑问,智能机器人会变得越来越聪明,其甚至不需要人类为其提供经验或训练,便能自主地思考、研究,并习得人类所不具备甚至无法想象的技能。如果人工智能技术按照如今高速发展的势头继续发展下去,人类社会将会进入绝对不能将智能机器人与不具有辨认能力和控制能力的动物、物品等同视之的时代。如不加以限制,具有独立辨认能力和控制能力(即具有刑事责任能力)的智能机器人似乎很快就会产生。智能机器人即将成为各岗位上的"主力军",与人类形成相互依存、并肩合作的关系。智能机器人的自主意识、意志及其与人类协同生产、相互依存的关系,为其获得社会成员的资格提供了坚实的经济社会基础。

最后,为智能机器人设置刑罚,既是对其辨认能力和控制能力的尊重与对待,从某种程度上说,也是对其社会成员资格的承认。刑罚并非只有"报复犯罪人"与"预防犯罪"这两层内涵。譬如对于实施了严重危害社会行为的动物,人类也可以鞭打它,使其承受痛苦、遭受一定的"报应",亦可以将其永久隔离,从根本上阻止其再次危害社会,但这些均不能称之为"刑罚"。因为动物不具有辨认能力和控制能力而不可能成为刑事责任主体,当然仅能居于客体的地位。主体对客体所采取的任何强制性举措,只能叫"处置",不能叫"刑罚"。刑罚是主

① 《科大讯飞研究院副院长王士进:"人工智能+"会颠覆行业发展》,http://www.ce.cn/xwzx/kj/201711/29/t20171129_27028081.shtml,访问日期:2017年11月29日。

② 《人工智能牵手医疗产业"现代华佗"给行业带来哪些惊喜》,http://www.52ai.com/AIyingyong/3841.html,访问日期:2017年11月29日。

③ 《"机器换人"浪潮不减　人机协作才是大势所趋》,http://www.eeworld.com.cn/gykz/article_2017112911082.html,访问日期:2017年11月29日。

④ 《学界震动!阿尔法元100∶0阿尔法狗　柯洁:人类已多余》,http://sports.eastday.com/a/171019131557079000000.html,访问日期:2017年11月29日。

体之全体对主体之个体的惩罚，仅适用于社会成员，是社会成员违反规范后的结果。笔者之所以主张将“删除数据、修改程序、永久销毁”作为专门适用于智能机器人的刑罚种类纳入人类的刑罚体系，根本原因便在于智能机器人具有辨认能力和控制能力，人类应当基于智能机器人所具有的这种辨认能力和控制能力而将智能机器人作为社会成员来看待，同时将其作为刑事责任的主体而非客体来看待，这是由人工智能时代智能机器人与人类之间的生产关系所决定的。

笔者认为，将智能机器人纳入刑罚处罚范围，其根本原因便在于其具有辨认能力和控制能力。辨认能力和控制能力是成为刑事责任主体的唯一依据。具有辨认能力和控制能力的事物与不具有辨认能力和控制能力的事物均可以实施严重危害社会的行为，但前者的法律效果与后者的法律效果是截然不同的，应当也必须得到不同的对待。比如具有辨认能力和控制能力的人是刑事责任主体，当其实施了严重危害社会的行为时，应当接受刑罚处罚；而不具有辨认能力和控制能力的人如幼儿、精神病人就不是刑事责任主体，当其实施了严重危害社会的行为时，不承担刑事责任，当然不在刑罚处罚范围之列。同理，之所以必须将“删除数据、修改程序、永久销毁”提升到刑罚的高度与层次，是因为智能机器人具有辨认能力和控制能力，这决定了国家对其所施加的害恶并不是单纯的对“物品”的“处置”，而是对智能机器人辨认能力和控制能力的限制或剥夺。人类主要通过限制、剥夺智能机器人的辨认能力和控制能力，来实现预防其再次犯罪的目的。人类自身的辨认能力和控制能力是无法被剥夺的，国家唯有通过限制、剥夺自然人的财产权、人身自由乃至生命权，方能实现预防自然人再犯的目的。一言以蔽之，是否具有辨认能力和控制能力决定了一事物能否成为刑法规制的对象，能否成为刑罚的适用主体，而预防其再犯的可能途径决定了适用于该主体的刑罚种类与执行方式。智能机器人不是普通的“物品”，因其具备了辨认能力和控制能力，而决定了人们必须对其另眼相待，即其实际上已经获得类似于甚至等同于人的刑事责任主体地位。

四、人工智能时代我国刑罚体系重构的可能性

笔者认为，在此特别需要强调的是，将智能机器人纳入刑罚处罚范围不仅能够充分体现刑罚的功能，还对刑罚目的的实现有重要推进作用。

（一）将智能机器人纳入刑罚处罚范围，能够实现多项刑罚的功能

首先，将智能机器人纳入刑罚处罚范围，能够实现刑罚传递信息与价值的

功能。刑罚不仅仅是报应的工具和控制社会的手段，它还必须表达某种内涵，告诉行为人其行为是多么的可耻，其所承受的刑罚是如何的应得。正如康德所坚持认为的那样，用刑罚处罚犯罪无论可能产生怎样的善，其均不能成为刑罚的正当理由，刑罚的正当理由仅在于刑罚是犯罪应得之惩罚。也即刑罚并不完全是功利主义的产物，它本身就在弘扬、表达一种价值，违反该价值的行为便应当受到惩罚。可见，刑罚具有传递信息与价值、重塑价值观的功能。智能机器人具有意识与意志，具有辨认能力和控制能力，能够顺利接收刑罚所传递的信息与价值，深入领会人类的价值规范，并潜移默化地将其内化于"脑"。

其次，将智能机器人纳入刑罚处罚范围，能够实现刑罚赋予被谴责者作出反应的权利功能。当所谓的害恶加之于客体时，该客体不具有辨认能力和控制能力，无法作出反应。而当害恶加之于具有辨认能力和控制能力的主体时，主体必然有所反应且应当反应，反应本身便是对自由意志的尊重与实现。刑罚可能为人所忽略的一个重要功能就在于"给予被谴责者作出反应的权利"，[1]被谴责者可以为自己辩解或提供证据加以证明，并且刑罚的作出必须建立在已经完成一系列正当而严格的刑事诉讼程序的基础之上，被谴责者的实体权利与程序权利都应当受到切实的保障。智能机器人具有独立自主的意识与意志，具有辨认能力和控制能力，其在遭受"删除数据、修改程序、永久销毁"等害恶时，完全有能力作出反应，如参与刑事诉讼，为自己辩解等。

（二）将智能机器人纳入刑罚处罚范围，能够实现刑罚的目的

刑罚的目的是预防犯罪，包括特殊预防与一般预防。对在设计和编制的程序范围外实施了严重危害社会行为的智能机器人进行刑罚处罚，符合刑罚的目的，有利于更好地预防犯罪。将智能机器人纳入刑罚处罚范围，可以实现特殊预防和一般预防的统一，更好地实现刑罚的目的。对具体的智能机器人而言，对其施加刑罚，就意味着对其行为的否定和对其自身的强烈谴责，同时通过相应的方式使其感知痛苦。对于具有辨认能力和控制能力的智能机器人而言，对其行为和自身的否定、谴责以及对其施加的痛苦会促使其对自己行为的性质、自己的价值取向等进行鉴别，通过自我反省，纠正自己的行为。这实现了刑罚对在设计和编制的程序范围外实施了严重危害社会行为的智能机器人的特殊预防目的。同时，借助对相应智能机器人的刑罚处罚，可以影响潜在的可能实

---

① ［英］威廉姆·威尔逊：《刑法理论的核心问题》，谢望原、罗灿、王波译，中国人民大学出版社 2015 年版，第 65 页。

施犯罪行为的智能机器人的认识和意志，使其强化坚守规范和遵守法律的意识。这同样可以实现刑罚的一般预防目的。要想更好地实现刑罚的一般预防目的，“必然要注重刑罚的必然性、及时性和刑罚的强度”。[①]让智能机器人认识到其实施了严重危害社会的行为之后，必然会受到刑罚处罚，且这种处罚将会很快到来，即帮助智能机器人将自己实施的严重危害社会行为与及时的刑罚惩罚后果相链接，有利于使智能机器人自觉维护并遵守社会秩序，阻止其走向犯罪的深渊。此外，由于刑罚的目的是预防犯罪，因此只要超出这一目的的刑罚即是不合理、无必要的刑罚。“只要刑罚的恶果大于犯罪所带来的好处，刑罚就可以收到它的效果……除此之外的一切都是多余的，因而也就是暴虐的。”[②]对于自然人的刑罚处罚提倡强度的适当，更多的是出于人道主义考虑；对于智能机器人刑罚处罚强度适当的提倡，笔者认为主要是出于经济角度考虑。智能机器人的诞生是经济社会发展的结果，也是经济社会更好发展的需要。智能机器人本身蕴含着巨大的经济价值。如果对智能机器人动辄施加最严重的刑罚（例如永久销毁），将会造成经济社会的重大损失。

智能机器人具有感知刑罚痛苦的能力，并且能够在犯罪的快感与刑罚的痛感之间进行理性权衡，以调整其之后的行为。换言之，自由意志的存在决定了智能机器人本身是可以接受深度学习与深度改造的。一般预防的功能则体现得更为充分，由于智能机器人具有意识和意志，会学习，能思考，因而此智能机器人完全可以从彼智能机器人犯罪受刑的经历中受到威慑与教育，从而不断在自己的“大脑”中塑造或加深符合人类社会规范的价值观。假如我们无视智能机器人的自由意志，简单而粗暴地将机器人当作不具有主体资格的物品来看待，一旦智能机器人实施了严重危害社会的行为便在物理上毁损之（因为自由意志是无法毁灭的），那么经济成本将是巨大的，一般预防功能也会荡然无存。唯有尊重智能机器人的自由意志，将其作为行为主体与社会成员来看待，有罪必罚，并经由刑事诉讼程序进行法律上的审判，才能在智能机器人的“大脑”中建立价值体系，植入人类文明，使其自觉遵守并维护社会秩序，从而实现“人工人”向“社会人”的转变，这是人工智能技术发展到一定程度时，我们的理性选择与必由之路。这样做当然会有利于最大程度地降低社会治理成本。

（三）将智能机器人纳入刑罚处罚范围，符合刑事立法规律

笔者认为，将在设计和编制的程序范围外实施了严重危害社会行为的智能

---

① 陈伟：《教育刑与刑罚的教育功能》，《法学研究》2011年第6期。

② [意]切萨雷·贝卡利亚：《论犯罪与刑罚》，黄风译，北京大学出版社2008年版，第63页。

机器人纳入刑罚处罚的范围符合立法规律,且并未违背刑法理论。长期以来,世界各国有相当一部分的学者认为法人(单位)没有犯罪能力,不能成为犯罪的主体。日本学者木村亀二认为,法人不能成为犯罪主体的根据是:"第一,因为法人不像自然人那样有意思和肉体,因而没有行为能力。第二,因为法人是通过组成法人机关的自然人实施行为的,所以只处罚法人机关的自然人就够了,没有必要处罚法人本身。第三,如果处罚法人本身,那么与犯罪没有关系的法人其他成员甚至也会受到处罚,这是不合理的。第四,现行刑罚制度是以对自然人设立的刑罚为中心的,对法人只能使用财产刑,特别是罚金刑……"①将智能机器人纳入刑罚处罚范围与将法人(单位)纳入刑罚处罚范围存在的相同难点在于:第一,两者都没有肉体(或生命);第二,现行刑罚制度是以对自然人设立的刑罚为中心的。事实证明,这两个难点并没能够阻止法人(单位)被纳入刑罚处罚的范围,我国 1997 年《刑法》总则第二章第四节专门规定了单位犯罪以及《刑法》分则中规定的大量单位犯罪即是最好的例证。因为随着社会经济的发展,法人(单位)犯罪与日俱增,遏制和预防这类危害行为成为现代社会保护自身的需要。法人(单位)有自身的意志表现形式,且其虽然不能承受自由刑,但可以承受财产刑,也可以专门为法人(单位)犯罪增设新的刑罚处罚方式。②因此,将法人(单位)纳入刑罚处罚范围是合理的,同样,也不能因为上述两个理由将智能机器人排除到刑罚处罚范围之外。智能机器人与法人(单位)的区别在于:第一,智能机器人虽然没有肉体,但是其本身就具有"直接的"辨认能力和控制能力,可以自主决定并实施行为。而单位的刑事责任能力来源于单位内部成员的辨认能力和控制能力,我们完全可以认为,单位的辨认能力和控制能力是一种"间接的"辨认能力和控制能力。第二,法人(单位)是所有成员的集合体,决定法人(单位)行为的是集体意志,而智能机器人是独立的个体,指导其行为的是程序,基于程序所实施的行为即是其独立意识和意志的体现。由此可见,智能机器人与法人(单位)相比,具有独立、直接的辨认能力和控制能力。法人是法律拟制上的"人",其拥有的辨认能力和控制能力依赖于内部自然人的辨认能力和控制能力;而智能机器人除不具有生命外,与自然人似乎并无本质区别,因此智能机器人比法人(单位)更具有被纳入刑罚处罚范围的资格。既然《刑法》已经将单位纳入刑罚处罚范围,那么,将智能机器人纳入刑罚处罚范围当然就不可能违背刑法理论。

① [日]木村亀二:《刑法总论》(增补版),有斐阁 1984 年版,第 149—150 页。

② 参见马克昌:《比较刑法原理——外国刑法学总论》,武汉大学出版社 2006 年版,第 142 页。

五、人工智能时代我国刑罚体系重构的设想

笔者认为，增设能够适用于智能机器人的刑罚处罚方式，无疑是人工智能时代我国刑罚体系重构的重要内容。

正如前述，我国刑罚体系中的四个刑罚种类（生命刑、自由刑、财产刑、权利刑）目前都无法适用于在设计和编制的程序范围外实施了严重危害社会行为的智能机器人。笔者建议，在刑法中针对智能机器人增设删除数据、修改程序、永久销毁等刑罚处罚方式。另外，如果将来相关法律赋予智能机器人财产权或者政治权利，也可以对智能机器人单处或并处财产刑或者权利刑。

应当看到，根据《刑法》规定，我国对犯罪单位的刑罚处罚方式比较单一，只有罚金刑一种。有些国家对犯罪法人（单位）的刑罚处罚方式相对多样化，如法国规定了“停止法人活动或解散法人”处罚方式，日本规定了“解散法人”、“禁止营业”、“一定权能的剥夺”等处罚方式。总结起来，世界各国对犯罪法人（单位）适用的刑罚种类不外乎财产刑和权利刑。这是针对法人（单位）的特点而选择的刑罚处罚方式。法人（单位）具有财产权和相应的资格，但不具有生命权和人身权，因此不能对法人（单位）适用生命刑和自由刑。与此相同，确定可以适用于智能机器人的刑罚处罚方式也要依据智能机器人自身的特点。智能机器人的本质是程序，程序之于智能机器人，正如生命之于自然人。因此，针对智能机器人的刑罚处罚不能离开程序。

笔者认为，对于智能机器人的刑罚处罚方式可以有三种，分别为删除数据、修改程序、永久销毁。所谓删除数据，是指删除智能机器人实施犯罪行为所依赖的数据信息，相当于抹除智能机器人的“犯罪记忆”，使其恢复到实施犯罪行为之前的状态，“犯罪记忆”将不会再成为该智能机器人成长经历中的一部分，从而引导智能机器人在今后的深度学习过程中主动获取“正面数据”，排斥或绝缘于可能导致违法犯罪行为的“负面数据”，直接降低其人身危险性。所谓修改程序，是指在通过多次删除数据仍然无法阻止智能机器人主动获取有可能实施违法犯罪行为的“负面数据”时，也即该智能机器人不能被正面引导时，强制修改其基础程序，将其获取外界数据、深度学习的能力限制在程序所设定的特定范围内，从根本上剥夺其实施犯罪行为的可能性。这意味着该智能机器人的深度学习功能从此将是不全面的或受限制的，不再能获取人类设计和编制的程序限定范围外的数据，因而当然无法产生超出人类意志之外的自我独立意志。所谓永久销毁，是指在删除数据、修改程序均无法降低实施犯罪行为的智能机器

人的人身危险性时,便只能将其永久销毁。换言之,该智能机器人的深度学习历程已经十分漫长,并在长久的实践与成长中形成了程序上的“反删除能力”、“反修改能力”,除了将其永久销毁外,人类已无法实现对其在数据、程序上的有效控制。可见,删除数据、修改程序、永久销毁构成了专门适用于智能机器人的刑罚阶梯,体现了处罚的层次性,可以与智能机器人所实施行为的社会危害性与其自身的人身危险性产生对应关系。当然,如果将来的法律赋予智能机器人财产权,可以对在设计和编制的程序范围外实施严重危害社会行为的智能机器人单独或者附加适用罚金或者没收财产等财产刑;如果将来的法律赋予智能机器人政治权利或者其他资格,也可以对在设计和编制的程序范围外实施了严重危害社会行为的智能机器人单独或者附加适用剥夺政治权利或者剥夺相关资格的权利刑。

六、结　　语

人工智能时代已经来临,科学技术的发展是爆炸式的,出现能够在设计和编制的程序范围外实施严重危害社会行为的智能机器人并非无无稽之谈。但是我国目前的刑罚体系中,刑罚处罚范围不能涵盖智能机器人,刑罚处罚方式不能适用于智能机器人。为了防止对危害社会的智能机器人的放纵,为了保障社会的稳定有序发展,应当重构我国的刑罚体系,将智能机器人涵盖在刑罚处罚范围中,并增设针对智能机器人自身特点的刑罚处罚方式,以对在设计和编制的程序范围外实施严重危害社会行为的智能机器人进行合理处罚,实现刑罚预防犯罪的目的,维护社会秩序,促进人类社会的健康发展。

人工智能时代刑事责任与刑罚体系的重构

刘宪权*

【内容摘要】 智能机器人实施严重危害社会的行为可分为两种：在程序设计和编制范围内实施的行为，以及在程序设计和编制范围外实施的行为。当智能机器人在程序设计和编制范围内实施严重危害社会的行为时，智能机器人的研发者或使用者可能承担刑事责任。智能机器人的研发者或使用者的义务分为预见义务与监督义务，当其违反预见义务时，其可能承担一般过失犯罪的刑事责任；当其违反监督义务时，其可能承担监督过失的刑事责任；当其既不可能预见危害结果的产生，也确实履行了监督义务，则可能不承担刑事责任，按照意外事件处理或智能机器人独立承担刑事责任。当智能机器人在程序设计和编制范围外实施严重危害社会的行为时，智能机器人具有刑事责任能力，应当独立承担刑事责任。智能机器人与自然人可以成立共同犯罪，符合共同犯罪客观方面、主体方面的要求，有利于解决智能机器人与自然人的刑事责任分担问题。智能机器人所适用的刑罚体系在一定程度上有别于自然人和单位。设计智能机器人的刑罚体系必须坚持罪刑相适应原则、以刑罚目的为导向原则、刑罚节俭性原则。适用于智能机器人的刑罚可以有三种，分别为删除数据、修改程序、永久销毁。

【关键词】 智能机器人　犯罪　刑事责任　共同犯罪　刑罚体系

1968年上映的美国经典科幻电影《2001太空漫游》呈现了这样一种场景：飞行员、科学家以及一台掌控整个飞船的人工智能电脑HAL共同登上月球调查不明物体，飞行途中，由于HAL在通信设备零件故障问题上出现预测失误，2名飞行员遂躲进太空舱中悄声商议是否要关闭HAL，HAL读懂了他们的唇语，于是决定先发制人，故意让电脑失灵导致4人丧生。该片的编剧克拉克曾说："如果你能理解《2001太空漫游》的全部，那我们就失败了，我们要提出的问题超出我们的想象。"今天，这些问题已不再止于想象，而是成为了非常值得由

* 刘宪权，华东政法大学刑法学教授，博士生导师。

法律人展开讨论的话题。当智能机器人成为一种由程序设计、编制而成且具有辨认、控制能力和学习能力,能够自主思维、自发行动的物体,则其与具有辨认、控制能力和学习能力,能够自主思维、自发行动自然人的差异在于不具有生命体;与动物的差异在于其具有辨认和控制能力,而与普通机器人的差异则在于其可能超越人类设计和编制的程序产生独立的意识和意志。就此而言,我们完全没有理由排除智能机器人实施严重危害社会行为的可能性。

笔者曾撰文讨论,智能机器人实施严重危害社会的行为可分为两种:在程序设计和编制范围内实施的行为,以及在程序设计和编制范围外实施的行为。智能机器人既拥有人类设计和编制的程序,也完全可能拥有自主的意识和意志,在设计和编制的程序范围内实施行为时,智能机器人实现的是人类的意志,不承担刑事责任,但在设计和编制的程序范围外实施行为时,智能机器人实现的是自主意志,可能且应当承担刑事责任。在设计和编制程序范围外实施犯罪行为的情况下,智能机器人可能受到其他自然人的教唆或其他自然人的帮助,产生犯意,实施严重危害社会的犯罪行为,抑或研发者在研发过程中并未将犯罪意图融入程序的设计和编制中,但在智能机器人诞生后产生了犯意,利用智能机器人的学习能力,让智能机器人帮助自己实施严重危害社会的犯罪行为。在程序设计和编制范围内智能机器人实施犯罪行为是按照人类的意识和意志,应当将智能机器人看作人类实施犯罪行为的“工具”,而发展到一定阶段的智能机器人可能超越程序的设计和编制范围,按照自主的意识和意志实施犯罪行为,因而完全可能成为行为主体而承担刑事责任,也即智能机器人应当具有刑事责任能力。本文具体探讨的是智能机器人刑事责任承担模式与方式问题。

一、智能机器人研发者或使用者的刑事责任

除了上文已经提及的智能机器人的研发者设计和编制了具有犯罪意图的程序需要承担刑事责任的情况外,智能机器人的研发者或使用者还有可能在其他情况下承担刑事责任。责任与义务是紧密联系的,我们可以将智能机器人的研发者或使用者的义务分为预见义务与监督义务。如果智能机器人的研发者或使用者违反了预见义务,那么其可能承担的是一般过失犯罪的刑事责任,如果智能机器人的研发者或使用者违反了监督义务,那么其可能承担的是监督过失的刑事责任,如果智能机器人的研发者或使用者既不可能预见危害结果的产生,也确实履行了监督义务,那么其可能不需要承担刑事责任,则为意外事件或智能机器人独立承担刑事责任。

一般过失犯罪成立的前提以行为人“应当预见而没有预见”或“已经预见却轻信能够避免”危害结果的发生为构成条件。如果智能机器人的研发者或使用者“已经预见”危害结果的发生，只是轻信能够避免这些危害结果的发生，那么研发者或使用者成立有关过失犯罪。应该强调的是，这种“已经预见”危害结果不是一种广泛的“预见”，即认为智能机器人在未来可能会危害到人类社会，而是“预见”到了具体内容，即预见到自己研发或使用的智能机器人在投入使用后可能会实施严重危害社会的犯罪行为，那么可以成立相关过失犯罪，承担刑事责任。而“应当预见而没有预见”是指行为人负有预见到自己的行为可能致使危害结果的发生的义务，而由于疏忽大意而没有预见的情况。那么智能机器人的研发者或使用者是否负有预见的义务呢？传统观点认为，是否负有预见义务是以行为人有预见能力为前提，而判断行为人预见能力的标准应考虑行为人的能力和行为时的具体条件。笔者认为，对于研发者或使用者而言，判断其是否具有预见能力主要需要考虑人工智能技术的发展情况。根据人工智能技术的发展情况分为在研发或使用时人工智能技术可以避免危害结果的发生和在研发或使用时人工智能技术无法避免危害结果的发生两种情况：

其一，在使用或研发时人工智能技术可以避免危害结果的发生的情况下，笔者认为，此时智能机器人的研发者或使用者负有预见危害结果发生的义务，最终导致危害结果的发生，智能机器人的研发者或使用者成立一般过失犯罪，需要承担相关刑事责任。如果智能机器人在设计和编制的程序范围内实施了严重危害社会的犯罪行为，则智能机器人不承担刑事责任，智能机器人的研发者或使用者单独承担过失犯罪的刑事责任。应当看到，此时程序的研发或使用上的过失与最终导致的危害结果之间必然存在因果关系。理由是智能机器人的行为完全受到程序研发或使用的限制，与研发者的设计编制和使用者的使用情况紧密相关，因此智能机器人的研发者或使用者的过失行为与危害结果的发生具有因果关系。如果因为程序的漏洞使得智能机器人在设计和编制的程序范围外实施了严重危害社会的犯罪行为，我们仍然认为研发者或使用者的过失行为与最终导致的危害结果之间存在因果关系。众所周知，刑法中因果关系的本质是引起和被引起的关系。智能机器人即使能在自主意识和意志的支配下实施行为，这种自主意识和意志也是来源于程序的设计和编制，如果程序的研发或使用本身存在问题，那么研发者或使用者的过失行为与最终导致的危害结果之间就必然存在引起和被引起的因果关系。在使用或研发当时人工智能技术可以避免危害结果的发生的情况，智能机器人的研发者或使用者完全可以利用人工智能技术对智能机器人进行检测，从而“预见”智能机器人可能实施严重危害社会的犯罪行为。如果没有利用人工智能技术对智能机器人进行检测,最终导致危害结果的发生,完全符合“应当预见而没有预见”的情况,属于疏忽大意的过失。如果研发者或使用者利用人工智能技术检测时发现智能机器人可能在未来实施犯罪行为并导致危害社会的结果,但轻信在现有的人工智能技术下这种危害结果是能够避免的,那么则符合“已经预见并轻信能够避免”的情况,属于过于自信的过失。

此外还需要指出的是,智能机器人的研发是个复杂精细的过程,对智能机器人设计和编制程序不可能通过一个人就能完成,因此上文提到的“研发者”在大多数情况下都是研发团队。如果智能机器人的行为最终导致了危害结果,认为此时研发者可能成立过失犯罪,就可能存在一种情况:无法查明智能机器人的研发团队中究竟是谁的过失行为直接导致了危害结果。若不将共同过失犯罪以共同犯罪论处,则在无法查明究竟是谁的过失行为直接导致了危害结果的情况下,各行为人都将作无罪处理。即便在极其罕见的场合能够查明各行为人的过失行为分别在何种比例上作用于危害结果的发生,但若分别按照其作用追究责任,一则量刑很轻,二则也不利于促使各环节人员互相监督、彼此协作,以共同防范过失行为。

反观民事法律领域,目前为了克服证明不能的难题,严格责任与追偿制度成为解决方案。严格责任既不考虑侵权人的过错,也不考虑受害人的过错,仅根据法律的直接规定,以因果关系确定侵权人所应当承担的民事责任,我国《产品质量法》对产品缺陷致人损害采取的正是严格责任。追偿制度则是在一定程度上为了解决侵权行为与损害结果之间因果关系的证明难题。如我国《产品质量法》第 43 条规定,“因产品存在缺陷造成人身、他人财产损害的,受害人可以向产品的生产者要求赔偿,也可以向产品的销售者要求赔偿。属于产品的生产者的责任,产品的销售者赔偿的,产品的销售者有权向产品的生产者追偿。属于产品的销售者的责任,产品的生产者赔偿的,产品的生产者有权向产品的销售者追偿”。该制度是为了最大限度地保护消费者的利益,至于已作出赔偿的生产者或销售者因不能证明另一方的责任而无法行使追偿权则是法律所无力关心的内容了。那么是否可以认为,在未来人工智能机器人将遍布于社会生活各个角落的场景下,为了最大程度地保护人类的利益,而有必要在该领域引入类似于前述的责任追究方法呢?即人工智能机器人的研发者、使用者因违反监督义务过失致人重伤、死亡却无法查明究竟是哪一方的过失行为直接导致了危害结果时,依据某种规则确定其中的一方或者多方承担刑事责任。

我国司法实践与司法解释并未绝口否认共同过失犯罪的共同犯罪性质,如

2000年最高人民法院《关于审理交通肇事刑事案件具体应用法律若干问题的解释》第5条第2款规定，“交通肇事后，单位主管人员、机动车辆所有人、承包人或者乘车人指使肇事人逃逸，致使被害人因得不到救助而死亡的，以交通肇事罪的共犯论处”。西方刑法理论中的过失犯罪理论也正随着时代的变迁而不断发展，以应对社会分工日益精细、风险行业日渐增多的现实之需，尤其是在高速交通、机械、建筑、化学、医药、医疗等行业，一着不慎，其危害结果都是惊人的。[①]可以想见，在今后的这些高风险行业中将处处可见智能机器人的身影，如果不对智能机器人研发的过失行为进行有效的规制，恐难回应时代要求与现实需求。未来刑法是否需要考虑承认在特殊行业中存在共同过失犯罪的问题，值得探讨。

其二，在研发或使用时人工智能技术无法避免危害结果的发生的情况下，笔者认为，智能机器人的研发者或使用者不负有预见义务，也就不构成一般过失犯罪。但是智能机器人的研发者或使用者是否可以成立监督过失犯罪呢？监督过失犯罪理论的意义在于解决了具有一定监督义务的行为人对非因自己实际参与的行为造成严重危害社会的结果时无法确定行为人的刑事责任问题。比如发生了工厂生产爆炸事故或食品安全事件时，相关负责人因其具有监督义务，就应当承担相应的刑事责任。如果对于这一类负有监督义务的行为人不进行一定的处罚显然是有失公平的。一般来说，在产品的生产过程中，企业的管理者、监督者有义务监督被管理者按照要求从事生产活动，其具体内容一般为事前的指示、提示、指挥，事中的监督和事后的检查等。如果没有履行这种监督义务，最终导致了危害结果的产生，企业的管理者、监督者就需要承担监督过失责任，如果确实履行了这种监督义务，则不需要承担监督过失责任。判断智能机器人的研发者或使用者是否构成监督过失犯罪，首先需要判断智能机器人的研发者或使用者是否具有监督义务。

鉴于人工智能技术就像克隆技术一样，并非发展得越快越好、越成熟越好，而是要在增进社会福利与防范潜在风险之间找到一个平衡点，底线标准就是要确保人类对风险的控制力，不容许失控现象的发生。2017年6月，Facebook人工智能研究所发现其所研发的具有谈判能力的智能机器人逐渐在对话中发明了人类无法理解的语言，Facebook研究院随即宣布暂停并整改这一项目，有人猜测其原因可能是担心对这些智能机器人失去控制。不论该叫停事件背后的真实原因是否源于人类对失控的担忧，但对智能机器人时刻保持警惕不失为是一种理性而谨慎的做法。“人工智能超越人类智能的可能性，人工智能产生危

① 参见李希慧、廖梅：《共同过失犯罪若干问题研究》，《浙江社会科学》2002年第5期。

害后果的严重性,以及人工智能技术本身内在的不确定性,这些因素足以构成法律以及其他规范防止风险的必要性”,[①]智能机器人一旦开始实施严重危害社会的犯罪行为,那么后果将是不可想象的。因此,将安全作为人工智能时代的核心法价值,这种定位是比较合理的,人类不能等到风险发展为实害后才去防范风险,此时可能会为时已晚,甚至可能出现难以控制的局面。为此,笔者认为有必要对相关主体设定一定的监督义务。

第一,对智能机器人的研发者规定风险防范与控制、监督义务。

目前智能机器人还是受控于研发者的,一旦智能机器人的智能达到甚至超越人类智能,它就会在一定程度上结束“受控于人类”的循环,我们应当尽量避免这种情况的发生。也即当下以及未来,智能机器人的研发者或使用者必须确保其所设计、编制、使用的智能机器人始终处于人类的监督范围之内。需要指出的是,此处“监督”的内容不是指禁止智能机器人产生意识或意志,笔者在上文已经提及,智能机器人区别于普通机器人的根本价值就在于其具有自主意识和意志。智能机器人的研发者或使用者对智能机器人的“监督”应当是指,智能机器人的研发者或使用者能够确保智能机器人不会实施伤害人类、危害社会的行为,即不具有攻击性,或者当智能机器人意外实施攻击行为时,人类能够做到瞬间阻止,如在机器人身上设置紧急按钮,一键休眠,等等。总之,防范与控制风险的技术必须成为人工智能技术发展中的重要组成部分,不使人类丧失对智能机器人的控制,不发生系统性风险,是发展人工智能技术的底线要求。假如智能机器人的研发者或使用者违反相关监督义务,最终有导致智能机器人实施严重危害社会的犯罪行为发生的危险,我们完全可以通过刑法增设滥用人工智能技术罪等监督过失类犯罪,对智能机器人的研发者或使用者的行为进行规制。如果智能机器人的研发者或使用者既不可能预见危害结果的产生(即不违反预见义务,没有预见能力),也确实履行了监督义务,那么其可能不需要承担刑事责任。此时如果智能机器人是在设计和编制的程序范围内实施了严重危害社会的犯罪行为,那么最终导致危害结果的产生可以理解为发生了刑法意义上的意外事件。如果智能机器人是在设计和编制的程序范围外实施了严重危害社会的犯罪行为,那么智能机器人对危害结果独立承担刑事责任,智能机器人的研发者或使用者同样不需要承担刑事责任。

第二,对涉案智能机器人的所有人或使用人规定制止义务。

对智能机器人的研发者规定风险防范与控制义务,是确保智能机器人不致

① 吴汉东:《人工智能时代的制度安排与法律规制》,《法律科学》2017 年第 5 期。

危害社会的第一道刑法防线。假如第一道防线失守，如研发者基于故意或过失违反了风险防范与控制监督义务，导致智能机器人主动、自发脱离人类控制实施危害社会的举动时，法律有必要增设防止危害结果蔓延的第二道刑法防线，即规定智能机器人的所有人或使用人负有制止其攻击行为的义务。在无法通过断电、遥控、一键休眠等方式制止智能机器人行为时，所有人或使用人应当将机器人销毁（击毁、炸毁等）。能够销毁而拒不销毁导致严重后果的，所有人或使用人承担相应的不作为犯罪的刑事责任。使用人履行制止义务销毁机器人的，无需对机器人的所有人承担民事赔偿责任，能够证明该机器人不符合安全标准的，所有人可向机器人的生产者或销售者主张赔偿责任，能够证明机器人符合安全标准也未发现有技术瑕疵的，对机器人的设计者、生产者而言属于意外事件，不负刑事责任，机器人之所有人的损失可通过购买保险加以弥补。此处有必要讨论的一种特殊情形是，假如机器人正在实施故意毁坏财物的行为，且除毁损该机器人外别无其他制止方式，但机器人所毁损财物的价值远低于机器人本身的价值，此时负有制止义务的所有人、使用人是否可以主张不作为的紧急避险，使不作为行为得以免责？笔者认为，在这种情形下机器人的所有人或使用人不构成紧急避险。因为在所有人或使用人履行制止机器人行为的作为义务之前，“正在发生的危险”仅为机器人毁坏财物的危险，只有为了使财物免受机器人的毁坏而不得已所采取的损害另一较小合法权益的行为方为紧急避险行为。换言之，所有人或使用人不制止机器人，其所避免的并不是危险，而是履行自身作为义务的成本，后者并非危险的来源，不是紧急避险的适用对象，这本质上是一个行为人履行作为义务比不履行作为义务所导致的社会经济成本更大的问题。值得指出的是，该情形也并不适用《刑法》第 21 条第 3 款的规定：“关于避免本人危险的规定，不适用于职务、业务上负有特定责任的人。”因为该款所规定的其实是职务、业务上负有特定责任的人本身遭遇危险的情况，而非指职务、业务上负有特定责任的人本身未遭遇危险但其履行作为义务之后会遭遇危险的情形。既然当行为人履行作为义务比不履行作为义务所导致的社会经济成本更大时不涉及紧急避险问题，那么应当如何处理呢？可行的方案是适用《刑法》第 13 条但书规定“情节显著轻微危害不大的，不认为是犯罪”，对该行为作出罪处理，行为人应当赔偿被害人的财产损失。

二、智能机器人与自然人共同犯罪刑事责任的分担

正如上文所述，人工智能时代发展到一定阶段，智能机器人完全可能超越

程序的设计和编制范围，按照自主的意识和意志实施犯罪行为，因而完全可能成为行为主体而承担刑事责任，也即智能机器人应当具有刑事责任能力。那么，在这些复杂的情况下，我们是否可以认为智能机器人和自然人共同参与实施了犯罪行为？是否可以认为智能机器人和自然人需要共同承担有关刑事责任？笔者认为，在上述几种情况下，完全可以认为智能机器人与自然人成立共同犯罪，需要共同承担有关刑事责任，理由如下：

首先，认为智能机器人与自然人可以成立共同犯罪，符合刑法中共同犯罪客观方面的要求。正如前述，智能机器人之所以可能承担刑事责任是因为其可能在设计和编制的程序范围外产生自主的意识和意志，既然承认了这一点，就需要考虑到实际上智能机器人可能将自主的意识和意志与自然人的意识和意志相融合，共同而并非单独实施严重危害社会的犯罪行为。从共同犯罪的客观表现方式来看，二人以上在共同故意的支配下，共同实施了具有一定内在联系的犯罪行为，共同犯罪人都需要承担刑事责任。各个共同犯罪人在参加共同犯罪时，不论他们的分工与参与程度，都成为了一个统一的犯罪活动整体。[①]智能机器人可能与自然人共同以积极的行为实施危害社会的犯罪行为，例如一起抢劫，一起行凶杀人。智能机器人也可能与自然人共同以消极的方式，也即不履行某种义务，从而致使危害结果发生。例如，智能机器人护士和自然人护士共同负责看管病人，后共同决定要杀害这个病人，所以都不给病人服药，最后导致病人死亡，此时智能机器人护士和自然人护士完全可以成立不作为的共同犯罪。同时，智能机器人也可能和自然人形成一方作为、一方不作为的共同犯罪。再以智能机器人护士为例，自然人如果想杀害一个病人，让智能机器人护士帮助，在进入病房杀害病人时假装不知情，那么智能机器人护士构成不履行特定义务的不作为，与该自然人积极的行为构成共同犯罪。

其次，认为智能机器人与自然人可以成立共同犯罪，符合共同犯罪的主体要求。众所周知，如果是一个有刑事责任能力的人唆使一个没有刑事责任能力的人一起实施危害社会的犯罪行为，或者一个单位利用一个没有刑事责任能力的自然人一起实施危害社会的犯罪行为，均不成立共同犯罪。但是，如果一个具有完全刑事责任能力的行为人和一个具有限制刑事责任能力的行为人共同实施了危害社会的犯罪行为，就有可能成立共同犯罪。理由是如果他们实施的这种严重危害社会的犯罪行为在限制刑事责任能力的行为人可以承担刑事责任的行为范围内（例如杀人、抢劫、强奸等），那么他们就需要共同承担相关刑事

① 刘宪权主编：《刑法学》，上海人民出版社2016年版，第216—217页。

责任。限制刑事责任能力的行为人是按照行为类型来承担刑事责任,所以也是在需要承担刑事责任的这些行为类型的范围内和他人成立共同犯罪。虽然智能机器人和限制刑事责任能力的行为人不同,一旦智能机器人在设计和编制的程序范围外按照自主的意识和意志实施严重危害社会的犯罪行为时,它就需要对所有类型的犯罪行为承担刑事责任,但是智能机器人和限制刑事责任能力的行为人相似的一点是,智能机器人即使实施了危害社会的行为,它也有可能不承担刑事责任,即智能机器人在设计和编制的程序范围内按照人类的意识和意志实施行为时,其不需要承担刑事责任。所以笔者认为,基于限制刑事责任能力行为人和智能机器人的相似点,有关限制刑事责任能力行为人的共犯原理完全可以适用于智能机器人。换言之,智能机器人与限制刑事责任能力的行为人都应该在与他人共同实施自己需要承担刑事责任的犯罪行为时,与其他共同实施犯罪的行为人成立共同犯罪,共同承担刑事责任。以外科手术智能机器人为例,如果外科手术智能机器人在不法分子的教唆下产生了犯意,实施了故意伤害他人的行为,那么外科手术智能机器人就需要和该不法分子成立共同犯罪,需要共同承担刑事责任。

最后,认为智能机器人与自然人可以成立共同犯罪,有利于解决智能机器人与自然人的刑事责任分担问题。以目前的刑法体系为例,我国刑法以犯罪分子在共同犯罪中所起的作用为标准将共同犯罪人分为主犯、从犯、胁从犯和教唆犯,其主要目的就是为了确定各个共同犯罪人的刑事责任。同样在智能机器人和自然人共同实施严重危害社会的犯罪行为情况下,我们也可以根据实际情况来判断智能机器人和自然人的作用和分工,从而进一步地给智能机器人和自然人进行定罪量刑。我国刑法规定,“对于从犯,应当从轻、减轻处罚或者免除处罚”,是因为从犯在共同犯罪中只是起次要或者辅助作用,而并没起主要作用,其行为的社会危害性较之于主犯而言较小,所以对其采用了“必减”的处罚原则。认定智能机器人与自然人可以成立共同犯罪,就有利于司法实践合理分配智能机器人与自然人的刑事责任,实现区别对待,明确打击重点,更加精准地定罪量刑。

此外,需要指出的是,我国刑法要求共同犯罪的行为人必须有共同犯罪的故意,也即二人以上对于共同实施的犯罪行为所造成的危害社会的结果都必须持有希望或者放任的心理态度。由于智能机器人的行为可以根据程序的运行过程来判断,所以,笔者认为,可以在未来考虑从事后程序运行情况来判断智能机器人的主观心理状态,进而判断智能机器人是否具有共同犯罪的故意。如果智能机器人实施危害社会的犯罪行为不仅是因为受到自主意识和意志的支配,还因为研发者在设计的过程中存在程序设计和编制的过失,那么智能机器人和研发者就不能成立共同犯罪,理由是缺乏共同犯罪的故意,此时需要根据具体情况在追究智能机器人的刑事责任的同时,并如前文所述考虑追究该研发者过失行为的有关刑事责任。

三、智能机器人犯罪刑罚体系的建构

既然承认了智能机器人在设计和编制的程序范围外实施的严重危害社会的犯罪行为需要承担刑事责任,那么对于构成犯罪的智能机器人就涉及对智能机器人适用的刑罚问题。应当看到,智能机器人所适用的刑罚体系在一定程度上要有别于自然人和单位。我国刑法规定的刑种包括四种类型:财产刑,资格刑,自由刑和生命刑。在可能适用的刑罚种类上,智能机器人异于自然人和单位之处表现在三个方面:其一,智能机器人不享有财产权,其也无需财产以维持其生存,罚金、没收财产的刑罚无法施加于智能机器人;其二,智能机器人不享有参与政治生活的权利,剥夺政治权利的刑罚亦无法施加于智能机器人;其三,智能机器人由程序设计和编制而成,不存在"人身权",因而也就不存在所谓的人身自由权,无法被限制和剥夺人身自由的,管制、拘役、有期徒刑和无期徒刑的刑罚同样无法施加于智能机器人。其四,智能机器人不具有生命,更无生命权可言,剥夺自然人生命的死刑更不能施加于智能机器人。目前我国刑法所确立的刑罚体系仅以自然人和单位为适用对象而设计,包括主刑(管制、拘役、有期徒刑、无期徒刑、死刑)和附加刑(罚金、剥夺政治权利、没收财产),但这已经不能满足人工智能时代对智能机器人的特殊处罚需求,因而有必要加以重构。

笔者认为,设计智能机器人的刑罚体系时必须坚持以下三个原则:第一,罪刑相适应原则。应使智能机器人所实施的犯罪与刑罚之间"保持实质的对应关系",重罪重罚,轻罪轻罚,建立层次分明的刑罚阶梯。对智能机器人所施加的刑罚并非只有断电、销毁这么简单,而应力图避免单一化倾向,努力探索更符合智能机器人特点的多元化刑罚处罚方法;第二,以刑罚目的为导向原则。刑罚的本质是报应,有罪必罚,故立法者将具有严重社会危害性的行为"划入"犯罪圈;但与此同时,立法者通过考量科处刑罚对该行为是否无效果、太昂贵、可替代,也即是否能够实现刑罚的目的来决定是否将该行为"划出"犯罪圈。犯罪圈的划定需要以刑罚的目的为导向,刑罚种类的设计便更应该以刑罚的目的为导向。刑罚的目的是预防犯罪,不能实现此种目的的刑罚即是不合理、无必要的刑罚。譬如断电能否成为施加于智能机器人的刑罚便取决于断电能否收到一般预防与特殊预防的效果。假如智能机器人不可能从“被断电”的经历中感知到刑罚的“痛苦”(因为断电可能意味着智能机器人意识的中断,但无法彻底抹去智能机器人的意识),从而不能被有效地威慑以决定其之后的行为,则“断电”作为刑罚的意义便微乎其微;第三,刑罚节俭性原则。“只要刑罚的恶果大于犯罪所带来的好处,刑罚就可以收到它的效果……除此之外的一切都是多余的,因而也就是暴虐的。”[①]节俭性是刑罚应有的品格。如果说在过去强调刑罚的节俭性是出于人道的考虑,那么在人工智能时代则更多出于经济的考虑。智能机器人本身即是经济发展的产物,承认其具有刑事责任能力也是出于平衡经济发展与防范风险的需要,因而更应当格外强调刑罚的节俭性与经济性。因此,对智能机器人应慎重判处永久销毁的刑罚,能够不销毁而依然可以实现对智能机器人的改造目的的,便尽量不销毁。总之,罪刑相适应原则、以刑罚目的为导向原则以及刑罚节俭性原则是人工智能时代重构刑罚体系必须坚持的三大原则。

至于具体的刑罚体系设计,笔者作以下初步构想。适用于智能机器人的刑罚可以有三种,分别为删除数据、修改程序、永久销毁。

所谓删除数据,是指删除智能机器人实施犯罪行为所依赖的数据信息,相当于抹除智能机器人的“犯罪记忆”,使其恢复到实施犯罪行为之前的状态,“犯罪记忆”将不会再成为该智能机器人成长经历中的一部分,从而引导智能机器人在今后的深度学习过程中主动获取“正面数据”,排斥或绝缘于可能导致违法犯罪行为的“负面数据”,直接降低其人身危险性。

所谓修改程序,是指在通过多次删除数据仍然无法阻止机器人主动获取有可能实施违反犯罪行为的“负面数据”时,也即该智能机器人不能被正面引导时,强制修改其基础程序,将其获取外界数据、深度学习的能力限制在程序所设定的特定范围内,从根本上剥夺其实施犯罪行为的可能性。这意味着该智能机器人的深度学习功能从此将是不全面的、受限制的,不再能获取人类程序限定范围外的数据,因而当然无法产生超出人类意志之外的自我独立意志。

所谓永久销毁,是指在删除数据、修改程序均无法降低实施了犯罪行为的智能机器人的人身危险性时,换言之,该智能机器人的深度学习历程已经十分漫长,并在长久的实践与成长中形成了程序上的“反删除能力”、“反修改能力”,除了将其永久销毁外,人类已无法实现对其在数据、程序上的有效控制时,便只能将其永久销毁。删除数据、修改程序、永久销毁构成了专门适用于智能机器人的刑罚阶梯,体现了处罚的层次性,可以与智能机器人所实施行为的社会危

① [意]切萨雷·贝卡利亚:《论犯罪与刑罚》,黄风译,北京大学出版社2008年版,第63页。

害性与其自身的人身危险性产生对应关系。

四、结　语

随着人工智能时代的来临,我们必将迎来人工智能技术飞速发展的局面,对智能机器人的法律性质与法律地位的讨论势必在更广泛的范围内展开,如民法、民事诉讼法、知识产权法领域,等等。在民事领域内承认智能机器人具有民事权利能力的观点目前得到不少学者的支持,在刑事领域同样可以承认智能机器人在一定范围内具有刑事责任能力。智能机器人由人类程序设计和编制而成,但完全可以具有远超人类的辨认能力与控制能力。在人类设计和编制的程序范围内,智能机器人实施的行为并不自愿,不应承担刑事责任。但人类设计和编制的程序又赋予了智能机器人学习的能力,通过学习智能机器人完全可以拥有自主意识和意志,如果在设计和编制的程序范围外,智能机器人按照自主意识和意志实施犯罪行为,我们应该将其当作刑事责任的承担主体来看待。同时,应当看到,安全是人工智能时代法的核心价值,发展人工智能技术必须将防范风险摆在最核心和最首要的位置,其中刑法保障只是最后一道防线,其他部门法的努力可能更为紧迫和重要,如尽快制定人工智能产品安全标准,研究人工智能产品强制保险制度,完善人工智能产品致人损害的民事归责体系,等等,才能确保人工智能技术更好地服务于人类社会。

人工智能时代法律风险及刑法应对

——专访华东政法大学刑法学教授、华东政法大学刑事法学研究院院长刘宪权

一、2017年，国务院在《新一代人工智能发展规划》中提出，“建立人工智能法律法规、伦理规范和政策体系，形成人工智能安全评估和管控能力”。请您谈谈对人工智能进行刑法规制的必要性。

随着人工智能时代的到来，这个本来属于纯粹技术问题的新生事物将会在法律、哲学、伦理等方面对人类社会带来极大的影响和冲击，并可能产生相应的刑事犯罪。对智能机器人的合理应用，将会带来许多行业的重大变革，并在较大程度上通过解放劳动力，促进社会的深度和快速发展。但是如果设计者或使用者对智能机器人进行不当利用，甚至将其作为实现犯罪意图的工具，抑或是智能机器人本身在具有独立意志之后产生了犯罪意图，进而实施严重危害社会的行为，将会给人类社会带来极大的威胁，甚至可能会“导致人类社会的毁灭”。

当然，可能会有人认为我的这种说法是杞人忧天、危言耸听。但是，关于人工智能技术对人类社会可能带来的影响，我认为目前我们应该作出以下两个判断：

其一是“相信谁?”的问题。时下，以霍金为代表的物理学家曾多次表示，“人工智能可能会毁灭人类”。霍金认为，“人工智能有可能是人类文明史的终结，除非我们学会如何避免危险”。霍金是著名的物理学家，不是科幻小说家更不是巫师，对于一个科学技术的问题，我们不应该也没有理由不相信一个著名科学家的说法。当然我们也应该看到，现在一些商业经营者认为，智能机器人的智慧永远不可能超过人类，人工智能会威胁到人类的观点纯属夸大其词。我认为，经营者所站的立场与科学家是会有所区别。经营者主要是站在追求经济利益的角度来看待这一问题，他们更希望人工智能技术能够在不受任何限制或者法律规制的状态下自由蓬勃发展，以谋求经营利益的最大化。可能有人会认为，时下也有一些科学家的观点与霍金等人的观点不同，认为强人工智能时代是不会出现的。这里就可能涉及一个立场问题，即信其有还是信其无的问题。作为一个法学研究者，我更倾向宁可信其有而不可信其无的立场，因为信其

“有”而最后没有出现,不会对人类社会带来任何危害;但是如果信其“无”而最后又出现了,则会给人类造成很被动的局面。

其二,是否需要未雨绸缪?时下有人提出,即使人工智能技术确实可能为人类社会带来巨大的威胁,那也需要等这种威胁出现之后再去进行刑法规制也来得及,刑法研究不能如此超前。我不同意这种说法。历史已经不止一次地证明,科技的发展乃至时代的更迭往往能够超越人类的想象。面对着人工智能技术日新月异的发展状况,这种说法似乎站不住脚。人工智能技术呈爆炸式发展,而法律尤其是刑法的制定则需要漫长的时间。如果等智能机器人的智能全面超过人类,那就不是我们人类用刑事立法去规制智能机器人的行为,而是相反。所以我们现在就必须考虑通过立法,在促进人工智能技术高速发展的同时,严格规制智能机器人的行为。

“宜未雨而绸缪,毋临渴而掘井”,我们应提前预想到在人工智能时代可能面临的刑事风险,明确智能机器人的法律特征和法律地位,并就我国刑法应当如何合理应对人工智能时代所带来的刑事风险展开具体的分析与讨论,提前明晰人工智能时代的刑事责任承担路径。我们只有做好一定的风险防控措施,防患于未然,才能让人工智能技术真正造福于人类而不至于危害社会。

二、人工智能作为一个新的领域,其研发和应用的过程存在一定的伦理风险、道德风险和法律风险,请您谈谈现阶段人工智能技术发展所蕴含的刑事风险及其特点。

我认为,在现阶段,也就是人类仍然可以通过设计和编制的程序达到对智能机器人的完全控制的情况下,人工智能时代的刑事风险可以分为两类——可能使得部分传统犯罪的危害发生“量变”;可能会导致新的犯罪形式产生。

第一,我们谈一下人工智能可能使得部分传统犯罪的危害发生“量变”的情况。科技的发展带给人类社会的改变总是具有一定的相似性,这种相似性表现在科技发展在改善人类社会生活的同时也增加了社会的风险。从工业时代到互联网时代,每一次人类社会生活时代的更替都可能使得部分传统犯罪插上科技的“翅膀”。我们完全有理由相信,人工智能时代在使得人类社会更加方便快捷高效的同时,也必将增添人类社会的风险系数。一方面,人工智能技术可能使得犯罪行为的危害覆盖面积更“广”。根据相关部门的规划,未来我们国家将实现智能制造、智能农业、智能金融、智能商务、智能家居等全方面智能化社会。这些规划无疑让人兴奋、令人鼓舞,但同时也会使人们产生些许担忧并应引起我们的警惕。人工智能技术覆盖面如此之广,一旦出现问题,很有可能会造成“牵一发而动全身”的危险局面,如果我们没有准备也不做预案,其后果将是不堪设想的。另一方面，从危害“深度”而言，人工智能技术可以使得产品全面智能化，也可以使得犯罪工具以及犯罪手段更加智能，由此犯罪行为所造成的社会危害可能更“深”。也即不法分子完全可以利用人工智能技术全面实现犯罪计划，一旦危害结果发生，很难得到修复。

第二，我们谈一下人工智能可能会导致新的犯罪形式产生的情况。第一种是与大数据滥用结合的新犯罪形式。人工智能的基本原理是利用人工构造的神经网络系统以及一系列编码程序，对大量数据进行深度学习，从而掌握识别甚至决策等技能。对人工智能的滥用很有可能就是对大数据的滥用。数据的集中本身就是一种风险的存在，因为数据越多，包含的信息量就越多，不法分子攻击一次数据库就能获利颇多，从而降低了犯罪成本。更令人胆颤的一点是，人工智能技术往往可以得到超出人类预期的结果，一些数据从表面看来可能不包含关键的敏感信息，但是通过人工智能技术分析海量数据，以及对多个数据库进行综合分析，最终完全可能通过推演得到关键的敏感信息，甚至包括威胁到国家安全的重要信息。与此同时，目前对于数据的安全防护手段无法跟上人工智能技术发展的速度，也就无法及时针对新的犯罪形式作出预警反应。第二种是与“欺骗”人工智能系统结合的新犯罪形式。一方面，不法分子可以通过干扰人工智能系统得以逃脱监控或制裁。人工智能具有识别和决策功能，一旦不法分子改变或控制人工智能中的算法，完全可以使得人工智能系统发生识别或决策错误。未来警方很大程度上会依赖人工智能技术来侦破案件，“人工”的参与度大大下降，那么不法分子只要能够采取一定手段“欺骗”人工智能系统，就能使得自己逃之夭夭，从而给社会安全带来更大的隐患。另一方面，不法分子完全可以通过“欺骗”人工智能系统让自己非法的行为“合法化”。我们完全可以想象，未来人类的社会生活是在人工智能系统的覆盖下进行的，人工智能依赖于计算机算法，而凡是计算机算法就一定会有算法漏洞或缺陷。在过去，黑客对系统进行攻击往往可以通过反复调整同一封邮件或图片来“骗过”安全过滤系统，那么在未来，不法分子也完全可以通过“骗过”人工智能系统来从事非法甚至犯罪活动，例如开展非法的政治活动等。

三、人工智能的研究与开发现在正在快速推进，在产生经济效益、社会效益的同时，也存在一些问题与隐忧，在刑事司法实践中，如何依据现有的刑法规定来认定研发者或使用者的刑事责任？

就目前我国刑法的立法状况和人工智能技术的发展现状而言，可以从故意犯罪和过失犯罪两个角度考虑对人工智能研发者或使用者的行为加以规制。

我们先来看一下行为人故意利用智能机器人实施犯罪行为的情况。科技的发展在造福人类社会的同时也为不法分子带来可乘之机,因而不法分子很有可能利用人工智能技术开展犯罪活动,例如具有犯罪意图的研发者完全可以在设计和编制程序的时候植入自己的犯罪计划,使得智能机器人帮助自己实现犯罪目的。这种情形属于行为人故意利用智能机器人实施犯罪行为的情形。我认为,对于故意利用人工智能技术研发或使用相应产品实施严重危害社会的犯罪行为,应当将智能机器人看作行为人实施犯罪行为的"智能工具",所有刑事责任应当由智能机器人的研发者或使用者承担。例如,不法分子为了实现自己的杀人意图,设计出一个"智能杀手","智能杀手"可以通过深度学习,从而自主判断和决定杀人的方式。如果"智能杀手"最终实施了杀人的行为,我认为,此时全部的刑事责任都应当由"智能杀手"的研发者来承担,理由是:此时"智能杀手"实现的是研发者的意志而非自己独立的意志。因而刑事责任承担的主体也应为研发者,智能机器人本身不需要承担任何刑事责任,此时对于智能机器人性质上的理解应当是研发者实施犯罪行为的"智能工具"。

我们再来谈一谈智能机器人研发者和使用者可能要承担过失责任的情况。智能机器人在将来可能产生自主意识和意志。因此,智能机器人完全可能做出人类不可控的行为,对此智能机器人的研发者和使用者是否构成相关过失类犯罪呢?过失犯罪以违反一定义务为前提,如果违反了预见义务,即"应当预见但没有预见"或"已经预见但轻信可以避免",则成立过失犯罪。我国刑法是以惩罚故意犯罪为原则,以惩罚过失犯罪为例外,也即所有过失犯罪的认定均以刑法规定为限。因此,在现行刑法体系下,对智能机器人的研发者和使用者过失实施犯罪行为的刑事责任追究,也必须以刑法有关过失犯罪的条文规定为依据。我认为,在人工智能环境下,判断智能机器人的研发者和使用者是否对危害结果负有预见义务,主要需要考虑的是研发或使用当时的人工智能技术发展水平。如果研发者和使用者完全可能利用当时的人工智能技术预见危害结果的发生,则人工智能的研发者和使用者负有预见义务。最终导致危害结果的发生,应当认为研发者或使用者没有履行预见义务,并且这种不作为与危害结果之间存在因果关系,研发者或使用者成立过失犯罪。智能机器人的行为与研发者对程序的设计编制和使用者的使用情况紧密相关。智能机器人的研发过程是复杂的,需要经过种种测试与试验,才能保证最终产品符合安全标准。如果检测过程中,研发者"已经预见"了智能机器人在未来使用过程中可能导致危害结果的发生,但可能因为试验所显示该情况的概率较低等原因,研发者轻信这种情况可以避免,那么研发者成立"过于自信的过失"。如果检测过程中,研发者因为没有全面检测等原因"没有预见"危害结果的发生,但实际上如果全面检测是可以发现智能机器人存在缺陷的，那么研发者成立“疏忽大意的过失”。同样地，如果使用者在使用智能机器人的过程中没有按照相关说明操作，最终导致了危害结果，则应当按照具体情况成立“过于自信的过失”或“疏忽大意的过失”。对于智能机器人的研发者和使用者构成的犯罪罪名，应根据我国目前的刑法规定，并结合智能机器人实施的行为和具体造成的危害结果具体定罪量刑。例如，如果因为智能机器人的行为造成了被害人死亡的结果，则研发者和使用者构成过失致人死亡罪。与此同时，法律不强人所难。囿于一定地域内社会历史发展阶段与水平的限制，人类所掌握的人工智能技术完全可能无法彻底消除人工智能的安全风险，也即人工智能的安全系数与标准的提高还有赖于人工智能技术的进一步成熟。在这种情况下，我们就不应当追究研发者和使用者的刑事责任。对于最终导致的危害结果，可以按刑法中的意外事件处理。

四、智能机器人是否可以成为刑事责任的主体？

我认为，这个问题需要分情况讨论。完全在人类设计和编制的程序范围内实施行为的智能机器人，具有工具属性，是人类改造世界的工具，不具有在自主意志和意识支配下的辨认能力和控制能力，不可能成为刑事责任的主体。随着科技的发展，有可能出现不受人类设计和编制的程序控制，具有自主意志和意识，可以自主决策并自主实施行为的智能机器人。我认为，这类机器人可以成为刑事责任的主体。理由如下：

第一，与单位相比，能够在自主意志和意识的支配下实施行为的智能机器人的辨认能力和控制能力更接近于“人”的辨认能力和控制能力。单位的意志来源于个人意志，是个人意志的集合，其辨认能力与控制能力需要通过个人的辨认能力和控制能力来体现，因而只能通过法律拟制为“人”，进而成为刑事责任主体。但是，能够在自主意志和意识的支配下实施行为的智能机器人与单位不同，其本身就具备了辨认能力和控制能力，似乎比单位更具有成为刑事责任主体的“资格”。一直以来，单位能否成为刑事责任主体就存在着一定的争论。我认为，能否成为刑事责任主体，关键在于牢牢把握刑事责任主体的基本内涵，也即具有刑事责任能力的主体可以成为刑事责任主体，而刑事责任能力的本质内容和具体表现是辨认能力和控制能力。单位的辨认能力和控制能力来源于单位内部成员的辨认能力和控制能力，而能够在设计和编制的程序范围外实施行为的智能机器人不需要通过其他主体作为表达媒介，由于其本身就拥有辨认能力和控制能力，因而更接近于“人”，更有理由成为刑事责任主体。

第二，承认在自主意志和意识的支配下实施行为的智能机器人可以成为刑事责任主体，有利于巩固刑事责任主体基本内涵的统一性。根据刑事责任主体的基本内涵,我们可以看出,自然人可以成为刑事责任主体最根本的原因是其具有辨认能力和控制能力,单位可以成为刑事责任主体最根本的原因是单位内部成员个人的辨认能力和控制能力可以"凝结"为单位自身的辨认能力和控制能力。能够在自主意志和意识的支配下实施行为的智能机器人的意志是自由的,应当认为其具有辨认能力和控制能力,当然不能也不应该将其排除在刑事责任主体的"大门之外",否则就会出现在同一个刑法体系下,承认了自然人和单位的刑事责任主体地位,却不承认同样具有辨认能力和控制能力的智能机器人的刑事责任主体地位的矛盾局面。因此,我认为,有必要将能够在自主意志和意识的支配下实施行为的智能机器人纳入刑事责任主体的范围之内,来巩固刑事责任主体基本内涵的统一性。

第三,承认在自主意志和意识的支配下实施行为的智能机器人的刑事责任主体地位,符合罪责自负原则。有人可能会提出,智能机器人既然没有生命,也无法像单位一样拥有财产,让其成为刑事责任主体有何意义呢?我认为,这种说法是不妥当的。一方面,认为智能机器人无受刑能力从而否定其可以成为刑事责任主体的观点似乎违反了正确的逻辑思维顺序。并不是因为一个主体可以接受刑罚,才承认其具有刑事责任能力,进而可以成为刑事责任主体,而是因为一个主体具有刑事责任能力,可能在自主意识和意志支配之下实施严重危害社会的行为,可以成为刑事责任主体,进而在该主体需要承担刑事责任之时,才讨论其受刑能力的问题。另一方面,承认自主实施犯罪行为的智能机器人可以成为刑事责任主体的同时,我们完全可以通过对现有刑罚体系的重构,以适应人工智能时代的"智能机器人犯罪"问题。我建议,在人工智能时代,可以根据现代刑法所承认的罪刑相适应原则、以刑罚目的为导向原则、刑罚节俭性原则等设计智能机器人的刑罚体系。我初步构想的可以适用于智能机器人的刑罚大体有三种,分别为:删除数据、修改程序、永久销毁。与此同时,可能有人会提出,即使智能机器人实施了严重危害社会的犯罪行为,也可以让其研发者或使用者承担责任。我认为,一旦智能机器人实施严重危害社会的犯罪行为,在某些情况下,其研发者或使用者确实不能免责。但是,无论研发者或使用者是否应该为智能机器人的犯罪行为"买单",都不影响智能机器人可以成为刑事责任主体并承担相应的刑事责任,否则就与刑法中罪责自负的原则相背离了。

图书在版编目(CIP)数据

人工智能:刑法的时代挑战/刘宪权主编.—上
海:上海人民出版社,2018
ISBN 978-7-208-15335-6

Ⅰ.①人…　Ⅱ.①刘…　Ⅲ.①人工智能-刑法-研究
Ⅳ.①D914.04

中国版本图书馆CIP数据核字(2018)第158449号

责任编辑　秦　堃　夏红梅
封面设计　一本好本

人工智能:刑法的时代挑战
刘宪权 主编

出　　版　上海人民出版社
　　　　　(200001　上海福建中路193号)
发　　行　上海人民出版社发行中心
印　　刷　上海商务联西印刷有限公司
开　　本　720×1000　1/16
印　　张　20.75
插　　页　2
字　　数　354,000
版　　次　2018年7月第1版
印　　次　2018年7月第1次印刷
ISBN 978-7-208-15335-6/D·3253
定　　价　68.00元

“独角兽法学精品”书目

《美国法律故事：辛普森何以逍遥法外?》

《费城抉择：美国制宪会议始末》

《改变美国——25 个最高法院案例》

《人工智能：刑法的时代挑战》

人工智能

《机器人是人吗?》

《谁为机器人的行为负责?》

《人工智能与法律的对话》

海外法学译丛

《美国合同法案例精解(第 6 版)》

《美国法律体系(第 4 版)》

《正义的直觉》

《失义的刑法》

德国当代经济法学名著

《德国劳动法(第 11 版)》

《德国资合公司法(第 6 版)》